Alexander Gauland

Das Haus Windsor

Alexander Gauland

Das Haus Windsor

Siedler Verlag

Inhalt

Einleitung
Englische Traditionen   7

Mythen als Programm
Die englischen Herrscher des Mittelalters   13

Echte Reformer und falsche Prinzen
*Heinrich VII. und
die Herausbildung des Parlamentarismus*   25

Der König will sich scheiden lassen
Heinrich VIII. und die Kirche   30

Gloriana
Das elisabethanische Zeitalter   43

Ein unseliges Geschlecht
Das Haus Stuart   67

Schottischer Mythos und englisches Trauma
Karl Stuart   77

»Daß dem König sein Eigen soll wieder gehören«
Die Restauration der Monarchie   94

Eine Kammerzofe macht Weltgeschichte
Königin Anna und Sarah Churchill   110

»Langweilig und beschränkt« –
»skandalträchtig und von groben Manieren«
Die Könige aus dem Hause Hannover   123

Eine Welt voller Gegensätze
Georgian England — 153

Die Bürgerlichkeit erlangt Weltherrschaft
Victoria Regina — 170

Zu spät!
Die Edwardians — 193

All passion spent
Familie Windsor — 218

Stammtafel des englischen Königshauses — 235

Regenten Englands — 240

Personenregister — 241

Abbildungsnachweis — 251

Verzeichnis der Gemälde — 253

Einleitung
Englische Traditionen

Von Charles Percy Snow stammt die Feststellung: »Neun von zehn englischen Traditionen sind in der zweiten Hälfte des 19. Jahrhunderts entstanden.« Das Haus Windsor ist noch jüngeren Datums. Am 18. Juli 1917 lasen die verblüfften Untertanen König Georgs V. die folgende Erklärung Seiner Majestät in den Morgenblättern: »Kraft Unseres Königlichen Willens und Unserer Königlichen Autorität erklären Wir hiermit, daß vom Zeitpunkt dieser Königlichen Proklamation Unser Haus und Unsere Familie als Haus und Familie Windsor bezeichnet werden soll und daß alle männlichen Abkömmlinge Unserer Großmutter, Königin Victoria, die Untertanen Unserer Reiche sind ... künftig den Namen Windsor tragen werden. Und weiter erklären Wir, daß Wir für Uns selbst wie für Unsere Nachkommen sowie die Nachkommen Unserer Großmutter, Königin Victoria, die Untertanen dieser Reiche sind, auf alle Ränge, Würden, Titel und Ehren der Herzöge und Herzoginnen von Sachsen, der Fürsten und Fürstinnen von Sachsen-Coburg und Gotha sowie aller anderen deutschen Ränge, Würden, Titel und Ehren verzichten.«

Dies war die Geburtsstunde des Hauses Windsor, und in der Folge wurden aus den Battenbergs die Mountbattens und aus den Tecks die Cambridges. Der Sturz des Zaren und einige kaum nennenswerte republikanische Kundgebungen hatten den König mitten im Krieg zu dieser Umbenennung veranlaßt. Nachdem die Genealogen mehr oder weniger sinnvolle Vorschläge für eine Namensänderung unterbreitet hatten, entdeckte des Königs Privatsekretär Lord Stamfordham zufällig in den Archiven, daß Eduard III. einmal »Edward of Windsor« genannt worden war, und so wurde Windsor der Name der Dynastie.

Doch was willkürlich scheint, hat fast symbolische Bedeutung für die Entwicklung der britischen Monarchie wie manch anderer Institutionen der Insel. Sie überlebten und bewahrten ihre Funktionsfähigkeit nach dem Prinzip: Kontinuität durch Wandel.

Der Name der Burg, die Wilhelm der Eroberer kurz nach Ha-

In Georg V. wirkt das Gentleman-Ideal bereits so erstarrt und blutleer wie das Gesicht seiner deutschen Frau, Queen Mary. Nicht das Ausgreifen in die Welt, sondern das Festhalten am Vergehenden ist das Signum der Zeit.

stings als normannische Zwingburg zu errichten begann, wurde im Laufe der Jahrhunderte zum Synonym für Englisches schlechthin. Der Ursprung ist noch erkennbar, die Brüche sind noch erlebbar – und dennoch ist das Ganze eine Einheit. Windsor verkörpert auf eine sprechende Weise das kontinentale Mißverständnis englischer Stabilität. Denn die Umbrüche waren so gewaltig wie auf dem Kontinent, doch da die Engländer oft die alte Form beibehielten, erscheinen sie weniger einschneidend. Vom frühen Mittelalter bis zur großen Revolution wurde Frankreich von drei Dynastien regiert, den Capets, den Valois und den Bourbonen. England sah in diesem Zeitraum die Normannen, die Plantagenets, die Lancasters, das Haus York, die Tudor-Dynastie, die glücklosen Stuarts und das Haus Hannover und – nicht zu vergessen – Oliver Cromwell. Königsmord und Revolution erschütterten häufig das englische Staatsgefüge, doch über alle Brüche hinweg erhielten sich König, Parlament und Common Law.

Wie im Laufe der Jahrhunderte im Common Law Rechtsgelehrte

Meinungen und Grundsätze aus den Darlegungen ihrer Vorgänger herauslesen, die diese niemals im Sinn gehabt hatten, um sie auf die neuen Probleme und Bedingungen ihrer Zeit anzuwenden, so überdauerte die englische Monarchie als Form mit gewandeltem Inhalt. Der Historiker der britischen Aristokratie Cannadine hat uns darüber belehrt, daß der mittelalterliche Prunk der Monarchie aus der zweiten Hälfte des 19. Jahrhunderts stammt. Als den Königen die Macht, Dinge zu entscheiden, abhanden kam, hüllten sie sich in das Festgewand einer tausendjährigen Geschichte und wurden zum nationalen Symbol. Auch dieser Wandel ist mit dem Namen Windsor verbunden. Denn eben jener Georg V., der 1917 eine Rebellion gegen seinen deutschen Namen befürchtete, besiegelte 1911 die Entmachtung der Aristokratie. Während seine Großmutter Victoria noch eine

In seiner schlichten Monumentalität ist Schloß Windsor Ausdruck der Standhaftigkeit des englischen Königshauses und seiner Verwurzelung in der Geschichte, zugleich aber auch Symbol für die ambivalenten Beziehungen der Briten zu ihrer Monarchie. Als ein Brand im November 1992 große Teile des Schlosses zerstörte, stieß der Plan der Regierung, das Schloß mit Staatsgeldern wiederaufzubauen, auf den Widerstand der Öffentlichkeit. Die Königin erklärte sich daraufhin bereit, den Wiederaufbau aus ihrem Privatvermögen zu finanzieren und künftig Steuern zu zahlen.

Eduard III., der sich auch »Edward of Windsor« nannte, ist nicht nur Namensgeber der neuen alten Dynastie. Er stiftete auch den Hosenbandorden, eine Hommage an Arthurs Ritterrunde. Schloß Windsor erhielt den runden Turm, um den runden Tisch für seine 26 Ritter aufzunehmen. Noch heute ist die St. Georges-Chapel die Kapelle der Hosenbandritter, wo neue Mitglieder in den Orden aufgenommen werden.

Regierungskrise auslöste, als sie sich weigerte, ihren Hofstaat den neuen Mehrheitsverhältnissen anzupassen, vermochte ihr Enkel weder das Verfassungsgleichgewicht zwischen Lords und Commons zu wahren noch einen Premierminister seiner Wahl in der Mehrheitspartei durchzusetzen.

Nachdem die ruhmreiche Whig-Partei, der das Haus Windsor seinen Thron verdankte, schon in den achtziger Jahren untergegangen war, blieb der Monarchie nur noch die Volkstümlichkeit durch die Symbolisierung vergangener Größe. Eine Geschichte des Hauses Windsor darf daher nicht nur dem Nachklang lauschen, sie muß die

Kontinuität im Wandel kenntlich machen. Doch Englands Monarchie steht seit dem ausgehenden Mittelalter noch für etwas anderes, das wir Deutsche gern für uns in Anspruch nehmen – einen Sonderweg. Das römische Britannien und das mittelalterliche England waren Teil der einen abendländischen mittelalterlichen Welt. Englische Könige waren französische Feudalherren und fochten Seite an Seite mit deutschen, spanischen, italienischen und französischen Rittern unter der Fahne des Kreuzes. Zwar bildeten sich auf der Insel andere Institutionen aus als auf dem Festland, doch erst nach den Rosenkriegen wurde deren Dynamik so mächtig, daß sie England den Weg über das Meer wiesen, einen Sonderweg wie der deutsche, doch länger und unter Historikern weniger umstritten. Diese Epoche der englischen Geschichte beginnt mit Heinrich VIII. (1491-1547), dem Vater der ersten Elisabeth, und reicht bis in die Anfänge der Regierungszeit von Elisabeth II. Auch diese Tradition symbolisiert das Haus Windsor. Trotz aller Zeitsprünge verbinden die große Elisabeth mehr mit Königin Victoria als die jungfräuliche Königin mit Richard Löwenherz. So sollte ein Buch über die Windsors zwar mit der Sachsendämmerung beginnen, aber erst nach Bosworth Field, der Schlacht von 1485, in der Richard III. Thron und Leben gegen den späteren Heinrich VII. verlor, jeden einzelnen Inhaber der höchsten Gewalt genauer betrachten. Denn erst mit dem Ende des englischen Mittelalters gewinnt die »Whig-Interpretation of History« jene Geschichtsmächtigkeit, deren Symbol im Aufstieg wie im Verfall das Haus Windsor ist.

Mythen als Programm

Die englischen Herrscher des Mittelalters

Am Beginn des englischen Mittelalters steht eine strahlende Erscheinung, die, getaucht in das Licht romantischer Verklärung, bis heute das englische Königtum verzaubert. Der historische Arthur ist eine vage und verschwommene Figur in dem dunklen Jahrhundert, das dem Ende des römischen Britanniens folgte. Irgendwo auf der von Sachsen und Wikingern bedrohten Insel muß ein »letzter Römer« in zwölf Schlachten die Eindringlinge vorübergehend zum Stehen gebracht haben. Wir wissen nicht, wo das war – fast jede englische Grafschaft nimmt heute den Ruhm Arthurs für sich in Anspruch (obwohl die neueste Forschung Arthurs Wirken wieder vom Westen in das Grenzgebiet zu Schottland verlegt), und wir wissen auch nicht, ob mehrere lokale Feldherren in der Gestalt Arthurs zusammengeflossen sind. Doch dieser Name führt uns aus dem Dunkel der nur unklar überlieferten Geschichte ins helle Licht mittelalterlicher Dichtung. Zwar liegen die Ursprünge der Legende von König Arthur und den Rittern seiner Tafelrunde in Frankreich und erreichten die Insel erst über den Umweg der normannischen Eroberung, und auch erst dann, als sich die französische Beschäftigung mit Arthur erschöpft hatte, doch ihre Wirkung in England war ungleich größer. Mallory, Spenser und Tennyson haben – jeder zu seiner Zeit – durch die dichterische Verklärung des ersten englischen Königs die jeweils regierende Dynastie in einer mystischen und mythischen Vergangenheit verankert und damit der Endlichkeit entzogen.

»Charles James Stewart claimes Arthurs seat«, hieß eine volkstümliche Parole in den ersten Regierungsjahren Jakobs I. (1566-1625), und der älteste Sohn des ersten Tudorkönigs, Heinrich VII. (1457-1509), wurde auf den Namen Arthur getauft. Später wandelte sich das Ideal des christlichen Ritters, der die Armen beschützt und Gerechtigkeit gegen jedermann übt, zum Ideal des christlichen Gentleman, wie ihn der Prinzgemahl Albert in der Mitte des 19. Jahrhunderts verkörperte. Als Industrialisierung, Rationalismus und Utilitarismus die Grundfesten des Thrones ins Wanken brachte, war es Alfred Tenny-

13

Obwohl die Artus-Sage – hier dargestellt in einer französischen Buchmalerei des 14. Jahrhunderts – ihren Ursprung in Frankreich hat, wirkten die Legende und das in ihr verkörperte Ideal des christlichen Ritters in England bis ins 19. Jahrhundert als nationaler Mythos fort. In Winchester befindet sich ein runder »Artus-Tisch«, den Heinrich VIII. für den Besuch Karls V. anfertigen ließ – der Mythos legitimierte die Dynastie.

son, der viktorianische Hofpoet, der mit den »Idylls of a King« ein monarchisches Programm unter das Volk brachte. Hier ist Arthur der ideale Regent, der die menschlichen Leidenschaften durch »liberale Institutionen« – verkörpert durch den runden Tisch – zu zügeln sucht und das Ideal in einer materialistischen Welt verkörpert. Tennysons und Arnolds Arthur-Dichtungen des 19. Jahrhunderts haben weit mehr mit Gladstones Reformpolitik als mit dem sagenhaften keltischen König zu tun. Die Legende von König Arthur und seiner Tafelrunde diente jetzt der Stabilisierung des mittelviktorianischen Kompromisses, der Machtteilung zwischen Adel und Bürgertum der mittleren Regierungsjahre Victorias, und wurde damit Teil jener Whig-Interpretation of History, die die Entwicklung der Insel und ihrer Institutionen als einen – wenn auch immer wieder angefochtenen – Weg zu mehr Freiheit, Gerechtigkeit und Wohlfahrt verstand.

Eine mythische Figur steht auch am Ausgang des britischen Mittelalters, zwar sehr viel realer und in allem das Gegenteil Arthurs, doch eben auch unwirklich. Richard III. ist als historische Gestalt längst hinter der dichterischen Dämonisierung durch Shakespeare und Thomas Morus, auf den sich Shakespeare bezieht, verschwunden. Das abschreckende Beispiel Richards, eines Teufels in Menschengestalt, diente weniger der propagandistischen Unterstützung der Tudor-Dynastie als vielmehr dem guten Zweck humanistischer Bildung und Erziehung. Deshalb schrieb Morus König Richard jedes mögliche und einige unmögliche Verbrechen zu und stattete ihn mit einem Buckel und einem verkürzten Arm aus, was zu Lebzeiten Richards niemand bemerkt hatte. »Bösartig, zornig, mißgünstig und schon vor seiner Geburt verderbt, war er ein abgefeimter Heuchler von demütiger Miene, mit hochmütigem Herzen, äußerlich freundlich, wo er innerlich haßte, ohne Skrupel, einen zu küssen, den er zu töten trachtete, gehässig und grausam.« Bei Shakespeare sagt Richard Gloucester von sich selbst:

Ich thu das Bös', und schreie selbst zuerst
Das Unheil, das ich heimlich angestiftet,
Leg ich den andern dann zur schweren Last
Dann seufz' ich, und nach einem Spruch der Bibel
Sag ich, Gott hieße Gutes thun für Böses;
Und so bekleid ich meine nackte Bosheit
Mit alten Fetzen, aus der Schrift gestohlen,
Und schein ein Heil'ger, wo ich Teufel bin.

Der Mann, der den letzten Lancaster-König Heinrich VI. (1421-1471), dessen Sohn, seinen eigenen Bruder, dessen Frau und die ihm anvertrauten Neffen ermordet haben soll, ist kaum noch einer unvoreingenommenen Betrachtung zugänglich, auch wenn die Geschichtsschreibung das immer wieder versucht hat. Das absolut Böse in der Verkörperung durch Garrick, Kean, Kainz, Kortner, Lawrence Olivier und viele andere ist weit überzeugender als der Niederschlag, den es in den Quellen fand. Das gilt mutatis mutandis auch für die anderen Könige des Mittelalters, deren sich Shakespeare angenommen hat, so für den unglücklichen Richard II., dessen Shakespeare-Version Ernst Kantorowicz als ein Beispiel für »The King's Two Bodies« in seiner berühmten Studie von 1957 nimmt, Dichtung und Geschichte bewußt oder unbewußt vermengend.

Und auch Heinrich V. ist dank Shakespeare längst zur Heldenlegende geworden, zum Symbol für Mut, Zähigkeit und Durchhaltewillen der englischen Nation:

Noch einmal stürmt, noch einmal liebe Freunde!
Sonst füllt mit toten Englischen die Mauer!
Zum Tode ausersehen, sind wir genug
Zu unsres Lands Verlust; und wenn wir leben,
Je kleinre Zahl, je größres Ehrenteil.

In diesen Zeilen schwingen bereits Trafalgar, Waterloo, die »dünne rote Linie« von Balaklawa, der Tod Gordons, die letzte Kavallerieattacke bei Omdurman und schließlich Dünkirchen mit. Denn das elisabethanische Zeitalter, dem diese Zeilen angehören, verbindet nur wenig mit der mittelalterlichen Welt Heinrichs V., viel aber mit den Ereignissen, die darauf folgten.

Was also ist das historische Summum, die Essenz des englischen Mittelalters? Arthur Bryant, der heute nicht mehr unumstrittene Popularisierer englischer Geschichte, englischer Traditionen und der britischen Monarchie, faßt sie in seinem Buch »The Elizabethan Deliverance« so zusammen: »In den drei Jahrhunderten zwischen der normannischen Eroberung und dem schwarzen Tod erfreute sich England einer Folge großer französisch sprechender Könige, normannische, angevinische und Plantagenet, die das aus dem Dunkel auftauchende sächsische und dänische Stammesgebiet Alfreds und Knuds am besten regierten, am stärksten zentralisierten und damit zum mächtigsten feudalen Königreich der westlichen Christenheit machten. Der Eroberer, sein Sohn Heinrich I. – ›Löwe der Gerechtigkeit‹ –, und sein Urenkel Heinrich II., die die Herrschaft des Rechts und den Vorrang der königlichen Gerichte begründeten, Eduard I.,

Richard III. war wie kein anderer Herrscher Negativ-Ikone des humanistischen Men-
schenbildes. Nur vor dem Hintergrund des schlechten Fürsten als abschreckendes Bei-
spiel konnten die Humanisten der Tudor-Zeit die Forderungen an den idealen König
formulieren. Erst Machiavelli sah das anders. Das von Shakespeare entworfene Psy-
chogramm des Königs blieb bis heute ungebrochen – nicht zuletzt als Herausforderung
an die Darstellungskraft der größten Schauspieler der jeweiligen Zeit.

der Eroberer von Wales und Schöpfer des Parlaments und des englischen Erbrechts, sein Enkel Eduard III., der Sieger von Crecy und Begründer des Hosenbandordens; und die Heldenkrieger Löwenherz
und der schwarze Prinz. Alle hinterließen Institutionen und Traditionen, die die Zukunft Englands formen halfen.

Doch in der zweiten Hälfte des 14. Jahrhunderts setzte mit der
durch die Pest verursachten Halbierung der Bevölkerung, dem aus
Mangel an Menschen erlittenen Verlust der meisten französischen
Besitzungen, der Bauernrevolte von 1381 und der in der Absetzung
und Ermordung endenden Tyrannei Richards II. ein Verfall von

Stärke und Zusammenhalt der Nation ein, der nur durch den brillanten Sieg Heinrichs V. bei Azincourt und seine Hochzeit mit der Erbin des zeitweilig besiegten und geteilten Frankreich verzögert wurde. Innerhalb von drei Dezennien nach seinem Tode sank England mit dem Verlust aller überseeischen Territorien außer Calais und dem Ausbruch der dynastischen Bürgerkriege der Rosen auf einen Tiefpunkt gesetzloser Gewalt, ohne Beispiel seit den ›neunzehn langen Wintern‹ von Stephens Regierung und der Anarchie unter Ethelred dem Unfertigen noch vor der normannischen Eroberung.

Während des größten Teils des 15. Jahrhunderts blieb die Thronfolge umstritten, und niemand konnte sicher sein, wer als nächstes die Krone tragen würde. Nicht weniger als fünfmal in dreißig Jahren wurde sie gewaltsam geraubt, zweimal durch einen Parteigänger Yorks einem Lancaster-König, zweimal durch einen Parteigänger Lancasters einem Könige aus dem Hause York und einmal von einem Parteigänger Yorks, dem rechtmäßigen König aus dem Hause York. Von vier aufeinanderfolgenden Königen starben alle außer einem gewaltsam. Dieser Zustand der englischen Dinge endete – allerdings von niemandem damals erkannt –, als im Jahre 1485 ein junger walisischer Exilierter, Henry Tudor, der letzte Überlebende des königlichen Hauses Lancaster, mit einer Handvoll seiner Anhänger in Wales landete, den rücksichtslosen und fähigen Richard von Gloucester im Felde besiegte und dieser mit seinem Tod auf dem Schlachtfeld von Bosworth Field seine Ursupation und den vermeintlichen Mord an seinem königlichen Neffen und Mündel Eduard V. sühnte.«

Bryants historischer Abriß des englischen Mittelalters und seiner Könige läßt die Institutionen hinter den Personen zurücktreten, trauert den französischen Eroberungen nach und verkennt, daß sich die englischen Institutionen, die das Land auf seinen Sonderweg führten, gerade in Schwächephasen königlicher Macht als Reaktion auf Unordnung und Chaos ausgebildet haben und den wechselnden Dynastien weniger verdanken als diese ihnen. In Deutschland baute der Feudaladel in kaiserlichen Schwächeperioden seine Lehen allmählich zu souveränen Territorien aus, in England übernahm der Adel Aufgaben des Königs, wenn dieser aus Schwäche oder Unfähigkeit seinem Amt nicht gewachsen war. Daraus entstand auf der Insel allmählich die Nation, während Deutschland in Kleinstaaten zerfiel. Bryants Skizze bedarf deshalb der Ergänzung.

Schon vor der normannischen Eroberung schuf Alfred von Wessex

Die Armee stand lange im Schatten der Flotte. Zu den »Rotröcken« wurde der Abschaum des Landes gepreßt. Erst Wellingtons spanische Siege und Waterloo stärkten die gesellschaftliche Stellung der Armee. Der ebenso tapfere wie sinnlose Angriff einer Reiterschwadron auf russische Geschütze bei Balaklawa im Krim-Krieg markiert den Höhepunkt neuromantischer ritterlicher Verklärung der einsamen Helden auf dem Schlachtfeld. Im Zweiten Weltkrieg zerbrach dieser Mythos, als überlegene englische Truppen in Singapur und Tobruk kapitulierten.

ein englisches Königreich, in dem er die Sachsen mit den eindringenden Dänen aussöhnte. Doch erst die Eroberung »verknüpfte die Geschichte Englands aufs neue mit Europa und verhinderte auf immer das Abdriften in die engeren Kreise eines skandinavischen Reiches. Von nun an verlief die Geschichte Englands zusammen mit jener von Völkern und Ländern südlich des Kanals.« (Churchill) In der normannischen Eroberung liegt aber auch der Keim zu einer konstitutionellen Opposition, die die Regierung kontrollieren, aber nicht stürzen will. Mit dem von Wilhelm aufgelegten Reichsgrundbuch tritt die Gentry, der Kleinadel ohne Titel, in das Licht der Geschichte. Es ist jene Schicht, aus der einmal die Pyms, Hampdens und Cromwells kommen werden und aus der Heinrich I. die ersten bescheidenen Anfänge einer Zivilverwaltung, des heutigen Civil Service, bildet. Heinrich II. (1133-1189), dessen Wappen die Planta Genesta – der Ginster – ziert, von der spätere Generationen den Dynastienamen Plantagenet ableiteten, verfolgte drei große Ziele – den Erwerb eines überseeischen französischen Reiches, die Ausdehnung des königlichen Rechts und des Königsfriedens und die Beseitigung des Dualismus von Staatsmacht und römischer Kirche. Die beiden ersten Ziele konnte er erreichen, am dritten scheiterte er.

Durch seine Heirat mit Eleonore von Aquitanien (1122-1202), der leidenschaftlichen Frau Ludwigs VII. von Frankreich, schuf er das kurzlebige angevinische Reich, zu dem neben England die Hälfte des heutigen Frankreich, vor allem dessen Westen und Süden gehörte. Da dieses Reich eine Laune des Zufalls war und keine Identität, geschweige denn eine einheitliche Regierung oder gar Verwaltung besaß, sollte wenigstens im englischen Reichsteil überall das königliche Gesetz gelten. So wurde der Königsfriede über den Tod des Königs hinaus zur dauerhaften Einrichtung und das königliche Recht auch auf Zivilstreitigkeiten ausgedehnt. Die Geschworenengerichte wurden zum Mittel königlicher Rechtspflege, und königliche Erlasse schufen jene Präzedenzfälle, die für das Common Law so typisch sind.

Den Kampf mit der Kirche verlor der König, und der Mord an Thomas Becket stärkte die päpstliche Suprematie. Erst Heinrich VIII. (1491-1547) sollte das Werk des ersten Plantagenet vollenden und dies auch sichtbar mit der Zerstörung des Schreins des Heiligen Thomas von Canterbury zum Ausdruck bringen. Richard Löwenherz (1157-1199), der Sohn Heinrichs II., lebte so, wie Scott ihn in seinem »Ivanhoe« schilderte, und hielt sich nur wenige Monate in England auf. Dennoch kommt dieser König dem Artus-Ideal am nächsten, und seine Kreuzfahrten und Schicksale haben ihn schon zu seinen Lebzeiten in eine poetische Realität entrückt. Den Charakter Johanns (1167-1216), dem jüngsten Sohn Heinrichs II. und Bruder Richards, hat Scott mit dichterischen Mitteln so gezeichnet, wie ihn uns nüchterne Historiker überliefert haben: grausam, schlau, mit originellen Einfällen, wollüstig und voller Bosheit. »Richard«, so urteilt Churchill, »hatte alle Tugenden, die der Mensch am Löwen bewundert, in sich verkörpert; aber es gibt kein Tier der Schöpfung, das die widerspruchsvollen Eigenschaften Johanns in sich vereint.« Doch England verdankt den Lastern und Schwächen Johanns mehr als den anziehenden Charaktereigenschaften seiner großen Könige, denn das

*Azincourt, der Sieg der Engländer über das weit stärkere französische Heer 1415,
wurde zum Symbol für den Triumph des Willens über die Zahl, auch wenn die
Engländer sich schon eine Generation später wieder vom Festland zurückziehen mußten. Den Titel »König von Frankreich« führten die englischen Herrscher noch bis 1802,
und als Churchill nach Dünkirchen in seiner wohl berühmtesten Rede ankündigte,
überall – auf den Stränden, den Landungsplätzen, auf den Feldern, in den Straßen und auf den Hügeln – zu kämpfen und sich niemals zu unterwerfen, war das
Shakespearesche Rhetorik par excellence.*

Zusammenwirken seiner Gegner brachte 1215 die Magna Charta, die
Keimzelle des britischen Parlamentarismus, hervor. Zwar findet sich
in der Charta das Wort Parlament an keiner Stelle, da das Ganze
keine Verfassungsurkunde, sondern ein Vertrag zur Behebung von
Mißständen im Reiche war, in dem sich der König verpflichtete, den
Beschwerden von Adel und Klerus abzuhelfen und künftig nach dem
Gesetz zu regieren. Dennoch wirkten hier zum ersten Mal der König
und ein Teil seiner Untertanen durch ein formales Bündnis bei der
Regierung des Königreiches zusammen, und eben dieses Zusam-
menwirken bildet den Ausgangspunkt der parlamentarischen
Entwicklung in der fast das ganze 13. Jahrhundert anhaltenden
Schwächephase des englischen Königtums.

Etwa um die Mitte des Jahrhunderts kam das Wort Parlament in Umlauf. Noch umfaßte es den Rat der Großen des Reiches, die der König zusammenrief, um sich über wichtige Angelegenheiten des Königreiches zu beraten, wie den Rat aus Beamten und Richtern zur Aufrechterhaltung des königlichen Rechts. An der Spitze der Adelsopposition stand um diese Zeit der ebenso zupackende wie weitblickende Simon de Montfort, der Sohn eines französischen Ritters aus den Albigenserkriegen. Er setzte im Jahre 1265 im Kampf mit dem schwächlichen Heinrich III. die Einberufung der ersten repräsentativen Versammlung in London durch und wurde so zum Geburtshelfer für die Mutter der Parlamente.

Englands Weg schied sich nun von dem Frankreichs, dessen Verfassungsentwicklung auf eine Versammlung der Großen und ein Parlament als Gerichtshof hinauslief. Eduard I. (1239-1307) brachte Wales und Schottland in den Bannkreis englischer Macht, das eine dauerhaft, das andere nur zeitweilig – bei Bannockburn erkämpften sich die Schotten gegen seinen Sohn Eduard II. noch einmal zwei Jahrhunderte der Unabhängigkeit von England. Unter Eduard III. wandte sich die Macht Englands wieder nach Frankreich. Der legendäre Langbogen, die *Cruise Missile* des Mittelalters, vernichtete die Blüte der französischen Ritterschaft bei Crécy und Poitiers. Doch die Pest machte den Gewinn wieder zunichte. Nur Calais blieb auf Dauer englisch.

Mit der Figur Richards II. (1367-1391) ist der Beginn sozialer Umbrüche verbunden. Der Langbogen hatte das Lehnswesen als militärisches Rekrutierungsprinzip zerstört und eine Söldnertruppe hervorgebracht, die Pest hatte das Land entvölkert und den Überlebenden neue Verdienstmöglichkeiten eröffnet. Die Bauern liefen ihren Herren davon und wurden dafür bestraft. Bauernaufstände waren die Folge. Richard schien den neuen sozialen Kräften eines wachsenden Mittelstandes nahezustehen, und der Feudaladel fürchtete um seine bis dahin unangefochtene Stellung. An seine Spitze trat Heinrich Bolingbroke (1366-1413), ein Vetter Richards. Mit der Absetzung und dem Tod Richards öffnete sich in England der Abgrund des Bürgerkrieges. Denn Heinrich Bolingbrokes Erhebung zum König rechtfertigte sich nur durch die größere Kompetenz, nicht durch das göttliche Recht der legitimen Thronfolge. Schwand diese Kompetenz, schwand auch die Legitimität.

Heinrich V. (1387-1422), der Sohn Bolingbrokes, ist Englands Hel-

Der Ausgang des Kampfes war äußerst knapp. König Harold, der von einem Sieg über die Dänen nach Hastings geeilt war, verlor, weil die schon siegreichen Angelsachsen das Lager der Normannen plünderten, statt sie zu verfolgen. Wilhelm der Eroberer konnte seine zurückweichenden Ritter sammeln und das Schlachtenglück wenden.

denkönig schlechthin. Die romantischen Geschichten von lärmender Jugend und plötzlicher Wandlung zu Ernst, Tugend und Dienst am Vaterland haben ihn neben Richard Löwenherz in die Artus-Runde erhoben. Die Figur seines vermeintlichen Jugendfreundes Falstaff bewahrt das Gegenbild. Noch einmal wurde das französische Ritterheer von den Langbogen bei Agincourt vernichtet und Frankreich bis zur Loire englisch. Heinrich wurde als französischer Thronfolger anerkannt und heiratete Katharina, die Tochter Karls VI. von Frankreich. Doch die Zeit eines »Königs von England und Erben von Frankreich« war vorbei. In dem Mädchen von Domrémy erstand Frankreich eine nationale Figur, die das Schicksal der beiden Königreiche trennte, die französische Nation einte und die Engländer auf ihre Insel und das Meer verwies.

Heinrichs Sohn, Heinrich VI. (1421-1471), wurde Englands glücklosester König. Vierzig Jahre lang präsidierte er über militärischen Niederlagen, Chaos, Verfall und Anarchie. War sein Vater tapfer, weise und umsichtig, ein großer Krieger und ein kluger Staatsmann, so war sein Sohn nichts von allem. Als frommer Tor ohne eigenes Urteil wurde er schnell zur Marionette der sich befehdenden feudalen Parteien. England verdankt ihm die Gründung der King's Colleges in Cambridge und in Eton, doch auch die Erinnerung an tiefste Schmach und größtes Elend. Da ihm die Fähigkeit zu herrschen abging, rächte sich nun das Umstoßen der Thronfolge durch seinen Großvater.

Die Rosenkriege, die Englands Mittelalter abschließen, zerstörten auch den alten Feudaladel. Die großen Familien rotteten sich gegenseitig bis ins zweite und dritte Glied aus, und damit schwand die Erinnerung an den normannischen Ursprung. War schon die doppelte Loyalität der großen Feudalherren im 13. Jahrhundert brüchig geworden, so wurde sie nun vollends zerstört. Richard Löwenherz und Johann hatten sich in ihren Proklamationen noch des Französischen bedient, Heinrich V. schrieb seine Briefe und Frontberichte bereits in Englisch. Und mit dem Ende Richards von Gloucester waren auch die Blutsbande nach Frankreich durchtrennt. Die Plantagenets waren ein anglo-französisches Geschlecht, Heinrich Tudor, trotz seiner Verwobenheit in den Lancaster-Clan, ein Engländer. Auch wenn die englischen Könige erst im Frieden von Amiens 1802 gegenüber dem Ersten Konsul formal auf die französische Krone verzichteten, schied England nach Bosworth Field für fast fünfhundert Jahre von der kontinentalen Welt.

Echte Reformer und falsche Prinzen

*Heinrich VII. und
die Herausbildung des Parlamentarismus*

Vergleicht man die beiden Bildnisse, die sich von Richard III. (1452-1485) und Heinrich VII. (1457-1509) in der National Portrait Gallery in London finden, so mehren sich die Zweifel an der Schwarz-Weiß-Zeichnung dieser beiden Charaktere. Richard schaut – körperlich wohlgestaltet – am Betrachter vorbei, enttäuscht und müde in eine ungewisse Zukunft. Fast scheint es, als ob das Unglück seines Hauses bereits sein Gemüt verdüstere und das blutige Ende die ersten Schmerzen in sein Gesicht zeichne. Demgegenüber blicken den Betrachter aus dem Porträt des siegreichen Heinrich kleine listige Augen an, die von Argwohn, Verschlagenheit und unablässigem Auf-der-Hut-Sein künden. Morus' Geschichte Richards verbindet sich für den Betrachter beider mit dem Bilde Heinrichs. Als Heinrich VII. 1509 starb, hat Morus seine Herrschaftszeit als Epoche der Sklaverei bezeichnet und mit dem Regierungsantritt Heinrichs VIII. die Hoffnung auf ein goldenes Zeitalter verbunden. »Dieser Tag«, so schrieb Morus in einem lateinischen Gedicht, »ist das Ende der Knechtschaft, er ist die Geburt der Freiheit, das Ende der Traurigkeit und Quelle der Fröhlichkeit.«

Dennoch hat die Tudor-Propaganda letztlich obsiegt, denn das Ende des Bürgerkriegs und die Vereinigung der beiden Rosen durch Heinrichs Heirat mit Elisabeth von York wiegen historisch schwerer als die Charaktermängel des ersten Tudor-Königs. Und wieder hat Shakespeare in seinem Richard III. diese historische Leistung dichterisch überhöht und zum Programm erhoben, wenn er am Ende des Dramas Richmond sagen läßt:

*England war lang im Wahnsinn schlug sich selbst:
Der Bruder blind, vergoß des Bruders Blut;
Der Vater würgte rasch den eigenen Sohn;
Der Sohn, gedungen, ward des Vaters Schlächter;
All dies entzweite York und Lancaster,
Entzweiet selbst in greulicher Entzweiung –*

Richard III. war ein guter Soldat, ein geschickter Feldherr und ein kluger Politiker. Zeitgenössische Porträts mögen noch eine Ahnung von der Ambivalenz seines Charakters vermitteln, doch alle wissenschaftlichen Versuche, die historische Figur freizulegen, sind bis heute gescheitert. Was ist auch, unter dem Gesichtspunkt der Sprachmächtigkeit, ein Paul Murray Kendall gegen Thomas Morus und William Shakespeare?

> *Nun mögen Richmond und Elisabeth,*
> *Die echten Erben jenes Königshauses,*
> *Durch Gottes schöne Fügung sich vereinen!*
> *Mög' ihr Geschlecht – wenn es dein Will ist, Gott! –*
> *Die Folgezeit mit mildem Frieden segnen,*
> *Mit lachendem Gedeihn und heit'ren Tagen!*

Doch die heiteren Tage sollten noch lange auf sich warten lassen. Heinrich hatte Richards Krone auf dem Schlachtfeld aufgelesen und

26

*Auch in dem Bild, das sich die Nachwelt von Heinrich VII. machte, hat die spätere
Propaganda über die historische Wahrheit gesiegt. Während sein Porträt noch all jene
charakterlichen Mängel ahnen läßt, für die ihn seine Untertanen gehaßt haben, steht
seine Herrschaft in der Überlieferung für das Ende des blutigen Bürgerkrieges, für
»lachendes Gedeihn und heit're Tage«.*

sich aufs Haupt gedrückt. Die Zeitgenossen begriffen diesen Sieg
nicht als Wende, sondern als ein weiteres blutiges Zwischenspiel. Daß
das englische Mittelalter hier zu Ende war, haben erst die Historiker
festgestellt. Der Anspruch Heinrichs VII. auf die Krone war fragwür-
dig. Sie für die Tudor-Dynastie zu sichern, blieb die wichtigste Aufgabe seiner vierundzwanzig Regierungsjahre. Seine Ehe mit Elisabeth, der Tochter Eduards IV., vereinigte die beiden Rosen, das erste
von ihm einberufene Parlament bestätigte sein und seiner Nachfahren Recht an der englische Krone und erklärte alle Verleihungen von

Grundbesitz seit dem Tode Heinrichs VI. für ungültig. Doch die Phantasie des Volkes wurde weiter vom Schicksal der unglücklichen Söhne Eduards IV., den Prinzen im Tower, gefangengenommen. Außerdem gab es da noch den jungen Grafen Warwick, Sohn des »meineidigen Clarence«, der nach der Legende seine Verrätereien in einem Faß Malvasierwein gebüßt hatte. Die Historiker sind sich heute ziemlich sicher, daß die jungen Prinzen 1483 auf Befehl Richards im Tower ermordet wurden und demnach Heinrichs Thronanspruch nicht mehr im Wege standen. Doch zu Beginn seiner Regierungszeit tauchten überall in England falsche Prinzen auf, die von yorkistischen Verschwörern wider besseres Wissen mit Geld und Waffen unterstützt, die neue Dynastie mehrmals an den Rand des Abgrunds brachten.

Der erste, Lambert Simnel, ein Oxforder Schreiber, wurde 1487 in Dublin als Eduard VI. ausgerufen. Nach der Niederlage seiner Anhänger gefangengenommen, kam er in den königlichen Haushalt, wo er eine Karriere vom Küchenjungen bis zum Falkner durchlief. Der zweite, Perkin Warbeck, Bediensteter eines bretonischen Kaufmanns, dessen Stoffe er in Cork zum Zwecke der Anpreisung spazierenführte, erlangte sogar die Anerkennung Kaiser Maximilians und Philipps des Schönen, ehe seine abenteuerliche Laufbahn auf dem Schafott endete und Heinrich zu seiner Sicherheit auch Warwick köpfen ließ. Heinrichs Regierung erscheint im Rückblick wie eine Adventszeit, eine Vorbereitung auf Renaissance, Reformation und elisabethanisches Zeitalter. Er schuf die Grundlagen, auf denen Sohn und Enkelin ein prachtvolles Drama in Szene setzten. Die Entbehrungen der Rosenkriege hatten ihn sparsam und haushälterisch gemacht. Churchill nennt ihn den besten Geschäftsmann, der je auf dem englischen Thron saß. Heinrich stellte die Einkünfte der Krone wieder her und schuf eine leistungsfähige Finanzverwaltung. Der übliche mittelalterliche Krieg mit Frankreich war kurz und endete ertragreich. Eine lebenslange Rente von 5 000 Pfund jährlich machte ihn von den Bewilligungen des Parlaments unabhängig und beließ ihm genug, die Anfänge der englischen Flotte zu finanzieren. Der Staatsapparat wurde generalüberholt, und kluge Männer des Mittelstandes ersetzten den in den Rosenkriegen vernichteten hohen Adel.

Auch das englische Parlament erhielt unter Heinrich die Form, in der es sich heute noch präsentiert. Der Kronrat, das eigentliche Kabinett, wanderte aus dem Großen Rat aus, in dem die weltlichen und geistlichen Lords sowie die juristischen Ratsmitglieder sich allmählich zum House of Lords zusammenfanden. Die Vertreter der Gemeinden, die Ritter der Grafschaften und die Abgeordneten der wahlberechtigten Städte, die dem Großen Rat nicht angehörten und den Parlamentssal nicht betreten durften, organisierten sich unter der Führung eines Sprechers im House of Commons. Da das Haus Tudor, angefochten wie es zu Beginn war, sich nur auf Tatsachen stützen konnte, gewann der Gesetzesbeschluß des Parlaments zusätzliche Legitimationskraft.

Die Tudors bildeten die verfassungsrechtliche Institution des »King in Parliament« aus und sicherten sich damit die Krone; die Stuarts beriefen sich später auf ihr unveräußerliches göttliches Recht und büßten sie dabei ein. Die hier skizzierte Entwicklung des englischen Parlamentarismus war erst um die Mitte der Regierungszeit Heinrichs VIII. abgeschlossen. Denn zur Legitimierung der englischen Reformation benötigte der König die parlamentarische Sanktionierung. Erst die Lösung von Rom schuf die heute brüchig werdende Trinität von König, Parlament und Staatskirche. Was für die Verfassung das Parlament ist für die Verwaltung der Friedensrichter. Die von der Krone ernannten und überwachten ortsansässigen Friedensrichter werden unter Heinrich VIII. zur Hauptstütze des von den Tudors entwickelten Systems der Rechtsdurchsetzung. Ihr Pflichtenkreis wurde ständig erweitert, so daß sie am Ende als loyale Diener des königlichen Willens die Kontrolle in den Grafschaften ausübten.

Bei aller Skepsis gegenüber dem Tudor-Mythos, der vor dem Hintergrund eines Zerrbildes des letzten Plantagenets von eifrigen Propagandisten geschaffen wurde, muß man dem »königlichen Kaufmann« doch Klugheit im Umgang mit der Macht und Augenmaß bei der allmählichen Umgestaltung Englands zubilligen. Das Geschick, mit dem Heinrich VII. mittelalterliche Einrichtungen in den modernen Staatsapparat übernahm, machen ihn an der Zeitenwende vom Mittelalter zur Neuzeit zu einem konservativen Neuerer, einem sehr englischen Herrscher, der fast vierhundert Jahre vor ihrer Erfindung der Figur John Bulls am nächsten kam.

Der König will sich scheiden lassen

Heinrich VIII. und die Kirche

Eine Ausnahmeerscheinung auf dem englischen Thron war sein zweitgeborener Sohn, der nach dem frühen Tod seines Bruders Arthur 1509 als Heinrich VIII. seinem Vater nachfolgte. Von ihm gilt in besonderem Maße Schillers Wort über Wallenstein: »Von der Parteien Haß und Gunst verzerrt, schwankt sein Charakterbild in der Geschichte.« Ein englischer Kinderreim faßt sein Leben so zusammen:

> *Bluff Henry the Eighth to six spouses was wedded:*
> *One died, one survived, two divorced, two behaeded.*

Und Charles Dickens urteilt in »A Childs History of England« über den König: »Die schlichte Wahrheit ist, daß Heinrich VIII. ein unerträglicher Raufbold und blutrünstiger Schurke war, eine Schande für die Menschheit, eine fettige und blutige Narbe der Geschichte Englands.«

Verschlagen, zynisch, grausam war Heinrich – die Historiker sprechen von 60 000 bis 72 000 Ermordeten in seinen achtunddreißig Regierungsjahren –, doch er ist eben auch der Schöpfer der englischen Staatskirche und der Begründer der englischen Seemacht. Er schuf mit brutalen und unmoralischen Mitteln die Voraussetzungen, die es seiner Tochter Elisabeth I. ermöglichten, England für Jahrzehnte in Sicherheit und Wohlstand zu regieren. Die Nachwelt hat auf die Blutspur geschaut, die sich durch seine Regierungszeit zieht, die Historiker, vor allem die englischen, haben den König als Renaissancefürsten und Reformator gewürdigt. Doch gerade das Urteil über den Staatsmann hängt an der fortdauernden Tragfähigkeit der von ihm geschaffenen Institutionen. Die englische Kirche war und ist ein Kompromiß – orthodox im Glauben, reformatorisch in den Institutionen. Doch je mehr diese Kirche zerfällt und ihre Grundlagen als problematisch angesehen werden – der Übertritt der jetzigen Herzogin von Kent zum Katholizismus ist dafür ein Zeichen –, desto frag-

Auch wer von Heinrich nichts weiß – die hingerichteten Frauen kennt jeder. Nicht Staat und Flotte, Paläste und Gärten machen Heinrich unsterblich – das Blaubart-Motiv ist es, das über ihn in Musik und Literatur Einzug hält.

würdiger wird das Werk Heinrichs VIII. Immer deutlicher werden die Geburtsfehler einer Institution, die sich der Laune und der Lust eines Königs verdankt. Schon Luther sah diesen Mangel, als er schrieb: »Denn was Junker Heinz will, muß ein Glaubensartikel über Leben und Tod sein.« Alle christlichen Kirchen leiden heute unter Auszehrung. Doch nur die anglikanische scheint vom Tode bedroht, da sie kaum noch geistige Kräfte mobilisieren kann und ihren Gläubigen immer weniger zu erklären vermag, warum Bischöfe von einem Premierminister ernannt werden, der der Kirche noch nicht einmal angehören muß. Die Anfänge Heinrichs waren vielversprechend. Intelligent, ein begabter Musiker, ein achtbarer Theologe, Mäzen der Künste und Wissenschaften, ein hervorragender Jäger, Ringer und Tennisspieler, erschien er vielen als der jugendliche Held eines neuen goldenen Zeitalters. Für eine theologische Streitschrift gegen Luther verlieh ihm der Papst 1524 den Titel »fidei defensor« – Verteidiger des Glaubens –, ein Ornament, das noch heute die Krone

seiner Nachfahrin Elisabeth ziert. Eine seiner ersten Regierungs-
handlungen war die Hinrichtung der beiden treuesten Finanzverwal-
ter seines Vaters Empson und Dudley. Sie waren nur ein Anfang. Es
folgten im Lauf der Jahre Erzbischof John Fisher, sein Kanzler Thomas Morus, seine zweite Frau Anna Boleyn und fünf angebliche Mit-
verschworene, seine fünfte Frau Catherine Howard mit mehreren
angeblich des Ehebruchs Mitschuldigen, sein Kanzler Thomas
Cromwell, die Mitglieder der Familie de la Pole, die Herzöge von
Buckingham und Suffolk, die Gräfin Salisbury und Henry Courtenay, weil sie königliches Blut in ihren Adern hatten, 250 Anführer
der »Gnadenwallfahrt« und sieben Äbte, weil sie sich der Auflösung
der Klöster widersetzten, sowie unzählige Kartäuser, Kalvinisten,
Widertäufer und Lutheraner. Der letzte, Graf von Surrey, starb neun
Tage vor des Königs Tod wegen Hochverrats.

Gleich zu Beginn seiner Regierungszeit gewann der König die
»Sporenschlacht« von Thérouanne und Tournai in Frankreich sowie
reiche Beute an der Seite Kaiser Maximilians, während gleichzeitig
eine andere englische Armee unter dem Grafen von Surrey bei Flodden Field die schottische Selbständigkeit auslöschte. England schien
nach seiner Niederlage durch die heilige Johanna und die Rosenkriege wieder auf dem Weg, eine der ersten Mächte Europas zu werden. Auf diese frühen Jahre Heinrichs, da die glänzenden Verheißun-
gen der Renaissance noch nicht durch die Grausamkeit des Königs
entstellt waren, paßt Goethes Urteil aus der Farbenlehre: »Die Regierung Heinrichs VIII. war kräftig, kühn, prächtig, freigiebig und gelehrt.«

In dieses Bild fügt sich als Miniatur die Figur Thomas Wolseys,
Sohn eines Metzgers, Almosenier des Königs, Bischof von Bath,
Wells, Durham und Winchester, Erzbischof von York, Abt von St. Albans, Erster Minister des Königs, Kardinal und päpstlicher Legat a la-
tere, was praktisch die Machtfülle eines päpstlichen Vizekönigs für
die englische Kirche bedeutete. Wolsey war ein Workaholic, anmaßend, aufbrausend, eitel und geldgierig. Sein Palast von Hampton
Court bezeugt seine Prachtliebe und Verschwendungssucht, das
Christ Church College in Oxford seinen mäzenatischen Humanis-
mus. Doch aufs Ganze gesehen, blieb Wolseys Nachwirkung gering.
Er war von 1509 bis 1529 Erster Minister mit einer nie gekannten
Machtfülle. Er hätte den Staat reformieren und die Kirche erneuern
können, doch sein Tun war auf bloßen Machterhalt gerichtet, seine

Wolsey ist Beispiel für das Wirken des dialektischen Prinzips in der Geschichte. Der Kardinal hatte alle Macht, die englische katholische Kirche zu reformieren. Doch gerade weil er in seiner Person alle Mißstände symbolisierte, ohne zu handeln, beschleunigte er den fast lautlosen und totalen Zusammenbruch des englischen Katholizismus.

Reformen blieben Deklamationen. Er ruinierte die Finanzen des Landes und untergrub damit die königliche Autorität. Als er des Königs Wunsch auf Scheidung von seiner ersten Frau nicht erfüllen konnte, riß er das morsch gewordene Gebäude der katholischen Kirche Englands mit sich in den Abgrund. Seinem Lebensziel, die Tiara zu gewinnen, ordnete er die englische Außenpolitik unter. Als er damit scheiterte, hatte er sein Land in die Isolierung geführt. Es bleibt eine Ironie der englischen Geschichte, daß der nach Thomas Becket mächtigste Kirchenfürst die Verantwortung für den Zusammenbruch des Katholizismus in England trägt.

Selbst die heftigsten Kritiker von Wolseys Innenpolitik preisen ihn gern als klugen Außenpolitiker und Erfinder des europäischen Gleichgewichts. Doch hier ist der Wunsch der Vater des Gedankens, denn Englands Macht war noch zu gering, um als Gewicht auf der europäischen Waage ausschlaggebend zu sein. Vergleicht man die vorsichtig hinhaltende Taktik der ersten Elisabeth mit dem anspruchsvollen Gehabe Heinrichs und Wolseys, so verdient auch der Außenpolitiker Wolsey schlechte Noten.

Heinrich VII. hatte sich durch den Vertrag von Étaples eine lebenslange Rente gesichert, Heinrich VIII. in seinem ersten Krieg die Festung Tournai, die von den Franzosen für eine fast ebenso hohe Summe zurückgekauft werden mußte. Der Vertrag von 1526 erbrachte nichts außer einem fatalen Seitenwechsel, und der »Damenfrieden« von Cambrai zwischen Spanien und Frankreich, der Karl V. die Vorherrschaft in Italien sicherte, kam sogar ohne England zustande. Englands Politik war traditionell antifranzösisch und prospanisch, und die ersten Siege Franz' I. schienen die Richtigkeit dieser Option zu bestätigen. Doch nach dem Sieg der kaiserlich-spanischen Truppen bei Pavia 1525 und dem Sacco di Roma 1527 schied Frankreich aus dem Kampf um die italienische Halbinsel aus. Der Papst wurde zum Gefangenen der spanischen Politik und konnte auf Heinrichs Scheidungswünsche keine Rücksicht mehr nehmen. Nachdem Wolsey von Karl V. die Tiara nicht erhalten hatte, erhoffte er sie sich von einem Bündnis mit Frankreich. Doch darunter litt der für England lebenswichtige Tuchhandel mit Spanien und Flandern, ohne daß Englands Macht die Waagschale entscheidend zugunsten Frankreichs gesenkt hätte. Die Tiara entglitt Wolsey ein zweites Mal, und es wurde wahr, was Kaiser Maximilian wenige Jahre zuvor anläßlich des von seinem Enkel geschlossenen Freundschaftsvertrages mit Frankreich bemerkt hatte: »Mon fils vous allez tromper le Français et moi, je vais tromper les Anglais – mein Sohn, Sie werden die Franzosen hereinlegen und ich die Engländer.« Als der Kardinal, ein königlicher Gefangener und von allen verlassen, in einer Zelle der Abtei von Leicester starb, bemerkte er zu den ihn betreuenden Mönchen: »Hätte ich Gott so eifrig gedient wie dem König, so hätte er mich nicht in meinem hohen Alter verlassen.« Doch Wolsey hatte sich selbst besser gedient als dem König.

Die anglikanische Kirche hat ihr Entstehen aus dem Scheidungswunsch eines Königs immer als Makel betrachtet. Nie konnte sie sich zwischen ihrer katholischen Herkunft und ihren protestantischen Wurzeln entscheiden. Schlug das Pendel bei der Abwehr des Stuart-Absolutismus zugunsten eines typisch englischen, pragmatischen Protestantismus aus – der Whig-Kirche des 18. Jahrhunderts –, so schien es im 19. Jahrhundert wieder zurückzuschwingen. Die Oxford-Bewegung, die ihren Namen der Universität Oxford verdankt, war katholisch, außer dem Namen nach. Das Dilemma dieser Kirche formulierte der spätere Kardinal Newman in den fünfziger Jahren des 19. Jahrhunderts in einem Brief wie folgt: »Ich habe mir stets vor Augen gehalten, daß es etwas Größeres gebe als die Staatskirche, und das war die katholische und apostolische Kirche, die von Anbeginn entstanden war, von welcher jene nur eine örtlich beschränkte Gestalt und ein ebensolches Organ war.«

Als Heinrich dieses Organ fast wider Willen schuf, war die Situation des englischen Katholizismus nicht anders als in anderen Ländern. Ämterverkauf, Pluralismus, ein niedergehendes Klosterwesen und die Weltgeistlichkeit hatten überall in Europa eine starke antiklerikale Stimmung entstehen lassen. In England verkörperte der Erste Minister die Mißstände in seiner Person. Er hatte neben York immer noch einen anderen Bischofssitz inne, und er war als weltlicher Geistlicher unzulässigerweise noch Abt von St. Albans. Doch er kümmerte sich weder um seine Bistümer noch um seine Abteien. Dies alles hätte die Reformation aber nicht ausgelöst, wenn der König sich nicht hätte scheiden lassen wollen.

Katharina von Aragon (gest. 1536) war die Frau seines verstorbenen Bruders gewesen; sie hatte immer darauf beharrt, daß die Ehe nicht vollzogen worden sei. Zu Beginn einer in den ersten Jahren glücklichen Verbindung hatte Heinrich das nicht gekümmert, als Katharina älter wurde und von Fehlgeburten gezeichnet war, erinnerte sich Heinrich dieser Anfänge. Die Zeitgenossen haben nur die neue Liebe zu Anne Boleyn gesehen, die Nachwelt war bereit, andere Motive gelten zu lassen. Zwar hatte Papst Julius II. einen Dispens von der Verwandtschaft erteilt, aber er konnte auch die Heilige Schrift außer Kraft setzen, wo es im 3. Buch Moses, Vers 20 heißt: »Wenn jemand die Frau seines Bruders nimmt, so ist es eine abscheuliche Tat. Sie sollen ohne Kinder sein, denn er hat damit seinen Bruder geschändet.« Heinrichs Christentum war immer zweckgerichtet, und sein Gewissen sagte ihm, daß seine Ehe mit Katharina schuld daran sei, daß er keinen Thronfolger habe, sondern nur eine katholische Maria, die das Reich nicht regieren könne.

In der Tat haben die Engländer vor der großen Elisabeth mit Frauen keine gute Erfahrung gemacht. Die Regierungszeit Matildas (1102-1167), der Tochter Heinrichs I. und Gemahlin des deutschen

Kaisers Heinrich V., war eine der trostlosesten Epochen englischer Geschichte. Seit dieser Zeit verbanden die Engländer mit einer Frauenherrschaft Bürgerkrieg und Adelswillkür. Was letztlich für Heinrichs Entscheidung, sich von Katharina zu trennen, den Ausschlag gab, ist ein faszinierendes, häufig erörtertes, aber wohl letztlich unlösbares Rätsel. Jedenfalls war er der Überzeugung, absolut im Recht zu sein.

Die Scheidungsaffäre begann 1527 mit einem Legaten-Gerichtshof, vor den Wolsey den König zitierte, um ihm klarzumachen, daß er mit der Witwe seines Bruders in Sünde lebte. Nachdem die kaiserlichen Truppen im selben Jahr Rom und Papst Clemens VII. in ihre Gewalt gebracht hatten, verweigerte dieser seine Mitwirkung. Denn Kaiser Karl V. war der Neffe von Heinrichs Frau. So verzögerte er erst das Scheidungsdekret, vertagte danach den Gerichtshof, um ihn schließlich nach Rom zu berufen, was seiner Auflösung gleichkam. Nach dem Frieden von Cambrai zwischen Frankreich und Spanien sah alle Welt Wolsey als den Geprellten, der seinem Herrn nicht die sehnlich erhoffte Scheidung verschaffen konnte.

Nach Wolsey Sturz suchte der König neuen Rat und fand ihn bei Thomas Cromwell, dem Sohn eines Schmieds, der ihm riet, die Universitäten zu konsultieren, die des Königs Standpunkt in ihrer Mehrzahl teilten. Cromwell war ein rücksichtsloser, politisch begabter Aufsteiger. Anders als Wolsey liebte er nicht den Schein der Macht, sondern die Macht selbst. Anders als Wolsey hatte er auch konstruktive Ideen für eine Reform von Staat und Kirche, die er als neuer Erster Minister des Königs umgehend in die Tat umsetzte. Cromwell hat vor der Nachwelt weniger Gnade gefunden als Wolsey oder gar Heinrich selbst. Er gilt noch heute als Machiavellist, als durchtriebener und habgieriger Diener seines grausamen Gebieters. Was die Historie dem Renaissancefürsten nachsah, wollte sie dem politischen Werkzeug nicht durchgehen lassen. Thomas Cromwell nützte die antiklerikale Stimmung im Lande und berief 1532 ein Parlament ein. Als erstes wurde die Jahresgabe der neu eingesetzten Bischöfe an Rom abgeschafft, als nächstes Rom als höchste Berufungsinstanz der geistlichen Jurisdiktion beseitigt. 1532 heiratete Heinrich Anna Boleyn heimlich. Kurze Zeit darauf wurde mit Thomas Cranmer der letzte mit den päpstlichen Weihebullen ausgestattete Erzbischof von Canterbury berufen, der vom König dazu ausersehen war, die Trennung von Rom zu vollziehen. Der König ließ die Ehe mit Katharina

Hans Holbeins d.J. Federzeichnung von Thomas Morus und seiner Familie ist eines von mehreren überlieferten Bildnissen des Humanisten im privaten Ambiente, obwohl es bis dahin nur üblich war, Herrscherfamilien abzubilden. Die Entdeckung der bürgerlichen Familie als Sujet in der Kunst ist Beleg für den gesellschaftlichen Wandel: Eine neue Schicht wird Teilhaber an der Macht.

von Aragon für null und nichtig erklären und bestimmte die Kinder Annas zu seinen Nachfolgern auf dem Thron. Schließlich erklärte das Parlament in der Einleitung zu dem Gesetz, das die gesamte kirchliche Gerichtsbarkeit der Kontrolle des Königs unterwarf, daß dieses Königreich England ein Reich ist, »regiert allein von einem Oberhaupt und König«. Dies war die Erklärung der Suprematie und die Einsetzung Heinrichs als Papst von England. Damit war die Kirche von England begründet.

Der Zehnt und das erste bischöfliche Jahreseinkommen standen von nun an dem König zu. 1535 fügte Heinrich seinen Titeln den eines Oberhauptes der Kirche von England hinzu, 1536 wurden dem Bischof von Rom zusammenfassend und abschließend alle Rechte in England abgesprochen. Opposition gegen die neue Ordnung wurde als Hochverrat verfolgt. Die ersten Opfer waren Thomas Morus und der vom Papst zum Erzbischof von Rochester und zum Kardinal ernannte John Fisher. Da sich der Widerstand besonders in den Klöstern manifestierte, wurden diese in schneller Folge aufgelöst – erst die kleinen wirtschaftlich unbedeutenden, später auch die großen reichen. Königliche Visitationen, die Mißwirtschaft und Lasterhaftigkeit konstatierten, gaben dazu den Vorwand. Zwar hatte das mönchische Leben längst die Höhen mittelalterlicher Gelehrsamkeit und Mildtätigkeit verlassen und war zur Versorgungseinrichtung nachgeborener adliger Söhne und Töchter geworden, doch die von Heinrich und Cromwell ins Werk gesetzten Zerstörungen lassen sich dadurch nicht rechtfertigen. Noch heute zeugen die herrlichen Ruinen von Fountains Abbey, Rielvaux und Glastonbury von Macht und Frömmigkeit der mittelalterlichen Klöster. Daß aus den Steinen dieser Ruinen später so manches englische Herrenhaus erbaut wurde, machte den Verlust im Lauf der Zeit weniger fühlbar.

Im Norden Englands wehrte sich die Bevölkerung gegen die Vernichtung einer alten Kultur, doch die als »Pilgrimage of Grace« – als Gnadenwallfahrt – in die Geschichte eingegangene Rebellion des Nordens konnte das Schicksal der Klöster nicht wenden. Mit ihrem Ende und der Schaffung sechs neuer Bistümer wurde das letzte Refugium des Papismus in England zerstört. Außerdem kam die Krone zu Land und Geld. Hatte Heinrich schon zu Beginn der Auseinandersetzungen unter Berufung auf mittelalterliche Gesetze zum Schutz der königlichen Souveränität – das sogenannte Prämunire-Statut – den gesamten englischen Klerus mit einer Strafsteuer belegt, so wurde jetzt das Kirchenland meist unter Wert an Anhänger und Höflinge des Königs gegeben, die es weiterverkauften. Heinrich hatte die mittelalterliche Ordnung durch eine gewaltige Umverteilung der Besitztümer zugunsten der Gentry zerstört. Diese sicherte die neue Ordnung gegen jede mögliche Restauration. Doch der Thronfolger war ausgeblieben. Anna Boleyn hatte ihm nur ein Mädchen, die spätere Königin Elisabeth, geschenkt. Sein Gewissen machte sich wieder bemerkbar, und Anna starb auf dem Schafott. Erst die dritte Frau, Jane Seymour (gest. 1537), schenkte ihm den ersehnten Thronfolger, den späteren Eduard VI.

Trotz dieser Umwälzungen hielt der König am katholischen Glauben fest. Heinrich wollte keine protestantische, sondern eine anglo-katholische Kirche. Allein außenpolitische Notwendigkeiten – der Ausgleich zwischen Frankreich und Spanien – brachten ihn dazu, seine Kirche vorsichtig der lutherischen Konfession anzunähern. 1536 gab die Regierung die erste Liturgie der Kirche von England heraus, die »Zehn Artikel«, ein Kompromiß zwischen Altem und Neuem, der die Anzahl der Sakramente verminderte. Doch schon ein Jahr später verteidigte »The Bishops Book« die katholische Orthodoxie samt allen Sakramenten gegen protestantische Neuerungen. Schließlich ließ der König 1539 von einem willfährigen Parlament sechs Artikel beschließen, die die vollständige katholische Lehre enthielten: die Transsubstantiation, die Notwendigkeit der Ohrenbeichte, die Rechtmäßigkeit der Mönchsgelübde, die Kommunion in nur einer Gestalt, die Berechtigung privater Messen und die Gesetzwidrigkeit der Priesterehe. Damit blieb Englands Kirche unter Heinrich eine katholische.

Nachdem die Gefahr einer großen katholischen Koalition gegen Heinrich vorüber war, fiel auch der Reformer Cromwell – über eine Frau. Cromwell hatte das Bündnis mit den lutherischen Fürsten Deutschlands gesucht, und Anna von Cleve sollte als englische Königin das Band fester knüpfen. Doch als das lebendige Original weit hinter der Holbeinschen Miniatur zurückblieb, trennte sich der König wieder von der »flandrischen Mähre« und ließ den schuldigen Minister hinrichten. Die letzten Jahre Heinrichs kann man unter dem Oberbegriff der Wiederkehr des Gleichen subsumieren. Eine neue Königin, die Hofdame Catherine Howard, ein neuer Krieg gegen Frankreich ohne rechte Erfolge und die endgültige vernichtende Niederlage der Schotten bei Solway Moss 1542, auf die der Tod des Schottenkönigs Jakob folgte, beschreiben den Kreislauf in Heinrichs privatem wie politischem Leben. Nur war aus dem jungen, vielversprechenden Renaissancefürsten jetzt ein dicker, verbitterter alter Mann geworden, der auch seine fünfte Frau wegen Ehebruchs 1512 aufs Schafott schickte. Der Sicherung seiner Nachfolge galt zum Schluß seine ganze Aufmerksamkeit, und er bestimmte nacheinander seinen Sohn Edward (VI.), seine Tochter Maria und seine Tochter Elisabeth zu seinen Erben.

Als Heinrich 1547 die Augen schloß, hatte sich das Land wie nie zuvor in seiner Geschichte gewandelt. Aus der mittelalterlichen Herrschaft, die einzelne Gesetze aus dem allgemeinen überweltlichen Recht ableitete, war ein Nationalstaat geworden, dessen Souveränität sich auch auf die Gesetzgebung und Verwaltung der Kirche erstreckte und in der das Parlament, bestehend aus Lords und Commons, die Gesetze machte, nach denen Recht gesprochen wurde. Die Besonderheit der englischen Reformation liegt in der Tatsache, daß sie kein geistiger Aufbruch, sondern zuallererst eine legale staatliche Übernahme der katholischen Kirche war. Sie konnte jederzeit rückgängig gemacht werden und wurde es für kurze Zeit auch durch die gleichen gesetzlichen Akte, die sie geschaffen hatte. Der Kampf um die Seelen war damit noch nicht entschieden. Neben diesem Erbe einer ungewissen Lehre und einer konfessionell entzweiten Nation hinterließ Heinrich hohe Schulden, ein entwertetes Münzsystem, eine zerrüttete Verwaltung und einen unsicheren Waffenstillstand mit Frankreich. Erst seine Tochter Elisabeth konnte die Fundamente für das Werk nachliefern, das er überhastet begonnen und nicht vollendet hatte.

Der Tod Heinrichs VIII. ließ die Krone in den Händen eines neunjährigen Kindes zurück. Eduard VI. (1537-1553) ist folglich nicht berühmt durch das was er tat, sondern nur durch das, was andere in seinem Namen taten. Das Land wurde formell von einem Staatsrat regiert, der den Onkel des jungen Königs, Eduard Seymour, Herzog von Somerset, zum Protektor bestellte. Seymour stellte die Verfolgung und Drangsalierung von Protestanten wie Katholiken ein und hob alle Ketzer- und Hochverratsgesetze auf. Dieser Schritt war menschenfreundlich, aber nicht weise, da er einen Sturm von Predigten, Lehren und Streitgesprächen entfachte, der die Grundlage des Staates erschütterte und zugleich die Gefahr einer sozialen Revolution hervorrief. Eine gemäßigte Uniformitätsakte und das erste anglikanische Gebetbuch – das Prayer-Book von 1549 – bestätigten den Kompromiß zwischen Katholiken und Protestanten. Doch die Zeit war dem Kompromiß abhold, und soziale Unruhen führten zum Sturz des Protektors.

Sein Nachfolger, John Dudley, Herzog von Northumberland, vollendete in königlichem Namen die Reformation. Ein neues Ordinale vereinfachte das Ritual für die Ordinierung von Geistlichen und schaffte die niederen Weihen ab. Aus der katholischen Messe wurde ein protestantischer Gottesdienst und aus dem katholischen Priester ein protestantischer Pastor. Ein revidiertes Gebetbuch und eine zweite Uniformitätsakte markierten den Übertritt der englischen Kirche zum Protestantismus. Die verschiedenen katholischen Überbleibsel bei Lehre und Liturgie, die dem Abendmahlsgottesdienst noch anhafteten, wurden beseitigt, und die neue Gottesdienst-

ordnung wurde für alle Engländer – Geistliche wie Laien – in zwei-
undvierzig Artikeln verbindlich festgelegt.

Diese so gefestigte protestantische Staatskirche traf nach dem
frühen Tod Edwards 1553 auf seine katholische Halbschwester Maria
(1515-1558), die Tochter Heinrichs und Katharinas von Aragon. Noch
war der Katholizismus nicht aus den Herzen der Engländer ver-
schwunden, noch hätte eine kluge Politik das Land für Rom zurückgewinnen können. Doch Mary Tudor, die »blutige Maria«, wie sie
zuerst von ihren Untertanen und dann von den Historikern genannt
werden sollte, besaß keine der Eigenschaften, die für eine solche Politik notwendig gewesen wären. Über ihrer gesamten Regierungszeit,
über ihren Handlungen wie über ihren Unterlassungen steht das
Wort vergeblich. Wie Julian Apostata wollte sie zurück zum Alten,
zum Hergebrachten, und wie er fand sie den rechten Weg nicht zu
den Herzen ihrer Untertanen. Was mit Glockenklang begann, endete
auf dem Scheiterhaufen von Smithfield, und statt einer geglückten
Restauration erlebte das Land eine stumpfsinnige Reaktion. Maria
gelang, was Heinrich versagt geblieben war – die Vollendung der
protestantischen Revolution. Der Haß auf den Papst und die rö-
misch-katholische Kirche wurde für 350 Jahre ein Charakteristikum
des britischen Protestantismus und sollte zur ständigen Belastung
englischer Innenpolitik werden. Der Untergang der Stuarts, der immer wieder mißglückte Ausgleich mit Irland haben darin ihre Ursache. Und erst wenn Nordirland seinen Frieden gefunden haben wird,
wird der Geist Marias der Katholischen endgültig aus England vertrieben sein.

Maria war zuerst Katholikin und erst in zweiter Linie Engländerin. Die ihr und ihrer Mutter angetane Schmach hatte sie verbittert
und mißtrauisch gemacht. Zwei Dinge beherrschten ihr Denken:
ihre Religion und ihre spanische Abstammung. An die Stelle der
kühlen politischen Tudor-Vernunft trat bei Maria eine bis zur
Donquichotterie gehende leidenschaftliche Ergebenheit an Habs-
burg-Spanien und Rom. So wurde sie zur Fremden im eigenen
Lande. Ihr Kampf gegen den Protestantismus glich von Anfang an einem Anrennen gegen Windmühlenflügel. Zwar hob das von ihr einberufene Parlament die Uniformitätsakte auf, womit es keine Staats-
religion mehr gab, doch weigerten sich beide Häuser des Parlaments,
die Auflösung der Klöster und die damit einhergegangene Landum-
verteilung rückgängig zu machen. Als Maria damit begann, verheira-

tete protestantische Geistliche ihres Amtes zu entheben, entstand im Land eine revolutionäre Situation, der sie nur mit Mühe Herr wurde. Maria reagierte mit der Wiedereinführung der Antiketzergesetze und ließ von einem willfährigen Parlament alle von Heinrich VIII. gegen die päpstliche Autorität erlassenen Rechtsakte widerrufen.

Während die Märtyrer die Scheiterhaufen bestiegen, unter ihnen auch der noch vom Papst geweihte Erzbischof Cranmer, betrieb sie außenpolitisch die Einverleibung Englands in das Habsburger Reich. Ihre Ehe mit Philipp II. von Spanien erbitterte ihre national gesinnten Untertanen, ohne ihr Vorteile zu bringen. Im Gegenteil, durch den Krieg mit Frankreich verlor England seine letzte, noch aus dem Hundertjährigen Krieg herrührende Eroberung auf dem Festland: Calais. Nachdem auch der Thronfolger ausblieb und Maria in zwei Schwangerschaften die letzte Hoffnung auf eine Fortdauer der Dynastie und ihres Werks verlor, verdämmerte sie das letzte Jahr ihrer trostlosen Regierung. Was sie gewollt und wofür sie gelebt hatte – die Wiederherstellung des alten Glaubens –, blieb ihr versagt. Ihr Kampf gegen die Neuerungen ihres Vaters hatte nur einen Erfolg – sie endgültig in den Köpfen und Herzen der Engländer zu verankern. Zu Beginn ihrer Regierungszeit hing die Mehrheit ihrer Untertanen noch am alten Glauben. Als sie 1558 starb, war die Flamme des katholischen Glaubens in England erloschen.

Gloriana

Das elisabethanische Zeitalter

Man kann das Verhältnis zwischen Elisabeth und ihren Untertanen ohne Übertreibung als ein Liebesverhältnis bezeichnen. Selten noch hat ein Monarch schon zu Lebzeiten soviel Zuneigung und Treue erfahren wie Elisabeth. Ihre Verklärung durch Dichtung und Geschichtsschreibung ist ein rein englisches Phänomen. Für viele Nicht-Engländer blieb sie eine »maßlos eitle und egoistische Frau von jener brutalen Skrupellosigkeit, kalten Hinterlist und scheinheiligen Prüderie, die die Feinde Englands als typisch national bezeichnen« (Egon Friedell). Die Trennung in der Bewertung hat ihre Wurzeln in der »Englishness« der Königin. Das elisabethanische Zeitalter war Englands größte und fruchtbarste Zeit. In wenigen Jahren brachte es eine nationale Dichtung, eine nationale kulturelle Renaissance, eine unüberwindbare Flotte und, was das wichtigste ist und uns Deutschen immer versagt blieb, ein Bild des Engländers von sich selbst hervor. Mochten die Stürme der nachfolgenden Zeit vieles wieder in Frage stellen, die Bürgerkriegsparteien kämpften doch auf dem gemeinsamen Boden dessen, was England unter Elisabeth geworden war. Ob Anglikaner oder Presbyterianer, ob Kavalier oder Roundhead – Elisabethaner waren sie alle.

Und noch in unserem Jahrhundert, als England siegreich, aber entkräftet aus dem Ringen mit Hitler-Deutschland hervorging, richtete sich die Hoffnung auf ein zweites elisabethanisches Zeitalter, nachdem 1953 die zweite Elisabeth den Thron bestiegen hatte. Doch die Kraft der Erinnerung allein vermochte die weltpolitischen Veränderungen nicht ungeschehen zu machen. Was mit Elisabeth Tudor begann – Englands Aufstieg zur Weltmacht – endet mit Elisabeth Windsor. Und von der ersten Elisabeth bleiben nur die »goldenen Worte«, mit denen sie ihr letztes Parlament 1601 verabschiedete: »Wenn Ihr auch manch mächtigeren und klügeren Fürsten auf diesem Thron habt sitzen sehen und noch sehen werdet, so habt ihr doch nie einen Köng gehabt, noch werdet Ihr je einen haben, der Euch herzlicher liebte als ich.«

*Nur selten hat eine Herrscherfigur so vollkommen ihr Zeitalter repräsentiert wie Elisa-
beth I. Ihre ganze Veranlagung entsprach genau dem in dieser Situation Geforderten.
Nur zwei Herrschergenerationen später erleben wir in Karl I. die größtmögliche Entfernung von einer Gesellschaft. Nicht alles ist Zufall in der Geschichte, doch wohl
sehr vieles am Erfolg oder Mißerfolg eines Zeitalters.*

Als Elisabeth 1558 den Thron bestieg, war sie fünfundzwanzig
Jahre jung, elegant, stolz und politisch unerfahren. Sie hatte eine humanistische Bildung genossen, beherrschte sechs Sprachen, sprach
fließend Latein, was sie noch im hohen Alter einem verblüfften pol-
nischen Gesandten vorführte, und las die griechischen Schriftsteller
im Original. Sie besaß persönlichen Mut, vereinigte Anmut mit
Kraft, liebte die Jagd, das Bogenschießen sowie Tanz und Musik. Sie
hatte ihres Vaters gute Eigenschaften geerbt ohne das Tückische und
Grausame seines Charakters. Während Marias Regierungszeit hätte
Elisabeth durch einen unbedachten Schritt ihr Leben verwirken können, und damals hatten ihr Vorsicht und Heuchelei unschätzbare
Dienste geleistet. Ihnen verdankte sie es, daß sie die Gefangenschaft
im Tower unbeschadet überstand.

Doch hier haben auch Unverständnis und Ablehnung ihren Ursprung, die Elisabeth damals und später außerhalb Englands entge-

genschlugen. Sie war zweideutig, wo Eindeutigkeit gefährlich werden
konnte. Sie haßte Entscheidungen, warf getroffene mehrmals um,
um die Folgen dann möglichst auf anderen abzuladen. Elisabeth
hatte nichts Heldisches. Im Gegenteil, sie triumphierte kraft der Eigenschaften, die ein Held nicht haben soll – Verstellung, Schmieg-
samkeit, Unentschiedenheit, Unentschlossenheit und die Neigung,
alles auf die lange Bank zu schieben und jeder eindeutigen Festlegung bis zuletzt auszuweichen. Ihre Natur war es – mit den Worten
ihres Biographen Lytton Strachey –, »bei Windstille hinzutreiben auf
einem Meer von Unentschiedenheit, und wenn Sturm sich erhob,
fieberhaft bald nach der, bald nach jener Seite zu lavieren«. Maria
Stuart, ihre große Rivalin, ordnete die Politik ihren Leidenschaften
unter, Elisabeth hingegen die Leidenschaften ihrer Politik. Und die
gebot ihr Vorsicht, da das englische Staatsschiff in den Wogen der religiösen Leidenschaften leicht hätte auf Grund laufen können.

Persönlich war die Königin mutig. Trotz Verschwörungen und
Anschlägen ließ sie sich nicht vom Volk trennen. 1588 inspizierte sie
persönlich die Truppen, die eine Invasion Parmas zurückschlagen
sollten, und begeisterte die Soldaten mit den folgenden Worten:
»Mein geliebtes Volk, uns rieten einige, die um unsere Sicherheit be-
sorgt sind und Verrat fürchteten, wir sollten uns in acht nehmen,
wenn wir uns unter Bewaffnete begeben. Aber ich versichere euch,
solange ich lebe, kenne ich kein Mißtrauen meinem geliebten und
treuen Volk gegenüber. Mögen Tyrannen Angst haben, ich habe immer meine größte Stärke und meinen sichersten Schutz in den treuen
Herzen und dem guten Willen meiner Untertanen gefunden, und
deshalb bin ich jetzt zu euch gekommen, weil ich entschlossen bin,
inmitten der Hitze der Schlacht, mit euch allein zu leben oder zu
sterben und für meinen Gott, für mein Reich, für mein Volk, meine
Ehre und mein Blut darzubringen.«

Doch politisch hielt Elisabeth nichts davon, ihr Reich auf die
Spitze des Schwertes zu stellen. Sie haßte die offene Auseinandersetzung und liebte das verdeckte Schüren des Feuers. »Sie blies ins
Feuer, wenn es im Haus des Nachbarn brannte«, aber sie wich dem
Kampf aus, wo sie konnte. Zeit gewinnen war ihr alles, und sie war
beherrscht von einer wahren Leidenschaft des Hinauszögerns. Aus-
sitzen würden wir das heute nennen, was schon den Zeitgenossen
wenig behagte. Offen bleibt, ob weibliche Veranlagung oder politische Klugheit sie auf diesen Weg führten. Für England, ein noch

Kein Bildnis Elisabeths hat so deutlich den Charakter der »Schutzmantelmadonna« herausgestellt wie dieses apokryphe Krönungsbildnis. Schwer trägt die junge Gestalt an der ihr aufgebürdeten Last, doch sicher halten die Hände Zepter und Reichsapfel, die Symbole der Herrschaft. Der Hermelin bauscht sich um den schlanken Körper, als müßte er noch anderen darunter Schutz gewähren.

schwaches, aufstrebendes Land am Rande Europas, war das der einzig gangbare Weg. Dreißig Jahre lang hielt sie Frieden, bis das Land stark genug und für den Entscheidungskampf grüstet war. Hätte sie dem Drängen ihrer Minister auf Krieg nachgegeben, wäre England zwischen Frankreich und Spanien, zwischen dem katholischen Herrschaftsanspruch und der puritanischen Bigotterie zerrieben worden. Elisabeth sicherte die Reformation und ermöglichte die englische Renaissance. Ihre diplomatische Geschicklichkeit, die von Freund wie Feind als schlangenhafte Geschmeidigkeit verdammt wurde, stimmte so vollkommen mit den Erfordernissen des Staates, den sie repräsentierte, überein, daß am Ende gleichgültig bleibt, ob sie privat oder politisch motiviert war. Elisabeth, die erste Engländerin auf dem

Engländer, Schotten und Iren haben ein längeres historisches Gedächtnis als andere Völker. In einem tieferen Sinn hat Maria die gleiche Bedeutung für den Katholizismus in England wie Oliver Cromwell und Wilhelm von Oranien für den Protestantismus in Irland. Der Sieg an der Boyne machte aus den Iren so wenig Protestanten wie die Scheiterhaufen von Smithfield aus den Engländern Katholiken.

Thron, hat, einer weltlichen Mantelmadonna gleich, dem Werden so lange Schutz geboten, bis es stark und frei geworden war.

Als ihre Regierungszeit sich dem Ende zuneigte, war im Typus des Elisabethaners bereits der moderne Engländer vorgeformt, wie er über dreihundert Jahre die Geschicke seines Landes bestimmten sollte. »Der kühle, wohlinformierte, weitblickende Kopf mit seinem leidenschaftlichen Positivismus, seinem praktischen Genie, seiner gesunden Mischung aus Konsequenz und Anpassungsfähigkeit, seinem welterobernden Tatsachensinn; Gentleman, Gelehrter und Weltreisender in einer Person, in der einen Hand den Kompaß, in der anderen die ›Times‹.« (Egon Friedell) Von Walter Raleigh zu Phineas Finn haben sie Englands besonderen Weg gezeichnet.

Elisabeths erste und wichtigste Aufgabe war die Lösung der konfessionellen Frage. Sie hatte die Wahl zwischen der katholischen Welt Habsburg-Spaniens und dem protestantischen Aufbegehren in den Niederlanden, in Deutschland und Frankreich. Doch diese Wahlmöglichkeit bestand nur scheinbar. Maria Tudors katholische Politik der Scheiterhaufen ließ das Land für den Katholizismus verlorengehen und das nationale Gefühl protestantisch werden. Elisabeth suchte den Kompromiß. Ihr erstes Parlament bestimmte sie anders als ihren Vater nur zum »Supreme Governor« in geistlichen Dingen, und die neue Uniformitätsakte von 1559 hielt im Zeremoniell an manchem fest, was katholische Überlieferung war. Mit dem Neuen Gebetbuch war die anglikanische Staatskirche, wie sie noch heute besteht, fest gegründet – katholisch, aber nicht römisch, protestantisch, aber nicht presbyterianisch. Elisabeths Politik zielte auf einen Kompromiß, da sie keine Neigung verspürte, »Fenster in die Herzen der Menschen aufzustoßen«, und den Glauben für eine höchstpersönliche Sache hielt. Solange die katholische Gefahr drohte, hielt der Kompromiß, als die Gefahr gebannt schien, regten sich die Anhänger von Calvin und John Knox, um »die von Ihrer Majestät bestimmte Religon« durch eine theokratische Despotie zu ersetzen, in der die gewählten Ältesten der Gemeinde unumschränkte Befugnisse haben und die weltliche Macht weitgehend ersetzen sollten. Doch in den ersten dreißig Regierungsjahren drohte Elisabeth Ungemach nur von der römischen Kirche. Ihre nationale Politik gab die Bühne frei für den Auftritt ihrer großen katholischen Rivalin Maria Stuart.

Selten noch hat der geschichtliche Zufall zwei Frauen von so unterschiedlichem Temperament gegeneinander gestellt und mit sicherer Hand ein Drama vorbereitet, das der poetischen Überhöhung nicht bedurft hätte. Maria war die Tochter Jakobs V. von Schottland und der aus Frankreich stammenden Marie von Guise und die Enkelin Margarets, einer Schwester Heinrichs VIII. Schon sechs Tage nach ihrer Geburt wird sie Halbwaise und Königin und damit sofort zur Schachfigur im europäischen Machtspiel. Heinrich VIII. will Maria als Frau für den englischen Thronfolger, doch die Franzosen, unterstützt von Marias Mutter, sind schneller. Immer haben Frankreich und Schottland gegen England koaliert, und so wird das kleine Mädchen heimlich nach Frankreich gebracht und mit sechzehn Jahren dem vierzehnjährigen Thronfolger Franz angetraut.

Der Gegensatz zum düsteren, von Feudalfehden zerrissenen

Bis zum letzten aufgeklärt ist der Tod Darnleys nicht, doch die Motivforschung kehrt immer wieder zu Bothwell und Maria zurück. Die Zeitgenossen hatten keine Zweifel und jagten das Mörderpaar aus dem Lande, doch unter streng rechtsstaatlichen Gesichtspunkten bleiben Zweifel erlaubt.

Schottland könnte nicht größer sein. Das Frankreich Heinrichs II. ist das erste Land der Christenheit, beherrscht von einem Musenhof, an dem Maler, Dichter, Kavaliere und schöne Frauen um Marias Gunst buhlen. Doch so schnell sie gestiegen, so schnell fällt sie wieder. Heinrich II. wird in einem Turnier tödlich verwundet, und sein rachitischer Sohn Franz II. stirbt im Jahr darauf. So kehrt die junge Königinwitwe 1561 in ihr armes, zerrissenes Schottland zurück.

In Frankreich nimmt Maria auch den Titel einer Königin von England an, eine Anmaßung, die die schottische Regierung nach einer englischen Intervention im Vertrag von Edinburgh rückgängig machen muß. Maria weigert sich, diese Revokation anzuerkennen, und Elisabeth verwehrt ihr daraufhin die Durchreise. Damit ist der Anlaß für die historische Feindschaft beider Frauen gefunden, deren Grund tiefer liegt: Für die englischen Katholiken hat Maria ein größeres Anrecht auf den englischen Thron als die protestantische Elisabeth.

49

*Schon Heinrich VIII. spielte Tennis, Kricket wurde etwas später populär. Mit der eng-
lischen Flotte verbreitete sich dieses Spiel, das kaum jemand außerhalb des englischen
Kulturraums versteht, auf dem ganzen Globus, so daß der Kricketplatz irgendwo in
der Welt eindrücklicher als jede andere Hinterlassenschaft Ursprung und Ausdehnung
der britischen Kolonialherrschaft annonciert.*

Stefan Zweig hat in seiner populären Biographie das Thema
orchestriert: Die leidenschaftliche, schöne, vom Leben unbefriedigte
und vom Schicksal zu schnell in große Höhen geführte Frau sucht
Liebe und Erfüllung. Ihr erster Mann ist allenfalls ein Spielkamerad,
der die Sehnsucht der erwachenden Frau nicht stillen kann. 1565 heiratet sie gegen Elisbeths Willen ihren katholischen Vetter Henry
Darnley, einen geistlosen Schönling und charakterlosen Schwächling.
Als Maria erkennt, wie unbedeutend dieser Mann ist, wendet sie sich
abrupt von ihm ab. Ihr italienischer Sekretär David Riccio wird zum
Stein des Anstoßes. Der enttäuschte Darnley und die aufrührerischen
Lords ermorden ihn in Holyrood vor den Augen der Königin. Darn-

ley hält die schwangere Maria auf ihrem Stuhl fest, als die Schlächter in ihr Zimmer eindringen. Marias Haß kennt keine Grenzen. Doch sie verstellt sich klug. Sie überredet Darnley, sich von den Aufrührern zu trennen, indem sie ihm eine Versöhnungskomödie vorspielt. Danach lockt sie den gerade von den Pocken Genesenden in ein kleines Haus vor den Toren Edinburghs, wo er von ihrem Liebhaber Bothwell zuerst ermordet und anschließend in die Luft gesprengt wird. Bothwell ist für Maria zum Schicksal geworden. Nach einem rachitischen Knaben und einem eitlen Schwächling ist sie einem Mann begegnet, der sie physisch und seelisch überwältigt.

Diese Leidenschaft hat Maria in französischen Sonetten dokumentiert, die später in Abschriften ihren Anklägern in die Hände fielen. Anhänger und Freunde Marias haben versucht, die Echtheit dieser »Kassettenbriefe« zu bezweifeln. Doch wer sonst sollte sie verfaßt haben? Niemand im Schottland des 16. Jahrhunderts wäre in der Lage gewesen, diese vollendeten Zeugnisse eines Abgrunds von Leidenschaft zu fälschen. Maria schreit in ihnen ihre Lust, ihre Liebe, aber auch ihr Verfallensein heraus, vielleicht der Grund dafür, daß das Französische nicht so rein erklingt wie bei Ronsard und Brantome.

Für ihn hab' manche Träne ich vergossen,
Zuerst, da er sich meines Leib's bemächtigt,
Des damals er noch nicht das Herz besaß.

Was mit einer Vergewaltigung begann, endet mit dem Verlust der Krone.

In seine Hände und in sein Ermessen
Lege ich alles, was ich irdisch je besessen,
Mein Kind, mein Land, Leben, Glück und Ehre,
Denn ihm allein und unbedingt sein eigen,
Will meine Seele ewig sich erzeigen,
Nur ihm sich bindend, selig seiner Nähe,
Treu bis zum Tod, was immer auch geschehe.

Ganz Edinburgh weiß, daß Bothwell der Mörder ist. Doch Maria verhindert eine Untersuchung, inszeniert eine Justizkomödie und heiratet den Mörder. Europa ist entsetzt, und Elisabeth schreibt ihr kluge, warnende Briefe, die ehrliches, schwesterliches Mitgefühl verraten:

»Madame, meine Ohren sind so erstaunt und mein Herz so erschreckt über die Nachricht von dem entsetzlichen und abscheulichen Mord an Eurem Gemahl, meinem Vetter, daß ich Mühe habe zu schreiben; aber dennoch kann ich Euch nicht verhehlen, daß ich mir mehr um Euch Kummer mache als um ihn. Ich würde meine Pflicht als treue Cousine und Freundin nicht erfüllen, wenn ich nicht in Euch dränge, Eure Ehre zu wahren und nicht durch die Finger zu sehen bei der Verfolgung derjenigen, die, wie die meisten Leute sagen, Euch dies zu Gefallen getan haben. Man glaubt allgemein, daß das Verbrechen nie geschehen wäre, wenn die Täter nicht gewußt hätten, daß ihnen keine Strafe droht. Glaubt nicht, daß ich selbst solche Gedanken hege. Nicht um alles in der Welt würde ich einen so schwarzen Verdacht in meinem Herzen aufkommen lassen ... Ich ermahne, rate und bitte Euch, Euch dieses Ereignis so zu Herzen zu nehmen, daß Ihr ungescheut gegen den Mann vorgeht, der das Verbrechen begangen hat, und wenn es Euer bester Freund wäre. Laßt Euch nicht davon abbringen, aller Welt zu beweisen, was für eine edle Fürstin und treue Gattin Ihr seid.«

Doch nichts kann die Rasende vom Rande des Abgrunds zurückhalten.

Denn Eurer Freundin einzigstes Verlangen
Ist, liebend, dienend, treu Euch anzuhangen,
Den eignen Willen völlig Eurem anzugleichen,
Und keiner Not um Euretwillen auszuweichen,
Ihr werdet sehen, wie hörig hingegeben,
Mit welchem Eifer, welchem gierigen Streben,
Ich lernen will, mich dienend zu erfüllen,
Geliebte und gelöst in Eurem Willen, –
Nur diesem Preis will sterben ich und leben.

Schottland erhebt sich und verjagt das Mörderpaar. Die Königin wird gefangengenommen, muß vor dem Pöbel beschützt werden, unternimmt eine abenteuerliche Flucht und landet schließlich 1568 in England – eine hilflose, unglückliche Frau.

Elisabeth hat in den raschen Lauf der Ereignisse – von Marias zweiter Ehe bis zu ihrer endgültigen Flucht vergingen kaum mehr als zwei Jahre – nicht eingreifen können, doch fehlte ihr auch das Verständnis für die Überwältigung der Politik durch die Leidenschaft.

Edinburgh war im Mittelalter Hauptstadt, Regierungssitz, Festung und Hafen. Schottische Geschichte spricht hier aus jedem Stein. Das neue Edinburgh des 18. Jahrhunderts – Schottlands goldenes Zeitalter – ist eine der schönsten Städte Europas. In dieser Zeit wurde die schottische Hauptstadt, mehr noch als Bath, Cheltenham oder Turnbridge Wells, zum klassizistischen Gesamtkunstwerk, zur architektonischen Selbstdarstellung der Georgian World.

Elisabeth war zuerst Engländerin, danach Königin und zuletzt Protestantin. Maria war zuerst Königin, danach Katholikin, und zufälligerweise hieß ihr Kronland Schottland. Elisabeth dachte und fühlte national, Maria dynastisch katholisch. So ist auch das einzige, was sie ihrem Land hinterlassen hat – ihre romantische Legende. Elisabeth und Maria standen für gegensätzliche Prinzipien, und diese Prinzipien zwangen sie, anders zu handeln, als sie ursprünglich beabsichtigt hatten. Elisabeth mißbilligte den Aufstand gegen die von Gott gesalbte Königin und wollte sie zuerst als Gast behandeln und ihr den schottischen Thron zurückgewinnen. Doch Cecil, ihr kühl rechnender protestantischer Staatssekretär, sah die Gefahren, die von Maria für das von einer kinderlosen Frau regierte protestantische England ausgingen, und er opferte die Person der Sache.

Schiller ist neben Shakespeare der zweite Dichter, der Geschichte erfolgreich »umge-
schrieben« und damit die Geschichtsschreibung besiegt hat. Unter dem Druck der
Beichte leugnet Maria jede Beteiligung an einem Mordkomplott gegen Elisabeth. Wie
könnte man da noch historischen Beweisen glauben? Von Don Carlos wissen wir, daß
die Wirklichkeit anders war. Doch Schillers Maria ist für den deutschen Theaterbe-
sucher noch immer die historische Maria, ihre Hinrichtung ein Sieg der Politik über
Recht und Moral.

Am Anfang wird Maria von Elisabeth als Gast behandelt, später als Gefangene. Eine problematische Untersuchungskommission soll ihre Mitschuld an der Ermordung Darnleys klären. Hier tauchen zum ersten Mal die »Kassettenbriefe« auf. Aber Elisabeth vermeidet jede Festlegung. Sie will Maria weder freisprechen noch verurteilen. In dieser Zweideutigkeit wurzelt Schillers hartes Urteil über Elisabeths Charakter. Doch diese Zweideutigkeit entsprach der schwierigen Lage des protestantischen Englands am Rande des katholischen Europas. Die aufflammenden Verschwörungen zugunsten Maria Stuarts zeigen Elisabeths Dilemma: Die gefangene Prätendentin bleibt so gefährlich wie die freie Königin. Die protestantischen schottischen Lords haben ihre katholische Herrscherin zur Abdankung gezwungen, für die radikalen englischen Katholiken ist sie die rechtmäßige Königin beider Länder. Im Norden erheben sich 1569 einige katholisch gebliebene englische Adlige, um die vom Papst als »Ketzerin und Helfershelferin von Ketzern« Exkommunizierte durch Maria zu ersetzen, und im Ausland versucht ein päpstlicher Geheimagent, ein Mordkomplott zu schmieden und Albas Truppen nach England zu bringen. Die Ridolfi-Verschwörung wird schnell entdeckt und der erste katholische Herzog des Königreiches, Norfolk, verurteilt und hingerichtet, nur einer aus der endlosen Schar derer, die sich immer von neuem in ihren Dienst stellen und dabei ihr Leben verlieren.

Um Maria zieht sich das Netz der Intrigen enger zusammen, das sie am Ende töten wird, denn für beide Frauen ist in dieser Welt kein Platz. Zwar wird dieses Netz von Walsingham, dem Chef von Elisabeths Geheimdienst, gewoben, doch ist Maria nicht unschuldig, denn anders als Schillers Maria hat die historische auf den Vorschlag des Heißsporns Babington, Elisabeth zu ermorden, geantwortet: »Dann muß man also die sechs Edelleute ans Werk schicken und Auftrag geben, daß nach Erledigung ihres Unternehmens ich sofort von hier weggeschafft werde … ehe mein Wächter davon verständigt ist.« Mehr war nicht vonnöten.

Am 11. Oktober 1586 wurde in der großen Halle von Fotheringhay die Gerichtsverhandlung gegen die gestürzte Königin eröffnet. Nach dem »Schuldig« stimmten beide Häuser des Parlaments für die sofortige Hinrichtung. Nur Elisabeth zögert und schiebt die Verantwortung ihren Staatssekretären Burleigh und Davison zu – zweideutig bis zuletzt. Am 8. Februar 1587 stirbt Maria Stuart auf dem Richtblock. Als der Henker ihr abgeschlagenes Haupt dem Volke zeigt,

Auch die Paläste der Medici, Strozzi, Pitti, Rucellai und Antinori waren Festungsarchitektur und dienten der Verteidigung. Doch welch ein Unterschied! In Bothwells Eremitage Castle war kein Raum für Heiterkeit, las man keine griechischen und lateinischen Autoren. Die Burg atmet Gewalt, pure and simple, nichts verschönt die Macht, verschleiert ihren brutalen Gebrauch. An diesem Bild wird wie an keinem anderen deutlich, warum sich die französisch erzogene Maria in ihrem Heimatland nie wohl gefühlt hat.

bleibt eine braune Perücke in seiner Hand; das Haar der vierundvierzigjährigen ist in der zwanzigjährigen Haft grau geworden. Unter ihrem langen blutroten Untergewand kam ihr Schoßhund, ein kleiner Skye-Terrier, hervorgekrochen und legte sich winselnd neben ihre Schultern in die Blutlache. Dem Sohn Marias, der als Jakob VI. von Schottland und Jakob I. von England beide Länder zusammenführen sollte, schrieb Elisabeth, »das Urteil sei gegen ihre Absicht und ohne ihren Willen vollstreckt worden.«

Das Drama der schottischen Königin muß aber auch noch vor einem anderen Hintergrund gesehen werden – Elisabeths Jungfräulichkeit. Viel ist darüber gerätselt worden, warum sie sich der Ehe verweigerte, obwohl Staatsrat und Parlament auf die Sicherung der Nachfolge drängten. Waren es persönlich-private oder staatspolitisch-dynastische Gründe, die Elisabeth zur Ehelosigkeit drängten?

Elisabeths frühe Erfahrungen waren traumatisch. Im Hause ihrer

Stiefmutter Catherine Parr, der letzten Frau Heinrichs VIII., war sie den Zudringlichkeiten Lord Seymours ausgesetzt, der sie erst verführen und dann heiraten wollte. Sein Bruder, der Lordprotektor Somerset, ließ ihn dafür hinrichten. Man muß deshalb nicht zu Ben Jonsons Mutmaßung einer körperlichen Mißbildung, die Elisabeth eine Vereinigung unmöglich gemacht habe, greifen, um ihre Ehefurcht zu verstehen. »Ich hasse den Gedanken an Ehe«, sagte sie zu Lord Sussex, »aus Gründen, über die ich selbst mit einer Zwillingsseele nicht reden würde.« Das hindert sie nicht, den Klatsch mit ihren Affären zu füttern und die Welt mit immer neuen Heiratsprojekten in Erstaunen zu setzen. Denn liebesbedürftig war Elisabeth wie jede andere Frau, und ihre Seelenqual bezeugt die Reaktion auf die Geburt von Marias Sohn: »Die Königin von Schottland hat einem Sohn das Leben gegeben, ich aber bin nichts als ein abgestorbener Strunk.« Daß am Ende keines der Heiratsprojekte reüssierte, lag aber auch an einer anderen frühen Erfahrung Elisabeths. Sie hatte während der Regierungszeit ihrer Schwester Maria beobachten können, wie schnell sich Zustimmung in Ablehnung verwandelt, wenn die Nation das Gefühl hat, fremden Interessen geopfert zu werden.

Elisabeths Zuneigung galt über viele Jahre einem ihrer eleganten Höflinge, einer typischen Renaissancefigur aus dem »Cortegiano«. Doch Robert Dudley, Earl of Leicester, stammte aus einer Familie von Hochverrätern und hatte das Pech, seine Frau durch einen Unfall zu verlieren, der für viele Zeitgenossen wie Mord aussah, obwohl es dafür bisher keine Beweise gibt. Elisabeths Vorsicht siegte über ihr Begehren. Anders als Maria Stuart entschied sie sich für die Staatsräson und gegen die Liebe. Daß sie Leicester dann als Freier ihrer Rivalin anbot, gehört allerdings zu den unverzeihlichen Fehlern einer sonst klugen Psychologin.

Alle anderen Heiratsprojekte waren Teil ihrer Außenpolitik und spiegelten die jeweiligen englischen Ängste und Hoffnungen wider. Philipp II. hoffte, sie mit seiner Werbung ins spanisch-katholische Lager zu ziehen. Das galt auch für Erzherzog Karl, den Bruder Kaiser Maximilians II. Die Herzöge von Anjou und Alençon sollten das mit Frankreich in Blois gegen Spanien geschmiedete Offensivbündnis aus dem Jahre 1572 sichern helfen, das jedoch durch die »Bartholomäusnacht« um seine Wirkung gebracht wurde. Die fünfundvierzigjährige Elisabeth hätte ihre »Jungfräulichkeit« wohl gern dem zweiundzwanzigjährigen Alençon geopfert, zumal er kein fanatischer Katholik war und in den Niederlanden gegen die Spanier gekämpft hatte. Doch zu stark war die Abneigung ihrer Untertanen gegen einen Ausländer und Papisten und zu groß die Furcht vor einer Wiederholung der Scheiterhaufen von Smithfield. Bartholomäusnacht und Gegenreformation hatten im Volk jenen tiefsitzenden englischen Instinkt gegen europäische Verpflichtungen und Verwicklungen geweckt, der es noch heute den englischen Europäern schwermacht, die Insel aus ihrer dreihundert Jahre währenden »splendid isolation« nach Europa zu führen.

Elisabeths Außenpolitik war eine Meisterleistung ihres Ersten Ministers Cecil, der, darin ähnlich seinem Nachfahren unter Königin Victoria am Ausgang des 19. Jahrhunderts, auf den Frieden und die Flotte setzte und für den Vorsicht der bessere Teil der Tapferkeit war. Kritiker haben in Elisabeths und Cecils Doppelspiel den Ausdruck des englischen »cant« gesehen, jenes Talents, alles für gut und wahr zu halten, was einem jeweils praktische Vorteile bringt, und das für eine Sünde oder eine Unwahrheit zu erklären, was einem unangenehm ist. Der Heuchelei sind die Engländer deshalb von Philipp II. wie später von Wilhelm II. angeklagt worden – eine seltsame Kontinuität des Mißverständnisses, da die Cecils nur englische Interessenpolitik trieben, wo sich bei den anderen die Religion oder das Recht auf einen Platz an der Sonne hineinmengten.

Als Elisabeth die Regierung antrat, war die Staatskasse leer und England zwischen Frankreich und einem von der französischen Politik beherrschten Schottland eingezwängt. In einem unerklärten Krieg unterstützte sie die Aufständischen der protestantischen »Kongregation« gegen Marie von Guise, die Mutter Marias, und als deren Truppen zu unterliegen drohten, sandte sie ein Geschwader in den Firth of Forth, das den französischen Nachschub unterband und so die Franzosen zur Aufgabe zwang. In dem schon erwähnten Vertrag von Edinburgh erkannte die schottische Regierung Elisabeths Thronrecht an und verzichtete für Maria Stuart auf die Führung des englischen Titels und Wappens. Die französischen Truppen mußten bis auf einen kleinen Rest das Land verlassen, so daß die Allianz zwischen Schottland und Frankreich gesprengt war. Die Regierung wurde einem aus schottischen Adligen gebildeten Staatsrat übertragen. Elisabeth hatte während der ganzen Zeit der schottischen Regentin ihrer Nichteinmischung und Neutralität versichert.

In den folgenden Jahren trieb Elisabeth ein kühnes Doppelspiel.

Sie unterstützte mit Geld und einigen »Freiwilligen« den Freiheits-kampf der Niederlande sowie die französischen Hugenotten, aber nur halb und halbherzig. Nie wurde die Schwelle zum großen Krieg überschritten, eine Expedition nach Le Havre scheiterte. Zugleich suchte Elisabeth sich aus der Isolation zu befreien, indem sie den Ausgleich mit Frankreich suchte. So brachte sie England den Frieden, während sie die religiösen Auseinandersetzungen in den Nachbar-ländern am Kochen hielt. Zugleich durchpflügten kühne Kaperka-pitäne die Weltmeere, verkauften Sklaven nach Südamerika, ent-deckten die Nordwest-Passage, überfielen die spanische Silberflotte und sammelten nautische Erfahrung für die welthistorische Ausein-andersetzung mit Spanien. Elisabeth war an diesen Kaperfahrten zwar wirtschaftlich beteiligt, doch politisch leugnete sie jede Verant-wortung.

Zwei Namen finden sich in jedem englischen Lesebuch: Francis Drake, der mit der »Golden Hind« den spanischen Silberschatz auf dem Isthmus von Panama raubte und anschließend die Welt umse-gelte, und John Hawkins, der Elisabeths Flotte neu organisierte. In den achtziger Jahren des 16. Jahrhunderts war Philipps Geduld mit der kleinen Insel am Rande Europas erschöpft. Ein fataler Fehler Leicesters bot den Anlaß zum Krieg. Elisabeth hatte den von Parma hart bedrängten Niederländern eine Armee zu Hilfe geschickt, und Leicester nahm als Statthalter der Königin die Herrschaft über die Provinzen Holland, Seeland, Friesland und Utrecht an. Das spanische Imperium schlug zurück. Philipp stellte die Ressourcen der Alten und Neuen Welt in den Dienst der Vernichtung Elisabeths. Die Vorbereitungen zögerten sich durch Drakes berühmten Überfall auf Cadiz im Jahre 1587 um ein Jahr hinaus. Bei diesem »Sengen von des spanischen Königs Bart« wurde eine große Anzahl von Vorräten und Schiffen zerstört. Trotzdem stand die Armada im Jahre 1588 bereit: 130 Schiffe mit 2 500 Kanonen und mehr als 30 000 Mann, 20 Galeo-nen, 44 bewaffnete Kauffahrteischiffe und acht Galeeren aus dem Mittelmeer segelten den Kanal hinauf, um die Truppen Parmas an Bord zu nehmen und sie an der Südküste Englands abzusetzen. Die englische Flotte bestand aus 34 Schiffen mit 6 000 Mann an Bord. Zum Kampf kam es bei der Isle of Wight und auf der Höhe von Calais. Dabei erwiesen sich die englischen Schiffe, die kleiner und wendiger waren als die für das Mittelmeer gebauten Galeonen mit ihren Ferngeschützen, den Spaniern überlegen. Sie trieben die Arma-

Die »unüberwindliche Armada« war Ausgangspunkt und für mehr als 200 Jahre Symbol englischer Seeherrschaft. Doch erst Trafalgar und Waterloo haben diese Herrschaft zu etwas Natürlichem, Unanfechtbarem gemacht. Napoleon auf St. Helena ist Inbegriff der Überlegenheit der Seemacht über die Landmacht, eine noch immer gültige geopolitische Regel, wie der »Sieg« Amerikas, des Nachfolgers der britischen Weltmacht, über Rußland zeigt.

da aus dem Kanal in die Nordsee und vernichteten fast die Hälfte der unüberwindlichen Armada. England hatte nicht ein einziges Schiff und kaum 100 Mann verloren. Elisabeth ließ eine Gedächtnismedaille prägen: Afflavit Deus et dissipantur – Gott blies, und sie wurden in alle Winde zerstreut. Englands Flottenruhm war begründet und sollte mit kurzen Unterbrechungen bis zur Skagerrag-Schlacht dauern. Das Gefühl des Gerettet- und Neugeboren-Seins der Nation brachte Shakespeare in den Schlußzeilen seines nur wenige Jahre später enstandenen Dramas »König Johanns« zum Ausdruck:

Dies England lag noch nie und wird auch nie
Zu eines Siegers stolzen Füßen liegen,
Als wenn es erst sich selbst verwunden half.

Nun seine Großen heimgekommen sind,
So komme nur die ganze Welt in Waffen,
Wir trotzen ihr: nichts bringt uns Not und Reu.
Bleibt England nur sich selber immer treu.

Dreißig Jahre lang hatte der Schatten der spanischen Macht die Gemüter der Menschen verdüstert, hatte das Land all seine Kräfte zum Überleben gebraucht. Als die Gefahr gebannt war, quoll urplötzlich ein mächtiger Strom von Prosa und Poesie aus dem kleinen Land hervor und verwandelte es in einen Garten Eden. Zu einer Zeit, da die italienische Renaissance durch Tizians Tod ihren letzten großen Repräsentanten verloren hatte, eröffnete Edmund Spenser mit seiner »Faerie Queene« das elisabethanische Zeitalter. In einem ungeheuren unvollendeten Epos voller skurriler Einfälle, prachtvoller Panoramen und komplizierter politischer wie religiöser Allegorien huldigte Spenser der Königin als *Gloriana*. Wir kennen die Namen von zweihundert elisabethanischen Dichtern, deren Verse heute vergessen sind. Es war eben nicht nur die Zeit Shakespeares. Wie im Italien der Medici verbanden sich Aristokratie und humanistische Bildung, Politik, Philosophie und Dichtung zum Ideal des elisabethanischen Menschen. Leicester, Raleigh, Southhampton, der Earl of Oxford, die Countess of Pembroke, die Brüder Bacon, Philip Sydney, Essex und viele andere füllten die Annalen einer glanzvollen Epoche.

Die perfekte Verkörperung dieses Ideals war Philip Sydney. Geschult an den Sonetten Petrarcas und gebildet am Cortegiano Castigliones, schrieb er eine Verteidigung der Dichtung und wunderbar durchsichtige Sonette, die nur Shakespeare übertreffen sollte. Als er 1585 in der Schlacht von Zutphen tödlich verwundet wurde, betrauerte ihn die ganze Nation. Als man seinen Leichnam nach London brachte, erhielt er ein Begräbnis, wie es England bis zum Tode Nelsons nicht mehr erleben sollte. Von den großen Elisabethanern gingen Anregungen in alle Richtungen aus. Die leidenschaftlichen, metaphysischen Verse John Donnes haben einen starken Einfluß auf die englischen Lyriker des 20. Jahrunderts ausgeübt, und der vollkommenen englischen Prosa Bacons verdanken Locke wie Voltaire, Diderot wie Goethe Maßstäbe und Einsichten. Bacons Philosophie verbindet die Elisabethaner mit der Moderne, und erst in unserer Zeit hat sein linearer Fortschrittsoptimismus, seine pragmatische Verbesserungsphilosophie einen Riß bekommen. Macaulay, ebenfalls

In Fountainsabbey steht die romantische Abteiruine noch neben dem Landhaus, das aus ihren Steinen errichtet wurde. Im Stil jakobäisch ist es dennoch ein Produkt der »Tudorrevolution«. Heute ist beides Vergangenheit – Haus und Ruine gehören dem National Trust, das Haus wird nicht mehr bewohnt.

ein Schüler Bacons, benannte als Ziel der Baconschen Philosophie die Vervielfältigung der menschlichen Genüsse und die Milderung der menschlichen Leiden: »Ein Morgen Land in Middlesex ist besser als ein Fürstentum in ›Utopia‹ und ein Schuhmacher besser als Senecas Abhandlung ›Über den Zorn‹. Denn die Schuhe haben Millionen vor dem Naßwerden bewahrt, aber Seneca nicht einen einzigen Menschen vor dem Zorn.« Diese für uns platten Einsichten formulierte Bacon in einer Prosa, die Farbigkeit mit Durchsichtigkeit und Fülle mit Klarheit verbindet. Seine Essays ebenso wie das zuerst in Latein erschienene »Novum Organum«, das das induktive Studium der Natur, aber auch der Psychologie, der Moral und der Politik durch Erfahrung und Experiment pries, gehören zum Schönsten englischer Prosa.

Und auch das Theater kannte nicht nur Shakespeare. Websters »Herzogin von Malfi« enthält wunderbare Zeilen, Marlowes »Der

Jude von Malta« und »Eduard II.« nehmen Shakespearsche Themen vorweg, und Ben Jonsons »Volpone« ist eine glanzvolle komödiantische Satire. Nicht vorher und nicht nachher, mit Ausnahme vielleicht des Perikleischen Athens hat eine Zeit so viele verschiedene Talente hervorgebracht. Doch gipfelt alles in Shakespeare, einem beispiellosen Komödianten, klugen Psychologen und genialen Sprachkünstler. Shakespeare hat englische Geschichte geschrieben wie Bacon mit seiner »Geschichte der Regierungszeit Heinrichs VII.« . Doch während Bacon als Begründer der modernen Geschichtsschreibung gilt, hat Shakespeare mit seinen Stücken Geschichte um- und neugeschrieben und für Generationen von Schülern die englische Welt mit elisabethanischem Geist erfüllt. Shakespeare ist Volksschriftsteller und poetus laureatus, Chronist und Deuter in einem. Die Fülle der Figuren, die seine Königsdramen bevölkern, die Bauerntölpel, Nachtwächter, Bierzapfer, Hausierer, Huren und Kuppler sind allesamt Elisabethaner, kraftstrotzend und lebensvoll wie die große Königin selbst, die laut und derb sein konnte, kräftig zu fluchen verstand und rohe Scherze liebte. Noch war oben und unten nicht räumlich getrennt, und in den großen Hallen der elisabethanischen Häuser, in Penshurst und Knole, in Hatfield und Burleigh-House, in Parham und Hardwick-Hall, in Montacute und Haddon-Hall versammelten sich Herren und Diener zu gemeinsamem Mahl. Shakespeare hat in seinen Dramen den Kosmos der elisabethanischen Gesellschaft porträtiert und sie so den englischsprechenden Völkern als Ausgangspunkt eines gemeinsamen Weges überliefert, der erst jetzt, in diesem Jahrhundert, zu Ende gegangen ist. Denn England war vielleicht mächtiger unter Pitt und reicher zur Zeit der Königin Victoria, doch niemals in seiner Geschichte war es größer als unter der Herrschaft der ersten Elisabeth und ihres genialen Poeten.

Nachdem die Armada in alle Winde zerstreut war und England sich in den Dramen Shakespeares wiederfand, beginnt der letzte Lebensabschnitt Elisabeths. »Die Männer, die England seit 1550 regiert hatten, fanden sich nun auf dem Weg von Macht und Erfolg zum Grabe.« (Churchill) Leicester war in den letzten Tages des Jahres 1588 gestorben, Walsingham 1590, und 1598 folgte Burleigh. Eine neue Generation umgab die Königin. Doch bevor das elisabethanische Zeitalter in die Wirren der ersten bürgerlichen Revolution hinüberglitt, flammte der Geist des alten Feudalismus noch einmal auf in der Person des Robert Devereux, Earl of Essex. Er war der

Der eher ländliche, beschauliche »Tudorstil« hat in Europa viele Nachahmungen gefunden. Die pikanteste ist der Bau des Cecilienhofes in Potsdam von 1913 bis 1917 für den deutschen Kronprinzen. Während sich die englischen und deutschen »Vettern« zu Hunderttausenden abschlachteten, bezog der Kronprinz ein vor den Blicken seiner künftigen Untertanen verborgenes »Tudor-Landhaus«.

Stiefsohn Leicesters und leitete seinen Stammbaum von den großen Geschlechtern des mittelalterlich-normannischen Englands her, den Bohuns, den Rivers, den Dorsets, den Plantagenets. Essex war impulsiv, tapfer und höfisch gebildet, der letzte Sproß des englischen

Rittertums. Die Geschichte seiner Beziehung zu Elisabeth hat der große Zertrümmerer des viktorianischen Zeitalters, Lytton Strachey, in einem amüsanten Buch beschrieben.

Der unerklärte Krieg mit Spanien ging weiter, und Philipp rüstete eine weitere Armada aus. Elisabeth sandte Truppen in die Normandie zur Unterstützung Heinrichs IV., und Essex war ein ebenso unbesonnener wie ritterlich-romantischer Heerführer. Den Gouverneur von Rouen forderte er zum Zweikampf auf, aber der militärische Erfolg blieb aus. Noch einmal schickte Elisabeth eine Flotte nach Cadiz. Hafen und Stadt wurden zwar genommen, die spanische Silberflotte aber von Medina-Sidonia rechtzeitig in Sicherheit gebracht, wiederum ein romantischer Sieg ohne merkantilen Erfolg. Als eine neue Expedition unter Essex die spanische Silberflotte bei den Azoren verfehlte und spanische Truppen in Cornwall landeten, schwur Elisabeth, die Flotte nie wieder aus dem Kanal hinauszulassen. Die Zeit der Kaperfahrten ging zu Ende, und Spanisch-Amerika war jetzt besser gegen Überfälle gesichert.

Elisabeth gönnte ihrem Günstling keinen Einfluß auf die Staatsgeschäfte und seinen Protegés keine politischen Ämter. Zwar hatte Bacon seinem Patron genaue Anweisungen für die Behandlung der Königin und die Erringung der Macht gegeben, doch Staatssekretär wurde Cecils verwachsener Sohn und nicht Francis Bacon. Als die Königin Essex bei einer Auseinandersetzung im Staatsrat mit den Worten »Ach, geh' doch zum Teufel!« ohrfeigte, war die Katastrophe vorgezeichnet. Elisabeth warnte ihn: »Ich werde ihm den Trotz brechen und seinen Hochmut kleinkriegen«, doch Essex wollte Macht und Ruhm um jeden Preis. Er übernahm die undankbare Aufgabe der Befriedung Irlands und scheiterte kläglich. Als er nach London zurückkehrte, um, gestützt auf seine Popularität, mit seinen Anhängern die Cecils zu stürzen, brach der dilettantisch vorbereitete Aufstand in wenigen Stunden zusammen. Essex bestieg das Schafott. Die Anklage hatte Francis Bacon formuliert, der damit die ersten Stufen einer Karriereleiter erklomm, die den Philosophen der bürgerlichen Einfachheit zum Kronanwalt, Großsiegelbewahrer, Lordkanzler, Baron von Verulam und Viscount von St.Albans führen sollte, bevor er selbst tief fiel.

Mit dem Tode von Essex war es einsam um Elisabeth geworden. Vieles von dem, was wir heute das elisabethanische Zeitalter nennen, entfaltete sich erst voll unter ihrem Nachfolger, der aber schon einer

anderen Zeit angehört. Die große Königin starb in den letzten März-
tagen des Jahres 1603. Als sie das Ende nahen fühlte und Robert Cecil
sich erkühnte, davon zu sprechen, daß sie sich ins Bett begeben
müsse, war ihre Antwort: »Kleiner Mann, kleiner Mann, das Wort
müssen ziemt sich nicht, wenn man mit Fürsten spricht.« Ohne Widerspruch wurde Marias Sohn, Jakob VI. von Schottland, als Jakob I.
von England zum König proklamiert. In ihrer letzten Parlamentsrede
sprach Elisabeth den Satz: »Wenn Gott mich auch hoch erhoben hat,
so weiß ich doch, daß ich den Glanz meiner Krone Eurer Liebe ver-
danke, durch die ich regieren konnte.« Aber sie sagte auch: » Ein König zu sein und eine Krone zu tragen, ist ein Ding glorreicher für die,
die es sehen, als angenehm für die, die es zu erleiden haben.« Ob ihre
Nachfahrin auf dem Thron sich heute manchmal dieses Satzes erinnert?

Ein unseliges Geschlecht

Das Haus Stuart

Das Haus Stuart hat von der Geschichte die tragische Rolle zugewiesen bekommen. Romantisch, leidenschaftlich, liebenswürdig und ausgestattet mit dem Charme, der Menschen fängt, waren sie zugleich unpraktisch, unklug, dickköpfig und zutiefst unpolitisch. Das Schicksal der Maria Stuart ist paradigmatisch für das ganze Geschlecht. Von den vierzehn Königen und Königinnen aus dem Hause Stuart wurden zwei ermordet, zwei hingerichtet, einer fiel, einer wurde von einer explodierenden Kanone getötet, und einer wurde aus dem Lande vertrieben. Sie waren in dynastische und religiöse Auseinandersetzungen verwickelt, Opfer der ersten modernen Revolution in der Geschichte und hinterließen dem Land, aus dem sie kamen, eine romantische Legende. Obwohl sie über einhundert Jahre – wenn auch mit der Unterbrechung von Cromwells Commonwealth – Könige von England waren, blieben sie doch Schotten, tragisch verwoben in die Geschichte eines unglücklichen Landes am Rande Europas.

Die schottische Geschichte ist eine Abfolge von Niederlagen und Aufbegehren gegen den reicheren und stärkeren englischen Nachbarn. Während England Teil des römischen Imperiums war, blieben die Stämme Schottlands außerhalb dieses zivilisierenden Einflusses und versuchten ihre Freiheit später auch gegen das »englische Rom« zu verteidigen. Während die Welt des Hochlands und der Inseln bis ins 19. Jahrhundert barbarisch blieb, öffnete sich der reichere Süden Schottlands dem englischen Einfluß. Zu der Auseinandersetzung mit England kam der Bürgerkrieg. Die schottische Geschichte ist eine ununterbrochene Abfolge von Kriegen, Kämpfen und Morden. Nirgends tritt protestantische Intoleranz so maßlos auf wie in der Figur des fürchterlichen Predigers John Knox. Und nirgends spendete das Flämmchen der Renaissance so spärliches Licht wie in diesem grauen Land am Meer. Doch wie Fontane die märkische Streusandbüchse in eine literarische Landschaft verwandelt hat, so verwandelte Walter Scott das Elend seines Landes in Poesie. Und so sind Montrose, Bon-

So hat es sich bestimmt nicht zugetragen in der St. Giles Kathedrale in Edinburgh, als John Knox den Lords der Kongregation predigte. Die Damen in ihren prachtvollen Gewändern hätten wohl kaum gewagt, sich diesem Herold der Einfachheit so nahe zu zeigen. John Knox war der Savonarola des Nordens, dessen priesterliche Beredsamkeit nur ein kaltes Licht entzündete. Eifernd und selbstgerecht hat er seine Landsleute zur Unduldsamkeit angehalten, wo Nachsicht und Toleranz geboten gewesen wären.

nie Dundee, Bonnie Prince Charlie und Flora McDonald, die historischen Verlierer, Sieger in den Herzen ihrer Landsleute geblieben.

Am Anfang steht Robert Bruce. Seinem Sieg über die Engländer 1326 verdankt Schottland noch knapp dreihundert Jahre unabhängige Nationalgeschichte. Zweihundert Jahre davor, im Jahre 1136, hatte David I. den Sohn eines bretonischen Ritters zum erblichen High-Steward von Schottland ernannt, Haushofmeister würden wir es heute nennen. Der sechste High Steward von Schottland heiratete eine Tochter von Robert Bruce, und als dessen Sohn kinderlos starb und das schottische Parlament der Vereinigung beider Kronen in der Person Eduards III. widersprach, war das Haus Stewart oder Stuart geboren. Die ersten beiden Könige aus dem Hause Stuart, Robert II. und Robert III., waren schwächliche Vertreter ihres Geschlechts und überließen die Regierung mächtigen Verwandten. Als Robert III. seinen Sohn diesem Einfluß entziehen und nach Frankreich senden wollte, wurde er von Engländern gefangengenommen und bis zu seinem dreißigsten Lebensjahr im Tower verwahrt.

Jakob I. war der erste wirkliche König Schottlands seit Robert Bruce. Er entmachtete seine Verwandten, stellte die Ordnung im Lande wieder her, schuf ein königliches Recht und stärkte die Gerichtshöfe, damit sie es durchsetzten. Ein apokryphes Bild zeigt einen klugen und melancholischen Menschen, umweht von Einsamkeit und Tragik. Da er das adlige Räuberunwesen einzudämmen suchte, machte er sich viele Feinde. Einer von ihnen ermordete ihn in den letzten Februartagen des Jahres 1437. Als er starb, war sein Sohn Jakob II. sechs Jahre alt. Wiederum wurde das königliche Kind ein hilfloses Opfer adliger Rivalitäten. Es sah seine Freunde sterben und wurde selbst entführt, dann aber auf Geheiß des Parlaments überraschend freigelassen. Im Alter von neunzehn Jahren erkämpfte sich der König die Macht und brachte eigenhändig einen seiner mächtigsten Barone, einen Douglas, um, den er zuvor mit der Zusicherung freien Geleits nach Stirling Castle gelockt hatte. Als der hitzige, leidenschaftliche König dem Land den Frieden zurückgegeben hatte, machte die Explosion einer Kanone seinem Leben ein Ende. Sein ältester Sohn war zu diesem Zeitpunkt erst neun Jahre alt.

Jakob III., genannt der Fiedlerkönig, hatte keine kriegerischen Neigungen. Er liebte die Musik wie die Dichtkunst und versammelte um sich Musiker, Künstler, Astrologen und Alchimisten. Seine Günstlings- und Mignonwirtschaft stieß den kriegerischen Adel ab, und als die ewige Auseinandersetzung mit England den Zug nach Süden notwendig machte, weigerten sich die Barone, ihrem König zu folgen. Die Legende erzählt, daß Archibald Douglas sich auf einer Adelsversammlung in Lauder bereitfand, dem König die Wahrheit zu sagen, sprich, der Katze die Schelle umzuhängen. Archibald Bell the Cat nennt ihn deshalb die Geschichtsschreibung. In dieser Zeit ging die Hafenstadt Berwick endgültig an England verloren. Kurze Zeit darauf sah sich der König erneut einer Adelsrevolte gegenüber, die diesmal von seinem eigenen Sohn angeführt wurde. Die königlichen Truppen wurden bei Sauchieburn geschlagen und der König auf der Flucht von einem verkleideten Priester ermordet.

Jakob IV. ist der von den Schotten noch heute am meisten geliebte und verehrte König. Sein Tod im Jahre 1513 auf dem Schlachtfeld von Flodden Field löste unendliche Trauer aus. Und da sein Eisengürtel, den er als Buße für den Tod seines Vaters immer trug, nicht gefunden wurde, hat sich an ihn der Barbarossa-Mythos geheftet – die Hoffnung auf Wiederkehr beim Anbruch glücklicherer Zeiten. 1970 erschien in Großbritannien ein Buch von Ada James Stewart, das die Geschichte dieses Königs als wiedergefundene Erinnerung erzählt. Der Autor hat 1975 Ada James Stewart gegenübergestanden, einer Frau im blauen, silberdurchwirkten Königskleid, deren Kopf eine erstaunliche Ähnlichkeit mit dem des entschwundenen Königs aufwies und die fest davon überzeugt schien, eine Reinkarnation dieser einzigartigen Renaissancegestalt Schottlands zu sein.

Jakob IV. war intelligent, lebhaft, kühn, warmherzig und fröhlich, ein großzügiger Charakter mit einer Neigung zur Verschwendung. Er liebte die Künste und Wissenschaften, konnte ein Bein schienen und Zähne ziehen, ritt leidenschaftlich gern zur Jagd und hielt den Krieg für die Fortsetzung des ritterlichen Turniers, bei dem niemand einen Vorteil haben durfte, eine Haltung, die ihn Thron und Leben kosten sollte. Der König liebte die Frauen und verheiratete sich denn auch klug mit Margaret Tudor (1489-1541), einer Schwester Heinrichs VIII. Die Vereinigung von Distel und Rose sollte den jahrhundertealten Konflikt mit England beenden und hätte es auch getan, wenn nicht romantische Ritterlichkeit über kluge Vernunft gesiegt hätte.

Nach vierundzwanzig Regierungsjahren hatte er den Adel gezähmt, dem Gesetz Anerkennung verschafft und die Verwaltung modernisiert. Als Heinrich VIII. 1512 der Heiligen Liga gegen Frankreich beitrat, appellierte dieses an die »Auld Alliance« mit Schottland, und die französische Königin sandte Jakob einen Türkisring mit der Bitte um ritterlichen Beistand. Obwohl der Konflikt Schottland nichts anging, sammelte Jakob ein Heer von 50 000 Mann zur Unterstützung Frankreichs. Der König erwartete die Schlacht in einer fast uneinnehmbaren Stellung in der Nähe der Grenze auf den Hügeln bei Flodden. Doch statt den englischen Ansturm dort zu bestehen, verließen die Schotten ihre Stellung und waren gezwungen, nachdem sie ins Tal hinabgestiegen waren, hügelan zu kämpfen. Der König und die meisten schottischen Heerführer fielen, Gefangene wurden nicht gemacht. Der Tag von Flodden ist der eigentliche Sterbetag Schottlands; in den neunzig Jahren, die noch zwischen diesem Tag und der Vereinigung der beiden Kronen lagen, war das Land wenig mehr als eine eroberte Provinz, der man lediglich den Schein und den Glau-

Melrose Abbey – Scotts und Fontanes romantische Lieblingsabtei in Schottland. Was auf der schottischen Seite englische Raubkriege, die sogenannten »border-wars«, zer- störten, ruinierte auf der englischen die Reformation. Unterschiedliches historisches Schicksal, doch die gleiche Wirkung auf Maler und Poeten: wunderbarer Verfall als Memento, als romantische Idylle und als Klischee.

ben an ihre Selbständigkeit gelassen hatte. Seine Macht und sein An- sehen waren gebrochen, und von der Trauer, die das ganze Land er- füllte, gibt am besten das Lied Kunde, das »The flowers of the Forest« heißt und nicht ohne Grund das Sterbelied Schottlands genannt wurde.

Ich hörte sie singen, wenn Morgens sie gingen
Die Herde zu melken, die draußen steht;
Nun hör' ich ihr Wehe, wo immer ich gehe –
Die Blumen des Waldes sind abgemäht.

Dahin unsre Kränze! wir zogen zur Grenze,
Wo Englands Banner im Winde geweht,
Unsre Blumen vom Walde, sie ruhn auf der Halde,
Die Blüthe des Landes ist abgemäht.

Jakob V. (1512-1542) war zwei Jahre alt, als sein Vater auf dem Schlachtfeld von Flodden blieb – gefallen oder ermordet, wie es die Legende will. Seine Mutter Margaret Tudor verband sich mit den Douglas und wurde aus dem Lande getrieben. In Schottland wechselten die Regenten für das unmündige Kind. Der Machtkampf zwischen den zwei mächtigsten Familien, den Hamiltons und den Douglas, wurde auf der High Street von Edinburgh ausgefochten und ist als »Cleanse the Causeway«, das Straßenfegen, in die Geschichte des Landes eingegangen. Letztere blieben Sieger und regierten das Land, bis der siebzehnjährige König die mächtigste Familie verbannte. Fontane hat Haß und Leidenschaften dieser Auseinandersetzung in seiner berühmten Ballade »Archibald Douglas« eingefangen:

Ich seh Dich nicht, ich hör' Dich nicht,
Das ist alles, was ich kann.
Ein Douglas vor meinem Angesicht
Wär' ein verlorener Mann.

Der König, der als »Poor Man's King« in die Geschichte eingegangen ist, weil er öfters als einfacher Bauer verkleidet über Land zog, war abwechselnd leutselig und grausam. Den einfachen Leuten versuchte er, so gut er es vermochte, zu helfen, die gesetzesbrechenden Barone verfolgte er gnadenlos. Nachdem die Reformation in England gesiegt hatte, schloß er sich einem katholischen Kreuzzug gegen den südlichen Nachbarn an. Das Abenteuer endete in den Sümpfen von Solway Moss am 24. November 1542 mit einer vernichtenden Niederlage der Schotten. Kurze Zeit darauf wurde Maria Stuart geboren. Als der König davon hörte, sagte er: »Das Haus Stuart hat mit einem

Mädchen begonnen und wird mit einem Mädchen enden.« Sechs Tage später war er tot. Er war noch nicht einunddreißig Jahre alt und schon ein gebrochener Mann.

Der Sohn Maria Stuarts und Lord Darnleys, Jakob VI., besaß eine kuriose Mischung negativer Charaktereigenschaften. In seinem plumpen Leib wohnten kalter Ehrgeiz und eine ängstliche Seele dicht beieinander. Jakob VI. (1566-1625) sprach stammelnd, bewegte sich ungraziös, hatte rohe Manieren, trank viel und sabberte beim Trinken. Vom sprichwörtlichen Stuart-Charme seiner Mutter besaß er nichts. Er erhielt eine reiche humanistische Bildung von einem der besten Lehrer des neuen reformierten Glaubens, George Buchanan, der ihm zuviel Theologie und zuwenig Kultur beibrachte. Er scheute das Wasser, war abergläubisch und gelehrt, töricht und schlau, glaubte an Dämonen und Hexen und schaute dennoch klug auf seinen Vorteil. Inmitten der Unduldsamkeit seiner Zeit war er tolerant, und auf seine Gelehrsamkeit war er so stolz wie auf seine göttliche Abstammung. Seine Verteidigung der absoluten Monarchie hätte ihm in jedem anderen europäischen Land des beginnenden Absolutismus Ruhm eingetragen, in England war sie der erste Schritt auf einer abschüssigen Bahn, an deren Ende für seinen Sohn und Nachfolger Tod und Kronverlust standen. Schmeichler nannten ihn den Salomon des Nordens, doch richtiger war wohl die Einschätzung Sullys, der ihn als den »weisesten Narren der Christenheit« bezeichnete.

Jakob VI. war acht Monate alt, als sein Vater ermordet wurde, zehn Monate, als er seine Mutter zum letzten Mal sah und dreizehn Monate, als er zum König von Schottland gekrönt wurde. Vier aufeinanderfolgende Regenten herrschten in seinem Namen über Schottland, Murray, Lennox, Mar und Morton, alle, außer einem, starben eines gewaltsamen Todes. Rivalisierende adlige Banden stritten sich um die Person des Königs als das Aushängeschild ihrer Macht. Im Jahre 1582 sperrten ihn einige protestantische Lords auf Schloß Ruthven ein, weil sie fürchteten, er könnte dem Einfluß seines katholischen Verwandten Esmé Stuart unterliegen.

Als er wieder freigelassen wurde, versprach er, den Protestantismus zu verteidigen, unterzeichnete ein Bündnis mit England und wurde im Alter von siebzehn Jahren wirklich König. Für die Freilassung seiner Mutter tat er nichts, Elisabeths Huld und das Geld aus Cecils Kassen waren ihm allemal wichtiger. Die Reformation hatte

Mit der Pulververschwörung wird Geschichte volkstümlich. Der in letzter Minute vereitelte Anschlag auf König, Parlament und protestantische Kirche, der im Jahr 1605 eine echte Bedrohung für den Bestand des Staates war, ist heute alljährlich Anlaß zum Freudenfeuerwerk, bei dem englische Schulkinder einander zurufen: »Remember, remember, the 5th of November!« Guy Fawkes aber ist in die Rolle des Kinderschrecks geschlüpft, den man um Hilfe ruft, wenn die Nachkommen unartig sind.

Schottland zu einem noch ungemütlicheren Aufenthaltsort für Könige gemacht, und Jakobs Trachten ging auf den vermeintlich bequemeren englischen Thron. Seine schottischen Jahre verbrachte er in zähem Ringen mit der protestantischen Kirche, die nach dem Papst auch die Bischöfe als Teufelszeug abzuschaffen gedachte und statt dessen die Gläubigen der Generalversammlung, einem »Politbüro in Glaubensfragen«, unterstellte, das der neuen Geistlichkeit mehr Macht gab, als die katholische Hierarchie je besessen hatte. »Gottes alberner Vasall«, wie die Presbyterianer den König verachtungsvoll nannten, hielt demgegenüber an der anglikanischen Kirchenregelung fest, die da lautete: »Kein Bischof, kein König.«

Als Jakob 1603 Elisabeth nachfolgte, hoffte er, für immer den schottischen Fraktionskämpfen und dem Geldmangel entkommen zu sein. Bald mußte er feststellen, daß die politische Auseinandersetzung in England nicht minder heftig tobte und die Commons fast ebenso ungebärdig waren wie die schottische Kirk. Ein König, der verkündete: »Die Monarchie ist das Höchste auf Erden, denn Könige sind nicht nur Gottes Stellvertreter auf Erden und sitzen auf Gottes Thron, sondern werden von Gott selbst Götter genannt … Könige werden mit Recht Götter genannt, weil sie eine gottähnliche Macht auf Erden ausüben«, traf auf ein Parlament, das den König daran erinnerte, daß er sein Volk nur durch Gesetze regieren darf, denen es zugestimmt hat, und daher keine Steuern ohne seine Einwilligung erheben kann, und das ihm ins Gedächtnis rief, »daß die Stimme des Volkes, was die Dinge anbetrifft, über die es Bescheid weiß, die Stimme Gottes sein soll«. Königliche Prärogative gegen parlamentarische Privilegien – das konnte auf Dauer nicht gutgehen, zumal Jakob den Fehler beging, die neue Tudor-Gentry in der Regierung durch persönliche Günstlinge zu ersetzen.

Die schottische Kirche hatte auch in England Proselyten für sich gewinnen können, und eine vom König geleitete Disputation zwischen den Führern der Puritaner und den Anglikanern endete ohne Ergebnis, außer dem, daß eine neue Bibelübersetzung in Auftrag gegeben wurde, die bald zu einem literarischen und religiösen Band zwischen den englischsprechenden Völkern werden sollte. Die berühmte Pulververschwörung von Robert Catsby und Guy Fawkes, mit der König und Parlament in die Luft gesprengt werden sollten, zwangen den König zu Strafmaßnahmen gegen die Katholiken, und auch der heraufziehende Dreißigjährige Krieg drängte England an die Seite des Protestantismus.

Nach dem Tode Cecils und dem Fall Bacons, der, vom Parlament der Korruption angeklagt, auf alle Ämter verzichten mußte, warf sich der sexuell ambivalente König in die Arme eines gutaussehenden extravaganten Jünglings – George Villiers, den er schon bald zum Herzog von Buckingham machte. Nachdem sein Vorgänger in der Gunst des Königs in einen Giftmord verwickelt worden war, stieg Buckingham zum mächtigsten Mann des Königreichs auf. Doch wo Jakob klug und bedacht war, war Buckingham rasch und unbedacht. Jakob hatte Frieden mit Spanien gehalten, auch als der Prager Fenstersturz und die Vertreibung seines Schwiegersohns aus Böhmen und der Pfalz das protestantische Parlament in Aufruhr versetzte. Sogar Ra-

leigh, den Gründer Virginias, hatte er dem Frieden mit Spanien geopfert und ihm den Kopf abschlagen lassen, als er ohne Gold von der
Mündung des Orinoco zurückkam.

Um so unsinniger war die Reise des Thronfolgers Karl und
Buckinghams nach Spanien, wo sie Philipp IV. und die Infantin für
eine englische Heirat gewinnen und dafür die Rückgabe der Pfalz an
den vertriebenen Kurfürsten aushandeln wollten. Beides mißlang,
woraufhin Buckingham und Karl den König in einen Krieg mit Spanien zu treiben suchten. Doch während die Commons den Seekrieg
und Kaperfahrten à la Drake wollten, träumten Bukingham und Karl
von der Vertreibung der Kaiserlichen aus der Pfalz. Das bewilligte
Geld reichte weder für das eine noch für das andere. Des Königs
Außenpolitik war ebenso gescheitert wie seine Innenpolitik. Als Jakob im Jahre 1625 starb, bemerkte ein Beobachter des Trauerzuges:
»Alles wurde in großer Pracht ausgeführt, nur die Abfolge war ein
einziges großes Durcheinander«, eine Beobachtung, die auch auf die
Regierungszeit Jakobs zutrifft. Allein der Druck der neuen englischen Bibel und die Landung der »Mayflower« in Amerika haben
dauerhafte Spuren hinterlassen.

Schottischer Mythos und englisches Trauma

Karl Stuart

In Karl Stuart (1600-1649), dem Märtyrerkönig, erreichen Stuart-Mythos und Stuart-Trauma ihren Höhepunkt. Alle Fehler und Schwächen des unseligen Gechlechtes kulminieren in seiner Person. Er war romantisch bis zur Donquichotterie, apolitisch bis zur Selbstaufgabe, ein königlicher Träumer, dessen Idee vom Gottesgnadentum ihn um Thron und Leben brachte. Als König blieb er seinem Volke fremd, erst als zum Tode Verurteilter wurde er wirkungsmächtig und sicherte seinem Sohn, Karl II., die Krone. Hätte Cromwell Karl als einflußlosen Monarchen am Leben erhalten, wäre England wahrscheinlich früher als andere Staaten eine Republik geworden. Indem er ihm das Leben nahm, sicherte er die englische Monarchie für weitere dreihundert Jahre, ein dialektischer Sprung, den Karl, anders als sein Gegenspieler, begriff, denn er verstand Dinge entweder gar nicht, oder er begriff sie bis auf den Grund. Prozeß und Tod Karls sind deshalb auch das Wichtigste in seinem königlichen Leben, hier wuchs er über sich selbst hinaus.

Als Karl 1625 die Regierung von seinem Vater übernahm, empfand er sich als den glücklichsten Monarchen der Christenheit. Von Ranke stammt eine schöne Miniatur des jungen Karl: »Der Prinz, der den Thron bestieg, stand in der Blüte des Lebens, er vollendete soeben sein 25stes Jahr. In der Kindheit ungesund und schwach – er litt unter anderem sein Leben lang an dem Gebrechen, mit der Zunge anzustoßen –, hatte er sich doch übrigens kräftiger entwickelt, als man von ihm erwartete. Zu Pferde nahm er sich gut aus: man sah ihn Tiere schwerer Führung mit Sicherheit bewältigen; er bestand im ritterlichen Waffenspiel; er traf sowohl mit der Armbrust als mit der Flinte seine Ziele und lernte selbst eine Kanone laden. Der Jagd lag er nicht viel weniger unermüdlich ob als sein Vater. Er konnte sich weder an Geist und Kenntnissen noch an energischer Lebendigkeit und popularem Wesen mit seinem verstorbenen Bruder Heinrich messen: aber von dem Vater, zu dessen Füßen zu sitzen er liebte, hatte er viel gelernt; die Neigung des Bruders zu Werken der Kunst und experimentaler Naturwissenschaft, vornehmlich die erste, waren auf ihn übergegangen. Und an sittlichen Eigenschaften war er sowohl dem einen wie dem anderen überlegen. Er gehörte zu den jungen Menschen, von denen man sagt, daß sie keine Fehler haben: seine strenge Haltung streifte an jungfräuliche Verschämtheit; aus seinen ruhigen Augen sprach eine Seele von Ernst und Mäßigung. Er besaß eine natürliche Gabe der Auffassung auch für verwickelte Fragen.« Er hatte jedoch an Kinderlähmung gelitten und stotterte ein wenig. Das machte ihn scheu und unsicher, verwehrte ihm Freundschaften und ließ ihn den Kontakt zum englischen Leben verlieren.

So bedarf Rankes »Auftrittsporträt« der Ergänzung durch die schon der Märtyrerlegende angehörenden Bilder van Dycks. Sie zeigen ein vornehmes, nervöses, hypersensibles Gesicht mit schweren Augenlidern und einem zusammengepreßten Mund. Etwas Feminines, Leidendes durchweht diese Bilder, eine präraffaelitische Tristesse des Untergangs. Sie erzählen bereits von Verrat und Treulosigkeit, vom Unverständnis der Welt und vom Widerwillen eines Menschen gegen Schmutz und Materialismus. Es ist die Pose der *desinvolture*, doch ohne die darin eingeschlossene Kraft. Der König war der arbiter elegantiarum eines kleinen Kreises, doch ihm fehlten die Wurzeln in dem Bauern- und Händlervolk, das die Engländer unter Elisabeth geworden waren. Sein Geschmack, sein Kunstsinn, die uns heute entzücken – er kaufte die berühmte Sammlung der Gonzagas aus Mantua –, erschienen seinen Untertanen als Geldverschwendung. Die Raffaels, Mantegnas, Tizians, Tintorettos symbolisierten ein Königtum, das nicht von dieser Welt war.

Überall in Europa waren die absoluten Monarchien auf dem Vormarsch. Wie sollte Karl wissen, daß England ein anderer Weg bestimmt war? Er hatte seines Vaters abstrakte Ideen über die Monarchie verinnerlicht, doch er besaß nicht dessen kalkulierende Schläue. Seine Liebe zu Buckingham, die er vom Vater übernommen hatte, entfremdete ihn dem Volk und dem Parlament. Buckingham war eine Abenteurernatur, er führte Krieg wie d'Artagnan und die Musketiere, nur daß er am Ende immer zweiter Sieger blieb. Weder vermochte er eine Armee zur Wiederherstellung der Pfalz ins Feld zu bringen noch wie Drake Cadiz und Essex zu erobern. Als er auch vor La Rochelle scheiterte und die französischen Protestanten kapitulieren mußten, kannten Haß und Verachtung keine Grenzen. Nach seiner Ermordung übertrug der König sein romantisches Gefühl auf

Die Bilder van Dycks zeigen uns stolze Aristokraten, deren Haltung immer auch etwas von der Anstrengung verrät, die ihre Inszenierung kostet. Sie sind von den Pfeffersäcken und Finanzjongleuren der City so weit entfernt wie von den Gentlemen of England, die einen Teil von Cromwells Armee bilden. Anders als ihre Nachfahren leben sie in einer Traumwelt, die der Watteaus und Fragonards ähnlicher ist, als es auf den ersten Blick scheint. Karl I. mußte seine Illusionen autokratischer Herrschaft auf dem Schafott bezahlen.

Henrietta Maria, doch die Königin war Französin, Papistin und dem durchschnittlichen Engländer so fremd wie ein Wesen vom Mond. Eine Biografin hat ihre hervorstechendsten Eigenschaften charakteristischerweise mit französischen Begriffen umschrieben, für die das Englische kein Äquivalent kennt: »chic, petite, difficile and dévote«.

Da das Parlament dem König, seiner Umgebung, seinen Ratgebern und seiner Politik mißtraute, hatte es ihm nicht einmal – wie früher üblich – das Tonnen- und Pfundgeld auf Lebenszeit bewilligt, so daß allein der Frieden mit den katholischen Mächten Spanien und Frankreich ihn von Geldbewilligungen und damit einhergehend Forderungen des Parlaments unabhängig machen konnte. Doch dieser Frieden erhöhte das protestantische Mißtrauen, und des Königs rücksichtslose Ausnutzung seiner Prärogative zum Eintreiben von Steuern, die vom Parlament nicht bewilligt worden waren, verstärkte die gegenseitige Abneigung. So baute sich jener Konflikt auf, den der König nicht verstehen wollte und konnte, da er nicht politische Gegner, sondern persönliche Feinde am Werk sah. Auf diesen Konflikt war er so wenig vorbereitet wie einhundertfünfzig Jahre später Ludwig XVI. Wie Ludwig an seiner Unfähigkeit, Positionen einzunehmen und zu halten, so scheiterte Karl an der romantischen Überhebung, Positionen so lange zu halten, bis sie unhaltbar geworden waren. Unfähig zum Kompromiß, verdarb er das meiste durch Überkompensation. Karl sollte in dieser Auseinandersetzung viele Fehler begehen – die meisten durch Unüberlegtheit, andere durch Unentschlossenheit. So wurde ihm zum Verhängnis, daß er zwar den König gab, jedoch in einer überkommenen Inszenierung kein zeitgemäßer König war. In den Worten eines seiner Anhänger: »ein gnädiger und huldvoller Fürst, der es nicht verstand, groß zu sein oder groß zu werden«. Nur eines verstand er wie seine Großmutter, mit Würde zu sterben – das Erbteil aller Stuarts.

Die englische Revolution ist dem Kontinent fremd geblieben, und auch die Hinrichtung Karls I. hat kaum ein Echo ausgelöst. Das Todesurteil gegen Ludwig XVI. und Marie Antoinette einhundertfünfzig Jahre später schloß das monarchische Europa gegen Frankreich zusammen, und die Ermordung der Zarenfamilie stigmatisierte die bolschewistische Revolution – der Prozeß gegen Karl Stuart ist in den Geschichtsbüchern verschollen. 1789 und 1917 begannen revolutionäre Auseinandersetzungen, deren Modernität uns noch heute in Atem hält und auf die das Wort von Karl Marx paßt: Die Geschichte der Menschheit ist eine Geschichte von Klassenkämpfen. Die englische Revolution entzieht sich solcher Schematisierung. Denn hinter allen politischen und Klassenauseinandersetzungen stand als treibende Kraft die Religion. Mit Cromwells Worten: »Es war nicht die Religion, um die man zunächst kämpfte, aber Gott ließ den Streit schließlich auf diese Frage hinausgehen; und er drängte uns mit allen Mitteln auf diesen Weg; und es stellte sich schließlich heraus, daß es der war, der uns am meisten am Herzen lag.« Die englische Revolution ist nicht nur zeitlich näher an den großen Religionskriegen in Deutschland und Frankreich, sie hat selbst mehr vom Religionskrieg als von sozialer Revolution.

Die Tudor-Monarchie Heinrichs VIII. und der großen Elisabeth hatte England aus der Anarchie der Rosenkriege errettet, nun aber, zu Beginn des 17. Jahrhunderts entsprach sie nicht mehr den Bedürfnissen einer schnell wachsenden Gesellschaft. Das Machtverhältnis zwischen Krone und Parlament, zwischen den am Gottesgnadentum festhaltenden Königen der Stuart-Dynastie und den Commons of England mußte neu austariert werden. Karl I. wollte für sich die Macht, die Richelieu seinem Herrn verschafft hatte, und er wollte frei sein von den Fesseln eines Parlaments, das Geld nur gegen Rechte und Sicherheiten bewilligen mochte.

In Europa tobte der Dreißigjährige Krieg, und Karl wäre der geborene Führer der protestantischen Sache gewesen, da seine Schwester Elizabeth mit dem vertriebenen Pfalzgrafen Friedrich, dem unglückseligen Winterkönig, verheiratet war. Auch das Parlament forderte vom König eine kraftvolle protestantische Politik, doch zuerst einmal forderte es das Ende von Zwangsanleihen, Zwangseinquartierungen und Verhaftungen ohne richterliche Anordnung. Zwar gab der König 1628 der »petition of rights« seine Zustimmung »que droit soit fait comme il est désiré«, doch in der Praxis wollte der König seine Prärogative nicht durch rechtliche Verpflichtungen einschränken lassen. Das Parlament wurde nach Hause geschickt. Der König regierte zwölf Jahre absolut. England schien den Weg der kontinentalen Monarchien zu gehen.

Doch da kamen die religiösen Gefühle ins Spiel. Karl war Protestant und Episkopalist, das heißt, er wollte für England die protestantische Staatskirche bewahren, wie sie aus der Reformation Heinrichs VIII. hervorgegangen war – katholisch in der Liturgie, protestantisch in der Verkündigung. In Schottland hatte sich das calvini-

Das Unterhaus ist seit Elisabeth I. ein echter Machtfaktor. Die englische Revolution schafft das Oberhaus ab und versucht, das Unterhaus zu reformieren – gleichbleibende Handlungsanleitung bis heute, wie das Wahlprogramm der Labour Party zeigt.

stische Erbe von John Knox durchgesetzt, und die von Jakob wieder-eingesetzten Bischöfe standen den radikalen presbyterianischen Geistlichen gegenüber. In beiden Ländern aber gewann der Puritanismus an Kraft, der die Reformation vollenden und die noch an den päpstlichen Ursprung gemahnenden Bischöfe abschaffen wollte. Als Karl den Versuch machte, die englische Kirchenverfassung auf Schottland auszudehnen, setzte er sein zweites Königreich in Brand, ohne über die Mittel zu verfügen, den Brand zu löschen. Ganz Schottland erhob sich zur Verteidigung der presbyterianischen Kirchenverfassung, und die Großen des Reiches unterzeichneten ein feierliches Bündnis – den »Covenant« – gegen die verhaßten Neuerungen. Mit dem ungesetzlichen Tonnen-, Pfund- und Schiffsgeld konnte Karl keine Armee ausrüsten, die den in den Glaubenskämpfen auf dem Festland erprobten schottischen Haudegen Paroli bieten konnte. Karl mußte das Parlament im Jahre 1640 zurückrufen, das unnachgiebig auf seinen Forderungen bestand – regelmäßige Einberufung, Schutz vor willkürlicher Verhaftung und keine Steuern ohne parlamentarische Bewilligung. Außerdem wurde des Königs Statthalter in Irland, Strafford, ein Überläufer der parlamentarischen Partei, vom Parlament des Hochverrrats angeklagt und hingerichtet.

Damit beginnt der gewaltsame Teil der Revolution. Das Parlament wollte dem König nun auch Teile seiner Exekutivgewalt entziehen – künftig sollten Regierung und Armee nur von auch dem Parlament genehmen Dienern der Krone geführt werden. Doch eben dies spaltete das Parlament. Es entstand eine gemäßigte, episkopale, königliche Partei, die sich bald Kavaliere nennen sollte, im Unterschied zu den parlamentarischen Rundköpfen. Noch einmal gelang es den großen parlamentarischen Rhetoren Pym, Hampden und Hazelrigg, die Mehrheit auf ihre Seite zu ziehen und mit der »Großen Remonstranz« ein Manifest verabschieden zu lassen, das die Souveränität des Parlaments über die des Monarchen stellte. Nachdem die »Große Remonstranz« mit elf Stimmen Mehrheit gebilligt war, sagte der bisher kaum beachtete Abgeordnete für Cambridge, Oliver Cromwell, beim Verlassen des Hauses zu seinem Nachbarn: »Wäre die Remonstranz abgelehnt worden, so hätte ich morgen früh mein ganzes Hab und Gut verkauft und England für immer den Rücken gekehrt; und ich weiß, daß viele ehrenhafte Männer den gleichen Entschluß gefaßt hätten.«

Mit diesen Worten tritt ein Mann in die Geschichte, dessen Charakter unter Historikern bis heute umstritten blieb. Den einen gilt er als Zerstörer nicht nur von Thron und Altar, sondern auch der englischen Freiheiten, den anderen ist er ein gottesfürchtiger Mann, dessen Kampf das Land vor dem Schicksal einer absoluten Monarchie bewahrt hat. Die Gegensätze konnten jetzt nur noch mit Gewalt ausgetragen werden. Als der König versuchte, seine unerbittlichsten Gegner im House of Commons zu verhaften, erhob sich London, und der Bürgerkrieg begann. Die eine Partei wünschte in Rankes bündiger Formulierung »ein Parlament, aber nicht ohne den König, und die andere den König, aber nicht ohne das Parlament«. Die autokratische Phase von Karls Regierung war vorbei. Als er 1642 seine Standarte in Nottingham aufpflanzte und seine Parteigänger zu einem Parlament nach Oxford berief, schwor er, die elisabethanische Verfassung zu wahren und zu verteidigen.

Der Machtanspruch des Parlaments führte ihm das royalistische England zu, und zu Beginn schien das Kriegsglück ihm hold. Seines Neffen Ruperts Kavallerie jagte die ungeschulten Milizsoldaten des Parlaments vom Feld, und der Norden wie der Westen Englands stellten sich auf seine Seite. Daß der König am Ende doch besiegt wurde, verdankte das Parlament den Schotten, die von einem siegreichen König die Wiedereinsetzung der Bischöfe in Schottland fürchteten, und Cromwells »Eisenseiten«, einer neuen, modernen Berufsarmee, die am Ende das Feld behauptete. 1642 begann der Kampf, 1646 war der erste Bürgerkrieg zu Ende. Bei Marston Moor und Naseby »jagten wir die gesamte Reiterei des Prinzen vom Schlachtfeld«, schrieb Cromwell an das Parlament. »Gott ließ sie wie die Halme unter unseren Schwertern fallen. Dann griffen wir ihre Regimenter zu Fuß mit unserer Reiterei an und machten alles nieder, was sich uns in den Weg stellte.«

Der Kampf war zwischen dem König und dem vom presbyterianischen Schottland unterstützten Parlament ausgefochten worden. Als er zu Ende war, standen sich Armee und Parlament als neue Gegner gegenüber. Parlament und Schotten wollten die presbyterianische Kirchenverfassung auch in England einführen, Cromwells »Eisenseiten« waren unabhängige Puritaner, die zwischen sich und ihrem Gott keine Vermittlung brauchten. Doch noch andere Ideen brachen sich nun Bahn: Die Männer, die die Kavaliere gejagt hatten, kamen aus allen Schichten des englischen Volkes, und so forderten manche von ihnen allgemeines Wahlrecht, Landverteilung und soziale Gerechtigkeit. »Kein Mensch« – so formulierte es der Prediger-Oberst Robert Lilburne – »ist an ein Regierungssystem gebunden, an dessen Errichtung er nicht mitgewirkt hat.« Das waren nun allerdings Vorstellungen, die dem elisabethanischen Landedelmann Cromwell so sehr gegen den Strich gingen wie dem König Karl Stuart.

Nach seiner Niederlage im Felde war der König nach Schottland geflohen und von dort für die Zahlung der noch ausstehenden Löhnung an das Parlament verkauft worden. Ganz England sang damals den Gassenhauer:

Der verräterische Schott'
verkauft seinen König für ein Grot.

Nun befand er sich zwischen zwei Machtansprüchen und hoffte, durch geschicktes Taktieren wenigstens die Krone eines konstitutionellen Monarchen zu retten. Als das Parlament den König gegen die Armee in Stellung bringen wollte, bemächtigten sich die Generale

Oliver Cromwell ist der merkwürdigste Revolutionär der Weltgeschichte. Konservativ, gottesfürchtig und nach dem entschwundenen elisabethanischen England suchend, ist Revolution für ihn ein bewahrender Akt. Ein konservativer Revolutionär also? Jedenfalls war ihm das Gottesgnadentum der Stuarts verhaßt, und ihrem Wunsch nach einem absoluten Staat stellte er seine Vision einer gottgewollten Militärdiktatur entgegen.

der wertvollen Trophäe und verwahrten sie in Hampton Court. Doch der König fürchtete die von revolutionären Ideen aufgewühlte Soldateska und floh auf die Isle of Wight. Hier war er zumindest so lange sicher, bis der Machtkampf entschieden war. Denn auch das Heer oder zumindest seine Generale hofften auf eine konstitutionelle Übereinkunft mit dem König. Doch dieser war weder in seinen Verhandlungen mit dem Parlament noch in seinen Gesprächen mit den Heerführern aufrichtig. Der König setzte darauf, mit Hilfe der Schotten Armee und Parlament auszumanövrieren. Gerade noch rechtzeitig hatte Cromwell um den Preis nur eines Menschenlebens – er ließ drei verurteilte Aufrührer um ihr Leben würfeln – die militärische Disziplin seiner »Eisenseiten« wiederhergestellt. Da begann der zweite Bürgerkrieg.

Churchill faßt ihn knapp so zusammen: »Die Geschichte des zweiten Bürgerkriegs ist kurz und einfach. König, Lords und Commons, Grundherren und Kaufleute, die City und das Land, die Bischöfe und die Presbyterianer, die schottische Armee, das Waliser Volk und die englische Flotte, sie alle wandten sich nun gegen das neue Heer. Das Heer schlug sie allesamt. Und an seiner Spitze stand Cromwell. Zunächst mochte seine Sache aussichtslos geschienen haben: aber gerade diese Tatsache machte alle internen Streitigkeiten zunichte. Fairfax, Cromwell und Ireton waren nun wieder mit ihren tapferen Kriegern vereint. Die Armee marschierte und kämpfte. Sie marschierte nach Wales, sie marschierte nach Schottland, und hier wie dort konnte ihr nicht Einhalt geboten werden. Eine einzige Abteilung genügte, um einen allgemeinen Aufstand in Cornwall und im Westen zu unterdrücken. Die schottischen Invasoren wurden abgeschnitten, umzingelt und in der Schlacht von Preston vernichtet. Die Flotte vermochte nichts gegen dieses wilde, wütende, alles überrennende, jedes Hindernis meisternde Heer auszurichten, das in Lumpen und Fetzen und nahezu barfuß durchs Land zog, aber mit scharfem Schwert und unbeirrbar überzeugt von der Richtigkeit seiner falschen Mission. Gegen Ende des Jahres 1648 war alles vorbei. Cromwell war Diktator. Die Royalisten waren geschlagen; das Parlament war zu einem bloßen Werkzeug geworden, die Verfassung ein Schemen, die Flotte in der Hand der Armee, London eingeschüchtert. König Karl auf Schloß Carisbrooke auf der Isle of Wight, wo der Esel das Schöpfrad treibt, sollte die Rechnung bezahlen. Mit seinem Leben.«

Bis zu diesem Moment konnte sich niemand in England das Land ohne den König vorstellen – denn er war Teil der Verfassung: King in Parliament. Fürstenmorde hatte es vorher gegeben: Eduard II., Richard II., Heinrich VI., Maria Stuart. Doch diese Morde waren heimlich ausgeführt und vertuscht worden, oder wie im Fall der schottischen Maria war das Todesurteil an einer längst entthronten Exilmonarchin vollstreckt worden. Hier aber wollte die siegreiche Armee dem Volk zeigen, daß und wem es künftig gehorchen müsse. Cromwell hatte seinen zerlumpten, glaubenseifrigen und sozial unzufriedenen Soldaten nur den Kopf des »blutigen Mannes« anzubieten, »gegen den Gott selbst Zeugnis abgelegt hatte«.

Die Armee nahm es mit der Gesetzlichkeit nicht so genau. Während Karl von der Isle of Wight zuerst nach Hurst Castle und dann nach Windsor verbracht wurde, stieß man die nicht streng puritanischen Mitglieder aus dem Langen Parlament aus. Das so gereinigte Parlament beschloß die Einsetzung eines Gerichtshofes, bestehend aus 135 Mitgliedern, zur Aburteilung des Königs. Die Lords lehnten das Gesetz mit dem rechtsstaatlichen Argument ab, daß der König nicht Hochverrat gegen ein Parlament begangen haben könne, dessen Souveränität in ihm ruhe, woraufhin sich die Commons zum Parlament erklärten, das Gesetze auch ohne die Lords verabschieden könne. Da nach englischem Recht Recht und Gerechtigkeit vom Souverän ausgehen, bedeutete die Einsetzung eines Gerichtshofes, noch dazu ohne die Lords, einen glatten Verfassungsbruch. Namhafte Juristen entzogen sich daher der Berufung in den Gerichtshof, und Cromwell mußte ihn mit seinen Offizieren auffüllen. Von den 135 Mitgliedern des Gerichtshofes erschienen siebenundvierzig gar nicht erst, und einundzwanzig weigerten sich später, das Todesurteil zu unterzeichnen.

Der Gerichtshof trat am 8. Januar 1649 im gemalten Saal des Palastes von Westminster das erste Mal zusammen. John Cook und Isaac Dorislaus sollten die Anklage formulieren – keiner von ihnen hatte einen Namen in der Gelehrten- und Juristenwelt. Gerichtspräsident wurde John Bradshaw, ein unbedeutender walisischer Richter. Am 20. Januar war die Anklage fertig, und die Justizkomödie konnte beginnen. Den Gefangenen hatte man aus Sicherheitsgründen in einer verhängten Barke auf der Themse an den Gerichtsort gebracht. Die Anklage beginnt mit der Feststellung, daß der König von England mit beschränkter Macht ausgestattet sei, um entsprechend den Gesetzen des Landes zu regieren. Sie wirft dem König vor, sich statt dessen zum unumschränkten, tyrannischen Herrscher gemacht und die Rechte und Freiheiten des Volkes unterdrückt zu haben. Der König, so behauptet sie weiter, sei für alle Verrätereien, Morde, Vergewaltigungen, für Brand, Raub und Zerstörungen verantwortlich, die während des Bürgerkrieges vorgefallen seien. Deshalb, so schließt die Anklage, sei Karl Stuart als Tyrann, Verräter, Mörder und öffentlicher Feind Englands schuldig.

Karl, der vergeblich versucht, von seinem roten Samtsessel aus die Verlesung der Anklage zu unterbrechen, entgegnet auf die Aufforderung des Gerichtspräsidenten, sich zu den Anklagepunkten zu äußern: »Ich möchte wissen, kraft welcher gesetzlichen Autorität ich mich hier befinde?« Und er erinnert die Versammlung daran, daß er noch immer der rechtmäßige König sei, in dem die Autorität ruhe, Recht zu sprechen. Der Ankläger antwortet: »Im Namen des englischen Volkes, dessen erwählter König Ihr seid.« Dies erlaubt dem König den Einwand, daß England keine Wahlmonarchie, sondern seit fast tausend Jahren ein Erbkönigtum sei, und er fährt fort: »Anders als meine vorgeblichen Richter stehe ich hier für die Rechte und Freiheiten des englischen Volkes.« Und dann hält der König seinen Richtern den Verfassungsbruch vor, der hier stattfinde und für den es keinen Präzedenzfall in der englischen Geschichte gäbe. Der König, der zeit seines Lebens Schwierigkeiten hatte, flüssig zu sprechen, da er mit der Zunge anstieß, trägt diese verfassungsrechtlichen Einwände so klar und überzeugend vor, daß der Gerichtspräsident die Sitzung unterbrechen läßt. Als der König abgeführt wird, rufen wenige: »Gerechtigkeit, Gerechtigkeit« – die meisten aber: »Gott schütze den König.« Die Haltung des Königs macht großen Eindruck und stellt seine Richter vor eine große Schwierigkeit: Solange er den Gerichtshof nicht anerkennt und sich mit den Vorwürfen nicht auseinandersetzt, kann der König zwar schuldig gesprochen und verurteilt werden – seine Schuld kann aber nach dem Common Law nicht bewiesen werden.

Der König hält auch in der zweiten Sitzung an dieser Taktik fest: Auf die Frage, ob er bereit sei, auf die Anklage zu antworten, entgegnet er: »Ich werde antworten, wenn ich weiß, kraft welchen Rechtes Sie hier sitzen.« Und als Bradshaw entgegnete: »Wir sind hier kraft der Autorität der Commons of England«, ist des Königs Antwort: »Die Commons of England sind niemals ein Gerichtshof gewesen.«

Die dritte Sitzung findet am 24. Januar 1649 statt. Die Anklage fordert eine schnelle Verurteilung, da nach den Gesetzen des Landes ein Angeklagter, der sich weder schuldig noch nicht schuldig erkläre, als schuldig zu behandeln sei. Doch auch diese Drohung kann den König nicht umstimmen. Er verweigert die Anerkennung des Gerichtshofes »im Interesse der Rechte des englischen Volkes«. Erst im Verlauf der vierten Sitzung änderte der König seine Taktik. Zwar will er noch immer nicht vor dem Gerichtshof aussagen, doch er verlangt eine gemeinsame Sitzung von Lords und Commons, denen Rechenschaft zu geben er bereit sei. Dies entsprach der Verfassung. Der Gerichtspräsident zögert. Während einer kurzen Unterbrechung der Sitzung hat Cromwell Mühe, die Seinen bei der Stange zu halten. Doch am Ende wurde das Begehren verworfen.

Die königlichen Kinder sind Teil des Mythos von Karl I., bewußt eingesetzt, um der Dynastie das Überleben zu sichern. Hierin ist Karl moderner als sein Gegenspieler Cromwell. Die populistische Selbstdarstellung der Monarchie nimmt hier ihren Anfang.

Noch einmal faßte Bradshaw die Vorwürfe gegen den König zusammen: er habe versucht, die Gesetze des Landes umzustürzen und die Rechte und Freiheiten des englischen Volkes aufzuheben. Er verglich Karl mit Caligula und kam zu dem Ergebnis: »Es gibt einen Vertrag zwischen König und Volk, einen Vertrag, der auf Gegenseitigkeit beruht. Der König schuldet seinen Untertanen Schutz und diese ihm Gehorsam. Wird dieser Vertrag gebrochen, zerbricht die Souveränität. Ob Ihr, wie es Euer Amt gebot, der Beschützer Englands oder sein Zerstörer seid – darüber wird England richten und alle Welt, die den Ereignissen beigewohnt hat.« Der Schluß lautete: »daß besagter Karl Stuart als Tyrann, Verräter, Mörder und öffentlicher Feind vom Leben zum Tode durch Enthaupten gebracht werden solle«. Ein letztes Wort war dem König nicht gestattet, da ein zum Tode Verurteilter nach Common Law tot war und kein Recht auf weiteres Gehör durch das Gericht hatte. Das Todesurteil wurde von den 59 Mitgliedern des Gerichtshofes unterzeichnet.

Die öffentliche Hinrichtung war auf den 30. Januar 1649 festgesetzt worden. Karl wurde gestattet, seine in England verbliebenen Kinder noch einmal zu sehen. Während sich der Prince of Wales in Holland und Schweden um diplomatische Unterstützung zur Abwendung der Hinrichtung bemühte, schärfte Karl seinem jüngsten, damals achtjährigen Sohn ein, zu seinen Brüdern zu stehen und keine Krone von Cromwells Gnaden anzunehmen: »Merke, mein Kind, was ich dir sage – Sie werden meinen Kopf abschneiden und vielleicht dich zum König machen, doch denke immer daran – du kannst nicht König sein, solange deine Brüder Karl und Jakob leben, denn sie werden versuchen, auch ihre Köpfe abzuschneiden, wenn sie sie fangen und zuletzt deinen Kopf, und deshalb bitte ich dich, laß' dich von denen nicht zum König machen.« Die Antwort des Kindes: »Ich werde mich eher in Stücke reißen lassen.« Dies befriedigte ihn sehr. Seine Tochter Elisabeth bat er, die Brüder zur Eintracht anzuhalten. Das dreizehnjährige Mädchen vermerkte die letzte Unterhaltung in ihrem Tagebuch. So ist uns der Abschied Karls von seinen Kindern überliefert.

Der 30. Januar war klirrend kalt. Die Richtstätte war vor den Fenstern des Bankettsaals des Palastes von Whitehall errichtet worden. Der König schritt, begleitet von Bischof Juxon, durch den Saal und erreichte durch eines der Fenster das schwarzverhängte Schaffott. Zu einem der umstehenden Offiziere bemerkte er, daß er von hier aus kaum gehört werden könne. Dann nahm er ein kleines Blatt Papier aus einer Tasche und sprach zu den Umstehenden. Er beteuerte seine Unschuld, nannte das Parlament den Urheber der Kämpfe und rief Gott zum Zeugen dafür an, daß er das Blutvergießen nicht den beiden Häusern des Parlaments, sondern einzelnen Mitgliedern und ihren üblen Machenschaften zur Last lege. Er sprach den Namen Straffords nicht aus, doch war dieser gemeint, als der König sagte: »Ein ungerechtes Urteil, das ich zugelassen habe, wird jetzt an mir durch ein ebenso ungerechtes Urteil gerächt.« Der König schloß mit den Worten: »Ich sterbe als Christ im Glauben der Kirche von England, wie ich sie von meinem Vater her vorgefunden habe. Meine Sache ist gerecht, und mein Gott ist mir gnädig. Ich gehe jetzt von einer verweslichen zu einer unverweslichen Krone, wo es keinen Aufruhr mehr gibt, keinen Aufruhr in der Welt.« Dabei nahm er den goldenen Stern des Georgsordens von seiner Brust, gab ihn dem Bischof, fragte, ob der Block etwas höher gemacht werden könne, und erinnerte den Henker an das vereinbarte Signal, das er geben werde,

A. Seine Kön: May: an dem Block. B. Doctor Juxon. C. Colonell Tomlinson. D. Colonell Hacker. E. F. die 2. Executorn. · C.R.V.N. 1649

Der Tod des Königs war das Glück der Dynastie. Er schuf den Mythos, der die Monarchie überleben ließ. Hätte Cromwell Karl als konstitutionellen König behalten, wäre England die erste Republik geworden. Napoleons Mythos war stärker als der der Nachfolger Ludwigs des Heiligen, doch im 17. Jahrhundert war das Königtum noch stärker als der geniale Revolutionär.

wenn er bereit sei. »Ich werde darauf achten, Majestät«, antwortete der Henker. Der König stand noch einen Moment, richtete Arme und Augen gen Himmel und betete still. Dann zog er seinen Rock aus und legte den Kopf auf den Block. Der Henker band das Haar aus dem Nacken, und der König gab das Zeichen, daß er bereit sei. Die Axt fiel, trennte den Kopf mit einem Schlag vom Rumpf, der Henker hielt den blutenden Kopf an den Haaren hoch, damit alle ihn sehen konnten. Ein Stöhnen ging durch die Menge, die Leute rannten nach vorn, um ihre Taschentücher mit dem Blut des Märtyrers zu benetzen, ehe die Berittenen sie von der Straße vertrieben. Nach der Hinrichtung wurde des Königs Leichnam einbalsamiert und in den Palast von St. James gebracht, wo er für eine Woche verblieb. Als ein

Freund des Königs bei ihm Totenwache hielt, erschien kurz nach Mitternacht eine vermummte Gestalt, starrte auf den einbalsamierten Leichnam und murmelte: »Grausame Notwendigkeit.« Oliver Cromwell hatte sich von seinem König verabschiedet.

Was Karl im Leben versagt blieb, gewann er mit seinem Tode – die Wiederherstellung der englischen Monarchie. Cromwells verschiedene Verfassungsexperimente ruinierten die englische Republik und brachten nach dessen Tode seinen Sohn Karl auf den englischen Thron. Churchill urteilt über diese Dialektik der Geschichte: »Keiner hatte sich den Tendenzen seines Zeitalters mit solch unzeitgemäßer Starrköpfigkeit widersetzt. In seiner Glanzzeit war er ein überzeugter Gegner all dessen gewesen, was wir heute unsere parlamentarische Freiheit nennen. Aber je mehr ihn das Unheil verfolgte, um so mehr wurde er zur Verkörperung aller englischen Freiheiten und Traditionen. Am Ende stand er gegen eine Armee, welche das gesamte parlamentarische Regierungssystem zerstört hatte und im Begriff war, England in eine Tyrannei zu stürzen, die unnachgiebiger und kleinlicher war als jede andere vorher oder nachher ... Man kann nicht behaupten, daß er der Verteidiger der englischen Freiheit oder der englischen Kirche gewesen sei. Und dennoch starb er für beide und bewahrte sie durch seinen Tod nicht nur für seinen Sohn und Erben, sondern auch für uns.«

Und Cromwell? War er nun der bigotte Tyrann und Heuchler, der sein Ziel einer Militärdespotie hinter der Maske des Glaubenseifers barg, oder war er jener seltene Typ eines Führers, »der darum kämpfte, Freiheit und Ordnung miteinander in Einklang zu bringen und der politischen Macht eine moralische Grundlage zu verschaffen«, wie sein Biograph Morley behauptet? War er also der große Zertrümmerer aller freiheitlichen Institutionen Englands oder der Vorläufer des Gladstoneschen Liberalismus? Auch hier hat Churchill, Whig, Aristokrat und Royalist, ein gerechtes Urteil gefällt: »Mit all seinen Fehlern und all seinen Mißerfolgen war er in der Tat der Lordprotektor der ewigen Rechte des alten England, das er liebte, gegen die furchtbare Waffe, die er und das Parlament zur Verteidigung dieser Rechte geschmiedet hatten. Ohne Cromwell hätte es vielleicht keinen Fortschritt gegeben, ohne ihn keinen Zusammenbruch, ohne ihn kein Auferstehen. Inmitten der Ruinen aller Institutionen, ob sozial oder politisch, die bisher das Leben der Insel gelenkt hatten, ragt er hervor, gigantisch, strahlend, unentbehrlich, das einzige Instrument, durch das wieder Zeit gewonnen werden konnte zu Heilung und neuem Wachstum.« Der Prozeß gegen den König war weder fair noch gerecht. Doch war der König nicht nur Opfer, Cromwell nicht nur Täter. In einem höheren Sinne waren beide Werkzeuge, die, unterschiedliche Rollen spielend, die Rechte und Freiheiten der englischen Verfassung bis heute bewahrt haben.

»Daß dem König sein Eigen soll wieder gehören«
Die Restauration der Monarchie

Bis Cromwell war die Geschichte Englands eine Königsgeschichte wie die Frankreichs bis zur Revolution von 1789, wie die Preußens und Österreichs bis zu deren Ende. Wie Richelieu, Mazarin, Kaunitz, Metternich und Bismarck als Ausnahmen die Regel bestätigen, so in ganz anderem Sinne Cromwell, Pym und Hampden. Erst im Verlauf der Revolution beginnt die Herausbildung der Parteien samt ihren Führern, die ganz allmählich wichtiger werden als der nominelle Souverän. Die Epoche zwischen 1660 und 1688 ist in diesem Sinn eine Übergangszeit. Noch kann man Geschichte nicht ohne das immer noch entscheidende Handeln des Monarchen erzählen. Doch tauchen bereits Namen auf, ohne deren Würdigung Geschichte unvollständig bliebe. Ashley, Clarendon, Danby und Halifax eröffnen den Reigen moderner aristokratischer Politiker, die allmählich dem König das Regieren abnehmen. Schon Königin Anna wird neben den Churchills, Bolingbroke und Harley zur Nebenfigur, und für die Hannoveraner gilt dann fast durchgehend: Der König herrscht, aber er regiert nicht.

Der Versuch Georgs III. in der zweiten Hälfte des 18. Jahrhunderts, das Rad der Geschichte noch einmal zurückzudrehen, endet im Triumph erst der Rockingham-Whigs und dann Pitts. Am Anfang geht es noch um den Inhalt der königlichen Prärogative, nach dem Tode Eduards VII. 1910 und der Abschaffung des Vetos der Lords nur noch darum, welche Reservatrechte dem Monarchen verblieben sind. Dieser englische Sonderweg, der die handelnden Politiker wichtiger macht als die regierenden Monarchen, war nicht zwangsläufig.

Zwischen 1625 und 1688 bestand mehrmals die Gefahr, daß England auf den Weg einer Militärdespotie oder – wahrscheinlicher – einer absoluten Monarchie gedrängt werden könne. Erst 1688 ist diese Gefahr vorüber. In der »Glorious Revolution« siegt die Aristokratie ein weiteres Mal über den König und beläßt ihm nur die Macht eines Dogen, wie Disraeli später romanhaft feststellen sollte. Der König bleibt Schlußstein im Verfassungsbau, doch dieser Verfassungsbau ist

THE ROYALL OAKE OF BRITTAYNE

Im Westen Englands heißen viele Wirtshäuser »Royal Oak«. Ihre Verbreitung zeigt die Stärke des monarchischen Gedankens. Im Grün dieses Baumes wurde Karl von seinen Sünden erlöst und Teil historischer Folklore.

weltliche, nicht göttliche Architektur. England kann seinen von den kontinentalen Machtstaaten so unterschiedlichen Weg fortsetzen und die Whig-Interpretation of History erfüllen.

Erst im 20. Jahrhundert, nachdem die Aristokratie die Macht abgeben mußte, war es den Engländern nicht mehr möglich, ihre politischen Ahnen in diesem alten Konflikt zwischen »Court« and »Country« zu erkennen. Mit dem Sterben der Whigs und dem Verlust der aristokratischen Vorherrschaft wird das Land zur Massendemokratie, in der es sich kaum noch von den kontinental-europäischen Ländern unterscheidet, die, auf anderen Wegen, ebenfalls dorthin gelangten. Doch zwischen 1688 und 1914 gibt es nach dem Untergang Venedigs nichts diesem Lande und seiner Regierungsform Vergleichbares auf der Welt.

Im Februar des Jahres 1649 schafft das Rumpfparlament die Monarchie als »unnötig, lästig und gefährlich für die Freiheit, Sicherheit und das wohlverstandene Interesse des Volkes« ab. Karl II. (1630-1685), Karls ältester Sohn, beginnt ein unstetes Wanderleben in West-

95

europa. 1650 schließt er ein zynisches Bündnis mit den schottischen Presbyterianern und schwört auf den »Covenant«. In der Schlacht von Worcester zerbricht 1651 die widernatürliche Allianz, und Karl geht erneut ins Exil. In diesem Jahr ist er zum Mann geworden, doch sein Charakter hat eine dauerhafte Schädigung erfahren. Denn nur um den Preis absoluter Selbstverleugnung war dieses Bündnis zu haben, das alles verrät, wofür sein Vater gestorben war. Eine romantische Flucht durch den Westen Englands reinigt den königlichen Schild.

Der berühmte Eichbaum von Boscobel, in dem er sich einen ganzen Tag verstecken muß, hat mehr zur Stuart-Restauration beigetragen, als General Monk und und der Earl of Clarendon. 1660 ist die königliche Wanderschaft zu Ende. Cromwells Verfassungsexperimente und die freudlose Diktatur der Generalmajore zerstören das Ansehen der englischen Republik und schwächen den Puritanismus. Noch ehe Monk von Schottland aus die Restauration in Gang bringt, hat sich der Zeitgeist gewendet. Von Haus zu Haus fliegt ein Lied, dessen Refrain lautet:

Nichts wird mich betören, bis die Kund' ich kann hören,
Daß dem König sein Eigen soll wieder gehören.

Der Monarch, der in sein Eigen zurückkehrt, hat den Stuart-Charme, aber nicht die Stuart-Fehler. Anders als sein Vater findet er immer den rechten Ton, ist höflich auch gegenüber dem Niedriggestellten, beherrscht die Konversation, hat Geschmack und eine passable Bildung. Karl ist frei von den religiösen Vorurteilen seiner Zeit. »Er erklomm die Höhen der Toleranz auf dem mühelosen Wege der Gleichgültigkeit, denn er hatte nicht genug Religion, um eine Überzeugung zu haben«, wie ein kluger Beobachter der Zeit hellsichtig bemerkte. Zwar hielt er den katholischen Glauben für die einzige einem Fürsten angemessene Religion, doch hat er daraus erst auf dem Sterbebett Konsequenzen gezogen. Denn anders als sein Bruder Jakob hatte er nicht die Absicht, den Thron für sein Seelenheil aufs Spiel zu setzen.

Karl bedurfte der Toleranz, der Duldung und Vergebung in besonderer Weise. Kein englischer König vor ihm und nach ihm lebte so offen in skandalösen privaten Verhältnissen. Die Zahl seiner Mätressen war fast unübersehbar. Bis heute haben uns die Bildnisse

Als die Exklusionsparlamente in Oxford die revolutionäre Stimmung schürten, rief die Geliebte Karls II., Nell Gwynn, den drohenden Zuschauern zu: »Ich bin die protestantische Hure, liebe Leute!« – ein Beispiel erstaunlicher Toleranz auf seiten des Königs, zu dessen offiziellem Gefolge sie gehörte.

des Malers Sir Peter Lely die Anmut der vom König favorisierten Damen bewahrt. Maitresse en titre war über viele Jahre hinweg Barbara Palmer, später Herzogin von Cleveland und Gräfin von Castelmaine. Als Hofdame der Königin suchte sie auch des Königs Politik zu beeinflussen und war am Sturz Clarendons beteiligt. Ihre Nachfolgerin, Louise de Kéroualle, später Herzogin von Portsmouth, verstärkte den Einfluß der französischen Partei bei Hof. Ihre und des Königs illegitime Nachfahren standen als Herzöge von Richmond auf der obersten Sprosse der gesellschaftlichen Hierarchie. Neben diesen beiden Hauptmätressen waren es die Schauspielerin Nell Gwynn, die »protestantische Hure«, und Hortense Mancini, die Nichte Kardinal Mazarins, die den König erfreuten. Nur Frances Stuart, »la belle Stuart«, wie sie die Zeitgenossen nannten, widerstand den Aufmerksamkeiten Karls und heiratete den zweimal verwitweten Herzog von Richmond. Nach den Anstrengungen des Exils und der Wanderschaft wollte der König sein Leben genießen und neigte zum eleganten Nichtstun. An den entscheidenden Weggabelungen seiner Regierungszeit hat er das Land allerdings kraftvoll und klug geführt, auch hierin anders als die meisten seiner Vorfahren.

Die Restauration war ein Kompromiß zwischen dem restaurierten Königtum und einem restaurierten Parlament, eine Herrschaftsteilung, die die meisten Streitfragen der englischen Revolution zugunsten des Parlaments entschied. Geheimer Rat, Sternkammer (geheimer Sondergerichtshof), königliche Gerichte, willkürliche Verhaftungen und Steuern ohne parlamentarische Bewilligung gehörten der Vergangenheit an. Auch die vom Parlament erzwungenen Landverkäufe des Adels blieben bestehen. Nur die »Königsmörder« sollten bestraft werden. Von den zwanzig noch in England lebenden wurden neun hingerichtet. Der König rang mit dem Parlament um Gnadenerweise für die Mörder seines Vaters. Das erste frei gewählte Parlament war sehr viel weniger tolerant als der König. Es setzte die Bischofskirche als die einzig offizielle und erlaubte Form der Glaubensausübung durch und spaltete damit die englische Gesellschaft in Konformisten und Nonkonformisten. So entstand jene Allianz zwischen Squire und Parson, zwischen den Gentlemen of England und der anglikanischen Kirche, die erst am Ausgang des 19. Jahrhunderts zerfiel. Ein parlamentarisches Gesetzeswerk, der »Clarendon-Code«, verlangte von allen Bewerbern für öffentliche Ämter eine Erklärung, daß sie die Sakramente nach dem Ritus der Kirche von England empfingen, dem »Covenant« abschworen und keinen Widerstand gegen den König leisteten. Presbyterianer, Katholiken und Republikaner waren danach von allen öffentlichen Ämtern ausgeschlossen. Als der König die spaltende Wirkung dieser Vorschriften durch eine Toleranzerklärung zu mildern suchte, erzwang das Parlament die Rücknahme und nötigte dem König ein Gesetz auf, wonach alle Beamten und Offiziere feierlich erklären mußten, nicht an die Lehre von der Transsubstantiation zu glauben, andernfalls sie ihre Patente verloren. Die Jahre der Restauration zwischen 1660 und 1688 waren Jahre des Umbruchs, da alles Neue noch in den Anfängen steckte. Es war eine Zwischenzeit, unausgegoren, die Zukunft, wie hinter einem Vorhang verborgen, noch nicht zu erkennen. England wußte noch nicht, wohin es sich wenden sollte.

Zwar war die Monarchie restauriert, aber die republikanische

Drohung stand immer am Horizont. Karl II. war sich seines Thrones so wenig sicher, daß er drei geheime Verträge mit Ludwig XIV. schloß, um von der parlamentarischen Kontrolle unabhängig zu werden. Und in den Jahren von 1678 bis 1682 standen Revolution und Republik unmittelbar vor den Stufen des Throns. Auch war es keineswegs ausgemacht, daß England protestantisch bleiben würde. Zwar hatte die Restauration die evangelische Staatskirche in ihrer Vormachtstellung bestätigt, doch war der Hof von der Emigration her katholisch geprägt, und Karl II. hatte sich im geheimen Vertrag von Dover im Jahre 1670 verpflichtet, das Land in den Schoß der katholischen Kirche zurückzuführen. Der Weg dahin sollte über das schon erwähnte Toleranzedikt für alle Konfessionen führen, das durch diesen Vertrag einen zweideutigen Charakter bekam.

Dieser Vertrag hat die Historiker immer wieder irritiert, da er so gar nicht zu Karls vorsichtiger abwartender Diplomatie paßt. Für zwei Millionen Pfund Tournoise im Wert eines Jahreseinkommens der Krone verpflichtete er sich zu etwas, das Bürgerkrieg bedeutete, zu dessen Führung er des Vielfachen bedurft hätte. Für manche ist dieser Vertrag deshalb ein Akt purer Heuchelei, ein Betrug am französischen König und Ausfluß zynischer Gewissenlosigkeit. Andere, wohlwollendere Betrachter haben in diesem Vertrag das Werk der bezaubernden Minette gesehen, der Schwester Karls, die mit dem Bruder Ludwigs XIV., dem Herzog von Orléans, verheiratet war. Trotz der Vielzahl seiner Mätressen hat Karl wohl nur seine Schwester wirklich geliebt und ihr gewährt, was jeder politischen Vernunft Hohn sprach.

Der Vertrag von Dover steht auch am Anfang des englischen Parteiensystems, das sich in der Auseinandersetzung um Rekatholisierung und das Verhältnis zu Frankreich herausbildete. Zu Beginn der Regierungszeit Karls II. gab es noch keine Parteien, während am Ende Whigs und Tories feste Bestandteile des politischen Systems waren. Gegen den Versuch des Hofes, sich parlamentarische Unterstützung zu verschaffen, bildete sich eine Landpartei derjenigen, die nicht an den Stellen, Pfründen und Geldern beteiligt waren. Solange die Stuarts regieren, verkörpern die Tories, ein Schimpfwort für irische Papisten, die Hofpartei und die Whigs, als die man scheinheilige Presbyterianer bezeichnet, die Landpartei. Erst das neue Jahrhundert wird ein Vertauschen der Rollen sehen.

Richtungslosigkeit war auch das Hauptmerkmal der Außenpolitik unter Karl II. Von Oliver Cromwell hatte das Land die Rivalität zur See mit Holland geerbt, und in zwei Kriegen gegen Holland 1665/67 und 1672/73 hatte man die protestantische Brudernation mit schweren eigenen Verlusten bekämpft. Doch vorausschauende Männer am Hof erkannten in dem aufsteigenden Frankreich die zukünftige Gefahr und schlossen deshalb 1668 mit Holland und Schweden eine Allianz gegen diese neue Bedrohung. Der schon erwähnte Vertrag von Dover mit Ludwig XIV. machte dieser zukunftsweisenden Politik ein Ende. England geriet erneut ins Schlepptau des Sonnenkönigs. Doch 1677 verheiratet der König überraschend die protestantische Tochter Mary seines zum Katholizismus übergetretenen Bruders, des späteren Jakobs II., mit Wilhelm von Oranien, dem Vorkämpfer gegen die französische Expansion. Karls neuer Erster Minister Danby setzte auf Anglikanismus und Unabhängigkeit von Frankreich, um die im Gefolge des Vertrages von Dover anbrandenden republikanischen Wogen zu brechen. Selten ist eine historische Epoche so unübersichtlich, sind die Wege der handelnden Personen so verschlungen gewesen. Nur einmal wurde der Vorhang, der das moderne England verhüllte, plötzlich zerrissen, bündelten sich die Interessen und standen sich klar getrennt in scharf umrissenen Fronten gegenüber.

Die sogenannte »papistische Verschwörung«, eine Erfindung zweier Dunkelmänner, die die Jesuiten und die Königin beschuldigten, die Ermordung des Königs, den Sturz der Regierung und die Wiedereinführung der katholischen Religion zu betreiben, löste das verworrene Knäuel. Auf der einen Seite stand der König, der die Erbfolge und damit auch die Verfassung sichern wollte, auch wenn sein Nachfolger ein katholischer König sein würde. Auf der anderen Seite stand die überwiegende Mehrheit des Landes, die sich vor einer katholischen Monarchie fürchtete und den Ausschluß Jakobs II. von der Thronfolge verlangte. Der Führer dieser zu Beginn die Mehrheit bildenden Partei, der man erstmalig den Namen Whigs gab, war Lord Shaftesbury, ein leidenschaftlicher, eloquenter, aristokratischer Volkstribun, ein Vorläufer Mirabeaus, der die gekrönte Republik und alle Macht für sich selbst wollte. Sein Sekretär und politischer Berater war John Locke. Drei Parlamente ließ der König in den Jahren 1679, 1680 und 1681 wählen. Dreimal stand ihm eine radikale protestantische Mehrheit, geführt von Shaftesburys Anhängern, gegenüber. Das zweite Parlament verabschiedete – noch ehe es der König auflösen konnte – in zweiter Lesung ein Gesetz, das den katholischen Thronfolger von der Thronfolge ausschloß. Das Schicksal der Monarchie hing an einem seidenen Faden. Im Oberhaus sollte es sich entscheiden.

An dieser Stelle tritt der große Trimmer, George Savile, Marquess of Halifax, ins Rampenlicht der Öffentlichkeit. In sechzehn Reden verteidigt Halifax vor einer mit leidenschaftlichen Gegnern besetzten Tribüne die legitime Erbfolge und damit die konstitutionelle Monarchie sowie die britische Verfassung. Der katholische König sollte nach seiner und Karls Überzeugung ein konstitutionell beschränkter Monarch sein, aber er sollte König sein. Mit 63:30 Stimmen widerstanden die Lords dem Unterhaus. Halifax hatte die Monarchie gerettet. Den Beinamen »Der Trimmer« erhielt er nach seiner berühmten Flugschrift »The Character of a Trimmer«, in der er über sich selbst und seine politischen Überzeugungen das folgende schrieb: »Das unschuldige Wort Trimmer heißt nichts anderes als dies, daß, wenn Männer zusammen in einem Boot sind und der eine Teil der Besatzung das Boot auf der einen Seite niederdrückt und der andere Teil der Besatzung es auf der entgegengesetzten Seite niederdrückt, es zuweilen eine dritte Gruppe gibt, die der Meinung ist, es wäre das Beste, wenn das Boot gleichmäßig ginge, ohne die Passagiere zu gefährden.«

Halifax verkörperte anders als Karl das Ideal eines philosophischen Staatsmannes, der die Fähigkeit besaß, sich selbst mit Abstand zu sehen und sich über seine Handlungen Rechenschaft zu geben. Doch auch der König verfolgte in den letzten Jahren seiner Regierungszeit einen Kurs des »Trimmens« zwischen den Extremen. Nach der Auflösung des dritten nach Oxford einberufenen sogenannten Exklusionsparlaments zerstörte der König die Basis der Whigs, in dem er die Ersetzung der protestantisch-republikanischen Magistrate durch königstreue betrieb und Lord Shaftesbury auf die Anklagebank brachte. Nach der Aufdeckung eines Anschlags gegen sein und seines Bruders Leben ließ er zwei Helden des liberalen England, Russell und Sidney, hinrichten, neben Argyll und Vane, die einzigen Opfer königlicher Willkür. Als Karl 1685 im alten Glauben starb, hinterließ er seinem Bruder Jakob eine ungeschmälerte Krone, wie sie ihm die Restauration aufs Haupt gedrückt hatte. Allerdings waren die großen Streitfragen der Nation, der Glaube und das Verhältnis zu Frankreich, offengeblieben und konnten jederzeit neue, die Stuart-Restauration gefährdende Kämpfe auslösen.

Karl war ein geschickter Politiker, aber kaum ein Staatsmann. Verstellung und Täuschung waren ihm in den Jahren des Exils zur zweiten Natur geworden, und manchmal täuschte er sogar sich selbst. Er verstand es, fähige Köpfe in seinen Dienst zu stellen, aber er vertraute ihnen nicht. Er behandelte seine Minister wie seine Mätressen – er benutzte sie, aber er liebte sie nicht. Karl II. war der »unenglischste« aller englischen Könige, im Geiste verwandt mit dem Sonnenkönig und damit weitab vom Lebensgefühl seiner Untertanen. Doch anders als sein Vater bemerkte er diesen Abstand und überbrückte ihn durch Verstellung. So trifft es der Spottvers Rochesters letztlich nicht, der kurz vor seinem Tode reimte:

We have a pretty witty king,
Whose word no man relies on,
He never said a foolish thing
And never did a wise one.

Immerhin hatte er den Chronisten von Pest und Feuersbrunst, den unermüdlichen Tagebuchschreiber Samuel Pepys, zum Sekretär der Admiralität bestellt. Dennoch fällt es schwer sich vorzustellen, daß dieser liederliche Hof einer Epoche den Namen gab, die zwei der größten englischen Dichter – Milton und Dryden – den berühmtesten Naturforscher, Sir Isaac Newton, den bedeutendsten englischen Komponisten, Henry Purcell, und zwei der klügsten politischen Moralisten, Halifax und Locke, sah.

Mit Jakob II. (1633-1701) kehrt das Unglück auf Englands Thron zurück. Die von seinem Bruder ererbten Probleme hätten einen weitblickenden Staatsmann, einen geschickten Politiker und einen ebenso weitherzigen wie großzügigen Monarchen erfordert. Doch Jakob war nichts von alledem. Sein intellektueller Horizont war begrenzt und seine Einbildungskraft beschränkt. Er war ein bigotter Frömmler und ein eigensinniger Rechthaber. Karl, der seine Loyalität schätzte, hatte immer gefürchtet, daß sein Bruder den Thron verlieren werde, da er sich weder verstellen konnte, noch den Kompromiß mit dem Parlament und den protestantischen Untertanen suchen wollte. Jakob hatte sich als Offizier unter Turenne, als englischer Flottenkommandeur gegen Holland und als Regent Schottlands ausgezeichnet. Doch seine politischen Fähigkeiten reichten nicht an seine administrativen heran. Seine Konversion zum Katholi-

Das Bündnis Ludwigs XIV. mit dem abgesetzten Jakob II. hatte für England und Schottland keine Bedeutung. Nur in Irland hielt dieses Bündnis die katholische Option offen und trug zur weiteren Entfremdung beider Länder bei.

zismus im Jahre 1668 hatte die Ausschluß-Krise ausgelöst, nachdem Jakob aufgrund der vom Parlament verabschiedeten Testakte als praktizierender Katholik bereits von allen öffentlichen Ämtern und Funktionen zurückgetreten war. Dennoch vollzog sich die Regierungsübernahme reibungslos und bewilligte ein loyales Parlament dem König auf Lebenszeit, worum sein verstorbener Bruder immer von neuem hatte kämpfen müssen. König, Volk und Armee standen auch gemeinsam gegen die Invasion des Herzogs von Monmouth, des illegitimen protestantischen Lieblingssohnes Karls und seiner Gefährtin im Exil, Lucy Walters.

Doch war es gerade dieser leichte Sieg, der den König unbesonnen und starrköpfig machte. Jakob hob die Testakte auf und erließ eine Toleranzerklärung zugunsten der Katholiken wie der englischen Dissenter. Als die Bischöfe sich weigerten, diese Erklärung von den Kanzeln zu verlesen, wurden sieben von ihnen verhaftet und in den Tower gebracht. Zwar wurden sie von den Geschworenen freigesprochen und daraufhin auch freigelassen, doch der König galt von dieser Zeit an als nicht mehr berechenbar.

Die Parteigänger des Hauses Stuart haben damals und später auf den sittlichen Wert der Toleranzerklärung verwiesen und Jakob zum aufgeklärten Monarchen à la Friedrich II. von Preußen stilisiert. Doch eben dies war Jakob nicht. Er wollte das Land katholisch machen, die absolute Monarchie wiederherstellen und England in ein Bündnis mit Frankreich führen. Einer seiner Minister, Lauderdale, der Jakobs Innerstes nur zu gut kannte, hatte schon vor seinem Regierungsantritt bemerkt, daß der Prinz alle Schwächen, jedoch nicht die Stärken seines Vaters habe. Er liebe es, daß man ihm nach seinem Willen diene, und sei ein Papist wie nur der Papst einer sein könne, was sein Ruin sein werde. Denn selbst wenn sein Reich die ganze Welt umfasse, würde er es doch drangeben, da sein Ehrgeiz dahingehe, nach seinem Tod einen Heiligenschein zu tragen. Halifax, dem er seinen Thron verdankte, veröffentlichte im selben Jahr, 1687, seinen berühmt gewordenen »Brief an einen Dissenter«. Dieses Pamphlet zeigte große Wirkung, da es den englischen Nonkonformisten das Taktische des königlichen Toleranzgebots vor Augen führte und ihm so die beabsichtigte Wirkung nahm. Mit der Toleranzerklärung und der Verhaftung der Bischöfe war es Jakob gelungen, zusammenzuzwingen, was Karl II. mit Geschick getrennt hatte – gemäßigte Tories und gemäßigte Whigs. Die ersteren ließen von der Legitimität, die letzteren von der Republik, um einen konstitutionellen Monarchen auf Englands Thron zu setzen. Als 1687 dem König ein katholischer Thronfolger geboren wurde, war die Geduld beider Parteien erschöpft. In Wilhelm von Oranien, dem protestantischen Helden, der Holland hatte unter Wasser setzen lassen, um die Franzosen aufzuhalten, fand man den geeigneten Kandidaten. Durch seine Heirat mit der Tochter Mary aus Jakobs erster protestantischer Ehe war er Jakobs Schwiegersohn und damit auch thronfolgeberechtigt, wenn man es damit nicht zu genau nahm.

Die »Unsterblichen Sieben«, die Wilhelm nach England einluden, gehörten beiden Parteien an. Das Glück hatte Jakob endgültig verlassen. In Salisbury verriet ihn sein bester Offizier, John Churchill, und ging zu Wilhelm über, und in London flüchtete sich seine Tochter Anna in die Arme der anglikanischen Kirche. Allein und verbittert warf der König das Großsiegel in die Themse, überantwortete das Land der Anarchie und floh nach Frankreich. Daß ihn Fischer zuerst daran hinderten und seinem Schwiegersohn damit erhebliche Verlegenheit bereiteten, ist eine schöne Illustration des Napoleon-Wortes »Vom Erhabenen zum Lächerlichen ist es nur ein Schritt.« Die »Glorious Revolution« beendete das Regiment der männlichen Stuarts und entschied auch über die Teilnahme Englands an dem beginnenden Weltkrieg auf seiten derer, die die französische Hegemonie in Europa fürchteten. Der alte Gegensatz zwischen England und Spanien, bei dem sich Politik und Religion gedeckt hatten, wurde abgelöst durch den neuen Gegensatz England – Frankreich, bei dem Religion und Politik auseinanderfielen. Denn gegen Frankreich standen auch Habsburg, das Reich, Holland und Papst Innozenz XI., während der allerchristlichste König mit den muselmanischen Türken verbündet war.

Mit der Vertreibung Jakobs stirbt das englische Mittelalter ein zweites Mal. Tudors und Stuarts hatten ihre Wurzeln in einer mythischen Vergangenheit; die protestantische Thronfolge macht das Königtum von der Zustimmung der Nation abhängig. Nicht historische Legitimität, sondern konstitutionelle Nützlichkeit befindet künftig über die herrschende Familie. Von da bis zur opportunistischen Namensänderung ist es nur ein Schritt. Das Haus Windsor gibt es noch nicht, doch die verfassungsrechtlichen Grundlagen, die es hervorbringen werden, sind gelegt.

Karl Marx zitiert Hegel zu Beginn seines »Achtzehnten Brumaire des Louis Bonaparte« mit der Bemerkung, daß alle großen weltgeschichtlichen Tatsachen und Personen sich zweimal ereignen, und er fügt hinzu: das eine Mal als Tragödie, das andere Mal als Farce. Die schottische Geschichte hat dazu eine Ergänzung geliefert – die Romanze. Nach der Vertreibung Jakobs II. und der Thronbesteigung Williams III. und Marys II. ist die Stuart-Restauration ein katholisches Anliegen, erst nach der englisch-schottischen Union von 1707 mit der Aussicht auf einen deutschen protestantischen Prinzen auf Schottlands Thron wird der »Jakobitismus« zur nationalen schottischen Bewegung. Jakob II. hatte den Thron durch Schwäche und Eigensinn verloren – aus dem tapferen Flottenkommandeur und geschickten Administrator Schottlands war ein kraftloser alter Mann geworden, über den die Höflinge in Versailles urteilten: »Wenn man ihm zuhört, weiß man, warum er hier ist.« Der Sieg Williams an der Boyne in Irland nahm ihm die letzte Chance, noch einmal König zu werden.

Bis heute erinnert das Glenfinnan Monument die Schotten an den Traum von einer Stuart-Restauration. In Glenfinnan House Hotel ruft der Dudelsack zum Dinner – Symbol für die romantische Folklore, die das einzige Erbe des Jakobitismus in Schottland ist.

Nach seinem Tod im Jahre 1701 wurde sein Sohn, der Chevalier von Saint-Germain, der Träger aller katholischen Stuart-Hoffnungen. Doch dieser fromme, melancholische Thronanwärter blieb vom Unglück verfolgt. »Jamie the Rover« – Jakob der Wanderer – erkrankte an Masern, als im Jahre 1708 die erste französische Expedi-

Culloden ist nicht nur das Ende des Jakobitismus, es ist das Ende einer ganzen Welt. Bis zu diesem Zeitpunkt waren die Highlands etwas Eigenes mit einer mittelalterlichen Gesellschaft, die mehr auf Gefolgschaftstreue denn auf ökonomische Abhängigkeit achtete. Culloden machte allem ein Ende, und aus den Highlands wurde das Armenhaus eines kapitalistischen Empire.

tion zur Wiedereinsetzung der Stuart-Dynastie in See stechen sollte, und er kam zu spät, als der Earl of Mar 1715 nach dem Tod der Königin Anna die alte Fahne hißte. Alle Hoffnungen zerschlugen sich, alle Pläne scheiterten. Selbst das Wetter trug dazu bei, aus dem Königssohn »Old Mr. Misfortunate« zu machen. Sein Beitrag zur Sache der Stuarts blieben zwei Söhne, Charles Edward und Heinrich, die den Anspruch auf die Kronen Englands, Schottlands und Irlands aufrechterhielten.

Und so betritt im Jahre 1745 das Haus Stuart in der Person des Prinzen Charles Edward zum letzten Mal die historische Bühne. Der österreichische Erbfolgekrieg bindet englische Truppen auf dem Festland. Ohne französische Unterstützung, mit nur wenigen Getreuen entrollt der Prinz seine Standarte in Glenfinnan. Nach anfänglichem Zögern schließen sich ihm die meisten Hochland-Clans an. Zweimal, bei Prestonpans und Falkirk, werden die Engländer geschlagen, die siegreichen Schotten ziehen in Edinburgh ein und dringen danach bis Derby vor, doch die Unterstützung der englischen Jakobiten bleibt aus. Enttäuscht und zerstritten ziehen sich die Truppen des Prinzen wieder nach Schottland zurück. Bei Culloden zerstiebt der Traum einer Stuart-Restauration – die Hochländer werden von den Truppen Cumberlands grausam niedergemacht. »Bonnie Prince Charlie« flieht. Sechs Monate zieht er kreuz und quer durch das Hochland, versteckt sich in Hütten und Höhlen, immer auf der Flucht vor den englischen Truppen. 30 000 Pfund sind auf seinen Kopf ausgesetzt, und viele, die ihn erkennen, wären für eine weit geringere Summe dankbar, doch keiner verrät ihn. Auf die Insel Skye gelangt er als Kammerzofe von Flora Macdonald verkleidet, in deren Haus englische Offiziere nach ihm suchen. Nach sechs Monaten nimmt ihn ein französisches Schiff auf. Er wird Schottland nicht wiedersehen.

Die Folgen für das Land sind furchtbar. Die Engländer zerstören die patriarchalisch-feudale Hochlandgesellschaft. Die Pächter müssen den Einfriedungen für die Schafe weichen. Viele derer, die für »Bonnie Prince Charlie« gekämpft haben, wandern nach Amerika aus. Und auch auf den romantischen Prinzen wartet ein trostloses Schicksal. Von niemandem anerkannt, wandert er ruhelos durch Europa. Nachdem sich Ludwig XV. im Frieden von Aachen zur Ausweisung des Stuart-Erben verpflichtet hatte und den Prinzen zu diesem Zweck verhaften ließ, verliert sich seine Spur, bis er nach dem Tod seines Vaters im Jahre 1766 in Rom Aufenthalt nimmt. Aus »Bonnie Prince Charlie« ist inzwischen ein alter, frustrierter Trunkenbold geworden, dessen junge Frau ihm Hörner aufsetzt und den »König von Großbritannien, Frankreich und Irland« der Lächerlichkeit preisgibt. Er stirbt im Jahre 1788.

Sein Bruder Heinrich Benedikt York (1725-1807), römischer Kardinal, beendet das Stuart-Kapitel als Heinrich IX. von Gottes Gnaden König von ... usw. Als die französischen Revolutionstruppen nach Italien kommen, muß er auf einem englischen Schiff nach Sizilien fliehen. Von Georg III. erhält der völlig Verarmte schließlich eine Pension, und dessen Sohn Georg IV. stiftet das Grabmal Canovas für die drei letzten Stuarts in der Peterskirche. »Was hat Ihre Familie getan, Sir, daß die Rache des Himmels über so viele Jahre hinweg auf jeden Zweig von Ihnen gekommen ist?« fragte ein englischer Jakobit einmal den Prinzen. Die Antwort darauf findet sich nicht in der Geschichte. Doch was die Geschichte den Stuarts schuldig geblieben ist, hat ihnen die Kunst mit Zins und Zinseszins zurückgezahlt. Scott,

Stevenson und Burns haben im 19. Jahrhundert aus ihren Abenteuern Literatur geformt, dem untergegangenen Schottland damit eine neue Identität verschafft und die Stuart-Legende in das nationale Erbe eingeschmolzen. Waverly, Redgauntlet, Rob Roy, The Heart of Midlothian, Gedichte, Lieder und Balladen haben die hier erzählte Geschichte in romantische Fiktion verwandelt. Stevensons »Entführung« ist eines der schönsten Bücher der englischen Literatur und Robert Burns einer ihrer größten Lyriker. Sie alle haben der »verlorenen Sache« gehuldigt und sie damit in Schottland zur siegreichen gemacht. Das unselige Geschlecht hat so dem Lande eine Legende hinterlassen, die die Windsors überleben könnte. Es war also doch nicht das Ende, als William Ross, der letzte Dichter des alten Schottland, sang:

Ancient Scotland! a tale of woe
Every sea-wave breaking brings,
That thy royal heir is now in Rome
Earthed in chest of polished boards.

Hearing I sigh each day,
Oft my thougths are far away;
False the world and sad the fate,
That all flesh is to death a prey.«

Eine Kammerzofe macht Weltgeschichte

Königin Anna und Sarah Churchill

Die Revolution von 1688 schuf eine neue Legitimität. Nicht die Abstammung allein bestimmte den Thronerben, sondern Abstammung, protestantisches Glaubensbekenntnis und gesellschaftliche Sanktionierung durch das Parlament konstituierten von nun an den Monarchen. Auf Jakob II. folgten seine älteste protestantische Tochter Maria II. (1662-1694) und ihr Mann, Wilhelm von Oranien, die gemeinsam regierten. Nach dem Tode Marias 1694 wurde Wilhelm sogar alleiniger Inhaber der höchsten Gewalt. Als im Jahre 1700 Wilhelm von Gloucester, der Sohn der jüngeren Tochter Jakobs, der späteren Königin Anna, von den Pocken hinweggerafft wurde, verabschiedete das Parlament ein Thronfolgegesetz, den »Act of Settlement«, durch den das Haus Hannover als Nachfolger von Wilhelm und Anna bestimmt wurde. Die Kurfürstin von Hannover war eine Tochter der »Winterkönigin« Elisabeth, der jüngsten Tochter Jakobs I. Das Gesetz legte fest, daß in Zukunft jeder Herrscher der Kirche von England angehören müsse. Es bestimmte darüber hinaus, daß ein Monarch nichtenglischer Abstammung nur mit Zustimmung des Parlaments auf dem Kontinent Krieg führen, ohne dessen Einwilligung nicht ins Ausland reisen und kein Ausländer im Parlament oder im Geheimen Rat sitzen dürfe. Damit waren alle Einwände, die das Parlament gegen Wilhelm von Oranien hatte, in Zukunft ausgeräumt. Das Thronfolgegesetz beglaubigt die Machtteilung zwischen Monarch und Aristokratie. Die Fragen von 1642, 1660 und 1680 wurden endgültig zugunsten des Parlaments entschieden. Auch außenpolitisch ist die »Glorious Revolution« eine Wasserscheide. England kehrte in das antifranzösische Lager zurück und ist künftig der Rückhalt für die Haager Allianz zwischen Holland, dem Kaiser, Preußen, Hannover und England zur Bezwingung Frankreichs im Spanischen Erbfolgekrieg.

So sieht das Zeitalter der Königin Anna (1664-1714) die größte Manifestation englischer Macht seit Heinrich V., aber auch einen ungewöhnlichen Reichtum an Talenten. Englands größter Heerführer,

John Churchill, Herzog von Marlborough, besiegt in mehreren glän-
zend geführten Feldzügen die Franzosen bei Blenheim (1704), Ra-
millies (1706), Oudenaarde (1708) und Malpaquet (1709). Godolphin,
Sunderland, Harley und Henry St. John, Viscount Bolingbroke sind
jeder auf seine Art und für seine Partei begabte Politiker und ge-
schickte Parlamentarier. In die leidenschaftlichen Auseinandersetzungen zwischen Tories und Whigs um die Kriegführung Englands
greifen die Dichter des später so genannten »augusteischen Zeitalters«, Addison, Pope, Defoe und Swift, mit satirischen Pamphleten
und witzigen Flugschriften ein. Auch Gullivers Reisen müssen wir
vor diesem Hintergrund lesen. Und selbst auf der französischen Seite
kämpft in Spanien mit dem Herzog von Berwick ein englischer Katholik, unehelicher Sohn Jakobs II. und Neffe Marlboroughs, dessen
strategisches Genie dem Marlboroughs kaum nachsteht.

Doch anders als die große Elisabeth hat Königin Anna an dem
Zeitalter, das ihren Namen trägt, keinen Anteil. Sie war weder klug
noch gebildet. Sie vertrieb sich die Zeit mit Kartenspiel und Klatsch-
geschichten und verstand nichts von den politischen Auseinandersetzungen um sie herum. Nicht ihren Namen dürfte das Zeitalter tragen, sondern den Marlboroughs, beider Marlboroughs, denn
wie Churchill mit unnachahmlicher Prägnanz feststellt: »Sarah lenkte
die Königin, Marlborough den Krieg und Godolphin das Parlament.«
Nicht Anna Stuart, sondern Sarah Churchill ist die große Frau dieser
Epoche, deren Biographie der Schlüssel zu dieser Zeit ist.

Sarah Churchill war eine ungewöhnliche Frau, die sich ihre
außerordentliche Schönheit bis ins hohe Alter bewahrte. Sie hatte
blondes Haar, blaue, lebhaft blitzende Augen, ein ebenmäßiges Gesicht und eine wohlgeformte kühne Stupsnase. Das schönste von ihr
existierende Porträt von Kneller zeigt sie im Alter von dreiundvierzig
Jahren in Trauer um ihren Sohn. Den Blick melancholisch verhan-
gen, blickt den Betrachter eine mädchenhafte Erscheinung von fast
überirdischer Schönheit an. In einer Zeit, in der die konventionelle
Ehe, die aus vorwiegend materiellen Gründen geschlossen wurde,
außerehelichen Liebesbeziehungen nicht im Wege stand, hielt sie
ihrem Mann ein Leben lang und darüber hinaus die Treue. Als nach
seinem Tod einer der reichsten Grundbesitzer des Landes um ihre
Hand anhielt, entgegnete sie ihm: »Wäre ich jung und anziehend,
wie ich es einmal war, statt alt und verbraucht, wie ich es jetzt bin,
und könnten Sie mir die Herrschaft über die ganze Welt zu Füßen le-

Die von Rysbrack geschaffene Statue der Königin Anna atmet Berninis Geist. Überall spürt man in der Kunst dieser Zeit den Stolz der englischen Aristokratie auf den Sieg über den Sonnenkönig. Dennoch vermochte das englische Barock nicht, das Zeitalter der französischen Klassik zu beenden. Erst um die Mitte des Jahrhunderts beginnt die englische Kunst wieder eigene Wege zu gehen.

gen, Herz und Hand, die einst John, dem Herzog von Marlborough gehörten, würden Ihnen dennoch für immer versagt bleiben.« Und in den Archiven von Blenheim findet sich ein kleines Stück abgerissenes Papier, auf dem in ihrer Handschrift die Worte stehen: »Ich sehe voraus, daß die Welt, was immer ich tun werde, es mir als Unzufriedenheit darüber auslegen wird, daß ich die Gunst der Königin und

Von den »Genen Sarahs« wurde nicht nur im Zusammenhang mit Winston Churchill gesprochen. Auch Diana, Prinzessin von Wales, ist eine Nachfahrin dieser bemerkenswerten Frau. Manche Unausgeglichenheit und Dickköpfigkeit der Abkömmlinge mag hier ihre Ursache haben.

meine großen Ämter verloren habe. Es verdrießt mich ein wenig, so falsch beurteilt zu werden, doch hoffe ich, daß Sie niemals denken werden, daß ich deswegen unglücklich bin. Denn solange ich in Ruhe und Sicherheit mit dem geliebten Herzog von Marlborough leben kann, gibt es für mich außerdem nichts zu wünschen.«

Sie war die engste Freundin der Königin, redete sie mit Mrs. Morley an und wurde von ihr Mrs. Freeman genannt, eine Freundschaft, die Weltgeschichte gemacht hat. Auf dem Höhepunkt dieser Freundschaft schrieb ihr die Königin: »Sollten Sie mich jemals aufgeben und verlassen, ich hätte mit dieser Welt nichts mehr zu schaffen und würde abermals dem Thron entsagen; denn was ist eine Krone, wenn ihr die Unterstützung versagt wird? Ich werde weder Sie selbst, meine Liebe, noch Mr. Freeman, noch Mr. Montgomery jemals im Stich lassen, sondern immer Ihre getreue Dienerin sein. Wir vier

dürfen uns niemals trennen, bis uns der Tod mit seiner unpar-
teiischen Hand niedermäht.« Und doch zerbrach diese Freundschaft.
Liebe wurde zu Haß, und dieser diktierte Mrs. Freeman Briefe an
ihre Königin, die andere auf den Block nach Tower Hill gebracht
hätten. Auf dem Höhepunkt dieser die Geschichte Englands und Europas ändernden Auseinandersetzung brachte sie es fertig, der Königin vor allen Höflingen den Mund zu verbieten.

In einem Zeitalter höfischer Etikette und barocker Üppigkeit war
Sarah Churchill ein Hort des Common sense – vernünftig, freimütig
und resolut. Sie wollte weder Herzogin werden noch ein großes
Schloß erbauen – beides blieb ihr nicht erspart. Für ihren Sarg hatte
sie ausdrücklich in ihrem letzten Willen bestimmt »schlicht, ohne
Schmuck und Beschläge«. Sie hinterließ zwei Rechtfertigungsbücher,
die beide für die Öffentlichkeit bestimmt waren. Das eine sollte
ihren Anteil an den geschichtlichen Ereignissen in das rechte Licht
rücken; das andere »An Account of the Cruell Usage of my Children«
offenbart schon im Titel ihre größte Schwäche: die Streitsucht.

Die Liebesgeschichte von John Churchill und Sarah Jennings, später Herzog und Herzogin von Marlborough, ist eine der schönsten
der Weltgeschichte. Winston Churchill – beider Nachfahr –, der
selbst seinen Namen in die Geschichte einschrieb, hat ihr ein historisches wie literarisches Meisterwerk gewidmet. Sarah wurde am 29.
Mai 1660 in St. Albans geboren. Ihre Eltern gehörten dem Landadel
an. Sie schickten Sarah und ihre Schwester an den Hof, da dies die
einzige Möglichkeit für Mädchen aus dem Adel war, Karriere zu machen, das heißt: standesgemäß zu heiraten. Der Zufall wollte es, daß
Sarah die Spielgefährtin Prinzessin Annas, der Tochter Jakobs II. aus
seiner ersten – protestantischen – Ehe mit Anne Hyde, wurde. Die
kleine Prinzessin verliebte sich regelrecht in Sarah. Sie bewunderte
ihre strahlende Erscheinung und hing sich an sie mit jener Stuart-
Zähigkeit, die ihren Vater den Thron kosten und sie selbst zur Königin machen sollte. Nach der Heirat Sarahs mit John Churchill im
Winter 1677/78 gehörte auch Mr. Freeman zum Freundschaftsbund,
der später nach dem Wohnsitz der Prinzessin im königlichen Schloß
Cockpit-Kreis genannt wurde. Die Zeiten waren für die Prinzessin
wie für ihre Freunde nicht einfach. Ihr Vater hatte im Jahre 1685 nach
dem Tod Karls II. als Jakob II. den Thron bestiegen, sich aber der Nation durch seinen Übertritt zum katholischen Glauben entfremdet.
Die Revolution von 1688 stürzte den Freundeskreis in einen Gewis-

senskonflikt. John Churchill sollte die Truppen Jakobs gegen Wilhelm von Oranien führen und Sarah über die protestantische Prinzessin wachen. Doch alle drei lösten sich von Jakob. John Churchill ging zu Wilhelm von Oranien über, und Sarah half der Prinzessin über eine Hintertreppe des Palastes zur Flucht in den Schutz der Kirche von England.

Der Verrat am König wie am Vater hat in späteren Jahren die schwermütige Anna zusätzlich belastet. Doch auch mit dem Regierungsantritt Wilhelms von Oranien und ihrer Schwester Maria waren die Prüfungen des Freundschaftsbundes nicht ausgestanden. Wilhelms Bevorzugung seiner holländischen Freunde und sein Mißtrauen gegen die britische Politik erbitterten die Churchills. Sie traten – wie viele enttäuschte Aristokraten – in geheime Verbindung zum exilierten Hof. Churchill wurde für kurze Zeit im Tower inhaftiert, und die Königin verlangte von ihrer Schwester die Entlassung ihrer Freundin als Hofdame. Als sich Anna weigerte und an ihrer geliebten Mrs. Freeman festhielt, mußte sie ihre Wohnung verlassen und mit ihren Gertreuen Unterschlupf in Syon House, dem Schloß des Herzogs von Somerset, suchen. Trotz dieser Behandlung hielten die Freunde zusammen, zu denen jetzt auch der Mann Prinzessin Annas, Prinz Georg von Dänemark, und der Tory-Politiker Godolphin gehörten. Erst mit dem Tode Wilhelms endeten Annas und Sarahs Zurücksetzungen.

1702 wurde Anna Königin von England. Und es begann für England jene glorreiche Epoche, die die Siege Marlboroughs, die Eroberung Gibraltars und die Union mit Schottland, die Entdeckungen Newtons, die Bauten Wrens, Vanbrughs und Hawksmoors, die Bücher Swifts, Defoes, Addisons, Congreves und Popes sehen sollte. Selten begann eine Regierungszeit glanzvoller, selten hat aber auch eine Regierungszeit schmählicher geendet. Am Anfang war alles Jubel, Heiterkeit und Freundschaft – am Ende alles Bitternis und Frost.

Anna und Sarah waren zwei Persönlichkeiten, die kein Dichter sich hätte entgegengesetzter ausdenken können. Die Königin war schwerfällig, scheu, starrköpfig und ein wenig beschränkt. Siebzehn Geburten, davon sechzehn Fehlgeburten, und die Gicht sollten sie bald zum Krüppel machen. Anna war eine Stuart und ihr politisches Glaubensbekenntnis das Gottesgnadentum, die anglikanische Kirche und die Tory-Partei. Churchill hat sie deshalb zu Recht eine protestantische Jakobitin genannt. Sarah war eine strahlende, selbstbewußte, brillante Erscheinung, sie war von Natur aus skeptisch, stand fest auf dem Boden der Tatsachen, verachtete allen Aberglauben und war eine überzeugte Anhängerin der Whigs. Ihrem Charakter haftet eine erstaunliche Modernität an. Sie war die Vorwegnahme der emanzipierten Frau unseres Jahrhunderts.

Eine Freundschaft zwischen so verschiedenen Charakteren mußte zerbrechen, als die Politik und die Parteiungen Englands in diesen Freundeskreis einbrachen. Anna haßte die Whigs, die sie für gottlose Republikaner hielt, und Sarah ließ sich mehr und mehr für die Interessen dieser Partei einspannen. Wenn Sarah, wie es ihr Mann ihr in seinen begütigenden Briefen riet, sich nicht in die Politik gemischt hätte, wenn sie sich darauf beschränkt hätte, ihre Funktion als Groom of the Stole, was so etwas wie Haushofmeisterin bedeutete, auszufüllen, die Königin aufgeheitert und ihr das Leben leichter gemacht hätte, hätte diese Freundschaft dauern können, an der die Große Allianz gegen Frankreich zwischen Holland, England und dem Kaiser hing. Doch Sarah konnte von der Politik nicht lassen, wollte ihren Schwiegersohn als Minister sehen und blieb immer öfter dem Hofe und ihrer Königin fern, die ihr langweilig waren.

Es ist oft erzählt worden und bildet auch den Hintergrund für die Komödie Scribes »Ein Glas Wasser«, die in Deutschland mit Gustav Gründgens als witzig-charmantem Henry St. John und Hilde Krahl als der hochmütigen Herzogin verfilmt wurde, wie sich die Gunst der Königin, der Bevormundung müde, von der aufbrausenden und rechthaberischen Sarah ab- und einer jungen Kammerzofe, Abigail, zuwandte, die als arme Verwandte von ihr einst an den Hof gebracht worden war. Es ist die traurige Geschichte einer allmählichen Entfremdung, eine Geschichte der kleinen Heimlichkeiten, halben Versöhnungen und des endgültigen Bruchs. Dieser Bruch sollte Marlboroughs Stellung in der Politik und an der Spitze der verbündeten Armeen so schwer erschüttern, daß die Koalition gegen Ludwig XIV. darüber auseinanderbrach. Sosehr der Gedanke einer Kammerzofe, die Weltgeschichte macht, die Historiker dieser Epoche – einschließlich Churchills – immer wieder fasziniert hat, die Gründe für das schließliche Ausscheiden Englands aus der Koalition liegen tiefer. Die Führer der Tories, Harley, der spätere Earl of Oxford, und Bolingbroke, waren im Parlament zunehmend unter den Druck ihrer Anhänger geraten, den Krieg zu beenden. Nach dem Mißerfolg der Alliierten in Spanien war klar, daß sich die Vertreibung von Ludwigs Enkel aus Spanien trotz aller Siege Marlboroughs nicht erreichen ließ.

Dennoch hat Annas Bruch mit Sarah in England die politische Landschaft verändert. Und Churchill hat recht, wenn er in seiner Biographie des Herzogs von Marlborough erbittert feststellt: »Abigail war wahrscheinlich das kümmerlichste Geschöpf, das jemals bewußt versuchte, die Geschichte Europas entscheidend zu beeinflussen, und es tatsächlich auch getan hat.« Zuerst durfte sie nur die Wäsche der Königin zusammenlegen, später war sie Vorleserin, Unterhalterin und geheime Briefbotin für den Führer der Friedenspartei, Harley. Sarah hat dies alles am Anfang nicht bemerkt, zu sehr war sie mit ihrer politischen Überzeugungsarbeit bei der verstockten Königin beschäftigt. Erst als sie erfuhr, daß ihre arme Verwandte im Beisein der Königin heimlich geheiratet hatte und sie überdies einen Teil von Sarahs Räumen im königlichen Palast beziehen sollte, wurde ihr klar, das Mrs. Morley sich von Mrs. Freeman gelöst und eine andere Freundin gefunden hatte. Sarah konnte den Verlust nicht verwinden. Sie bombardierte die Königin mit unliebenswürdigen Briefen und machte ihrer Cousine Vorhaltungen. Als diese ihrer stolzen Tante, der großen Herzogin von Marlborough, bei einer Auseinandersetzung hochmütig entgegnete, sie sei sicher, daß die Königin, die sie immer sehr geliebt habe, ihr gegenüber immer gütig und freundliche bleiben werde, machte diese Antwort die sonst nicht auf den Mund gefallene Sarah sprachlos. Doch die Geduld der Königin war erschöpft. An den Befehlshaber ihrer Truppen schrieb sie: »Ich wünsche nichts weiter, als daß sie aufhören möge, mich zu peinigen und zu quälen, und daß sie sich so betragen möge, wie es sich gegenüber ihrer Freundin und Königin gehört. Und ich hoffe, daß Sie sie dazu bringen können.«

Das Ende dieser Freundschaft kam schnell. Churchill berichtet darüber: In dem Gefühl, daß ihre persönlichen Beziehungen unerträglich geworden waren, hatte Sarah ihren Mann veranlaßt, Anna um die Erlaubnis zu bitten, nach Möglichkeit auf dem Lande zu bleiben und ihr Amt zugunsten ihrer beiden Töchter aufgeben zu dürfen. Sie versicherte, die Monarchin habe ihr einmal versprochen, so zu verfahren. Die Königin stimmte anläßlich einer Abschiedsaudienz Marlboroughs der ersten Bitte bereitwilligst zu, erklärte aber, sie habe gehofft, die Herzogin werde ihren Dienst nicht verlassen. Als jedoch Sarah später auf genauere Zusicherungen drängte und sich auf jenes Versprechen berief, antwortete die Königin: »Ich erinnere mich nicht, hierzu jemals etwas gesagt zu haben.« Als sie weiter gedrängt wurde, erwiderte sie ungeduldig: »Ich wünsche, niemals mehr mit diesem Thema belästigt zu werden.« Als sich Sarah daraufhin bei einer Tischgesellschaft unvorsichtig über die Königin äußerte und dieser das hinterbracht wurde, bat sie um eine Audienz, um alles richtigzustellen. Die Königin gewährte ihr die Audienz, lehnte aber jedes offene Gespräch über das ihr Hinterbrachte ab. Schließlich konnte es Sarah nicht länger ertragen: »Ich bin sicher, Eure Majestät werden für soviel Unmenschlichkeit noch einmal büßen müssen.« Darauf die Königin: »Das wird dann meine Sache sein.«

Dies waren die letzten Worte, die zwischen den beiden Frauen gewechselt wurden. Sie sollten sich nie wiedersehen. Einige Zeit später forderte die Königin auch den goldenen Schlüssel, das Zeichen von Sarahs Amt als Groom of the Stole, zurück. Noch einmal schrieb Sarah einen Brief an die frühere Freundin und versprach ihr, niemals mehr von Politik reden zu wollen. Ihr Mann überbrachte diesen Brief persönlich, die Königin blieb ungerührt. Sie bestand auf Rückgabe des goldenen Schlüssels der königlichen Garderobe innerhalb von drei Tagen. Der Herzog von Marlborough, Oberkommandierender der alliierten Heere, Sieger vieler Schlachten und erster Staatsmann Englands, ließ sich vor der Königin auf die Knie nieder und bat darum, seiner Frau wenigstens zehn Tage Zeit zu geben. Auch dies verweigerte die Königin. Churchills Kommentar: »Lassen wir eilends den Vorhang vor einem widernatürlichen Schauspiel fallen, das dem Bild eines Soldaten Abbruch tut, ohne die Majestät einer Königin zu erhöhen.« Doch wie nach jedem barocken Schauspiel gab es auch hierzu ein Satyrspiel. Als Sarah aus dem Palast auszog, nahm sie selbst die Kaminverkleidungen aus Mamor und die Messingschlösser mit. Von einer Miniatur, die die Königin ihr einst geschenkt hatte, entfernte sie die Diamanten und gab sie einer armen Frau, damit sie sie zu ihrem Wohle verkaufe. Und ein Geldgeschenk, das die Königin den Marlboroughs auf dem Höhepunkt ihrer Freundschaft gemacht hatte und das diese damals abgelehnt hatten, forderte Sarah jetzt in ihrer Verbitterung mit Verzugszinsen von der königlichen Schatulle ein. Die Amtsenthebung Marlboroughs zerschnitt auch das letzte Band zwischen den Freunden des Cockpit-Kreises.

Wenn auch die Schuld für das Zerwürfnis hauptsächlich bei Sarah lag, eine Tragödie war es für Königin Anna, urteilt der englische Hi-

*»The finest view of England«, nannte Randolph Churchill, Sir Winstons Vater, den
Blick auf Schloß und Brücke, als er seine Verlobte das erste Mal nach Blenheim führte.
Weniger gnädig war Voltaire, der von einem Haufen Steinen sprach.*

storiker Trevelyan. Die Königin hatte ihre alten Freunde verloren
und neue nicht gewonnen. Die siegreichen Tory-Politiker entzweiten
sich schnell und stritten sich sogar in Anwesenheit der Königin. Eine
heftige Auseinandersetzung zwischen Harley und Bolingbroke führte schließlich zu einem Schlaganfall und zum Tod der Königin. Einsam, von allen verlassen, starb sie, die einer so glanzvollen Epoche der
englischen Geschichte ihren Namen gegeben hatte. Sarah sollte die
Königin um dreißig Jahre überleben. Nach dem Tod des Herzogs im
Jahre 1722 widmete sie sich hauptsächlich seinem Ruhm. Sie baute
das von ihr nie geliebte Blenheim zu Ende, ließ für ihn einen Tri-

*Jedes Jahr, am Jahrestag der Schlacht von Blenheim, erhält der Monarch vom regieren-
den Herzog von Marlborough eine Kopie der bei Blenheim erbeuteten Fahne, um jede
Generation erneut daran zu erinnern, warum sie Blenheim besitzt. Vergangenheit
kann aber auch erdrücken. Der Marquis of Blandford, nächster Erbe dieses prachtvollen englischen Landsitzes, ist drogenabhängig, war mehrmals im Gefängnis, aus dem
er über die Dächer Londons entkam, und verweigert die Unterhaltszahlungen für sein
uneheliches Kind.*

umphbogen am Eingang zum Park von Woodstock errichten und auf einer Anhöhe gegenüber dem Palast eine Säule mit einer Statue des Herzogs aufstellen. Die Inschrift verfaßte Marlboroughs Erzfeind Bolingbroke. Sie ist ein Meisterstück literarischer Geschichtsschreibung. Je älter Sarah wurde und je länger der mäßigende und begütigende Einfluß ihres Mannes aus ihrem Leben verschwunden war, um so streitsüchtiger wurde sie. Endlose Familienzwistigkeiten, Prozesse, Auseinandersetzungen mit den Handwerkern und dem Baumeister von Blenheim, Vanbrugh, verbitterten ihren Lebensabend. Nicht einmal am Totenbett des Herzogs vermochte sie sich mit den beiden überlebenden Töchtern zu versöhnen.

Allein mit der toten Königin hat sich die streitsüchtige Sarah am Ende ihrer Tage ausgesöhnt. Als Voltaire im Herbst 1727 Blenheim besuchte, fragte er sie nach ihren Erinnerungen, worauf sie ihm erwiderte. »Warten Sie ein wenig, ich ändere gerade meine Erzählung des Charakters der Königin Anna. Ich habe begonnen, sie wieder zu lieben, seitdem das gegenwärtige Pack uns regiert.« Von dem berühmten Bildhauer Rysbrack ließ sie eine Statue der Königin fertigen – die noch heute in Blenheim zu sehen ist –, auf der die Worte geschrieben stehen: »Zum Gedenken an Königin Anna, unter deren Schutz und Beistand John Herzog von Marlborough Siege errang und deren Großmut er und seine Nachfahren voller Dankbarkeit den Besitz von Blenheim schulden.« Als Sarah am 18. Oktober 1744 im Alter von vierundachtzig Jahre starb, wurde sie nur von wenigen betrauert. In ihrem Testament hinterließ sie einem jungen, noch keineswegs berühmten Parlamentarier, William Pitt, 10 000 Pfund als Dank dafür, daß er die Gesetze Englands verteidigt und den Ruin des Landes aufgehalten habe. Sie muß geahnt haben, daß dieser Mann berufen sein sollte, Marlboroughs Werk fortzusetzen. Bleibt nur nachzutragen, daß weder die Union mit Schottland noch der Frieden von Utrecht die Handschrift der Königin trugen. Die erstere war ein Werk der Whigs, letzterer ein Werk der Tories.

Die Gentlemen von England vermochten der Kriegführung Marlboroughs nichts abzugewinnen und träumten von der Beherrschung der Weltmeere und neuen Kolonien. Zu Beginn unterstützten die Gemäßigten beider Parteien den Krieg, dann forderten die Whigs einen größeren Anteil an der Regierungsmacht und am Ende wurden sie Opfer der Friedensströmungen im Lande, die den Tories bei den Wahlen von 1710 eine Mehrheit verschaffte. Gestützt auf dieses Mandat, eröffnete die neue Regierung hinter dem Rücken der Alliierten Separatverhandlungen mit Frankreich. Obwohl die Mittel zweifelhaft waren und der Verrat an den Alliierten schändlich, gebietet es die historische Gerechtigkeit zuzugeben, daß der Friedensvertrag für England günstig war. Es erhielt große Teile des heutigen Kanada, Menorca und Gibraltar sowie kommerzielle Vorteile in Südamerika. Der Enkel Ludwigs XIV. blieb zwar König von Spanien, doch verpflichteten sich Frankreich und Spanien, die Kronen niemals zu vereinen. Ob die Königin, gestützt auf den Verhandlungserfolg ihrer Minister, die Thronfolge wieder zugunsten ihres katholischen Halbbruders ändern wollte, ist umstritten. Jedenfalls glaubte sie, das von ihr selbst mit in die Welt gesetzte Gerücht des untergeschobenen Kindes nicht mehr und war folglich von Gewissensqualen gegenüber Vater und Bruder gepeinigt. Auch die Haltung der Tories war zwiespältig. Sie hatten die Vertreibung Jakobs II. nur widerwillig akzeptiert. Sie verteidigten das Gottesgnadentum und die anglikanische Staatskirche, was jedoch, nachdem Jakob II. katholisch geworden war, einander ausschloß. Nachdem der einzige Sohn der Königin, William von Gloucester, gestorben war, war abzusehen, daß sie sich entweder für das Gottesgnadentum und die Heimholung des Stuartprätendenten oder für die Thronfolge der protestantischen Hannoveraner entscheiden mußten. In diesem Zwiespalt entschieden sich die meisten für die anglikanische Staatskirche, so daß sich, als die Königin im Sterben lag, der Geheime Rat einmütig hinter die protestantische Thronfolge stellte und bei ihrem Ableben Georg I. , den Kurfürsten von Hannover, zum König proklamierte. Damit war die Bühne frei für den Auftritt einer landfremden Dynastie, die weit mehr als ihre Vorgänger von der Parteigunst der Whigs abhängig war und unter der sich fortsetzte, was unter der letzten Herrscherin aus dem Hause Stuart begonnen hatte – die Herrschaft der Politiker.

»Langweilig und beschränkt« – »skandalträchtig und von groben Manieren«

Die Könige aus dem Hause Hannover

Die englischen Könige aus dem Hause Hannover sind ein gutes Beispiel für das Wirken des dialektischen Prinzips in der Geschichte. Wohl selten noch hat eine Abfolge von derart beschränkten, obstinaten und langweiligen Herrschern über soviel Eleganz, Anmut und Witz geherrscht. Denn zu ihren Untertanen gehörten nicht nur die beiden Pitts, Fox, Washington, Nelson und Wellington, Burke und Canning, sondern auch Pope und Johnson, Wordsworth und Coleridge, Gainsborough, Reynolds, Hogarth und Constable, Walter Scott und Jane Austen, Byron und Shelley, Adam Smith und Edward Gibbon. Nicht erst die Nachgeborenen, sondern schon die Zeitgenossen haben deshalb vom 18. Jahrhundert als vom augusteischen Zeitalter gesprochen. Vergleichbares kennen wir nur aus Preußens großer Reformzeit, in der Stein und Hardenberg, Scharnhorst und Gneisenau, Fichte und Humboldt, Schinkel, Rauch und Schadow für einen Monarchen wirkten, der, so ein Zeitgenosse, wie eine Pflanze »in den Sandwüsten Potsdams vertrocknet« sei.

Anders als im Rom des Augustus oder auch in Preußen waren nicht der Hof, nicht die Monarchie der politische und geistige Mittelpunkt des Landes, sondern die großen Landhäuser der »Revolution Families«, der »stolzen Herzöge«, die die Revolution von 1688 gemacht hatten und von deren Zustimmung die Dynastie abhängig war. England war keine absolute Monarchie, wie sie sich überall in Europa nach dem Dreißigjährigen Krieg entwickelt hatte, England war eine gekrönte Landhausrepublik, in der die Bedfords und Devonshires, die Newcastles und Rockinghams im Namen des Königs die Macht ausübten. Doch die Verteilung der Macht zwischen den großen Familien im Oberhaus, dem König sowie dem Landadel und dem aufstrebenden Bürgertum der beginnenden Industrialisierung im Unterhaus war noch nicht endgültig. Sie konnte jederzeit in Frage gestellt und mußte neu austariert werden. Dabei war eine landfremde, nur aus religiösen Gründen auf den Thron verpflichtete Dynastie im Nachteil. Nur außergewöhnliche Persönlichkeiten wie Peter,

Georg IV. hat – so deplorabel sein Ruf in England war – in Schottland ein weit besseres Bild hinterlassen. Nicht nur besuchte er das Land, las Scott und traf sich mit ihm, er hatte auch ein echtes Interesse an schottischer Geschichte und schottischer Foklore. Sein offizielles schottisches Porträt im Tartan ist im 18. wie 19. Jahrhundert eine Ausnahmeerscheinung.

Friedrich oder Katharina hätten daran etwas ändern können. Doch eine solche Persönlichkeit fand sich unter den Hannoveranern nicht. Der Unterschied zwischen dem Adel Frankreichs, der den Hof der Bourbonen schmückte und dabei seine Wurzeln im Lande einbüßte, und der selbstbewußten Aristokratie Englands tritt uns noch heute aus den Bildern der Zeit entgegen. Bei aller Eleganz sind die Auftraggeber Gainsboroughs, Reynolds und Raeburns doch kraftvolle Persönlichkeiten, die festzuhalten wissen, was ihnen gehört, während die Bilder Watteaus, Fragonards, Bouchers und Nattiers uns schwächliche Figuren einer Traumwelt zeigen, die, zwischen Himmel und Erde schwebend, dem Einbruch der Realität nicht standhalten können.

Mit Ausnahme von Jane Austen und Walter Scott hat das geistige England den Mon-
archen verachtet. Besonders die Romantiker machten ihn für alles Schlechte in der
englischen Gesellschaft verantwortlich. Sein opulenter Lebensstil wie sein Dandy-
ismus paßten schlecht in eine Zeit, in der Menschen am Wegrand Hungers starben.

Die Könige aus dem Hause Hannover sind durchweg unerfreuli-
che Erscheinungen. Georg I. (1660-1727) wird von Churchill als »ein
obstinater und langweiliger deutscher Zuchtmeister, begriffsstutzig
und von groben Manieren« beschrieben. Seine Frau, Sophia Dorothea
von Celle, hielt er ein Leben lang eingesperrt, weil sie sich – wie er
auch – das Recht auf einen Seitensprung genommen hatte. Wie bei
allen Hannoveranern herrschte zwischen den Generationen eine sich
bis zum offenen Haß steigernde Feindschaft, die von den häßlichen
deutschen Mätressen des Königs immer aufs neue entflammt wurde.
Der spätere Georg II. wurde von seinem Vater unter Hausarrest gestellt und dessen Sohn – »poor Frederick« – von seiner Mutter noch
auf dem Totenbett enterbt. Der König hatte mit Ausnahme von

Händels Musik weder geistige noch künstlerische Interessen und stand den gesellschaftlichen und politischen Auseinandersetzungen seiner Zeit verständnislos und mißtrauisch gegenüber. Er weilte am liebsten in Hannover und Herrenhausen und versuchte die englische Außenpolitik in den Dienst seines deutschen Kurfürstentums zu stellen, was zu immer neuen parlamentarischen Auseinandersetzungen Anlaß gab. Sein Sohn, Georg II. (1683-1760), hatte die negativen Eigenschaften seines Vaters geerbt und offenbarte eine tiefe Unsicherheit, die aus dem schweren Konflikt mit seinem Vater hervorgegangen. Ausgeglichen wurde dieser Charaktermangel durch die kluge Caroline von Ansbach, die politisches Verständnis mit einer geschickten Lenkung ihres labilen Gemahls verband, dem sie selbst die Mätressen zuführte.

Georg III. (1738-1820), der erste in England geborene und erzogene König, regierte das Land sechzig Jahre, so lange wie später Königin Victoria, die ihm in vielem ähnlich war. Die allen Hannoveranern eigene geistige Beschränktheit verband sich bei ihm mit einem falsch verstandenen Pflichtgefühl sowie einer kindlichen Frömmigkeit und Tugendhaftigkeit, die ihn Karl I. und Jakob II. nachfolgen ließen. Er versuchte, die »Glorious Revolution« rückgängig zu machen und ohne die großen Familien zu regieren. Dabei verlor er erst ein Weltreich und anschließend den Verstand. Als er – weißhaarig und mit langem Bart ein zweiter Lear – geistig umnachtet starb, war der Machtkampf zwischen König und Parlament ein weiteres Mal zugunsten des letzteren entschieden. Mit Georg III. hatte aber auch die bürgerliche Wohlanständigkeit achtzig Jahre vor Victoria von England Besitz ergriffen. Der treusorgende Haus- und Familienvater haßte nichts so sehr wie die lockeren Sitten seiner aristokratischen Untertanen. Nicht der Verlust Amerikas, sondern der im Prinzen von Wales zutage tretende moralische Verfall der mit ihm verbundenen Whig-Aristokratie brachte ihn zur Verzweiflung.

Georg IV. (1762-1830) scheint am meisten aus der Reihe der Hannoveraner geschlagen. Politisch töricht auch er, hatte er doch geistige und künstlerische Interessen und am meisten von jenem Stuart-Charme, den die Engländer bei der deutschen Dynastie so vermißten. Er las Jane Austen und Walter Scott, war befreundet mit Beau Brummell und konnte Tage damit verbringen, Krawatten höchst kunstfertig auf die verschiedenste Art zu binden. London verdankt ihm das mittlerweile abgerissene Carlton House, Carlton-House-Terrace, die

Brummell war der arbiter elegantiarum der Regentschaftszeit Georgs IV. Der König schaute ihm die unförmigen Krawatten ab und popularisierte sie in der eleganten Welt. Später versank Brummell in Schulden, verließ England und lebte in Calais und Caen von den Zuwendungen früherer Freunde. 1837 begann sein Geist zu wandern, er gab Phantasiebälle und Phantasieempfänge, auf denen nur seine Erinnerung zu Gast war. 1840 starb er völlig verelendet.

heute zerstörte Regent Street und den Regent Park. Er hat Buckingham Palace und Windsor Castle in ihrer heutigen Form geschaffen und den Pavillon von Brighton erbaut. Die National Gallery verdankt ihm den Grundstock ihrer Sammlung und die königlichen Schlösser die wertvollste Kollektion französischer Möbel des 18. Jahrhunderts.

Und doch war der König zu seiner Zeit der bestgehaßte Monarch, der auch späterhin nur wenige Fürsprecher fand. Sein Ästhetizismus und Dandyismus, seine Liebschaften und Modetorheiten entfalten sich vor dem Hintergrund von Hungerrevolten und Maschinenstürmerei. Immense Schulden und glanzvolle Schwelgereien an Tafeln mit 116 Gerichten zu neun Gängen erbitterten die steuerzahlende Mittelklasse. Hinzu kommen eine kindische Starrköpfigkeit und eine grenzenlose Verweichlichung. Der alternde König war so dick, daß er kaum noch in seine Kleider und nicht mehr auf ein Pferd kommt. Er ist zu jeder konzentrierten Arbeit unfähig und verbringt den Tag halb an- oder besser ausgezogen auf einem Liegebett. Seine rechtlich ungültige Scheinehe mit einer schönen Katholikin, Mrs. Fitzherbert, und ein öffentliches Ehescheidungsverfahren von seiner rechtsgültig angetrauten Frau Caroline von Braunschweig mit Zeugenaussagen über das Liebesleben des hohen Paares machten den König zum Gespött des Landes und führten die Monarchie an den Rand des Abgrunds. Am Ende seiner Laufbahn war der König davon überzeugt, daß er die Schlacht von Salamanca gewonnen und bei Waterloo Napoleon persönlich überwunden hat.

Auf den kinderlosen Georg IV. folgt sein Bruder Wilhelm IV., der nächste aus der Reihe der »bösen Onkel«, von denen der genervte Herzog von Wellington einmal sagte, daß sie die elendsten Mühlsteine um den Hals jeder Regierung seien. Schulden, Handel mit Offizierspatenten, wilde Ehen, uneheliche Kinder, extreme politische Ansichten und das Talent, kein Fettnäpfchen auszulassen, machen die Söhne Georgs III., die königlichen Herzöge, zu einer andauernden Belastung für die Monarchie. Allen fehlt ein Gefühl für Würde und das rechte Augenmaß für die Beurteilung ihrer Taten. Alle haben extrem schlechte Manieren und keinerlei Hemmungen, ihre Narrheit öffentlich zur Schau zu stellen. Ihr Ruf ist derartig, daß man Ernst August, dem späteren König von Hannover, sogar einen Mord und ein mit seiner Schwester gezeugtes Kind zutraut. Wilhelm IV. hatte seine Jugend auf dem Quarterdeck verbracht, und seine Obszönitäten veranlaßten den alten Talleyrand als Botschafter am Hofe von St. James zu der diplomatischen Feststellung, daß es sich bei dem König um einen bemerkenswerten Mann handele.

Doch waren es gerade die Untugenden der Könige aus dem Hause Hannover, die den Verfassungsbau des 19. Jahrhunderts schufen. Als Georg I. im September des Jahres 1714 in Greenwich an Land ging, war England des politischen Streits müde. Die Verfassungs- und Konfessionsfragen waren entschieden, eine katholische Stuart-Restauration stand nicht zur Debatte. Die erste Tory-Partei war am Widerspruch von Gottesgnadentum und anglikanischer Staatskirche zerbrochen, und die neue Dynastie stützte sich allein auf die Whigs. Die Tories standen als Partei der Hochkirche und des Gottesgnaden-

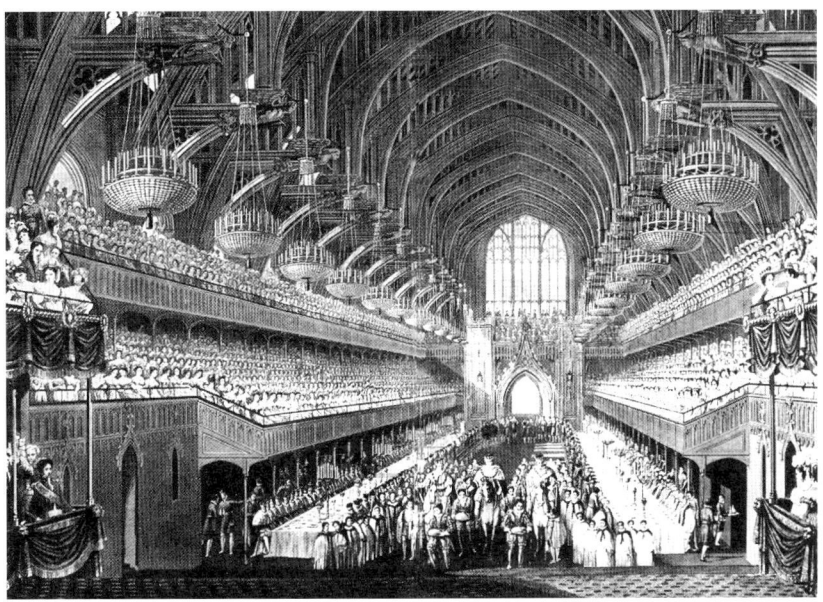

Die Krönung Georgs IV. war prächtig und falsch, weil niemand so recht wußte, welche der mittelalterlichen Zeremonien historisch oder erfunden waren. Dennoch war sie als Werbung erfolgreich. Sie ließ die Londoner für kurze Zeit die peinliche Scheidungsaffäre vor dem Oberhaus vergessen, in deren Verlauf die Monarchie durch die Zeugenaussagen über des Königs und der Königin Sexualleben einen erst jüngst unterschrittenen moralischen Tiefpunkt erreichte.

tums im Gegensatz zur Hannoverschen Dynastie, während die Whigs, die Nachfolger von Locke und Milton, von Pym und Hampden zur Hofpartei der neuen Dynastie wurden. Die Partei der Ordnung gebärdete sich revolutionär, die Partei der republikanischen Dissenter verteidigte die Monarchie. Die Tories bildeten keine verfassungsmäßige Opposition, da die katholischen Stuarts jenseits des Kanals in Frankreich keine wirkliche Alternative im protestantischen England waren. Der alte Gegensatz von Hofpartei und Landpartei belebte sich von neuem, nur daß die Landpartei nun aus unzufriedenen Whigs bestand. Die regierenden Whigs zerfielen in unterschiedliche Fraktionen, die sich in ihrer Regierungsdoktrin nicht wesentlich voneinander unterschieden. Walpole gegen Pultney, Carteret gegen Walpole – dies waren geringere Differenzen als die in modernen Volksparteien. Die Politik degenerierte zum Politikmanagement: Der Kampf um die Regierungsmacht war ein Kampf un-

Der Royal Pavillon in Brighton ist weder klassisch noch schön. Alle ästhetischen Regeln der Adam-Zeit wurden hier mißachtet. Der König schuf sich eine fernöstliche Traumwelt, in die er vor den Angriffen der Presse, der Karikaturisten und der Poeten fliehen konnte.

terschiedlicher Fraktionen der gleichen Partei, eine Auseinandersetzung um Macht und Einfluß, nicht der Ideen.

Die Politik der kleinen Manöver hat Dickens im zwölften Kapitel seines Romans »Bleak House« mit unübertroffenem Sprachwitz, der sich der Übersetzung entzieht, geschildert. Es ist die Stelle, wo Lord Boodle die Frage stellt: »What are you to do with Noodle? He perceives with astonishment, that, supposing the present Government ist to be overthrown, the limited choice of the Crown, in the formation of a new Ministry, would lie between Lord Goodle and Sir Thomas Doodle – supposing it to be impossible for the Duke of Foodle to act with Goodle, which may be assumed to be the case in consequence of the breach arising out of that affair with Hoodle. Then, giving the Home Department and the Leadership of the House of Commons to Joodle, the Exchequer to Koodle, the Colonies to Loodle, and the Foreign Office to Moodle, what are you to to with Noodle? You can't offer him the Presidency of the Council: that is reserved for Poodle. You can't put him in the Woods and Forests; that is hardly good enough for Quoodle. What follows? That the country is ship-wrecked, lost and gone to pieces … because you can't provide for Noodle!«

England erholte sich von den Kriegen Marlboroughs und Ludwigs XIV., und eine unaufgeregte, auf Wohlstandsmehrung bedachte Friedenspolitik entsprach am besten der Stimmung des Landes. Des Königs Mann für diese Stimmung war Robert Walpole. Walpole war sein Leben lang ein schlichter Landedelmann. Ungeschliffen, mäßig gebildet, dem Wein wie der Jagd zugetan, liebte er den deftigen Witz und das kräftige Lachen. Ein Bourgeois unter Aristokraten, ein Bauer unter geistvollen Roués, hatte Walpole nichts von jener anmaßenden Arroganz, die die Angehörigen der großen Whig-Familien, die stolzen Herzöge aus den Häusern Portland, Cavendish, Devonshire, Bedford, Newcastle und Rockingham, den Königen aus dem Hause Hannover so verhaßt machten. Er war dem Land verbunden, hatte Common sense und war ein Feind aller Heuchelei. Doch ein Mangel an innerer wie äußerer Würde, eine Verachtung des Geistigen hinterlassen den Eindruck eines schalen Materialismus und trugen Walpole die Verachtung der Schriftsteller des augusteischen Englands – Fielding, Gay, Pope und Swift – ein. John Gays »Beggar's Opera« von 1728 vergleicht das Kabinett mit einer Bande von Verbrechern und zeigt, daß Walpole ein wesentlich erfolgreicherer Schurke als Macheath oder Peachum ist:

Good people draw near
And a Tale you shall hear,
A Story concerning one Robin,
Who, from not worth a Groat,
A vast fortune has got,
By Politicks, Bubbles and Jobbing.

But a few Years ago,
As we very well know,
He scarce had a Guinea his Fob in;
But by bribing of Friends,
To serve his dark Ends,
Now worth a full Million is Robin.

131

Das Urteil über Walpole ist schwankend geblieben. Die einen – so Gladstones Paladin Morley – sehen in ihm den großen Friedensminister, den ersten wirklichen Premierminister Englands, der die Hannoversche Dynastie und die protestantische Erbfolge sicherte, der das Verhältnis zwischen Krone, Oberhaus und Unterhaus zugunsten der gewählten Kammer veränderte und der schließlich das Kabinettssystem einführte, durch das England noch heute regiert wird. Die anderen – so vor allem sein Hauptkritiker Bolingbroke – sehen in ihm den geschickten parlamentarischen Manager, der die Macht so sehr liebte, daß er sie mit niemandem teilen wollte, der die Korruption zum Regierungssystem erhob und – wie der Zusammenbruch der Südseecompagnie zeigte – damit das Land und seine führenden Schichten erniedrigte. In zwanzig Regierungsjahren, so der Vorwurf seiner Kritiker, erreichte die öffentliche Moral einen nie gekannten Tiefstand. Die Jagd nach Geld, das »enrichesez-vous« wurde zum obersten Prinzip einer korrupten Regierung. Walpole war der erste, der für Minister die Kabinettsverantwortung einführte und diejenigen, die sich ihr entzogen, entließ, und er war auch der erste, der den Versuch unternahm, die Regierungspartei zu organisieren, da seine Macht auf seiner unangefochtenen Stellung im Unterhaus beruhte. Vor jeder Parlamentssession versammelte er die ihn unterstützenden Abgeordneten, um ihnen die Regierungspolitik darzulegen. Königin Anna hatte Kabinettssitzungen noch selbst geleitet. Seit Walpole wurde dies zur Ausnahme, die sich allmählich ganz verlor.

Die Regierungszeit Georgs I. wie Georgs II. war verfassungsrechtlich eine Übergangszeit. Das Parlament hatte auf Kosten des Königs gewonnen, doch gab es keine anerkannten Regeln, diese Macht zu organisieren und die Geschäfte des Königs zu führen. Da es Parteien in unserem Sinne noch nicht gab und der Einfluß der öffentlichen Meinung begrenzt war, war die Korruption eine – wenn auch moralisch anfechtbare – Möglichkeit, die Regierungsgeschäfte zu befördern und die Unterstützung des Unterhauses für die Regierung des Königs zu sichern. Dies mußte zwangsläufig zum Verlust moralischer Standards, zum Tanz ums »Goldene Kalb« führen. Walpoles Macht zerbrach, als die Friedenszeit zu Ende ging und der maritime und koloniale Gegensatz zu Frankreich durch den weltgeschichtlichen Auftritt Friedrichs des Großen zum Austrag kam. Der Krieg forderte ein anderes Können, und nichts erhellt den Bedeutungsverlust der Krone besser als die Tatsache, daß Friedrich und Maria Theresia,

The GIANT·FACTOTUM amusing himself.

Weltenrichter war Pitt nur selten, eher ein Workaholic, der sein unmäßiges Tagespen-
sum aus einem schwachen, von der Gicht geplagten Körper herauspreßte. Auch sein
Charakter war wenig anziehend – hölzern und eng, leidenschaftlich nur der Arbeit
ergeben und Frauen so fern wie seinen Freunden. Allein der Philantrop Wilberforce
vermochte durch die harte Schale zu dringen.

Ludwig XV. wie Katharina von Rußland, Pitt und nicht Georg II.
zum Adressaten ihrer politischen Manöver machten.

William Pitt, Earl of Chatham, hat den Jahrhunderten standgehal-
ten. Der Verlust des Empires hat ihn nicht aus den Herzen seiner
Landsleute vertreiben können. Noch immer gilt »der große Commo-
ner« den Engländern als das Idealbild des britischen Staatsmannes. Er
ist der Held zweier Welten geblieben, sein Ruhm strahlt in den
amerikanischen Geschichtsbüchern so hell wie in den englischen.
Der Mann, der seine Taten einem gebrechlichen Körper abrang, der
sich gegen aristokratische Koterien und einen beschränkten Monarchen durchsetzte, steht auch heute noch für politische Leidenschaft,
Unbestechlichkeit, demokratische Redlichkeit und Vaterlandsliebe.

Seine Taten sind verweht, sein Bild aber hat durch einen Firnis von Bewunderung Unzerstörbarkeit erlangt. Doch ist es mit diesem Bild ein wenig wie mit dem Bildnis des Dorian Gray. Es zeigt uns nicht den wahren Menschen, nicht den fehlbaren Politiker, nicht den Mann, dessen politischer Weg ein grausames Scheitern war. Es zeigt nur den William Pitt einer kurzen Periode. Es zeigt den Mann, der von 1757 bis 1761 ein Land rettete, ein Weltreich begründete und der damals zu Recht von sich sagen durfte: »Ich weiß, daß ich England retten kann, und niemand sonst!«

Die europäische Lage hatte sich durch das Auftreten Friedrichs II. von Preußen und seinen Erfolg im Ersten Schlesischen Krieg völlig verändert. Friedrich hatte sich mit Frankreich gegen Österreich verbündet, so daß Walpoles pro-französische Außenpolitik England nunmehr in Gegensatz zu seinem alten österreichischen Verbündeten brachte. Das europäische Gleichgewicht mußte nach dem Aufstieg Preußens und Rußlands neu justiert werden.

Carteret verwickelte England in einen europäischen Landkrieg mit Frankreich. Pitt dachte daran, Frankreichs Stellung in der Welt zu unterminieren. Die Regierung des Herzogs von Newcastle war der Herausforderung nicht gewachsen. Pitt verglich im Unterhaus den neuen Regierungschef mit einem Kind, das einen mit einem alten König und seiner Familie beladenen Kinderwagen an den Rand des Abgrunds schiebt.

Der Friede von Aachen 1748 war nicht viel mehr als ein Waffenstillstand. In Amerika und Indien kämpften Franzosen und Engländer gegeneinander in einem unerklärten Krieg. Das Jahr 1756 brachte England eine Reihe von militärischen Niederlagen. Menorca ging verloren, der Nabob von Bengalen erstürmte Kalkutta und metzelte alle englischen Gefangenen nieder. In Kanada nahmen die Franzosen Oswego ein. Auf dem Kontinent hatte das Bündnis Maria Theresias mit Frankreich das mit England verbündete Preußen isoliert. Das Land verlangte nach einer starken Regierung, und der König nahm seine Zuflucht zu Pitt. Obwohl formal nicht Regierungschef, hauchte Pitt der Kriegsführung seinen Geist ein. Zwei schottische Hochlandregimenter wurden aus den feindlichen jakobitischen Clans gebildet und die amerikanischen Kolonisten mit Soldaten und Waffen unterstützt. Als der König Pitt bereits nach einem Jahr wieder entließ, ergriff eine ungeheure Erregung das Land. Während der Wert der Staatspapiere verfiel, ernannte die City von London den Entlassenen zum Ehrenbürger. Es folgten alle großen Städte Englands, selbst Dublin und Cork in Irland und Stirling in Schottland. »Einige Wochen lang regnete es Goldschatullen«, notierte Horace Walpole in sein Tagebuch. Das Land war nicht ohne Pitt zu regieren. So entstand die neue Regierung Pitt-Newcastle. Mittelklasse und Aristokratie verbanden sich zu einer nationalen Anstrengung. Flotten wurden in alle Weltteile geschickt, 100 000 Mann Landtruppen ins Feld gestellt, 60 000 Matrosen auf die Schiffe geschickt. 10,5 Millionen Pfund gab das Land pro Jahr für Kriegsanstrengungen aus, allein zwei Millionen Pfund für Subsidien. Das Jahr 1759 wurde für Pitt wie für England das wunderbare Jahr – *Annus mirabilis* –, in dem die Glocken dünn wurden vom Siegesläuten, wie Horace Walpole in sein Tagebuch notierte. Louisbourg und Quebec wurden den Franzosen entrissen, Goreé in Westafrika und Guadeloupe in Westindien erobert. Die französischen Flotten wurden auf allen Meeren geschlagen, die französische Macht in Indien gebrochen. In wenigen Monaten hatte Pitt den Grundstein für die angelsächsische Weltzivilisation gelegt und das französische Kolonialreich bis auf wenige Reste vernichtet.

Im Jahre 1760 starb Georg II. Sein Enkel Georg III. war im Haß auf die »stolzen Herzöge« der Whigs erzogen worden, ein Haß, der die gesamte politische Klasse Englands einschloß. Als der neue König den Krieg in seiner Thronrede »blutig und kostspielig« nannte, erzwang Pitt die Ergänzung dieses Passus durch den Zusatz »aber gerecht und notwendig«. Der König war entschlossen, Pitt loszuwerden und den Krieg zu beenden. Als Spanien an die Seite Frankreichs trat, forderte Pitt von König und Kabinett die sofortige Kriegserklärung. Sein Blick richtete sich bereits auf Spanisch-Amerika. Doch das Land wollte Frieden und der König ein anderes Ministerium. Es war die Wiederholung der Konstellation von 1710. Pitt trat mit dem Bemerken zurück: »Ich will nicht verantwortlich sein für irgend etwas, das ich nicht dirigiere.« Der Frieden von Paris bestätigte den bisherigen Kriegsverlauf. England gewann Kanada, dazu Florida, einige westindische Inseln, alle Eroberungen Clives in Indien und in Europa Menorca. Zwar erhielten die Franzosen einige afrikanische und westindische Besitzungen zurück und auch das besonders umstrittene Fischereirecht von Neufundland, doch der nationale Aufschrei gegen den Schandfrieden von Paris hat vor der Geschichte keinen Bestand. Der König berief den skrupellosesten parlamentarischen Manager seiner Zeit, Henry Fox, um den Frieden im Unterhaus durchzuset-

Das englische Unterhaus zur Zeit von Pitt und Fox war nicht nur der feinste Club des Landes, sondern auch eine Säule englischer Freiheit. Obwohl das Parlament nicht demokratisch zusammengesetzt war, spiegelte es die Probleme der Zeit wider und war damit repräsentativer als unsere demokratisch gewählten Parlamente, aus denen sich die Politik inzwischen in verfassungsrechtend legitimierte Zirkel zurückgezogen hat.

zen. Als die Whigs daraufhin das Kabinett verließen, begann der König einen gnadenlosen Rachefeldzug gegen alle Anhänger der ihm so verhaßten Partei. Die Dynastie löste sich von ihrem revolutionären Ursprung und kehrte zu den Tories zurück. Georg III. sah sein Vorbild in Jakob II., nicht in seinem Großvater. Wer käuflich war, wurde gekauft. Eine neue, mit Hilfe der königlichen Patronage gebildete Mehrheit, die »Freunde des Königs«, wurde zur Parlamentspartei. Triumphierend konnte die Prinzessin von Wales ausrufen: »Georg, jetzt bist du endlich König!«

Die Regierungszeit Georgs III. muß man als einzige fortlaufende Katastrophe betrachten, was die Zeitgenossen auch taten. Die politischen Karikaturen von Rowlandson, Cruikshank und Gillray, Burkes Reden, die geschliffenen Bosheiten über das persönliche Regiment

136

des Monarchen in den anonymen »Junius-Briefen«, die eher unge-
schlachten Angriffe des John Wilkes im »North Briton« und unzählige Tagebuchblätter aus den unterschiedlichsten Federn von Horace
Walpole bis zu Fanny Burney sprechen eine deutliche Sprache. Erst
die Länge der Zeit und das traurige Ende des Königs im Jahre 1820
milderten das Urteil der Zeitgenossen. Die Eskapaden seiner Söhne
und das anbrechende Industriezeitalter mit dem es begleitenden
Elend verklärten nun die Tage von »Good old George«. Einen ver-
gleichbaren Paradigmenwechsel finden wir zeitversetzt auch in der
englischen Geschichtsschreibung. Solange die Whig-Aristokratie,
und in ihrer Nachfolge die liberale Partei, die »Whig Interpretation
of History« täglich neu beglaubigte, fand Georg III. keine Gnade in
den Geschichtsbüchern Macaulays und Trevelyans. Erst als das Erbe
von Fox aufgezehrt war, machte sich eine andere Sichtweise breit.

Die Namier-Schule reduzierte die Auseinandersetzung zwischen
dem König und den Whigs zu einem bloßen Kampf um Posten und
Einfluß und leugnete den moralischen Anspruch der Rockingham-
Whigs. Zu konservativ, zu autoritär lautete das Urteil des Nestors der
modernen englischen Geschichtsschreibung Lewis Namier. Doch
selbst, wenn es dem glänzenden politischen Schriftsteller Burke gelang, das Wirken seiner Freunde zu schönen, geschah das vor dem
Hintergrund einer trostlosen königlichen Bilanz. Der König verlor
Amerika und brach mehrmals die Verfassung, indem er gegen die eigene Regierung intrigierte. Er verhinderte die Katholikenemanzi-
pation und damit auch die Lösung des irischen Problems und hätte
ohne den Widerstand der Whigs die Habeas-corpus-Akte und die
Pressefreiheit beseitigt. Alle politischen Reformen, ob in Indien, in
der Verwaltung oder im Wirtschaftsleben, mußten dem König von
seinen Ministern – ob nun Tory oder Whig – abgetrotzt werden. Nur
die Gaben des jüngeren Pitt, eines seiner Werkzeuge, verhinderten
den Ruin des Landes. Von diesem Reform-Tory abgesehen, waren die
von ihm erwählten Helfer von Bute über Grenville zu Lord North
unfähig bis zur Selbstauslöschung. Von Grenville schreibt Macaulay,
daß seine Regierung die schlechteste gewesen sei, die England seit der
Revolution gehabt habe. Grenville begann den Kampf gegen die
Pressefreiheit, setzte den Ausschluß eines gewählten Abgeordneten
aus dem Unterhaus durch und erfand die berüchtigte Stempelsteuer
auf alle rechtlich bedeutsamen Urkunden in Amerika. Das Ende des
Ministeriums von Lord North kommentierte der eingefleischte Tory

*Nelsons Siege waren Englands Größe. Doch die seit Nelson gültige Regel – die eng-
lische Flotte muß so stark sein wie die beiden rangnächsten zusammengenommen – ließ
sich nach dem Ersten Weltkrieg nicht mehr halten. Die englische Flotte hat heute
Verteidigungsaufgaben nur noch im östlichen Atlantik, in der Nordsee und dem
Mittelmeer zwischen Gibraltar und Zypern.*

Samuel Johnson mit den Worten: »Eine derartige Häufung von
Schwachsinn hat selten ein Land verunehrt. Wenn sie einen Häscher
in die City sandten, um einen Drucker zu verhaften, dann wurde
nicht der Drucker eingesteckt, sondern der Häscher. Wenn sie eine
Armee aussandten, um eine andere zu entsetzen, dann wurde diese
besiegt und gefangengenommen, bevor die zweite eintraf. Ich will ja
nicht sagen, daß das, was sie taten, immer falsch war, aber es geschah
immer zur falschen Zeit.« Doch der König ist inzwischen in den
Schatten seiner großen Untertanen getreten. Für uns heute ist es
nicht mehr das Zeitalter Georgs III., sondern das Zeitalter von Pitt,
Fox, Edmund Burke und Nelson.

Des Königs Versuche, das Rad der historischen Entwicklung
zurückzudrehen, schied die Geister. Nun ging es nicht mehr in erster
Linie um die Frage: »What are you to do with Noodle?«, sondern um

Emma Hamiltons »Karriere« markiert den Scheitelpunkt aristokratischer Freizügigkeit. Man war sich der gesellschaftlichen Stellung so sicher, daß auch eine Prostituierte anerkannter Teil der aristokratischen Welt werden konnte. Dennoch ist die Geliebte Nelsons eine Ausnahmeerscheinung geblieben.

die Frage, wer das Land regiert – der König durch willige Werkzeuge oder durch dem Parlament verantwortliche Minister. Vor der amerikanischen Katastrophe hatte der König schon einmal dem Marquis von Rockingham die Regierung anvertraut. Dieser scheue, nervöse, aber untadelige Aristokrat wählte sich als Privatsekretär den damals unbekannten Iren Edmund Burke, dessen rhetorisches wie literarisches Talent dem Reformkabinett im Lande Popularität verschaffte. Die Regierung Rockinghams – »the knot of stainless friends«, wie sie sich selbst nannten – hob das Stempelgesetz auf und schaffte die allgemeinen Haftbefehle Grenvilles gegen Drucker und Verleger ab. Es war neu und ungewöhnlich, daß sich hier »eine Gruppe von Männern zusammenschloß, mit dem Ziel, durch gemeinsame Anstrengungen, gestützt auf eine gemeinsame Haltung, das nationale Wohl zu fördern«. Die Formulierung stammt von Burke, der der neuen Partei mit seinen »Gedanken über die Ursache der gegenwärtigen Unzufriedenheit« ein brillantes Parteimanifest schrieb. Zum ersten Mal formulierten hier Politiker Ziele, zu deren Durchsetzung sie die Macht anstrebten. Burke war das Gewissen der Partei und ihr programmatischer Kopf. In den Worten von Goldsmith:

Who born for the universe, narrowed his mind
And to Party gave up what was meant for mankind.

Rockingham war zweimal für kurze Zeit Premierminister – 1765/66 und nach der amerikanischen Katastrophe im Jahre 1782. Die erste Regierung endete mit der Berufung des älteren Pitt, der Amerika verlor, die zweite mit Rockinghams Tod. Die Rockingham-Whigs hatten – von Burke erzogen – drei große Themen auf ihre Fahnen geschrieben: die Versöhnung mit Amerika, die Abschaffung der königlichen Patronage und die Reform der britischen Verwaltung in Indien. In allen drei Punkten sollten sie am Starrsinn des König scheitern. Die politische Situation Englands in der Nachfolge des amerikanischen Unabhängigkeitskrieges war verworren und unübersichtlich, denn mit dem Verlust der amerikanischen Kolonien war auch der erste Versuch Georgs III. gescheitert, das Land mit Hilfe der »Freunde des Königs« absolut zu regieren. Neue Auseinandersetzungen unter den Whigs ermöglichten es dem König, 1783 einen zweiten Versuch mit besserem Ausgang zu wagen. Nachdem Fox, der den amerikanischen Krieg leidenschaftlich bekämpft hatte, sich mit dem von ihm auch persönlich attackierten Lord North verband, um Shelburne zu stürzen und die indische Verwaltung zu reformieren, nutzte der König diese widernatürliche Verbindung, um die Whigs loszuwerden. Er ernannte den vierundzwanzigjährigen William Pitt zum Premierminister.

Pitt gelang es durch geschicktes Taktieren, sich so lange im Amt zu halten, bis ihm die Neuwahlen von 1784 eine eigene Majorität bescherten, die die Whigs für 45 Jahre von der Macht verdrängen sollte. Pitt gelang eine gemäßigte Reform der britischen Verwaltung in Indien und die Sanierung des nach dem amerikanischen Abenteuer ruinierten Staatshaushalts. Ein Handelsvertrag mit Frankreich eröffnete 1786 den britischen Waren den bis dahin verschlossenen französischen Markt. Als er versuchte, auch Irland am wirtschaftlichen Aufschwung teilhaben zu lassen, zeigte sich die Grenze seiner Reformen, die sich aus seiner Stellung gegenüber dem König ergab. Nachdem ein Handelsvertrag gescheitert war, setzte er 1800 die Union mit Irland durch, die allerdings zu ihrer Vollendung der Emanzipation der Katholiken bedurft hätte. Pitt vermochte es nicht, Georg III. zur Annahme dieser notwendigen Befriedungsmaßnahme zu bewegen, ja er gab ihm 1801 sogar das Versprechen, die Frage der Katholiken-Emanzipation nie wieder aufzuwerfen, solange der König regierte. Auch eine Wahlrechtsreform vermochte er nicht durchzusetzen. Dennoch, betrachtet man die Jahre bis zum Ausbruch der Französischen Revolution, so muß man die Regierungszeit Pitts als segensreich für das Land und als eine Zeit der großen Reformen und des wirtschaftlichen Fortschritts ansehen. Die »Freunde des Königs« entwickelten sich unter Pitts Führung von einer Koterie zur konservativen Partei; der alte jakobitische Toryismus war tot, ein neuer Reformkonservativismus stahl den Whigs die Kleider.

Dies alles änderte sich mit dem Ausbruch der Französischen Revolution. Pitt war ein fähiger Administrator und Finanzfachmann, ein Kriegsführer jedoch war er nicht. Statt an entscheidender Stelle überlegene Kräfte zu konzentrieren, ließ Pitt es zu, daß sie sich nutzlos verzettelten. Zu keiner Zeit hatte der Kriegspremier ein klares Kriegsziel oder eine strategische Planung zur Erreichung einer fest umrissenen Position. So konnte sich England weder auf dem Festland halten, noch gelang es, den Franzosen Westindien zu entreißen. Daß Pitt die revolutionären Ereignisse nicht verstand, mag entschuldbar sein, obwohl sein parlamentarischer Kollege Edmund Burke darüber zur gleichen Zeit ein kluges, bis in unsere Zeit fortwirkendes Buch schrieb. Daß er auf den finanziellen Ruin Frankreichs setzte, der dann nicht eintrat, hat schon einen witzigen Zeitgenossen zu der Bemerkung veranlaßt: »Ich möchte gern wissen, wer der Schatzkanzler von Attila gewesen ist.« Je länger der Krieg dauerte, desto mehr setzten Pitt und der König auf Repression. Schon im ersten Kriegsjahr begannen gerichtliche Verfolgungen. Im Jahre 1794 setzte die Regierung die Habeas-corpus-Akte außer Kraft, ein Gesetz gegen »verräterische Praktiken«, schuf neue Straftatbestände, und ein Gesetz über »aufrührerische Versammlungen« verbot alle öffentlichen Versammlungen von mehr als fünfzig Personen. 1799 folgten das Verbot aller politischen Vereine und Maßregeln gegen die Presse. Die Führer der Reformer wie der Schuhmacher Hardy und der Geistliche Horne Tooke wurden vor Gericht gestellt und des Hochverrats bezichtigt. Der gewitzte Geistliche machte sich das Vergnügen, Pitt als Zeugen dafür zitieren zu lassen, daß er eines Verbrechens angeklagt werde – »Propagieren einer Parlaments- und Wahlrechtsreform« –, das der Premierminister selbst vor zehn Jahren begangen hatte. Pitt hatte sein Maß und sein inneres Gleichgewicht verloren. Seinem Freund Wilberforce bekannte er, daß ihm nur die Mittel, nicht aber der Wille fehlen, den Führer der Whigs Fox ins Gefängnis zu werfen. Für ein paar Jahre fürchteten die Freunde von Fox um Freiheit und Leben. Es ist den Whigs um Fox zu verdanken, daß es der Regierung nicht gelang, an die Stelle eines parlamentarischen Regierungssystems eine Diktatur auf Zeit zu setzen.

Die Pole dieser Auseinandersetzung waren Burke und Fox. Burke hatte sich der Sache der amerikanischen Kolonisten und in dem berühmten Prozeß gegen Warren Hastings der Sache der ausgebeuteten und unterdrückten Inder angenommen. Nun war ihm ein neuer, noch mächtigerer Feind erstanden. Mit der Liebe des Iren für die »lost causes« trat er für die tausendjährige französische Monarchie ein, gegen »Sophisten, Ökonomisten und Rechenmeister«. Burke liebte das Altehrwürdige, das durch die Tradition Geheiligte, das seit Generationen stetig Gewachsene: die großen aristokratischen Familien, die alten Landhäuser, die britische Verfassung mit ihren Ungereimtheiten, die alten Freiheiten der amerikanischen Kolonisten, die indischen Religionen und Bräuche und eben auch den ritterlichen Glanz der Bourbonen-Monarchie. In den Revolutionären von 1789 sah er verbrecherische Toren, die die Schönheiten der alten Monarchie zertrümmerten, die Aristokraten und Priester drangsalierten und töteten und eine neue Gesellschaft auf den abstrakten Prinzipien »Freiheit, Gleichheit und Brüderlichkeit« errichten wollten. Und der Gegner der Abstraktionen konnte sein Verdikt über die Verfassungsmacherei der Franzosen mit den Ereignissen von 1688 begründen, bei denen die Freiheiten der Engländer und ihre in Jahrhunderten gewachsene Verfassung wiederhergestellt worden waren. Die Franzosen hatten alles zerschlagen und saßen nun ratlos auf den Trümmern einer fast tausendjährigen Vergangenheit; die Engländer hatten 1688 die Institutionen vorsichtig reformiert und die alten Rechte bewahrt. Der antirevolutionären Kreuzzugsstimmung, die uns aus den »Betrachtungen über die Französische Revolution« entgegenschlägt, widerstanden nur Fox und seine Freunde.

Charles James Fox ist eine tragische Figur. Die meiste Zeit seines

Boswell, der Biograph, hat wenig zu seinem Ruhm gebraucht. Die Lebensbeschreibung des literarischen Exzentrikers Samuel Johnson hat ihn unsterblich gemacht. Doch bei der Leben und Werk erschließt sich dem Fremden nur schwer. Es ist ihre »Englishness«, die Nichtengländern das wirkliche Verständnis verwehrt – ein wenig wie Alice im Wunderland, vertraut und doch fremd.

politischen Lebens verbrachte er in der parlamentarischen Opposition, oft weit entfernt von den Grundüberzeugungen der öffentlichen Meinung. Insgesamt war er im Verlauf einer achtunddreißigjährigen politischen Tätigkeit nur dreiundzwanzig Monate verantwortlicher Minister. Politische oder sagen wir besser administrative Erfolge im engeren Sinn hatte Fox nur wenige. Amerika verdankt ihm seine Unabhängigkeit, doch wurde dies damals eher als Zerstörung des ersten britischen Weltreiches denn als Erfolg empfunden. Im Jahre 1806 konnte er noch die Abschaffung der Sklaverei in England einleiten, sein einziger politischer Erfolg als verantwortlicher Minister. In den Jahren des Kampfes gegen die Französische Revolution hat er unermüdlich von den Oppositionsbänken aus die Fahne der englischen Freiheit hochgehalten und die von einem willfährigen Parlament erlassenen Verfolgungsgesetze gegeißelt. Wenn die britische Verfassung den gegenrevolutionären Kreuzzug heil überstand, dann war das sein Verdienst. Fox war als Mensch und als Politiker eine absolute Ausnahmeerscheinung. Nur so erklärt sich die Anhänglichkeit, ja, fast ist man geneigt zu sagen die Liebe, die Fox am Ende seines Lebens entgegengebracht wurde. Als Pitt einmal von einem französischen Beobachter gefragt wurde, wie es komme, daß Fox trotz aller Fehler und Niederlagen seinen Einfluß auf das Unterhaus behalten habe, antwortete er: »Ach, Sie haben nie unter dem Zauberstab dieses Magiers gestanden.« Fox' Charakter ist von den Historikern mit vielen Epitheta versehen worden: Großzügigkeit, Vornehmheit, absoluter Mangel an Kleinlichkeit, Eitelkeit und Falschheit, mit einem Wort: politische Glaubwürdigkeit. Fox hat sich in seinem Leben immer »unpolitisch« in dem Sinne verhalten, daß Herz und Temperament vor Klugheit und absolute Offenheit vor politischer Geschicklichkeit rangierten. Seine Politik folgte seinen Freundschaften, und seine Loyalität gehörte in erster Linie denen, die sein Charme um ihn versammelt hatte. Deshalb ging es auch über sein Verständnis, daß Burke noch auf dem Totenbett ihren Streit über die französischen Ereignisse nicht vergessen konnte. Als Burke sich 1791 im Unterhaus politisch von Fox trennte und dabei auch ihre persönliche Freundschaft zerbrach, vermochte Fox minutenlang nicht zu sprechen. Tränen hatten seine Stimme erstickt. Während seiner langen Jahre in der Opposition war er immer von einem Kreis von Freunden und Bewunderern umgeben, die nichts von ihm wollten, ja die wußten, daß sie niemals ein politisches Amt mit seiner Hilfe erringen würden, und die dennoch in allen Widrigkeiten des politischen Lebens fest zu ihm standen. Typisch für diese fast irrationale Haltung ist das Urteil einer Verwandten Georgs III., die einmal über Fox sagte: »Dieser Fox mag ein Schurke sein, ich weiß es nicht; aber ich weiß, daß er ein großer Mann ist und daß dieses Land ruiniert sein wird, wenn es nicht von einem solchen Mann regiert wird.« Der König dachte anders darüber. Er wollte Minister, die abhängig, die Funktionäre der Krone waren. Fox hat viele politische Fehler gemacht. Er war Pitt an Weitsicht und Urteilskraft unterlegen, und er hatte nichts von dessen Leidenschaft zur Sache. Fox haßte politische Kärnerarbeit, seine Reden waren am besten, wenn er unvorbereitet vom Spieltisch direkt ins Unterhaus ging. Er hatte alle Fehler des achtzehnten, Pitt alle Tugenden des neunzehnten Jahrhunderts. Und doch: welch ein Mensch, der Freunde und Gegner in seinen Bann schlug wie den Erz-Tory Dr. Johnson, der bei der Wahl in Westminster 1784 erklärte: »Ich bin für den König gegen Fox; aber ich bin für Fox gegen Pitt.«

Nach dem Tode dieser drei Großen, Burke starb 1797, Pitt und Fox starben 1806, waren Talente dünn gesät. Auch wenn keiner von ihnen den Sieg über Napoleon noch erlebte, hatte doch jeder von ihnen auf seine Weise Anteil an diesem Sieg, und Cannings poetischer Abgesang auf Pitt könnte allen als Grabinschrift dienen:

And oh! if again the rude whirlwind should rise
The dawnings of peace should fresh darkness deform,
The regrets of the good and the fears of the wise
Shall turn to the pilot that weathered the storm.

Die letzten Kriegsjahre wie die fünfzehn Friedensjahre bis zur englischen Wahlrechtsreform sind die unfruchtbarsten Jahre Englands unter der Regentschaft der Hannoveraner. Nach dem Sieg über Napoleon mußte das Land von einer Kriegswirtschaft auf eine Friedenswirtschaft umgestellt, die demobilisierten Soldaten in den Arbeitsprozeß eingegliedert und die hohe Steuerbelastung zurückgeführt werden. Daß dies nach großen Anfangsschwierigkeiten, nach einer Anpassungskrise mit sozialen Unruhen und einer Politik der Ausgabeneinschränkungen schließlich gelang, ersparte dem Land eine soziale Revolution. Parallel dazu verschob sich das Machtgleichgewicht zwischen dem König und den beiden Häusern des Parlaments zugunsten der letzteren. Georg III. war 1811 endgültig in eine Welt eingetaucht, in die ihm niemand folgen konnte. Nach einem ersten Anfall 1765 und einem weiteren 1788, der eine Regentschaftskrise auslöste, die Pitt fast zu Fall gebracht hätte, sowie einem schweren Vorfall im Jahre 1801 hatte die Geisteskrankheit dauerhaft von ihm Besitz ergriffen. Der Prinzregent Georg IV., der seinem Vater nach dessen Tod im Jahre 1820 auf dem Thron nachfolgte, hatte sich zu diesem Zeitpunkt längst von den Whigs abgewandt, mit denen er 1788 noch regieren wollte, und allen Reformen abgeschworen. Da der König keine Alternative hatte, konnte Lord Liverpool als Premierminister die Kabinettsverantwortlichkeit endgültig in der ungeschriebenen Verfassung Englands verankern und dem Monarchen die Rolle geben, die ihm bis heute in der englischen Verfassung zukommt. Er hat, wie Bismarck später gegenüber Wilhelm II., darauf bestanden, daß es die Politik der Regierung und nicht eines Ministers war, die dem Monarchen vorgetragen wurde, und er hat dafür Sorge getragen, daß die persönlichen Wünsche des Königs nicht zum Maßstab für die Berufung der Minister gemacht wurden.

Obwohl Liverpool nach einer anfänglichen Freundschaft die charakterlichen Mängel Cannings wohl erkannte, hat er ihn gegen den Willen des Königs zuerst als Kabinettsmitglied und später als Außenminister durchgesetzt. Dem später noch einmal von Königin Victoria unternommenen Versuch, ihr persönlich mißliebige Persönlichkeiten von der Regierungsverantwortung auszuschließen, ist seitdem immer mit dem Hinweis auf die Haltung Liverpools begegnet worden. Daß der König nach Liverpools Tod eben diesen Canning gegen die Ablehnung des konservativen Adels mit der Regierungsbildung beauftragte, bleibt eine Fußnote, da auch Canning kurz darauf starb. Sein Koalitionskabinett aus gemäßigten Tories und gemäßigten Whigs zerbrach die klassische Parteienstruktur Englands und wäre – hätte er länger gelebt – zum Ausgangspunkt einer neuen Partei der Mitte links von den Konservativen und rechts von den Liberalen geworden, die der politischen wie gesellschaftlichen Entwicklung Englands wahrscheinlich eine andere Richtung gegeben hätte. Daß der König die Scheidung von der ebenso exzentrischen wie ungehobelten Caroline von Braunschweig, deren Anwesenheit der König nur in betrunkenem Zustand ertragen konnte, im Oberhaus nicht durchzusetzen vermochte, weist weit in die Zukunft auf einen anderen Thronerben, der auch erkennen mußte, daß die Krone sich nicht zu weit von den Wertvorstellungen oder auch Vorurteilen der Untertanen entfernen darf, wenn sie nicht Schaden nehmen soll. Auch hier schließt der vorletzte Hannoveraner eine Epoche ab.

Der letzte Hannoveraner, Wilhelm IV., regierte von 1830 bis 1837. In seine Zeit fällt die Reformierung des englischen Wahlrechts, die der König zuerst zögernd, letztlich aber erfolgreich unterstützte. Die Wahlrechtsreform von 1832 gehört zu den großen Zäsuren. Sie ersparte England eine Revolution und eröffnete das demokratische Zeitalter. Was bis zu diesem Zeitpunkt das Vorrecht weniger war, zu herrschen und die Ordnung des Staates und der Gesellschaft zu formen, wurde auf mehr Schultern verteilt, und neue Schichten wuchsen in alte Aufgaben hinein. Doch was im Rückblick wie ein gelassenes Gleiten in eine neue Welt aussieht, war der wohl erstaunlichste politische Vorgang der europäischen Geschichte des 19. Jahrhunderts. Seine Helden waren jene, die uns heute fremd aus den Porträts von

Anders als ihre französischen Verwandten aus Gold und Seide sind englische Möbel formschön und praktisch, also fast zeitlos. Wie England die Gotik nie aufgegeben hat, so auch nie die Formen von Chippendale und Heppelwhite. Noch immer wird nach denselben Vorlagen der berühmten cabinet-makers gearbeitet, und manchmal ist es fast unmöglich, Kopien vom Original zu unterscheiden – zumindest wenn es sich um Miniaturen wie in diesem dem jungen Chippendale zugesprochenen Puppenhaus handelt.

Gainsborough, Reynolds, Hoppner und Lawrence entgegentreten, anmutig und kraftvoll in einem, gleich weit entfernt von der verspielten Aristokratie des französischen Rokoko wie den Parteifunktionären unserer kleinbürgerlichen Welt.

Die Probleme des Industriezeitalters waren den Besitzern riesiger Ländereien fremd. Sie verstanden die Gesetze der Volkswirtschaft nicht und brachten ihnen auch keinerlei Interesse entgegen. Dennoch war keine Gesellschaft dem Renaissanceideal der vollkommenen Persönlichkeit so nahe, wie die Whig-Aristokratie der letzten sechzig Jahre vor der Wahlrechtsreform. Von ihrem großen Idol Fox hatten sie die Freiheitsliebe, die Warmherzigkeit und die gelassene Natürlichkeit. Sie waren spontan und rückhaltlos offen, sie zeigten ihre Gefühle, sie liebten die Natur und die Menschen. Ihre Landhäuser waren Orte einer informellen und lauten Fröhlichkeit. Erzogen ohne Pedanterie, gelassen und doch nicht nachlässig, gebildet aber nicht affektiert, waren sie auf natürliche Weise zivilisiert. Und als das 19. Jahrhundert anbrach, gehörte die Whig-Aristokratie für einen kurzen glücklichen Moment zwei Welten an. Die klare, rationale Welt des 18. Jarhunderts wurde in das weiche Licht einer romantischen Morgendämmerung getaucht. »Vielleicht«, schrieb George Trevelyan, »hat sich keine Gesellschaft von Männern und Frauen seit Erschaffung der Welt so vieler verschiedener Seiten des Lebens mit so großer Begeisterung erfreut, wie die englische Oberschicht dieser Zeit.« Ihre Vorurteilslosigkeit war grenzenlos. Sie erlaubte es selbst einer Prostituierten, Gattin des englischen Botschafters in Neapel, Freundin der dortigen königlichen Familie und schließlich die Geliebte des englischen Seehelden Nelson zu werden. Und Emma Hamilton war keine Ausnahme. Der Herzog von Devonshire lebte ganz offen in *einer ménage à trois*, Palmerston mit seiner Geliebten, und selbst der »eiserne Herzog« – politische und militärische Stütze der Krone – hatte eine öffentlich diskutierte Affäre. Lord Melbourne sah im Alter Lord Egremont zum Verwechseln ähnlich, und seine Frau Caroline breitete ihre Leidenschaft für Byron in einem Roman aus. Harold Nicolson, selbst ein später Nachfahre dieser Gesellschaft, schrieb: »Es macht mir Freude, daran zu denken, daß es, bevor das Zeitalter der bürgerlichen Wohlanständigkeit anbrach und die Himmel Englands verdunkelte, diesen Kreis von Menschen gab, die wie edles Damwild in der Sonne glänzten.«

Die Whigs waren Reformer aus Liebe zur Freiheit, obwohl ihre

In der schönen neuen Whig-Welt gab es viele dunkle Flecken – die konventionelle Geldheirat war einer davon. Dennoch erstaunt in einer männlichen Gesellschaft das Vorhandensein von so viel weiblicher Geistigkeit, wie sie uns in den Lebensbildern der Herzogin von Devonshire, der Muse von Fox, Lady Hollands, der Bewunderin Napoleons, oder Lady Malbournes, der Freundin von Byron, entgegentritt.

materiellen Interessen sie mehr und mehr auf die Seite der Reaktion trieben. Ihre politischen Prinzipien brachte Grey im Jahre 1817 auf die Formel: »Das Parteiprinzip, das die Whigs auszeichnet, ist das Prinzip der Mäßigung und der Freiheit in Religion und Regierung, vollständige Toleranz oder besser die Zurückweisung aller Intoleranz. Kurz: Keine Ungleichheit, die sich nicht zwingend aus der Notwendigkeit der Staatssicherheit ergibt.« Für einen glücklichen Moment der Weltgeschichte verband sich hochfliegender Idealismus mit pragmatischem Machtbewußtsein in dem Abkömmling eines uralten Geschlechts, der als junger Mann zu Füßen von Fox gesessen hatte und gemeinsam mit ihm 1798 einen Toast auf »den Souverän, das Volk« ausgebracht hatte. Die Regierung Lord Greys, die die »rotten boroughs« abschaffte, war das blaublütigste Kabinett der englischen Geschichte. In ihm saß kein Bürgerlicher und nur ein einziger Mann von jungem Adel. Fast die Hälfte der Minister waren Verwandte Greys. Die Ausarbeitung der Reform-Bill vertraute Grey seinem Schwiegersohn Durham und Lord John Russell aus der berühmten Märtyrerfamilie von 1683 an.

Der Kampf um die Reform-Bill zwischen dem König, dem Unterhaus, dem Oberhaus und den Radikalen im Lande gehört zu den spannendsten Vorgängen der englischen Geschichte. Als Russell den verblüfften Konservativen, die eine gemäßigte Reform erwartet hatten, während der ersten Lesung im Unterhaus die Liste der 160 Wahlkreise vorlas, die es künftig nicht mehr geben würde, schlug ihm höhnisches Gelächter entgegen. Wenn die Tories auf sofortiger Abstimmung bestanden hätten, wäre der Entwurf niedergestimmt worden. Als sie sich von der Überraschung erholt hatten, war die Stimmung im Lande so reformfreudig, daß viele nicht mehr wagten, dagegen zu stimmen. In einem nicht reformierten Unterhaus wurde das Reformgesetz mit einer Stimme Mehrheit angenommen. Zweiundsechzig Mitglieder des Unterhauses, deren Vertretung eingezogen werden sollte, stimmten für das Gesetz. Als das Oberhaus das Reformgesetz anhalten wollte, stützte der König nach kurzem Zögern – in der vergeblichen Hoffnung, eine Regierung des Herzogs von Wellington würde ihn der Notwedigkeit entheben – Lord Grey mit der Ankündigung eines begrenzten Pairsschubs von ältesten Söhnen liberaler Lords.

Für einen kurzen Augenblick hatte das Hohe über das Niedrige, das Große über das Kleine gesiegt. Doch solche Momente dauern nicht. Hochherzige Aristokraten öffneten das Parlament den mittelständischen industriellen Interessen. Und was mit so viel idealistischem Schwung begann, endete im Elend von David Copperfield und Oliver Twist. Bürgerliche Hartherzigkeit folgte aristokratischer Nonchalance, und die englische Gesellschaft wurde zum Beispiel marxistischer Gesellschaftsanalyse. Die Nachfahren der Reformer wurden furchtsam, und bis auf wenige Ausnahmen finden wir die Devonshires, Bedfords, Landsdownes und Althorps am Ende des Jahrhunderts im Tory-Pferch, verlorene Söhne einst hochgemuter Eltern.

Und doch hat das Gelingen dieser Reform dem Land und der Welt immer von neuem als Beispiel gedient. Gladstones und Asquiths Reformkabinette haben das Land vor dem Absturz in den »Jingoismus« bewahrt und einen Wilhelm II. oder gar einen Hitler unmöglich gemacht. Und noch der einsame Kampf Churchills gegen

Die großen Whigfamilien wuchsen im 19. Jahrhundert in die Rolle der politischen Wohltäter, denn sie besaßen auch »rotten boroughs« mit wenigen Wählern, die ihren Einfluß im Unterhaus vergrößerten. In der Figur des Herzogs von Omnium hat Anthony Trollope in seinem Roman »The Prime Minister« den Urhebern der Reform-Bill von 1832, Lord John Russell, Lord Grey und Lord Durham, ein literarisches Denkmal gesetzt.

Hitler 1940 atmet das freiheitliche Pathos der großen Reform. Ohne das Erbe der Whigs hätte der Erbe der Herzöge von Marlborough die Fackel der Freiheit nicht halten können, die er so bald der neuen amerikanischen Weltmacht überlassen mußte. Daß deutsche und englische Geschichte sich so sehr unterscheiden und die Freiheit erst spät und als ein Geschenk der Sieger in Deutschland Fuß gefaßt hat, hat viel mit dieser Gruppe von Menschen zu tun, die aus ihrer Existenz so viel strahlende Freude zog, daß sie die Politik ihres Landes damit erleuchtete. Es versöhnt mit der Hannoverschen Dynastie in England, daß der letzte männliche Inhaber des Throns einer ebenso hochherzigen wie klugen Reform zum Druchbruch verholfen hat.

Eine Welt voller Gegensätze

Georgian England

Was aus dem England des 18. Jahrhunderts auf uns gekommen ist, besticht durch makellose Eleganz und funktionale Schönheit. Porzellan, Silber und Möbel, der Pembroke-Table, ein Armstuhl von Chippendale und das Dekor von Heppelwhite sind zeitlos schön. Zauberhaftes Regency-Mobiliar läßt uns die früheren Besitzer als kluge, kultivierte und anmutige Menschen sehen, deren Geschmack uns Vorbild sein könnte in einer stillosen Zeit. Die Damen in Seide, Satin und Spitze ergehen sich in Parklandschaften, deren Künstlichkeit in ihrer Natürlichkeit besteht, oder sie lehnen traumverloren an antiken Amphoren, versunken den Klängen Arkadiens lauschend. Die Welt, in der sich die Auftraggeber von Gainsborough, Reynolds, Raeburn, Stubbs und Lawrence bewegen, scheint meilenweit entfernt von Schmutz, Krankheit, Gewalt und Elend. Sie scheint die Tugenden der Mäßigung, der Überlegenheit und der Ausgeglichenheit zu verkörpern. Doch dann schauen wir auf Hogarths »Ginlane«, seine »Marriage à la Mode«, »The Harlots Progress«, »The First Stage of Cruelty«, »The Rakes Progress« oder seinen Wahlzyklus im John-Soane-Museum, und wir erblicken eine völlig andere Welt. Entstellte Gesichter, Schmutz, Krankheit, Trunkenheit und rohe Gewalt, Käuflichkeit, Tierquälerei und Unmoral bevölkern das Hogarthsche Pandämonium, das der Wahrheit näher kommt als die Ausstellung zeitloser Eleganz.

Die Engländer des 18. Jahrhunderts wurden leicht gewalttätig, liebten blutige Spiele und grausame Vergnügungen. Hahnenkämpfe, Stier- und Bärenhetze sowie blutige Boxkämpfe gehörten zum Alltag. Die »Chaos-Tage« in Hannover wären im London des 18. Jahrhunderts als zu unbedeutend nicht in die Geschichtsbücher gelangt. Immer wieder brach die öffentliche Ordnung unter dem Ansturm des Mobs zusammen, so in den Jahren 1733, 1751, 1763, 1768 und – am schlimmsten – 1780. Bei den sogenannten Gordon-Riots, die ein halb wahnsinniger schottischer Adliger gegen die Londoner Katholiken ins Szene setzte, wurden ganze Straßenzüge erst geplündert und dann

153

Die englischen Aristokraten waren Dilettanten. Doch dieser Begriff, der im Zeitalter von Spezialisierung und Professionalisierung einem Unwerturteil gleichkommt, bedeutete höchste Anerkennung in einer Gesellschaft, die den umfassend gebildeten Menschen zum Ideal erkor. Noch heute bezeugen exzellente private Sammlungen wie die der Herzöge von Devonshire in Chatsworth Kunstverstand und -leidenschaft dieser Schicht.

angezündet. Einer kraftvollen Aristokratie und einer rauflustigen Gentry entsprach auf den unteren Sprossen der gesellschaftlichen Leiter ein leicht entflammbarer Pöbel. Je weiter das 18. Jahrhundert fortschritt, um so wichtiger wurde der zwischen dem oberen und dem unteren Ende der Leiter angesiedelte Mittelstand.

Keine Zeit vorher und nachher sah so gewaltige wirtschaftliche und gesellschaftliche Veränderungen. Zwischen 1750 und 1802 erhöhte sich die Kohleförderung von fünf auf zehn Millionen Tonnen im Jahr. Zwischen 1788 und 1806 vervierfachte sich die Roheisenpro-

In der Kultivierung des Landlebens bleibt die englische Aristokratie des 18. Jahrhunderts unübertroffen. Nicht nur Maler wie Gainsborough, sondern auch die großen englischen Romanciers, von Jane Austen über Anthony Trollope bis zu Henry James, haben in ihren teils subtilen, teils emphatischen Sittenbildern das Leben auf dem Lande beschrieben und ihm Unsterblichkeit verschafft.

duktion wie der Import von Baumwolle. Die gesamte industrielle Produktion verdoppelte sich während der letzten zwanzig Jahre des 18. Jahrhunderts. Im 18. und im beginnenden 19. Jahrhundert entstand so die moderne englische Gesellschaft. Von 1760 bis 1801, dem Jahre der ersten amtlichen Zählung, stieg die Bevölkerung von 6,8 auf 9 Millionen, die Ausfuhr von 14,5 auf 34,3, die Einfuhr von annähernd 10 auf mehr als 28 Millionen Pfund Sterling. Entsprechend stiegen auch die landwirtschaftlichen Einkommen. So erhöhten sich die Einnahmen des Earls of Egremont aus seinen Ländereien in Yorkshire von 12 976 Pfund im Jahre 1791 auf 34 000 Pfund im Jahre 1824, und das Einkommen aus seinen Ländereien in Sussex stieg im gleichen Zeitraum von 7 950 Pfund auf 14 770 Pfund. Neben die großen Erfinder traten die landwirtschaftlichen »Improver« wie die Cokes of Holkham-Hall in Norfolk, die ihr Haus nicht nur mit klassischen Altertümern füllten, sondern auch neue Rinderrassen züchteten und mit verschiedenen Fruchtfolgen und einer neuen Schafschur experimentierten. Die Steigerung der landwirtschaftlichen Einkommen und die Verbreiterung des Mittelstandes ließen überall im Lande Landhäuser entstehen und vergrößerten so die Basis der gekrönten Landhausrepublik, die England seit der Revolution von 1688 geworden war.

»Von all den großen Dingen, die Engländer erfunden haben und die Teil ihres Nationalcharakters geworden sind, ist das am besten gelungene, das für sie charakteristischste, das, was sie am vollkommensten beherrschen, so daß es geradezu eine Illustration ihres Wesens wie ihrer Sitten geworden ist – das wohlbestellte, wohlgeführte und gut eingerichtete Landhaus.« Das Urteil von Henry James hat nichts von seiner Gültigkeit verloren. Auch wenn die meisten Landhäuser heute Museen sind und ihre ehemaligen Eigentümer sich in den Dienstbotenflügel zurückgezogen haben – ihre Popularität, ihre kulturelle Anziehungskraft sind ungebrochen. Sie herrschen nicht mehr über das Land, doch sie beherrschen weiter die Einbildungskraft der Briten. In jedem Reihenhaus mit Vorgarten lebt etwas fort von dieser Tradition, die außerhalb der britischen Inseln und des von ihnen geprägten Amerika nur noch Venedigs »Terra ferma« kennt.

Das Leben der politischen Klasse Englands ist ohne ihre Landhäuser nicht denkbar. Aus dem Dunkel der mittelalterlichen Feudalburgen treten die Überlebenden der Rosenkriege ins helle Licht des elisabethanischen Englands. Reich geworden durch die Auflösung der Klöster, bauen sie sich Landsitze, die nicht mehr der Selbstbehauptung in feudalen Fehden dienen. Hatfield und Hardwick Hall, Montacute und Burleigh House, Knole und Longleat stehen am Beginn einer langen Reihe von über fünftausend Häusern, die im Lauf von Jahrhunderten für Generationen gebaut, erweitert, niedergerissen und neu errichtet wurden. Die »Glorious Revolution« von 1688 machte die Herren dieser Häuser für einhundertfünfzig Jahre zu den Herren des Landes. Während der Adel Frankreichs an den Hof von Versailles strömte, bauten sich die aristokratischen Revolutionäre von 1688 königliche Schlösser auf dem Lande. England wurde zu einer gekrönten Landhausrepublik, in der Plätze wie Blenheim und Chatsworth, Woburn, Wentworth und Stowe »großen Eichen gleich das sie umgebende Land beschatten«. Für Edmund Burke, der dieses Wort geprägt hat, war es das goldene Zeitalter eines harmonischen gesellschaftlichen Gleichgewichts, einer göttlichen Ordnung, die zugleich aristokratisch und demokratisch war. Die großen Häuser waren Zen-

Am Ende hat England doch das Festland erobert – mit seiner Gartenarchitektur. So wie Stourhead sind Wörlitz und Charlottenhof deutsche Beispiele für die Kunst, Landschaft, Menschen und Bauten in ein harmonisches Gleichgewicht zu setzen. Das Ungebärdige der Natur wurde befriedet, ohne in der Künstlichkeit italienischer oder französischer Gärten zu erstarren. Im Zeitalter des Gegeneinanders von Mensch und Natur erscheint uns der englische Park wie ein auf immer verlorenes Arkadien.

tren der Macht und des Wohlstandes. Sie versorgten sich selbst mit allem, was gebraucht wurde, und bildeten mit ihren Verwaltern, Pächtern, Jagdhütern, Zimmerleuten, Schmieden, Bäckern, Müllern und Malern einen Mikrokosmos der englischen Gesellschaft. Die gesellschaftliche Hierarchie des Landhauses erschien als moralische Ordnung, in der jeder seinen Platz kannte und ihn mit Freuden einnahm. Die Herren dieser Häuser waren nicht länger ungebildete Haudegen, sondern Kenner und Sammler, die von ihrer »Grand Tour« etruskische Vasen, griechische Statuen und die Bilder Longhis und Canalettos mitbrachten. Neue landwirtschaftliche Produktionsformen vergrößerten ihren Reichtum und machten Geld für die großartigen Parkanlagen eines Capability Brown und eines Repton verfügbar. Das 18. Jahrhundert sah die Aristokratie als Träger einer Zivilisation, deren Ursprünge in Griechenland und Rom lagen. Das römische Britannien schien wiedererstanden.

Jane Austen hat in ihrem Roman »Mansfield Park« dem Landhaus als einer geordneten moralischen Welt ein literarisches Denkmal gesetzt. Im Gegensatz zur Frivolität städtischer Zivilisation verkörpert das Landhaus hier die tugendhafte, gesittete, die richtige Ordnung. Bei einem Besuch in ihrem chaotischen und lauten Elternhaus räsoniert die Heldin Fanny Price über die Welt von Mansfield Park: »Und doch – in Mansfield wäre es anders gewesen. Nein, im Hause ihres Onkels hätte man Tag und Stunde in Betracht gezogen, alles wäre pünktlich zu seiner Zeit getan worden, es hätte Ordnung geherrscht, Rücksicht und Aufmerksamkeit für jedermann. ... Ihre jetzige Umgebung stand dazu in jeder Beziehung im schärfsten Gegensatz. Die Vornehmheit und Eleganz, die Pünktlichkeit und Harmonie, die in Mansfield herrschten – und vielleicht vor allem anderen seine Friedlichkeit und Stille wurden ihr durch reine Konstrastwirkung täglich und stündlich in Erinnerung gerufen.« Doch dies ist keine formale Ordnung, die hier beschworen wird – dies ist eine moralische Ordnung. Die Arbeit hat Vorrang vor der Zersteuung, die Stille triumphiert über das Vergnügen. Daß eine junge Dame aus London während der Heuernte ein Fuhrwerk zum Transport ihrer Harfe sucht, beweist, daß sie die Ordnungsprinzipien des Landhauses nicht verinnerlicht hat. »Sie hatten natürlich nie Anlaß, darüber nachzudenken, aber wenn Sie es bedenken, sehen Sie sicher ein, wie wichtig es ist, Heu hereinzubringen ... mitten in der Heuernte ist wirklich keiner in der Lage, einen Tag lang ein Pferd zu entbehren.« Die ewigen Werte der Landhauskultur sind nicht käuflich, da sie Teil einer gottgewollten Ordnung sind: »Mit der Zeit werde ich das alles lernen. Aber da ich mit der echten Londoner Überzeugung hergekommen bin, daß für Geld alles zu haben ist, hat mich die imponierende Unerschütterlichkeit ihrer ländlichen Sitten etwas in Verlegenheit gebracht.« Doch Mary Crawford ist durch den Einfluß der großen Welt bereits zu sehr korrumpiert. Moral ist für sie Schein, die Ehe eine Konvention zur Erhöhung der gesellschaftlichen Stellung. Als sie den Ehebruch eine Narrheit nennt, hat sie sich endgültig aus der moralischen Ordnung von Mansfield Park ausgeschlossen. Sie hat für Jane Austen das Recht verwirkt, ein Teil dieser Welt zu sein.

Das goldene Zeitalter der Landhauskultur wird eröffnet von den Barockbaumeistern Vanbrugh, Kent und Burlington. Blenheim, Castle Howard, Chatsworth, Holkham Hall und Houghton zitieren Versailles, um den Sieg Marlboroughs und der Whig-Familien über Ludwig XIV. und die absolute Monarchie zu feiern. Der venezianische Baumeister Palladio wird zum Mittler zwischen antikem Lebensgefühl und englischer Landschaft. Die klassische Symmetrie seiner Bauten – wie der Villa Rotonda bei Vicenza – paßt zum protestantischen Rationalismus des 18. Jahrhunderts. Locke, Shaftesbury und Newton – die Gesetze der Gesellschaft, der Schönheit und der Natur finden ihre Ergänzung in Palladios »Vier Büchern über die Architektur«. Der englische Baumeister Inigo Jones wurde nur wenige Jahrzehnte nach Palladios Tod zum Begründer und Wegbereiter des Palladianismus in England. Sein Triumph hat damit zu tun, daß die englische Aristokratie des 18. Jahrhunderts in ihren ökonomischen Bedürfnissen wie in ihrem Bildungsideal der venezianischen Aristokratie des 16. Jahrhunderts ähnlich war: »Ökonomisch dem Lande verbunden, besaß sie gleichzeitig eine städtische Geschmackskultur sowie eine hochentwickelte klassische Bildung.« England hatte von Venedig seine aristokratische Verfassung wie seine meerbeherrschende Weltrolle übernommen. Nicht von ungefähr sind Mereworth Castle und Chiswick House leicht abgewandelte Nachbildungen der Villa Rotonda. Mit dem Fortschreiten des 18. Jahrhunderts verliert sich das Zeremoniöse des Palladianismus. Mittelklassen und englischer Radikalismus erzwingen die Öffnung der Aristokratie zu einer informellen Gesellschaft. Als Beau Nash, der Präzeptor der vornehmen Welt von Bath, der Herzogin von Queensberry in den Assembly-Rooms die nachlässig vergessene Schürze abnimmt und sie ihrer Begleiterin vor die Füße wirft, ist das ein Zeichen dafür, daß auch die Aristokratie sich den Regeln und Konventionen einer nicht mehr nur aus zweihundert Familie bestehenden Gesellschaft zu fügen hat.

Die Brüder Adam richten die Landhäuser jener Zeit ein, in der das aufstrebende Bürgertum der Aristokratie den ästhetischen Alleinvertretungsanspruch streitig macht. Osterley Park, Kedleston Hall, Syon House und Mellerstain in Schottland sind Beispiele für jenes verfeinerte klassische Ideal, das die Ausgrabungen von Pompeji in die Landhäuser brachte. Vor den pompejanischen Wandmalereien versammelte sich die späte Blüte einer freiheitsliebenden Aristokratie –

*Andrea Palladio hat in der englischen Architektur die größte Wirksamkeit entfaltet.
Die Klassizität seiner Formen, die Anverwandlung des Antikischen traf auf das englische aristokratische Bewußtsein vom neuen Rom. Venedig war das tatsächliche Vorbild,
die römische Geschichte das geistige, wie die lateinischen Zitate in Parlamentsreden
und die Anwesenheit von Cicero und Cäsar in fast jedem Landhaus zeigen.*

die »Grand Whiggery« – um die Freunde und Schüler von Fox, deren Ideal eine Gesellschaft der Gebildeten und Freien war, zu der Herzoginnen und Schauspielerinnen, Dichter und Philosophen Zutritt hatten. Vor dem Anbruch des bürgerlichen Zeitalters war dies die Apotheose der Landhauskultur, in deren immer matter werdendem Glanz die großen Häuser noch fast einhundert Jahre leuchten sollten.

Wie in der Baukunst, so spiegelt sich auch in der Literatur des 18. Jahrhunderts das Fortschreiten vom Aristokratisch-Zeremoniellen des Palladianismus hin zum Großbürgerlich-Informellen eines neuen Subjektivismus. Ist zu Beginn des Jahrhunderts noch die Erinnerung an Revolution und Glaubenskampf lebendig und damit auch die Furcht, an Leidenschaften zu rühren, die das verflossene Jahrhundert heimgesucht hatten, so verliert sich im Laufe der Jahre die Sorge vor einem neuen Ausbruch, und es wächst der Unmut über platte Selbstgefälligkeit, Mangel an Originalität und das Absterben der Gefühlsfähigkeit. Die Dichter des augusteischen Zeitalters – Addison, Pope und Steele – sind in allem maßvoll und vernünftig. Sie meiden die Leidenschaft und setzen auf Harmonie und Ausgleich. Sie bilden literarisch die Philosophie Shaftesburys ab, dessen Glaube an die Fähigkeit zur moralischen Vervollkommnung des Menschen zum Charakteristikum dieses Jahrhunderts wird. Ihre Essays im »Spectator« sind Illustrationen zu Shaftesburys Überzeugung, daß die Summe der Philosophie darin besteht, »zu lernen, was in der Gesellschaft gerecht und in der Natur und Weltordnung schön ist«. »Der Geschmack an der Schönheit und der Genuß an allem, was anständig, gerecht und liebenswert ist«, vervollkommnet den Charakter des Gentlemans und Philosophen. Die Augusteer lösten sich bewußt von der Maßlosigkeit, dem Individualismus, dem Rausch der freien Phantasie wie auch von der Rohheit und Vielgestaltigkeit des 17. Jahrhunderts und schufen ein Standard-Englisch, das bis auf den heutigen Tag von allen Englisch sprechenden Völkern gebraucht, geschrieben und verstanden wird. Sie schufen jenen Stil des lapidaren Klassizismus, der äußersten Knappheit des Ausdrucks, der aber klar, verständlich und wohlklingend zu sein hatte, wie ihn uns Gibbon und Dr. Johnson überliefert haben. Auch die plattesten Themen des Alltags gewannen Klassizität, die noch T. S. Eliot beeindrucken sollte.

Harmonie und Maß sind auch die Schlüsselworte für das im 18. Jahrhundert sich durchsetzende Ideal des Gentleman. Seit den Zeiten Edmund Spensers und Philip Sidneys hatte das ritterliche Ideal der vollkommenen Persönlichkeit keine zeitgemäße Ausprägung mehr gefunden. Revolution und Glaubenskrieg hatten die Ausbildung eines von allen akzeptierten Ideals verhindert. In Frankreich hatte sich hingegen im Zuge des Absolutismus die *honnêté* gebildet. Ursprünglich dem Gentleman-Ideal der allseits gebildeten Persönlichkeit durchaus verwandt, wurde der Begriff mehr und mehr zu einer Definition des sozialen Standes gebraucht. Der Honnête homme ist ein Mann, der bei Hof empfangen wird, ohne daß damit ein ethischer oder kultureller Anspruch verbunden wird. Wer infolge seiner Fähigkeiten das Zeug hatte, ein guter Höfling zu werden, durfte sich seiner Honnêté gewiß sein. Während die Macht in Frankreich in den Händen bürgerlicher Minister lag, waren die Höflinge Teil eines Rituals, das der Überhöhung des absoluten Monarchen diente. Die Hannoveraner waren weder absolute Monarchen noch ästhetisch reizvoll genug, den Adel an ihren Hof zu ziehen. Das Ideal des Höflings taugte nicht für die gekrönte Landhausrepublik.

Als Lord Chesterfield in seinen berühmten Briefen an seinen Sohn das französische Ideal des Hofmanns zur Grundlage seiner Erziehung machte, befand Dr. Johnson, daß es sich um nicht viel mehr als die Anstandsregeln eines Tanzmeisters und die Morallehre einer Hure handele. Tatsächlich paßte der Rat: Die höchste Geschicklichkeit ist es, ein offenes, freimütiges Aussehen zur Schau zu stellen und sein Inneres klug zu verbergen, auf der Hut zu sein und durch eine scheinbare natürliche Offenheit zu bewirken, daß die anderen nicht auf der ihren sind – besser zum Höfling als zum freien Grundbesitzer. Es war das Ideal des von der Gunst des Monarchen Abhängigen, aber keine Lebensregel für den Parlamentarier und Gesetzgeber.

»In den sechzig Jahren, die den Reformgesetzen von 1830 vorausgingen, erreichte die englische Gesellschaft und mit ihr das, was man die aristokratische Vorstellung vom Gentleman nennen könnte, ihren Höhepunkt. Nach diesem Ideal gehört zum Gentleman eine strahlende Natürlichkeit, eine vollendete Selbstsicherheit und eine Gabe für alle Künste des Lebens. Er muß offen und geradeheraus sein, männlicher Gefühlsregungen wie auch einer gewissen Empfindsamkeit fähig, ferner geschliffen und genau in seinem Ausdruck. Er muß das Landleben verstehen, sich auf seinen Gütern aufhalten und an ländlichen Beschäftigungen Gefallen finden. Er muß ein Mann von Bildung sein, etwas von der Kunst verstehen, die Klassiker korrekt zitieren können, über Vitruv und Bramante Bescheid wissen, die

Die Nonchalance der Haltung macht deutlich, wie weit der englische Aristokrat vom Hofe entfernt war. Hofdienst war, anders als in Versailles, unbeliebt, und nur die großen politischen Ämter genossen gesellschaftliches Prestige. Was Marie Antoinette in ihrem »Hameau« darstellte – das einfache Leben –, pflegte der englische Aristokrat auf einer hohen Kulturstufe das ganze Jahr über.

französische Sprache beherrschen und sich auf gutes Essen und gute Weine verstehen. Er muß gut gelaunt sein bis zur Laxheit; und wenn er in Zorn geraten sollte, darf dieser sich nicht äußern. Er muß alles Schöne lieben und liebenswürdigen Frauen den Hof machen. Er muß die Tiere lieben und in der Lage sein, sich zwanglos mit Jockeys, Trainern, Fechtmeistern und Boxlehrern zu unterhalten. Sein Auftreten und jede seiner Bewegungen müssen Ausdruck gemessener Grazie sein. Niemals darf er die Künstlichkeit der Dandies nachahmen, noch sich in der Öffentlichkeit zu elegant gekleidet zeigen. Der Institution der Monarchie soll er den schuldigen Respekt erweisen, doch die Ausgelassenheit des Regenten, seine Höflinge und seine Mätressen mit Nachsicht mißbilligen.« (Harold Nicolson) Das Ideal des Gentlemans, so muß man daraus folgern, verkörperte sowohl einen kulturellen wie einen ethischen Anspruch.

Doch erst im 19. Jahrhundert schuf Thomas Arnold als Headma-

*Auch das Ansehen der Public School, bis heute Inbegriff der englischen Eliten-Repro-
duktion, hat gelitten. Salisbury haßte Eton, Churchill war unglücklich in Harrow, und
die Bekenntnisse des Prinzen von Wales über Gordonstoun haben den Ruf aller beschädigt. Der Ruhm der Rugby School lebt heute nur noch im Namen des 1823 in ihr
erfundenen Kampfspiels fort.*

ster von Rugby den Public-School-Typ des christlichen Gentlemans,
für den die moralische Haltung entscheidend ist. Das Ziel war nicht
die Vermittlung von Kenntnissen oder auch nur die Ausbildung des
Intellekts, sondern die Erziehung des Charakters. Zu den sittlichen
Tugenden des Mutes, der Treue und der Führerschaft sollte die
kirchliche Tugend der Demut kommen. So wurden Winchester,
Eton und Harrow zu Pflanzstätten eines Ideals, mit dem man zwar
ein Weltreich regieren, nicht aber am industriellen Wettbewerb teilnehmen konnte. Die Gentrifikation der englischen Gesellschaft
durch das Gentleman-Ideal ist eine der Ursachen für das Zurückblei-
ben der englischen Wirtschaft seit dem Ausgang des 19. Jahrhunderts. Der Gentleman dilletierte in der Philosophie, der Literatur und
der Architektur. Das klassische Beispiel einer solchen Persönlichkeit

war Horace Walpole, der dritte Sohn des Premierministers der beiden ersten Könige aus dem Hause Hannover. Auf ihn geht das in der zweiten Hälfte des Jahrhunderts einsetzende »Gothic Revival« zurück, nachdem er seinen Landsitz Strawberry-Hill an den Ufern der Themse im gotischen Stil umbauen und erneuern ließ. Walpole ist auch der Erfinder des englischen Schauerromans, dessen Geschichte mit Walpoles »The Castle of Otranto« beginnt.

Doch während in Frankeich die romantische Rückwendung unter dem Einfluß Rousseaus in eine grundsätzliche Kritik der Vernunft, der Gesellschaft und des Staates einmündete und den Widerruf der Aufklärung proklamierte, dienten Walpoles ästhetische Experimente nicht dem Widerruf, sondern der Verbreitung der Aufklärung. Walpole hat, wie nach ihm Sterne und später Burke, nicht gegen die Aufklärung des 18. Jahrhunderts revoltiert, sein Widerspruch war nicht gegen die Rationalität, sondern gegen ihre Unvollkommenheit gerichtet. Hatten die Augusteer nach den religiösen Konflikten im 17. Jahrhundert den Leidenschaften wie der Phantasie entsagt, begriff Walpole diese Kräfte als Ergänzung zu Vernunft und Rationalität. Nachdem die Revolution von 1688 einen pragmatischen Verfassungskompromiß gefunden hatte, waren die aristokratischen Nutznießer dieser Herrschaftsteilung nicht an einer gedanklichen Radikalisierung interessiert. Experimente und Einfälle mußten widerrufbar bleiben, sie durften die Grundlagen des Experiments nicht zerstören, auch wenn Swifts wilder Pessimismus und Defoes Verherrlichung des einsamen Individuums im »Robinson Crusoe« die schöne neue Whig-Welt in Zweifel zogen. Selbst ein Buch wie Sternes »Tristram Shandy«, das alle klassischen Regeln der augusteischen Prosa durchbricht und den Erfindungen einer freien Phantasie huldigt, hat diese selbstgezogene Grenze nicht überschritten. Das englische 18. Jahrhundert war viel näher bei Montaigne als bei den französischen Materialisten.

Allein im England der Hannoveraner war deshalb auch eine Figur wie Dr. Johnson denkbar, zu der es weder in Frankreich noch in Deutschland Vergleichbares gibt. Lexikographische Vernunft verband sich bei ihm mit einem reaktionären Toryismus, tiefe Einsichten in die Natur des Menschen mit provinzieller Enge und Intoleranz, die Fähigkeit zu geistvoller Konversation mit einem vollständigen Mangel an Lebensart. Anders als die französischen Enzyklopädisten entwickelte er keine abstrakten Theorien zur Verbes-

Die englische Romantik war laut und exzentrisch, doch sie hatte nichts von der Verliebtheit ins deutsche Mittelalter, die Goethe so erbitterte. Byron verursachte mehrere Skandale, von denen das Verhältnis zu seiner Halbschwester selbst seinen aristokratischen Freunden zu weit ging. Politisch wirksam ist die englische Romantik nur in Coleridge geworden, der nach idealistisch-freiheitlichen Anfängen zum Bewunderer Edmund Burkes wurde.

serung der Welt, im Gegenteil, bekämpfte er Neuerungen mit Vernunftgründen und liberale Reformen mit dem Rückgriff auf Dogmen und Bräuche der anglikanischen Staatskirche. In einem Zeitalter, in dem die Intellektuellen vielfach mit abstrakten Ideen spielten und sich unkontrollierten Einfällen hingaben, bestand Johnson stets auf dem Wert gesicherter Tatsachen und hielt daran fest, daß klares Denken auf der Genauigkeit von Sprache beruht.

Das Ende des 18. Jahrhunderts sieht in Deutschland wie in England eine schnell wachsende romantische Strömung, die sich in beiden Ländern mit dem welthistorischen Ereignis der Französischen Revolution auseinandersetzen muß. Doch während mit England ein gefestigter liberal-aristokratischer Nationalstaat der französischen

Dichter wie Robert Burns haben Schottland errettet. Sie haben aus Schottland wie Fontane aus der Mark eine literarische Landschaft gemacht, die einen neuen, auch wirtschaftlichen Wert verkörperte. Ohne sie wäre nichts geblieben vom schottischen Mittelalter. Ihnen verdankt das Land seine neue Identität.

Herausforderung entgegentritt, fällt die Romantik in Deutschland mit der Agonie des alten Reiches und seinen spätfeudalen Strukturen zusammen. Aus dieser »Ungleichzeitigkeit« der historischen Entwicklung in England und Deutschland folgt eine unterschiedliche Ausprägung romantischer Einflüsse in beiden Ländern. Die deutsche Neigung zur politischen Romantik, zur theoretischen Rekonstruktion einer Gesellschaft aus dem christlichen Mittelalter, zum »Zu-Ende-Denken« konservativ-romantischer Impulse war der englischen Romantik fremd.

In der gekrönten aristokratischen Republik war kein Raum für einen katholisch-konservativen Absolutismus, der den irrationalen Gegenentwurf wagte und damit in den gleichen Fehler wie die Französische Revolution verfiel. Scott sicherte mit seinen Romanen und Balladen die Eigenständigkeit schottischer kultureller Überlieferung, während Byron wie auch Shelley die anderen, über England hinausreichenden romantischen Gestalten in allem, was sie schrieben, zu ichbezogen waren, um über ihren romantischen Tod hinaus politisch wirksam zu werden. »Ihre Biographien sind in ihrer ungehemmten Subjektivität zu Signaturen dessen geworden, was man eine ›romantische Lebenshaltung‹ nennen könnte«, die in ihrer Mischung aus Hemmungslosigkeit, Exzentrizität und Lebensekel gesellschaftlich wirkungslos bleibt. Von den Lake-Poets Wordsworth, Coleridge und Southey war es Coleridge vorbehalten, Burkes Theorie vom gesellschaftlichen Gleichgewicht weiterzuentwickeln und den sozialen Konservativismus des 19. Jahrhunderts zu begründen. Der Rest ist Dichtung ohne Bezug zu Staat und Gesellschaft des Englands der Hannoveraner.

Bleibt als letztes ein Blick auf die Malerei. England, so lautet ein beliebtes Vorurteil, hatte in seiner augusteischen Zeit keine große Malerei. Daran ist soviel richtig, daß im 17. wie in der ersten Hälfte des 18. Jahrhunderts die führenden Künstler des Landes aus dem Ausland kamen. Rubens und Van Dyck stammten aus Flandern und blieben nur kurze Zeit, ebenso Sir Peter Lely, der sich in England niederließ. Michael Dahl war Schwede und Godfrey Kneller ein Deutscher aus Lübeck. Sie alle glänzten in der Kunst des Porträts, während die barocke Historienmalerei nicht Fuß fassen konnte. James Thornhill, einer der wenigen englischen Historienmaler, hat das Problem am Beispiel der Landung Georgs I. in England beschrieben: Als die erste Skizze fertig war, waren einige von den Politikern und Höflingen bereits in Ungnade gefallen. Der Gegensatz zwischen Tory und Whig erschwerte das historische Genrebild – in den Worten Thornhills: »Too much party in picture«.

So gingen die englischen Künstler andere Wege. Hogarth und in seiner Nachfolge die Karikaturisten Gillray, Rowlandson und Cruikshank wandten sich mit ihren sozialkritischen »Gesellschaftsbildern« an die neue Mittelschicht, die den Whig-Aristokraten in zunehmendem Maße den Alleinvertretungsanspruch für das Land streitig machte. Das Londoner Elend, die Korruption in der Politik, die Herzlosigkeit der Gutsbesitzer und die Torheit der regierenden Fürsten wurden so ästhetische Belege für die dahinterstehende Behauptung, daß das von den Whigs regierte England nicht die beste aller Welten sei und Reformen nicht nur beim Wahlrecht, sondern überall in der Gesellschaft dringlich wurden. Hogarth wurde so zum »englischsten« aller Maler, dessen Genialität heute von niemandem mehr in Zweifel gezogen wird.

Den Gegenpol bildet Joshua Reynolds, Präsident der 1768 gegründeten Royal Academy. Er lehrte die Nachahmung der Alten, seine Vorbilder sah er in Raffael, Michelangelo, Caracci, Tizian und Rembrandt. Reynolds wurde zum Porträtisten der englischen Aristokratie, da sein kühler Klassizismus dem Lebensgefühl dieser Aristokratie am nächsten kam. Geschult an den Schriften Shaftesburys, verstand sie sich als Erbin der Antike, und ihre Mitglieder empfanden sich als »Neue Römer«. Und doch haben Reynolds, Gainsborough, Raeburn und die etwas schwächeren Romney und Lawrence die Alten nicht kopiert, sondern ihre Kunst dem »erhabenen Stil« anverwandelt und auf diese Weise etwas völlig Neues, über die reine Dekorationsmalerei Hinausgehendes geschaffen. In den besten Bildern von Reynolds verbinden sich antikische, frühromantische und dekorative Elemente zu einem Hymnus auf die gekrönte Landhausrepublik und ihre Gesetzgeber. Aus seinen Bildnissen schauen uns kraftvolle und freiheitsliebende Persönlichkeiten an, die, wie ihr Vorbild Fox, niemandem untertan sein wollten und die ihre Selbstsicherheit dem Erbe von 1688 und der Tatsache verdankten, daß sie ästhetisch und intellektuell der Hannoverschen Dynastie unendlich überlegen waren. Die Porträts von Reynolds, Gainsborough und Raeburn sind politisch in dem Sinne, daß sich in ihnen die »Whig-Interpretation of History« spiegelt, deren Leuchten den viktorianischen Himmel des 19. Jahrhunderts erhellte und von dem ein letzter Abglanz noch über Churchills pathetische Freiheitsrhetorik fällt, mit der er – fast allein – der Tyrannei widerstand.

Zum Ausklang dieser Epoche haben Constable und Turner, vermittelt durch den kongenialen Kritiker Ruskin, mit ihren atmosphärisch durchsichtigen, lichtdurchfluteten Park- und Landschaftsbildern einer Schöpfung der Whig-Aristokratie gehuldigt, die in ihrer Verbindung von Freiheit und Ordnung in der Natur ein Abbild ihrer politischen und gesellschaftlichen Prinzipien war.

Die Bürgerlichkeit erlangt Weltherrschaft

Victoria Regina

Auf den Klippen über dem kleinen Badeort Sidmouth im Südwesten Englands steht ein aus roten Ziegeln gemauertes Haus, heute ein Hotel mit dem Namen »Victoria«. Dort hätte im Jahre 1821 beinahe ein Stein, der das Fenster durchschlug, dem Leben der zweijährigen Prinzessin Alexandrina Victoria ein vorschnelles Ende bereitet. Ihr Vater Eduard Herzog von Kent bemerkte dazu pathetisch, daß seine Tochter zum ersten Mal im Feuer gestanden hätte, wie es sich für die Tochter eines Soldaten gezieme. Der Herzog von Kent (1767-1820) war einer der Söhne Georgs III., deren trübselige Gesamtheit der Herzog von Wellington als den »verdammtesten Mühlstein um den Hals der Regierung Seiner Majestät« bezeichnet hatte. Der Herzog neigte zu Extremen. In Gibraltar hatte er als Kommandeur seine Soldaten so geschunden, daß die Regierung ihn aus Furcht vor einer Revolte nach Kanada schickte. Auch dort war er unmenschlich und hart. Als er nach England zurückgekommen war, schloß er Freundschaft mit Robert Owen und wurde Sozialist, was selbst die an Extravaganzen gewöhnten Whigs verstimmte. Der Tod der einzigen Tochter des Prinzregenten, Prinzessin Charlotte, im Jahre 1817 stellte den Herzog vor die Notwendigkeit, für einen Erben zu sorgen. Er schob seine Geliebte, mit der er siebenundzwanzig Jahre zusammengelebt hatte, in ein Stift ab und heiratete die völlig verarmte Prinzessin Marie Luise Victoria von Leiningen, die Schwester des späteren Königs Leopold I. von Belgien. Da auch er in seinem bisherigen Leben nur Schulden angehäuft hatte, hoffte er auf die finanzielle Dankbarkeit des Parlaments für seinen Opfergang, doch die Parlamentarier blieben zugeknöpft. Das junge Paar retirierte deshalb nach Amorbach, dem Erbe der verwitweten Prinzessin. Als sich Victoria ankündigte, fuhr der Herzog eigenhändig die Kutsche mit seiner schwangeren Frau durch Deutschland nach Calais. Für Dienstboten und Kutscher war kein Geld vorhanden. So kam die spätere Kaiserin von Indien, die aufgrund des Salischen Erbfolgegesetzes nicht Königin von Hannover werden konnte, schließlich auf englischem Boden am 24. Mai

Der Erfolg der jungen Victoria war nicht – wie oft behauptet – der Erfolg Alberts.
Zwar vermittelte er der Königin viel von seinem Wissen und seiner Bildung und
stärkte damit ihren Einfluß, doch die Engländer mochten den steifen Deutschen nicht,
und den regierenden Aristokraten waren seine gebildeten Memoranden ein Greuel.
Ihre Nonchalance überließ die Details den Sekretären; Albert dagegen beherrschte
immer das Detail, manchmal auch das Ganze.

1819 zur Welt. Da das vom belgischen Schwager Leopold vor-
gestreckte Geld für einen Aufenthalt in London nicht reichte und
seine Brüder selbst unter der Last ihrer Schulden stöhnten, zog man
sich nach Sidmouth zurück, »um die Seeluft zu genießen«. Wenige
Wochen später starb der Herzog, die Seeluft hatte ihm eine tödliche
Lungenentzündung eingebracht.

Nichts deutete nach diesem Beginn darauf hin, daß Königin Victoria als ein Symbol wohlanständiger Bürgerlichkeit in die Geschichte eingehen würde. Denn Herkunft wie Hintergrund verdienen jene viktorianische Mißbilligung, die in zwei berühmten
königlichen Redewendungen zum Ausdruck kommt: »We are not
amused« und »That's not done«. Königin Victoria regierte vierund-
sechzig Jahre – länger als jeder andere Monarch, mit Ausnahme von
Kaiser Franz Josef von Österreich. Als sie an die Regierung kam, war
England noch ein großer Garten, beherrscht und geschmückt von
den Angehörigen der »Grand Whiggery«, jener späten Blüte der Aristokratie um Lord M. Palmerston und die Herzogin von Manchester.
Als Victoria starb, war England ein Industrieland, das seinen Höhepunkt bereits überschritten hatte und dessen Geschicke außer im
Parlament von der bürgerlichen Mittelklasse bestimmt wurden.
Sechs Jahre vor ihrem Tod bildete Salisbury das letzte Adelskabinett,
und nur fünf Jahre nach ihrem Tod zogen die ersten gewählten Mitglieder der sozialistischen Labour-Partei in das Parlament ein. Zu Beginn ihrer Regierungszeit besaß England neben Kanada und Indien
nur wenige Stützpunkte auf dem Wege dorthin, bei ihrem Tode umfaßte das Empire die halbe Welt, und Abordnungen exotischer Herrscher und Länder hatten ihr wenige Jahre zuvor begangenes diamantenes Thronjubiläum geschmückt. Das England von 1901 glich weit
mehr dem England von 1953, dem Krönungsjahr der zweiten Elisabeth.

Auch die verfassungsgemäße Rolle des Monarchen fand unter
Königin Victoria ihre heute noch gültige Ausprägung. Die klassische
Definition findet sich bei Walter Bagehot in seinem Buch über die
englische Verfassung. Der Monarch hat danach drei Rechte: das
Recht, konsultiert zu werden, das Recht, zu ermutigen und das
Recht, zu warnen. Und mahnend fügt er hinzu: »Ein König von Ver-
nunft und Einsicht sollte keine anderen Rechte wollen.« Doch gerade
diese Einsicht besaß Victoria zu Beginn ihrer Regentschaft nicht.

Als die Whigs 1839 in die Minderheit zu geraten drohten und

Melbourne zurücktrat, verhinderte Victoria ein Tory-Ministerium unter Peel, den sie nicht mochte, indem sie jede Veränderung ihrer Hofhaltung sowie bei den Hofdamen ablehnte. Sie verlängerte damit die Lebensdauer des Kabinetts Melbourne um zwei Jahre. Erst Alberts kluge Vermittlung brachte den Wandel und machte den Weg frei für ein Kabinett Peel. Überhaupt war es der in der Verfassung nicht vorgesehene Prinzgemahl, Albert von Sachsen-Coburg-Gotha, Victorias einzige große Liebe, der Prestige und Einfluß der Monarchie in den fünfziger Jahren noch einmal so steigerte, daß nach seinem Tode Disraeli sagen konnte: »Mit Prinz Albert haben wir unseren Souverän begraben. Dieser deutsche Prinz hat einundzwanzig Jahre lang England mit soviel Weisheit und Energie regiert, wie sie keiner unserer Könige je gezeigt hat. Hätte er länger gelebt, hätte er uns die Wohltaten einer absoluten Regierung verschafft.« Auch wenn man Disraelis romanhafte Phantasie berücksichtigt, bleibt die Tatsache, daß Albert, der von seinem Onkel Leopold systematisch auf den Thron hin erzogen worden war, die nach dem Zerbrechen der Tories an der Kornzollfrage unübersichtlich gewordene politische Landschaft beherrschte. Albert hatte Philosophie, Rechtswissenschaft und Nationalökonomie studiert. Er liebte Statistiken und verzehrte sich danach, Gutes zu tun, den moralischen Standard zu heben und durch Reformen die Welt zu verbessern. Sein prinzipienfester Intellekt durchdrang die Untiefen englischer Innenpolitik zwischen Reform und Reaktion. Seine langen Memoranden ermüdeten zwar adlige Dilettanten wie Palmerston, doch den bürgerlichen Reformern war er ein kompetenter Gesprächspartner. Zu Beginn ihrer Ehe wollte Victoria ihm jeden Einfluß auf die Politik verweigern, doch ihre mangelnde Kenntnis der politischen Probleme ließ sie bald anders darüber denken. Albert war es auch, der aus der Tatsache, daß es das Vorrecht des Monarchen war, Krieg zu erklären und Frieden zu schließen, Verträge zu vereinbaren und Teile des Staatsgebietes abzutreten, den verfassungsrechtlich umstrittenen Schluß zog, der Einfluß des Monarchen auf die Außenpolitik sei weniger abhängig von den Ratschlägen der Minister, die sich auf die Parlamentsmehrheit stützten, als im Fall der Innenpolitik. Albert und unter seinem Einfluß Victoria versuchten immer wieder, gestützt auf die zahlreichen Familienbindungen der Coburger zu allen europäischen Dynastien, die Außenpolitik zum königlichen Vorrecht zu machen. Dabei gerieten sie in eine konfliktreiche Auseinandersetzung mit Lord Palmerston, dessen oft arrogante, immer unberechenbare und nur für andere den Liberalismus predigende Außenpolitik von Albert und Victoria zu Recht als abenteuerlich abgelehnt wurde. Nur mit Mühe konnten beide durchsetzen, daß die Depeschen an die Auslandsvertretungen Englands ihnen vor Abgang vorgelegt wurden. Als Palmerston ohne Rücksicht auf Kabinett und Souverän den Staatsstreich Napoleons III. anerkannte, vermochten sie sogar vorübergehend seine Entfernung aus dem Foreign Office durchzusetzen.

Nach Alberts frühem Tod 1861 fehlte der Königin sein kluger, mit Wissen untersetzter Rat, und sie mußte sich notgedrungen auf die von Bagehot 1867 beschriebene konstitutionelle Rolle in der Außenpolitik zurückziehen. Zwar machte sie Gladstone und in geringerem Maße auch Disraeli viele Schwierigkeiten, doch scheute sie instinktiv vor einem offenen Konflikt zurück, da ihr die intellektuellen Fähigkeiten für die öffentliche Begründung ihrer abweichenden Meinung abgingen. So schickte sie zwar Gladstone ein unverschlüsseltes Protesttelegramm zum Tod General Gordons im Sudan und machte damit ihre Kritik öffentlich, doch sie zog daraus keine verfassungsrechtlichen Konsequenzen. Als Gladstone in seiner zweiten Amtszeit den Kauf von Offizierspatenten abschaffen wollte und dabei auf den Widerstand der Lords stieß, machte sie sogar, obwohl sie die Reformmaßnahme ablehnte, im Interesse der Regierung Gladstone von ihrer königlichen Prärogative Gebrauch und beseitigte den Mißstand durch ein königliches Handschreiben. Am Ende ihrer Regierungszeit war der tatsächliche Einfluß des Monarchen erheblich gesunken, das Prestige der Monarchie aber hatte eine ungeahnte Höhe erreicht. War die Königin nach dem Tode Alberts und ihrem Rückzug aus der Öffentlichkeit unpopulär und schien die Republik vor der Tür zu stehen, so befand sich die Monarchie am Ende des Jahrhunderts als prächtiges Symbol eines weltweiten Empires wieder im Einklang mit dem Volk.

Der Historiograph der englischen Aristokratie Cannadine nennt die moderne britische Monarchie ausdrücklich eine viktorianische Erfindung. Solange die Krone eine Macht war, lag es im Interesse des Parlaments, diese Macht nicht durch äußeren Pomp zu erhöhen. Als die Krone in den späten Regierungsjahren Victorias zum nationalen Symbol wurde, diente der Pomp der nationalen Selbstfindung und wurde Teil der nationalen Identität; als gesellschaftliches Bindemittel verschaffte er den durch Wahlen legitimierten Regierenden zusätz-

Gordon war einer der »Eminent Victorians«, deren Schwächen Strachey in seinem berühmten Buch ironisch offengelegt hat. Was Gladstone die Zuneigung der Nation kostete, die Ermordung des Generals, war auf der Seite dieses merkwürdigen »Helden« ein Akt kalkulierter Auflehnung. Indem er in Khartoun blieb und sich »opferte«, erzwang er die Besetzung des Landes und die Teilnahme Englands am Wettrennen um Afrika. Ein in der englischen Geschichte seltener Fall des Vorranges des Militärischen vor dem Politischen, wie ihn zuletzt der – allerdings tragisch scheiternde – Lawrence von Arabien verkörperte. In Deutschland kommt Ludendorff dem politischen General am nächsten.

liche Loyalität. Georg IV. hatte seine Krönung 1820 zum ersten Mal als öffentliches Schaugepränge angelegt und dabei beißenden Spott geerntet, als er seine ihm noch immer rechtmäßig angetraute Frau durch Preisboxer am Betreten der Kathedrale von Westminster hindern ließ. Wilhelm IV. wollte auf die Krönung verzichten und stimmte dann einer bescheidenen Zeremonie zu, von Witzbolden »the half-coronation« genannt. Der König, der während seiner kurzen Regierungszeit dreimal das Kabinett entließ und zweimal aus politischen Gründen vorzeitig das Parlament auflöste, kam ohne Hofzeremoniell und mittelalterliches Gepränge aus. Auch Victorias Krönung war wenig eindrucksvoll. Es gab, wie Cannadine schreibt, »kein Vokabular des Pomp, keine Syntax des Schauspiels, keine Idiomatik des Rituals«. Die Nation sah sich in ihren Helden – Nelson und Wellington – verkörpert, deren Begräbnisse sehr viel glanzvoller ausfielen als diejenigen der Dynastie. Doch schon in den sechziger Jahren prophezeite Bagehot: »Je demokratischer wir werden, desto mehr Gefallen werden wir an Glanz und Prunk finden, an dem sich das gemeine Volk schon immer delektiert hat.« Und so wurden Victorias Goldenes und Diamantenes Thronjubiläum 1887 und 1897, ihr Begräbnis, die Thronbesteigung Eduards VII., sein Begräbnis und die Thronbesteigung Georgs V., der sich auch in Indien zum Kaiser krönen ließ, nationale Feste, in denen sich das Empire spiegelte. Der königliche Prunk erreichte seinen Höhepunkt, als die Macht des Monarchen geschwunden und die des Landes im Schwinden begriffen war.

Victoria, so hat es einmal ihr letzter Premierminister Lord Salisbury ausgedrückt, verbindet das alte mit dem neuen England, die Rotröcke mit den Khaki-Uniformen, aristokratische Nonchalance mit bürgerlicher Wohlanständigkeit. Doch obwohl sie selbst noch in der Regierungszeit Georgs III. geboren wurde, war sie durch und durch viktorianisch, ein Produkt der gesellschaftlichen Verbürgerlichung und damit näher der zweiten Elisabeth als ihren Vorgängern Georg IV. und Wilhelm IV. Ihre einundzwanzigjährige Musterehe mit dem in seinen Anfangsjahren höchst unpopulären Albert von Sachsen-Coburg-Gotha und ihre lebenslange Trauer um ihn gehören einer anderen Zeit an als die Eskapaden ihrer »wicked uncles«. Der gesellschaftliche Wandel wird besonders deutlich in ihren großen Premierministern, von denen einige eine gesonderte Betrachtung verdienen, da sie das Zeitalter, das den Namen der Königin trägt, entscheidend geprägt haben.

Die ersten Regierungsjahre Victorias sind eng mit Lord Melbourne verbunden, ihrem ersten Regierungchef und klugen Lehrmeister. Er verkörperte den melancholischen Ausklang der Whig-Aristokratie. Melbourne hatte schon als Kind zu Füßen von Fox gesessen und in den Häusern der Whig-Aristokratie gespielt. Seine Mutter war die typische *grande-dame* des 18. Jahrhunderts, Vertraute von Politikern und Künstlern. Zu ihren Verehrern gehörte Byron, der ihr manche Verszeile gewidmet hat. Auch seine Frau Caroline Ponsonby stammte aus dem Umkreis von »Devonshire-House«. Ihre Ehe, bald belastet durch Carolines Verhältnis mit Byron, war eine der großen Skandalaffären des prüder werdenden 19. Jahrhunderts. Diese hypersensible, intelligente, aber völlig unausgeglichene Frau machte William Lamb (den Titel »Lord Melbourne« erbte er erst nach dem Tod seines Bruders) zur öffentlichen Figur, noch ehe er eine Persönlichkeit des öffentlichen Lebens war. Im Reformkabinett Greys war Melbourne Innenminister, nach Greys Rücktritt dessen Nachfolger. Nach der Wahlrechtsreform war die Aufgabe der Whigs erfüllt, doch sie konnten die Regierung an niemanden abgeben, da niemand eine Mehrheit hatte.

Melbourne verkörperte in einzigartiger und für das Land idealer Weise diesen politischen Schwebezustand. Der Exzentrik seiner Frau begegnete er mit nachsichtiger Toleranz und einem Mangel an Leidenschaftlichkeit, die es ihm unmöglich machte, diesen egozentrisch-depressiven Menschen wirklich an sich zu binden. Seine Haltung beruhte auf dem pessimistischen Glauben, daß alle Menschen nicht nur fehlbar, sondern häufig unfähig und manchmal böswillig sind. Daher betrachtete er jeden Versuch, die Dinge zu ordnen, als nutzlos, da dies nur zu neuen Verwicklungen führen mußte. Es war die Lebensphilosophie des »Schwierigen«, ein aus Erfahrung und Einsicht gewonnener rationaler Pessimismus, der Melbournes Handeln im Persönlichen wie im Politischen bestimmte. Doch dieser Pessimismus hatte ihn nicht zum Menschenfeind werden lassen. »Das Schlimmste an der Gegenwart«, bemerkte er einmal zu einem Freund, »ist, daß die Menschen einander so verdammt hassen. Ich für meinen Teil liebe sie alle.« So schwankte er auch in den Jahren vor der Reformbill zwischen einem rationalen Konservativismus und einer emotionalen Bindung an das Erbe von Fox. Das galt auch für die Wahlrechtsreform, die er in einer großen Rede von »melancholischer Eloquenz« vor dem House of Lords verteidigte. Er gab offen zu, daß er in der Vergangenheit gegen diese Reform gewesen sei und dies gern weiter so gehalten hätte. »Doch wenn eine Institution nicht länger den Respekt des Landes genießt, muß sie verändert werden, und obgleich es unsere Pflicht sein kann, dem Willen des Volkes eine Zeitlang zu widerstehen, ist es nicht möglich, ihm auf Dauer zu widerstehen.« Melbourne war nicht so sehr ein Mann des 18. Jahrhunderts, ein Überlebender aus einer großen Tradition, als vielmehr ein Mann des frühen 19. Jahrhunderts, der sich selbst weder dazu bringen konnte, das Neue mit voller Überzeugung anzunehmen, noch das Alte mit voller Kraft zu bewahren. Niemand war dafür geeigneter, eine junge unerfahrene Königin in ihre Aufgaben einzuführen und sie für den Beruf eines konstitutionellen Herrschers auszubilden.

Die Beziehung zwischen der jungen Victoria und ihrem ersten Premierminister ist oft beschrieben worden. Sie wird meistens in zarten Pastellfarben als die Romanze eines weisen alten Staatsmannes gemalt, der in der jungen Königin eine Tochter fand, die er selbst nicht hatte. Daß in dieser Beziehung auch emotionale und intellektuelle Verführung eine Rolle gespielt hat, ist nicht zu bestreiten. Die achtzehnjährige Victoria war völlig unerfahren. Sie hatte keine Vorstellung von ihren Aufgaben und ihren Machtbefugnissen. Als ihr der Tod ihres Onkels Wilhelm IV. 1837 gemeldet wurde, sagte sie nur: »Ich will gut sein.« Es bleibt Melbournes großes Verdienst, daß er, obwohl Parteipolitiker, die Erziehung der jungen Königin von allen parteipolitischen Urteilen freihielt. War der Monarch bis zu dieser Zeit noch in der Lage gewesen, einen von der Parlamentsmehrheit getragenen Premierminister abzulösen, wenn dieser ihm persönlich nicht paßte, so begann unter Victoria die Zeit des heute noch geübten Konstitutionalismus, in der der Monarch keinen Einfluß mehr auf die Auswahl der Parteiführer hat. Melbourne vermochte es, die Königin allmählich aus ihren Vorurteilen zu lösen und ihr die Überzeugung zu vermitteln, daß die Wahlen im Lande und nicht die Krone die Regierung des Landes zu bestimmen habe. Er tat dies mit weiser Unvoreingenommenheit, so daß selbst seine parteipolitischen Gegner ihm hierbei Fairneß und Klugheit bescheinigten. Er mußte die Königin mit allen ihm zu Gebote stehenden Verführungskünsten dazu bewegen, das Parteienspiel zu akzeptieren, und er mußte sie von Anfang an darauf vorbereiten, daß sie ihn eines Tages verlieren und durch den Führer der anderen Partei würde ersetzen müssen. Daß er im Interesse des Erfolges dieser Erziehung seine Zeit mit Hilfe der Königin um zwei Jahre verlängerte, wiegt dagegen gering. Als Melbourne nach seinem Rücktritt mit der Königin einen Briefwechsel begann, in den auch politische Ratschläge einflossen, traten Prinz Albert und die graue Eminenz der Coburger, Baron Stockmar, diesen unkonstitutionellen Schwelbrand rasch und entschlossen aus.

Nach der aristokratischen Nonchalance betrat mit Sir Robert Peel die bürgerliche Wohlanständigkeit die Bühne. Hatte sich Victoria zu Beginn über die »Tanzlehrermanieren« des Führers der Konservativen mokiert und ihm die Veränderung ihres Haushalts im konservativen Sinne verweigert, so lernte sie ihn bald durch Albert schätzen, dessen systematische, auf die Reform von Institutionen gerichtete Arbeitsweise Peel am nächsten kam. Der neue Premierminister war der Typus des bürgerlichen Reformers, der die Interessen der Mittelklasse im Auge hatte und für eine ferne Zukunft auch über wohlfahrtsstaatliche Reformen für den vierten Stand nachdachte, Gedanken, die den Whigs fremd waren. Er versuchte, die Benthamsche liberale Orthodoxie des größten Glücks der größten Zahl mit den Gedanken von John Stuart Mill in Einklang zu bringen, der ganz im Sinne Tocquevilles die absolute Gleichheit als Gefährdung der Freiheit begriff. So hielt er zwar an der Vereinheitlichung der institutionellen Bedingungen fest, die auf Freiheit und Wahlmöglichkeit des einzelnen zielen, doch wollte er zugleich einen Ausgleich schaffen, indem er die Institutionen reformierte, die als gesellschaftliche Kompensation für den Zuwachs an desintegrierender Freiheit und zunehmender Gleichheit dienen sollten wie die Monarchie, die Kirche und die anderen Institutionen des Landes.

Diesen im Wahlmanifest Peels für seinen Wahlkreis Tamworth festgeschriebenen, konservativen Grundsätzen hat Disraeli nicht ganz zu Unrecht vorgeworfen, daß hier der Versuch gemacht werde, eine Partei ohne Prinzipien zu formen. Was, so fragt er in seinem Roman »Coningsby«, will man eigentlich bewahren? »Die Vorrechte der Krone, wenn sichergestellt ist, daß sie nicht ausgeübt werden, die Unabhängigkeit des House of Lords, wenn sichergestellt ist, daß die Lords sie nicht nutzen, die Kirche, wenn sichergestellt ist, daß sie von der Regierung gelenkt wird?« Tatsächlich hat Disraeli mit dieser Kritik einen Teil der britischen Verfassungswirklichkeit, wie sie sich im 19. Jahrhundert herausbildete, beschrieben: Die traditionellen aristokratischen Institutionen behielten ihre Rechte, übten sie aber

gegenüber der gewählten Volksvertretung nur mit äußerster Zurück-
haltung aus. Genau dies aber entsprach Alberts liberalen Überzeugungen und begründete den Einfluß der Krone auf Peels konservative Regierung. Die Whig-Aristokraten hatten immer einen Schuß
Republikanismus und Radikalismus im Blut, was das Zusammenwirken mit Palmerston für die Krone so schwierig machte. Die bürgerlichen Konservativen waren frei von der Arroganz der Macht und
sahen in der Krone ein willkommenes Symbol ihres Machtgewinns.

Palmerston war der letzte Minister, der auf Betreiben eines englischen Monarchen entlassen wurde. Die politischen Auseinandersetzungen um ihn vollenden die konstitutionelle Monarchie. Später hat
die Königin an den ihr unsympatischen Ministern Kritik geübt, so an
Gladstone und Lord Derby. Ihre Entlassung gegen die parlamentarische Mehrheit konnte sie in keinem Fall durchsetzen. Im Kampf
mit Palmerston wurde auch das letzte Einfallstor eines von der Parlamentsmehrheit unabhängigen Reservatrechts der Krone geschlossen – die Außenpolitik. Es gehört zur Ironie der Geschichte, daß Victoria und Albert gegenüber Palmerston meistens im Recht waren, da
sie, anders als er, durch die Familienbeziehungen der Coburger und
Hannoveraner die Welt jenseits der englischen Küsten kannten. Palmerston hingegen war der Typ des arroganten, beschränkten insula-
ren Engländers des beginnenden Imperialismus.

Fünfunddreißig Jahre lang, von 1830 bis 1865, bestimmte Palmerston mit kurzen Unterbrechungen die britische Außenpolitik, davon
fast zehn Jahre als Premierminister. Zweimal in seiner Laufbahn appellierte er – ein ungeheuerlicher Vorgang – gegen das Parlament an
die Öffentlichkeit und gewann. Seine Erfolge verdankte er einer
höchst einfachen Strategie. Bis zu diesem Zeitpunkt war Diplomatie
eine Sache der Dynastien gewesen. Palmerston brachte die Völker ins
Spiel. Instinktiv begriff dieser Aristokrat die wichtigste Entwicklung
des 19. Jahrhunderts, die Nationalisierung der Massen, und nutzte
sie. Er schwamm auf den zwei großen Strömungen des Jahrhunderts,
dem Liberalismus und dem Nationalismus, und indem er sich diesen
Strömungen anpaßte, wurde er zum Idol des englischen Mittelstands.
Doch während er dem Liberalismus nur Lippenbekenntnisse zollte,
die ihn nichts kosteten, aber in ganz Europa zu dem Mann machten,
an dem sich die Geister schieden, erfand er zur Durchsetzung der
nationalistischen und imperialistischen Ziele die Kanonenbootdiplo-
matie. Ihre Grundsätze hatte er bereits im Jahre 1808 bei der Debatte

um die Beschießung Kopenhagens verkündet: »Das Völkerrecht soll in den internationalen Beziehungen beachtet werden, aber nur so lange, wie es nicht mit den britischen Lebensinteressen in Konflikt kommt.« Dies hieß für Palmerston den ungehinderten britischen Handel. Wer sich ihm widersetzte, konnte sich nicht auf das Völkerrecht berufen, dafür konnte er sich um so mehr auf die Treffsicherheit der britischen Schiffsgeschütze verlassen. Und diese zwangen China den Opiumhandel auf und setzten gegenüber dem wehrlosen Griechenland Schadensersatzansprüche eines in Gibraltar geborenen portugiesischen Juden durch. Daß Victoria und Albert diese Politik mißbilligten, ehrt sie, daß sie die Entlassung Palmerstons durchsetzten, als er richtigerweise den Staatsstreich Napoleons III. anerkannte, belegt nur, daß eine von der Parlamentsmehrheit losgelöste Außenpolitik nicht automatisch klüger oder in die Interessen des Landes einsichtiger sein muß.

Zwanzig Jahre nach Palmerstons Tod fragte der alte Freihändler und Liberale John Bright den jungen Lord Rosebery, als dieser Außenminister in Gladstones Regierung wurde, ob er die Tagebücher Grevilles über Palmerstons Amtsführung im Foreign Office gelesen habe. Als Rosebery dies bejahte, entgegnete Bright: »Dann wissen Sie, was Sie zu vermeiden haben. Tun Sie das genaue Gegenteil von dem, was er getan hat. Seine Amtsführung im Foreign Office war ein einziges langes Verbrechen.« Palmerston starb 1865, Prinz Albert 1861. Mit seinem Tod endete der Versuch der Krone, das Recht auf eine unabhängige Außenpolitik zurückzugewinnen. Victoria zog sich für viele Jahre aus der Öffentlichkeit zurück und trug so zum Anwachsen einer republikanischen Bewegung bei, der mit Joseph Chamberlain und Charles Dilke zum ersten Mal ernsthafte Politiker des liberalen Lagers angehörten. War die Krone damit zum ersten Mal seit dem Commonwealth in ihrer Existenz angefochten, so fehlten ihr naturgemäß die Kraft und die Autorität, eine von der Regierungsmehrheit abweichende diplomatische Stimme zur Geltung zu bringen. Seit damals gilt, was der Verfassungsrechtler Anson knapp wie folgt zusammenfaßt: »Der Souverän kann verfassungsrechtlich keine unabhängige Außenpolitik formulieren. Alles, was zwischen ihm und ausländischen Fürsten und Ministern gesprochen oder verhandelt wird, muß seinen eigenen Ministern bekannt sein, da sie dem Volk für die Politik verantwortlich sind und dem Gesetz für alle Handlungen.«

Gladstone war ein Aristokrat des Geistes, den man fälschlicherweise für einen Volks-mann hielt. Noch in hohem Alter sprach der Premierminister auf der Straße Prosti-tuierte an, um sie aus den Klauen des Teufels und der Sünde zu erretten. »People's William« hat in einer Welt des Eigennutzes die sittlichen Verpflichtungen des Staats-mannes hochgehalten und ihnen im politischen Tagesgeschäft Geltung verschafft. Daß er dabei oft eine Trumpfkarte im Ärmel stecken hatte, wurde ihm verziehen; daß er behauptete, Gott persönlich habe sie ihm zugesteckt, war für seine Zeitgenossen allerdings schwer erträglich.

Victorias späte Regierungszeit wird von den politischen Dios-kuren Gladstone und Disraeli bestimmt. Gladstone war schon zu sei ner Zeit eine Ausnahmeerscheinung, ein Gesinnungspolitiker unter lauter Interessenpolitikern, ein Moralist unter vielen Zynikern. Die beiden großen Antriebe Gladstones waren eine tiefe echte Frömmig-keit und ein unbezähmbarer Drang, die Welt zu verbessern. Glad-stone hat es – zumindest in der Theorie – immer abgelehnt, mit den Begriffen »gut« und »schlecht« Hokuspokus zu treiben. Für ihn wur-den moralisch minderwertige Handlungen nicht durch sogenannte

geschichtliche Aufgaben oder staatspolitische Notwendigkeiten ent-
schuldigt. Er war auch nicht bereit, bedenkliche Mittel zur Erreichung richtiger Ziele einzusetzen. Die Prinzipien der öffentlichen
Moral waren für ihn ebenso bestimmt wie die der privaten Moral.
Gladstone hat in seinem politischen Leben mehrmals das getan, was
die Verantwortungsethiker seit Max Weber am meisten verab-
scheuen: aus moralischer Überzeugung handeln und den Erfolg Gott
anheimstellen. Er opferte seine Partei für die gerechte Sache Irlands,
und er trat von einem Amt zurück, als auch nur der Schatten einer
Unwahrhaftigkeit auf ihm zu liegen schien. In einer Zeit des dröhnenden Nationalismus hatte er den Mut, einen internationalen
Streitfall vor einem Schiedsgericht entscheiden zu lassen (Alabama-
Fall), und er war der einzige Staatsmann, der im 19. Jahrhundert die
Kraft aufgebracht hat, eine Annexion aus freien Stücken rückgängig
zu machen und der Burenrepublik Transvaal ihre Selbständigkeit
zurückzugeben.

Doch Gladstone war zuerst und vor allem ein liberaler Reformer,
der den Whig-Ansatz verbreitete, ohne der liberalen Orthodoxie
anheimzufallen. Als Schüler Peels führte er das Freihandelsprinzip
bis in die letzten finanzpolitischen Konsequenzen durch und ver-
besserte die Fabrikgesetzgebung. Die Entstaatlichung der irischen
Kirche, eine erste zaghafte irische Landreform, eine Schul- und
Universitätsreform, die Öffnung des öffentlichen Dienstes und die
Abschaffung der Ämterkäuflichkeit waren Maßnahmen, die nur teil-
weise den Interessen der Ober- und Mittelschicht entsprachen. Zum
ersten Mal wurde hier die Staatsgewalt zu dem Zweck aufgeboten,
die Verwendung von Kapital im Interesse des Arbeiters wie des
kleinen Pächters einzuschränken. Gladstone besaß herausragende
Fähigkeiten, doch die Fähigkeit, Menschen durch Schmeicheleien zu
gewinnen, gehörte nicht dazu. Victoria, die nach Alberts Tod zunehmend reformfeindlicher wurde und damit die Stimmung großer
Teile des englischen Bürgertums zum Ausdruck brachte, fühlte sich
von Gladstone mißverstanden und empfand seine Vorträge als Beleh-
rungen. »Er spricht zu mir, als wäre ich eine öffentliche Versammlung«, lautete ihr hartes, unfreundliches Urteil. Besonders Gladstones
Außenpolitik und sein Kampf für »Home rule« entzweiten ihn mit
der Königin. Victoria, die als liberale Kleinengländerin begonnen
hatte, war in den späteren Jahren eine begeisterte Imperialistin in der
Nachfolge Kiplings.

Wie überall in Europa veränderte sich auch in England das politische Klima. Auf den mittelviktorianischen Reformschub folgten die »dröhnenden neunziger Jahre« mit ihrem »Scramble for Africa«. Imperialismus und Jingoismus waren die Reaktionen des Mittelstandes auf die Bedrohung britischen Prestiges als Folge des ständig schrumpfenden Vorsprungs der britischen Wirtschaft vor ihren Konkurrenten. Die Königin war ein Exponent dieser Stimmung. »Hatte ich mit der Königin gesprochen, so wußte ich mit ziemlicher Sicherheit, wie ihre Untertanen, insbesondere der Mittelstand, sich verhalten würden«, bemerkte Salisbury einmal. Ihr Haß auf Gladstone war Ausdruck des Hasses der britischen Oberklasse, die begann, die Rhetorik der moralischen Entrüstung gegen ihren Erfinder einzusetzen. Gladstone fand sich immer stärker von den britischen Mittel- und Oberschichten isoliert, da er weder in der Eroberung Afrikas noch in der Stützung der Türkei gegen den Freiheitskampf der Balkanchristen einen moralischen oder wirtschaftlichen Sinn sah. Als er zuließ, daß General Gordon in Khartoum nicht rechtzeitig befreit wurde, mußte er erleben, wie die gleichen Volksmassen, deren politischem Urteil er vertraut hatte, die Fenster seines Stadthauses einwarfen und seine Friedensliebe auf den Straßen und Plätzen Londons verhöhnten. Aus dem gefeierten »Grand Old Man« (GOM) war plötzlich der »Murderer of Gordon« (MOG) geworden, ein Urteil, das die Königin teilte.

Während ihr Haß auf Gladstone mit den Jahren noch wuchs, galt ihre Zuneigung seinem großen Gegenspieler Disraeli. Sein romantischer Imperialismus, der ihr die Kaiserkrone Indiens aufs Haupt drückte, appellierte an vage Gefühle von Größe und Geheimnis der Monarchie, die von Albert rational diszipliniert, sich nun gegen Ende ihrer Laufbahn gewaltsam Bahn brachen. Disraeli war ein Opportunist und Menschenfänger, der der Königin das Gefühl gab, sie und er trügen allein die Last des britischen Reiches. Als Gladstone bei Ausbruch einer Krise die Königin bat, ihre jährliche Reise nach Balmoral zu verschieben, was die Königin als Zumutung empfand, sprach Disraeli davon, daß jetzt alles auf sie ankäme, daß er allein für sie lebe und daß ohne sie alles verloren sei. Der berühmte Romanautor Disraeli benutzte häufig die Floskel »wir Autoren«, nachdem die Königin ein paar Tagebuchnotizen über das schottische Hochland veröffentlicht hatte, und sprach Dritten gegenüber von der Feenkönigin in bewußter Anlehnung an Spenser. Disraeli nannte Albert den bedeu-

Disraeli war getaufter Jude, Schriftsteller und Führer einer Partei von Pferdezüchtern. Sein Mittel gegen den auch in England virulenten Antisemitismus war die Behauptung, daß die Juden vornehmer und klüger seien als Englands Aristokratie. Zu Beginn seiner Laufbahn wurde er gehaßt und verachtet, am Ende starb er bewundert und geehrt, und seine Lieblingsblume, die Primel, wird heute noch von seinen Verehrern getragen.

tendsten Menschen, den er je getroffen habe, und unterhielt die Königin mit allerlei Klatsch und witzigen Bosheiten. Gladstone sprach über schwierige und abstrakte Dinge, Disraeli plauderte über höchst konkrete Personen und amüsierte damit die einsam gewordene Monarchin. Disraelis Politik – Ruhe im Inneren und kraftvolle Vertretung britischer Interessen in der Welt – appellierte an die besitzbürgerlichen Instinkte Victorias, seine Behandlung der Monarchin an die aristokratische Nonchalance, die erst Albert ins Ernsthaftbürgerliche gewendet hatte. Peel war der Königin so zuwider gewesen wie Gladstone, doch da Albert ihn schätzte, akzeptierte ihn auch Victoria. Gladstone hatte niemanden, der für ihn sprach, und einen politischen Gegner, der noch amüsanter war als Lord M. Und die Sache wurde dadurch nicht besser, daß Gladstone in Disraeli nicht nur einen politischen Gegner, sondern den Repräsentanten eines falschen moralischen Prinzips sah. Sein Abscheu richtete sich gegen den Geist des Jingoismus, für den er Disraeli verantwortlich machte und der im Unterschied zu dem von ihm gleichfalls bekämpften Chauvinismus Palmerstons auch noch den Makel hatte, auf der Seite der Unterdrücker zu stehen. Nur einmal, am Ende seines Lebens, streifte Disraeli die Maske des Höflings ab. Als er im Sterben lag, fragte Victoria an, ob sie ihn besuchen dürfe. »Lieber nicht«, entgegnete er, »sie würde mir doch nur Grüße an Albert auftragen.«

Der letzte der großen viktorianischen Premierminister war Salisbury. Er führte die konservative Partei einundzwanzig Jahre und war vierzehn Jahre britischer Premierminister. Der Nachfahr zweier berühmter Staatsmänner der ersten Elisabeth und Jakobs I. war Hocharistokrat und dennoch in vielem ganz untypisch für seine Klasse. Er ritt nicht, beteiligte sich nicht an den Jagdgesellschaften und war ohne ästhetisches Empfinden. Sein Interesse galt der experimentellen Physik. Für die Elektrifizierung Hatfields war er bereit, auch den Brand dieses mit Kunstschätzen angefüllten Tudor-Schlosses in Kauf zu nehmen. Salisbury hatte in jungen Jahren gegen Disraelis Wahlrechtsreform von 1866 polemisiert, da er befürchtete, daß sie zu einem Generalangriff auf den Besitz führen werde. »Der Kampf um die Macht in unseren Tagen ist kein Kampf zwischen Krone und Volk oder zwischen einer Adelskaste und der Bourgeoisie, sondern zwischen den Klassen, die Eigentum haben, und den Klassen, die keines haben.« Und doch verachtete Salisbury den gnadenlosen Klassenegoismus der »Baumwoll-Lords«, die die Ideale einer Bildungs- und Besitzelite in ihr Gegenteil verkehrten. Geschliffener und bösartiger hat auch Karl Marx nicht über das bürgerliche Zeitalter geurteilt. Da Salisbury – anders als Marx – den Ausgang der Klassenkämpfe fürchtete, hieß seine Politik Ruhe im Inneren und Friedenssicherung nach außen. Er hoffte, die aristokratische Vorherrschaft noch einige Jahre zu sichern, nachdem Gladstones erfolglose Home-rule-Vorlagen für Irland die Liberale Partei gespalten und ihren aristokratischen Teil in die Arme der Tories getrieben hatten. Sein drittes Kabinett war das letzte Adelskabinett vor dem Anbruch des demokratischen Zeitalters. Obwohl Salisbury weder Nationalist noch Imperialist war, wuchs das britische Weltreich unter seiner Regierung um einhundert Millionen Menschen und sechshundert Millionen Quadratmeilen.

Was – so der Historiker Seeley – in einem Moment geistiger Abwesenheit von den Viktorianern erworben worden war, übertraf an

Die Tage des Raj waren nicht nur eine Zeit der Ausbeutung und Unterdrückung. Viele Engländer waren davon überzeugt, Christentum und Zivilisation zu bringen und dem Niedergang des Mogulkaisertums ein Ende zu bereiten. Sie fürchteten aber auch, daß ihr Land ohne Indien und Empire in die Bedeutungslosigkeit versinken würde. Selbst Oscar Wilde, wahrlich kein Herzensimperialist, dichtete: Set in this stormy Northern sea / Queen of these restless fields of tide / England! what shall men say of thee / Before whose feet the worlds divide?

Menschen und Fläche das Römische Weltreich bei weitem. 1897 umfaßte es dreiundvierzig verschiedene Territorien – von der Kronkolonie bis zum sich selbst regierenden Dominion. Das Kronjuwel war Indien, das in sich selbst ein Reich verschiedener, in unterschiedlichem Maße von London abhängiger Fürstentümer war. Nur zwei Drittel der riesigen Landmasse unterstanden unmittelbar dem Vizekönig. Noch zu Beginn der Regierungszeit Victorias gab es wenig Interesse an Kolonien, zu groß war der Schock des Verlustes der amerikanischen Besitzungen gewesen. Auch hatte der Prozeß gegen Warren Hastings die mit der Kolonisierung verbundenen Gefahren ungerechter Unterdrückung und unmoralischer Grausamkeit ins Bewußtsein der Öffentlichkeit gerückt. Das änderte sich in der Mitte des Jahrhunderts. Der indische Aufstand von 1857 und der Aufstieg neuer Mächte, der USA und Deutschlands, ließen bei den Engländern das Gefühl wachsen, daß ihr Land nur zusammen mit seinen Kolonien einen unangefochtenen Großmachtstatus bewahren könne. Der Imperialismus wurde volkstümlich. In den Public Schools wurde die imperiale Botschaft Carlyles, Ruskins, Kingsleys, Froudes, Tennysons und Kiplings zur Grundlage der Erziehung für die späteren Führer des britischen Weltreichs. Edward Elgar ließ diese Botschaft in »Pomp and Circumstance« erklingen. Chamberlain, Curzon, Dilke und Rosebery gewannen dem neuen Imperialismus politische wie parlamentarische Mehrheiten, und die Empire-Builder Milner, Rhodes, Cromer, Kitchener und Minto organisierten die Landnahme.

Dabei wuchs das See- und Handelsimperium des 18. Jahrhunderts mit seinen Stützpunkten entlang den Seehandelsrouten in das Empire, das ein Viertel der Erde umfaßte und für das die Kap-Kairo-Route ebenso wichtig war wie der ungehinderte Zugang durch den Suezkanal nach Indien. Für dieses neue Reich formulierte Kipling mit der »Bürde des weißen Mannes« den Zivilisationsauftrag:

Take up the White Man's Burden –
Have done with childish days –
The lightly proffered laurel
The easy ungrudged praise
Take up the White Man's Burden,
In patience to abide
By open speech and simple, an hundred times made plain,
To seek another's profit,
And work another's gain.

Die hohe Zeit dieses neuen Imperialismus dauerte von der Ausrufung Victorias zur Kaiserin von Indien im Jahre 1877 bis zu ihrem diamantenen Thronjubiläum 1897. Zwar wuchs das Reich auch danach noch weiter, doch die Selbstsicherheit schwand. Der Burenkrieg hatte die Verwundbarkeit des Empires offengelegt und die Engländer daran erinnert, daß es die Kräfte einer verhältnismäßig kleinen Insel am Rande Europas überstieg, zugleich See- und Landmacht sein zu wollen. Im 15. Jahrhundert hatte der große Doge Mocenigo Venedig vor der Landnahme gewarnt, doch wurde auf ihn ebensowenig gehört wie auf Gladstones Warnungen ein paar Jahrhunderte später.

Britisch-Indien war der Diamant im Kronreif. Seit der zweiten Hälfte des 19. Jahr-
hunderts rechtfertigten sich Bündnisse wie Kriege hauptsächlich in ihren Auswirkun-
gen auf Indien. Der Erwerb der Suezkanalaktien, die Besetzung Ägyptens, die Erwer-
bung Zyperns, die Sperrung der Meerengen, der Kampf in Nordafrika gegen Rommel,
ja noch die Auseinandersetzung um den Suezkanal mit Nasser hatten nur einen
Beweggrund – Indien. Churchill hat Lord Mountbatten nie verziehen, daß der
Vizekönig Indien in die Unabhängigkeit entlassen hat, und auch der Haß der
konservativen Massenpresse auf die Mountbattens hat hier seinen tieferen Grund.

Erst nach dem verlustreichen Weltkrieg setzte sich die Einsicht
durch, daß dieses Reich nicht dauern werde, und die Tage aristokratischer Vizekönige, Generalgouverneure, Lordleutnants und Hoch-
kommissare gezählt seien:

Say farewell to the trumpets!
You will hear them no more.
But with their sweet and silvery echos
Will call to you still
Through the half-closed door.

Winston Churchills Jugenderinnerungen »My early Life« sind ein
solch fernes Echo von Kavallerieattacken und Tigerjagden, von Polo-
Turnieren und dem Khyber-Paß, von Abenteuern und aristokratischer Freiheit.

Die letzten Regierungsjahre Victorias waren wie die letzten

Augenblicke vor dem großen Sturm, dessen Vorbote der für England am Anfang verlustreiche Burenkrieg war. »Splendid Isolation« unter dem Schutz einer machtvollen Flotte und ein stillgestellter Klassenkampf im Inneren verbargen die Veränderungen in der Gesellschaft und die daraus folgenden Risse im Verfassungsgebäude. Als Salisbury im Jahre 1902, ein Jahr nach dem Tod der Königin, zurücktrat, schrieb die Pariser Zeitung »Le Temps«: »Was heute mit dem Rücktritt Lord Salisburys zu Ende geht, ist eine ganze geschichtliche Epoche. Es ist eine Ironie der Geschichte, daß das, was er weitergibt, ein demokratisiertes, imperialisiertes, kolonialisiertes vulgäres England ist – also in jeder Beziehung das Gegenteil dessen, was die Tories die aristokratische Tradition und die Hochkirche, deren lebendiger Ausdruck er war, beinhalten. Es ist das England Mr. Chamberlains und, ungeachtet der nominellen Führung nicht das Mr. Balfours.« Es ist die passende Inschrift für das Epitaph auf das Ende der viktorianischen Epoche.

Die Regierungszeit Victorias umschließt eine Epoche gewaltiger wirtschaftlicher und sozialer Veränderungen. Als die spätere Königin geboren wurde, erinnerten sich die ältesten ihrer Untertanen noch an den Siebenjährigen Krieg und eine Zeit, die keine Vereinigten Staaten von Amerika kannte. Als sie 1901 starb, erlebten Kinder ihr Staatsbegräbnis in Westminster Abtei mit, die auch das Begräbnis Churchills im Jahre 1965 erleben sollten. »Um ihre Wiege standen Veteranen, die noch gegen George Washington gekämpft hatten; hinter ihrem Sarge schritten die Offiziere, die Adolf Hitler schlagen sollten.« Im Jahre ihrer Geburt zählte Großbritannien zwölf Millionen Einwohner, von denen über sechzig Prozent in der Landwirtschaft arbeiteten, bei ihrem Tode waren es siebenunddreißig Millionen, von denen fast siebzig Prozent in Städten lebten und in der Industrie arbeiteten. Die Königin selbst hat diesen Veränderungsprozeß allerdings nicht begleitet.

Victoria, die ihren Namen dem Zeitalter Mills und Darwins gab, kam nie über eine kindliche Offenbarungsfrömmigkeit hinaus. Sie mochte weder Intellektuelle noch Wissenschaftler, da sie sich diesen nicht gewachsen fühlte. Während ihrer Jahre mit Albert überwand sie ihm zuliebe diese Abneigung. Nach seinem Tode kehrte sie in den Pferch ihres Kinderglaubens zurück. Trotz aller Verschiedenheit ähnelte sie mit ihrer Störrischkeit, Unaufgeklärtheit und ihren Vorurteilen ihrem Großvater Georg III. Sie war, wie einige Familienmitglieder bewundernd bemerkten, »Le roi Georges in petticoats«. Sie konnte unerbittlich und grausam sein, und nur wo sie liebte oder fürchtete, paßte sie sich an. Zu Beginn war sie herzlos, selbstsüchtig, starrköpfig und kapriziös. Ihre Art und Weise, wie sie eine ihrer Hofdamen einer entwürdigenden Untersuchung aussetzte, um herauszufinden, ob sie schwanger war, ist unentschuldbar und kostete sie viele Sympathien. Im hohen Alter, gegen Ende ihres Lebens, konnte sie auch weichherzig und zartfühlend sein. Gladstone ließ sie ungerührt nach Schottland kommen, um ihr stehend vorzutragen. Disraeli bot sie entgegen der Hofetikette einen Stuhl an und schickte ihm Veilchen aus dem Hochland zusammen mit ihren Tagebuchblättern. Hätte Albert länger gelebt, hätte er sie auch intellektuell erziehen können; so blieb es beim Handeln in seinem Angedenken, doch ohne geistige Überlegenheit. Zusammen mit Albert war der Einfluß der Krone gewachsen, danach waren es die großen Premierminister, die regierten und der Krone zwar das Prestige, aber nicht den Einfluß ließen. Zwar drohte sie Gladstone mit der Entlassung und Disraeli mit ihrer Abdankung, weil sein Außenminister im Vorfeld des Berliner Kongresses nicht leidenschaftlich genug antirussisch war. Doch letztlich beugte sie sich, wenn die parlamentarischen Kräfte stark genug waren. Als sie den Thron bestieg, war sie unpopulär. In der Mitte ihres Lebens hätte sie den Thron durch ihre Zurückgezogenheit nach Alberts Tod fast verspielt. Am Ende war sie so beliebt, stand der Thron so fest, daß ihre heutigen Nachfolger noch davon zehren. Daß sie den Verfassungsbau, der sich um ihre Person drehte, deshalb verstanden hätte, kann man nicht sagen, doch anders als Georg III. erkannte sie instinktsicher die Grenzen ihrer Macht.

Nachdem die Coburger auf den Thronen Deutschlands, Rußlands, Belgiens, Griechenlands, Bulgariens, Rumäniens, Norwegens und Spaniens sowie unzähliger deutscher Fürstentümer saßen, nahm Victoria die Rolle eines Präsidenten einer aristokratischen Republik Europa an, eine Rolle, die zuvor ihr Onkel Leopold von Belgien gespielt hatte, und diese Rolle vertrug sich nur schlecht mit verfassungspolitischen oder gar parteipolitischen Auseinandersetzungen um die Krone im Mutterland der Demokratie. Victorias Einsichten in das viktorianische Zeitalter waren gering. Sie haßte London, las nur die konservative »Morning Post« und kannte nichts vom Leben ihrer Untertanen. Die dunkle Seite bürgerlicher Respektabilität blieb ihr fremd. Sie widersetzte sich allen Änderungen der gottgewollten Ordnung. Doch sie wußte nicht, daß zu dieser Ordnung Armengesetze, Kinderarbeit und Arbeitshäuser gehörten, wie sie Dickens in »Oliver Twist« beschrieb. Sie wußte nichts von den Schuldgefängnissen in »Little-Dorrit«, dem korrupten Rechtssystem in »Bleak-House« und der Selbstsucht in »Hard Times«. Sie verstand nichts von dem neuen Fabriksystem, und letztlich kannte sie auch die politische Welt nicht, die man aus den »Political Novels« von Trollope besser kennenlernt als aus Victorias Briefen.

Doch vielleicht gerade deshalb, weil man in die alte, weise und würdige Königin mehr hineinsah, als sie zu geben imstande war, wurde die kleine dickliche Frau auf Englands Thron eine Erfolgsgeschichte. Nichts bezeugt dies eindrücklicher als die unterschiedlichen Empfindungen nach dem Tod Georgs III., Georgs IV. und Victorias. Als Georg III. seinem Wahnsinn erlag, dichtete Shelley:

An old mad, blind, despised and dying king
Princes, the dregs of their dull race, who flow
Through public scorn, mud from a muddy spring.

Der Nachruf der »Times« auf Georg IV. begann mit den Worten: »Die Wahrheit ist – und sie spricht Bände über den Menschen –, daß niemals ein Individuum von seinen Landsleuten weniger betrauert wurde als dieser tote König. Welches Auge weinte um ihn? Welches Herz pochte in selbstlosem Schmerz?« Zum Tode Victorias aber konnte ihr Hofpoet Tennyson unwidersprochen sagen:

Her court was pure: her life serene;
God gave her peace; her land reposed;
A thousand claims to reverence closed
In her as Mother Wife and Queen.

Seit der großen Elisabeth starb kein englischer Monarch so betrauert und geehrt wie Queen Victoria.

Zu Spät!

Die Edwardians

Eduard VII. (1841-1910) ist der letzte englische Monarch, der einem Zeitalter den Namen gab. Und noch heute kann man die zierlichen Stühle, Beistelltische und Sesselchen vom Anfang unseres Jahrhunderts als »Edwardian furniture« kaufen. Eduard war sechzig Jahre lang Prince of Wales und nur neun Jahre König, und dennoch ist diese kurze Zeitspanne mehr als nur ein Appendix zur viktorianischen Ära. Als der König im Jahre 1901 die Nachfolge seiner Mutter antrat, schien die englische Gesellschaftspyramide fest gefügt, wurde das Land trotz dreier Wahlrechtsreformen von der Aristokratie regiert, zu der etwa 1 500 Familien gehörten. Als Eduard 1910 die Augen schloß, war das Ende dieser Vorherrschaft absehbar und die viktorianische Selbstsicherheit gebrochen. Die Rolle der Aristokratie im politischen Leben gegen Ende von Victorias Regierungszeit kommt am überzeugendsten in der Zusammensetzung des dritten Kabinetts Salisburys zum Ausdruck, das 1895 nach einem großen konservativen Wahlsieg die Geschicke des britischen Weltreichs lenkte.

Barbara Tuchmann hat in ihrem Porträt der Welt vor dem Ersten Weltkrieg den sozialen Hintergrund dieser Regierung wie folgt beschrieben: »Der Premierminister war ein Marquis und stammte in direkter Linie von den beiden Ministern ab, die der Königin Elisabeth und dem König James I. gedient hatten. Der Kriegsminister – ebenfalls ein Marquis – entstammte einer Familie, die bereits seit 1181 den erblichen Titel eines Barons führte; sein Großvater hatte unter drei verschiedenen Herrschern in sechs verschiedenen Kabinetten amtiert. Der Präsident des Geheimen Staatsrates – ein Herzog – entstammte einer Familie, die seit dem 14. Jahrhundert im Dienste der englischen Krone stand. Er selbst war vierunddreißig Jahre Mitglied des Unterhauses gewesen und hatte dreimal die Berufung zum Premierminister abgelehnt. Die Familie des Staatssekretärs für Indien hatte ihren Stammsitz 1315 von Robert Bruce zum Lehen erhalten. Der Staatssekretär selbst war der Sohn eines Herzogs, und seine vier Söhne saßen ebenfalls allesamt im Parlament. Der Präsident des Local

Max Beerbohm, »der unvergleichliche Max«, hat mit dieser Karikatur den Nagel des Mutter-Sohn-Verhältnisses auf den Kopf getroffen. Victoria weigerte sich standhaft, dem Prince of Wales auch nur die geringsten Aufgaben abzutreten. Wie über der ganzen kurzen Zeit der »Edwardians« steht über der Regierungszeit Edwards VII. das historische Diktum: Zu spät!

Government Board war ein sehr bekannter Landedelmann, der einen Herzog zum Schwager und einen Marquis zum Schwiegersohn hatte. Die Vorfahren des Lordkanzlers waren im normannischen Gefolge von Wilhelm dem Eroberer nach England gekommen, und der Name der Familie hatte sich über acht Jahrhunderte ohne irgendwelche zusätzlichen Titel erhalten. Der Vizekönig für Irland – ein Earl – war ein Großneffe des Herzogs von Wellington und bekleidete das erbliche Amt eines Kurators des Britischen Museums. Außerdem gehörten dem Kabinett ein Viscount, drei Barone und zwei Baronets an. Von den sechs nichtadeligen Kabinettsmitgliedern war einer, der gleichzeitig als Führer des Unterhauses fungierte, der Neffe des Premierministers und zukünftiger Erbe eines Besitzes in Schottland im Werte von vier Millionen Pfund.«

Doch der wirtschaftlichen und politischen Macht der Aristokratie entsprach nicht ihr intellektueller Einfluß. Die führende Schicht Englands hatte ihre geistig prägende Kraft verloren, und der Frühsozialismus der Präraffeliten wie der Fabier kündigte den Aufbruch zur Demokratie an. Die Aristokratie hatte sich vom Ideal des gebildeten elisabethanischen Edelmannes ebenso weit entfernt wie von der intellektuellen Brillanz der »Whiggery«, die sich an der Wende vom 18. zum 19. Jahrhundert um Holland House und Devonshire House gebildet hatte. Ausgedehnte Jagdpartien, die in regelrechte Schlächtereien ausarteten – im Winter 1885 wurden in den Gründen von Schloß Sandringham 16 000 Stück Wild erlegt –, Pferderennen, Alkohol und Kartenspiel bestimmten den Tagesablauf einer Schicht, die das gesellschaftliche Vorbild des ein Viertel der Erde umfassenden Weltreiches war. Ihre Stellung an der Spitze der sozialen Pyramide war aber nur dann gerechtfertigt, wenn der wirtschaftlichen und politischen Macht auch eine kulturelle Überlegenheit entsprach.

Unter diesem, eher deutschen idealistischen Gedanken hatte Edwards Erziehung durch den Prinzgemahl und seinen intellektuellen Berater, Baron Stockmar, gestanden. Die Folgen waren verheerend. Eduard hatte seine Lehrzeit als Leidenszeit erfahren und den ununterbrochenen Strom von Pädagogik als eine Tortur, der er so schnell wie möglich zu entkommen suchte. Anders als sein Vater las er wenig und ungern, haßte gebildete Gespräche und fühlte sich gleich seiner Mutter höchst unwohl in intellektueller Gesellschaft, was Kipling das böse Wort vom »feisten Genußmenschen« eingab. Der König war liebenswürdig und polyglott; er hatte auf seinen Reisen eine gute Anschauung der europäischen Staatenwelt gewonnen und sprach mehrere Sprachen fließend. Er war ein Causeur, der Äußerlichkeiten wichtig und Modefragen todernst nahm. Er lancierte Frauen, Pferde und Herrenmoden, konnte sich sechsmal am Tage umziehen und über ein falsches Ordensband untröstlich sein. Genußsüchtig, anpassungsfähig und freundlich, wußte er zwar, daß nicht alle Menschen so leben konnten wie er, doch hatte er grundsätzlich nichts gegen Reformen, die den kleinen Leuten ein wenig vom angesammelten Reichtum Englands verschaffen sollten. »Der alte Pfau«, wie ihn »sein erlauchter Neffe« Wilhelm II. gern nannte, repräsentierte eine Gesellschaft der Reichen und Schönen, aber auch des vorurteilsfreien Umgangs miteinander. Jüdische Bankiers, Schauspielerinnen, reiche Amerikanerinnen und unterhaltsame Menschen jeder Profession waren seine bevorzugten Tischgäste. Der König haßte Langeweile und lockerte deshalb die strenge viktorianische Hofetikette. Nicht Geburt oder kulturelle Überlegenheit, sondern die Unterhaltsamkeit wurde zum Maßstab gesellschaftlicher Anerkennung, in Grenzen frivol, wenn das Dekorum gewahrt blieb. Der König konnte Menschen im Plauderton gewinnen, aber kein ernsthaftes Buch zu Ende lesen. So war er zwar nicht gebildet, aber durchaus fähig, die Motive anderer zu begreifen und pragmatisch zu beurteilen, ein Diplomat, kein Politiker oder gar Reformer.

Der »Marlborough House Set«, sein Freundeskreis um den Herzog von Devonshire, Lord Beresford, den Herzog von Sutherland, den Earl of Aylesford und den deutsch-jüdischen Bankier Ernest Cassel, stand im Geruch der Völlerei, des Glücksspiels und der Grande Affaire, nicht aber der kulturellen Überlegenheit seiner adligen Mitglieder. Eduard selbst war mehrmals in Skandale verwickelt. Er wurde in zwei Ehescheidungsverfahren als Zeuge benannt, saß mit einem Falschspieler, der der Gesellschaft angehörte, beim Baccarat und wurde von Lord Beresford, einem Konkurrenten um die Gunst der schönen Lady Brooke, in ihrem Haus mit Fäusten bedroht. Mit vorgeblichen Liebesbriefen versuchte ihn Churchills Vater, Lord Randolph Churchill, zu zwingen, ein Scheidungsbegehren, dessen Anlaß sein Bruder war, aus der Welt zu schaffen. Die lockeren Sitten um den Thronfolger veranlaßten mehrere hochadlige Damen, den Erzbischof von Canterbury um sein Eingreifen zu bitten.

Denn es gab andere, die sich über die Risse in der gesellschaftlichen Pyramide Gedanken machten. An dieser Stelle tritt eine Gruppe von Menschen in den Vordergrund, die bewußt oder unbewußt die stilbildende Kraft der Aristokratie erneuern wollte. Sie setzten sich von der viktorianischen Orthodoxie ebenso ab, wie von dem »Marlborough House Set« um den Prinzen von Wales. In den Landhäusern der Souls waren Henry James und Oscar Wilde zu Gast. Man ließ sich von Burne-Jones, Sargent, Watts und Whistler porträtieren und kaufte die Bücher des Kelmscott Press von William Morris. Dahinter stand die Vorstellung einer Erneuerung des Lebens aus der Kunst und der Rechtfertigung von Herrschaft durch Anmut. Das

Die Fuchsjagd ist bis heute der aristokratische Sport schlechthin. Klassenkampf wurde in England immer wieder als Streit um Jagdrechte und Entschädigung für Wild-schäden ausgetragen. Wollte das Unterhaus in die Jagdrechte eingreifen, drohte das Oberhaus mit dem Veto.

*Mehr als seine sexuelle Freizügigkeit waren Wildes Eitelkeit und Arroganz Gegen-
stand des Spottes, der jedoch nie frei war von heimlicher Bewunderung, wie die zahlreichen über ihn – oder von ihm? – kolportierten Bonmots belegen: Die Bitte um Nen-
nung der seiner Ansicht nach hundert besten Bücher schlug er mit der Begründung aus,
er habe nur fünf geschrieben; und in der Frage der Erblichkeit des Genies wollte er sich
ein Urteil nicht erlauben: Er habe keine Kinder.*

aristokratische Ideal mochte in dem berühmten Porträt Lord
Ribblesdales, genannt »Der Ahnherr«, von Sargent bestehen, einer
unnachahmlichen Personifizierung des Gentleman-Ideals, den
durchsichtigen Frauenporträts Sargents und Whistlers oder den me-
lancholisch-archaischen Figuren des Präraffaeliten Burne-Jones. Es
mußte sichtbar und für die Gesellschaft einsichtig sein.

Der Freundeskreis der Souls bildete sich Mitte der achtziger Jahre um den liberal-konservativen Politiker Alfred Lyttelton und seine Frau Laura Tennant, die nach nur einjähriger Ehe im Kindbett starb. Beide galten ihren Zeitgenossen als die Verkörperung eines Ideals: der Einheit von Geist, Seele und Körper. Der Tod der jungen Frau führte ihre Freunde noch enger zueinander. Zu den Souls gehörten nur wenige aristokratische Familien: die Herzogin von Rutland, Lady Desborough, Harry und Nina Cust, die Erben der Brownlow-Baronie, die Wyndhams, Lord und Lady Elcho und die großbürgerliche Familie Tennant. Zum ersten Mal seit dem Regierungsantritt der Königin Victoria spielten die Frauen wieder eine entscheidende Rolle. Die vier Tennant-Schwestern, von denen die jüngste später den liberalen Premier Asquith heiraten sollte, und die von Sargent 1899 gemalten Wyndham-Schwestern bildeten den Mittelpunkt des Kreises. Die Männer der Souls waren fast alle konservativ. George Wyndham, der Verfasser eines Buches über französische Dichtkunst, war zuerst parlamentarischer Privatsekretär Balfours, später Unterstaatssekretär im Kriegsministerium und schließlich Staatssekretär für Irland. Alfred Lyttelton wurde in Balfours Kabinett Staatssekretär für die Kolonien, und Cust war eine Zeitlang Herausgeber der Pall-Mall-Gazette. Die Führung dieser Gruppe übernahmen der Neffe Salisburys, der spätere konservative Premierminister Arthur James Balfour, und der zukünftige Vizekönig von Indien, George Curzon.

Treffpunkt der Souls waren ihre Landhäuser in England und Schottland, von denen heute nur noch das in den Cotswolds gelegene Stanway die Erinnerung an die Zusammenkünfte dieses Kreises bewahrt. Mit seinem Inigo-Jones-Torhaus und seinen alten Klostergebäuden aus goldenem Cotswold-Stein verkörpert dieses Haus der Elchos in besonderer Weise die klassische Heiterkeit des ländlichen England. Auf dem dunkelgrünen Rasenteppich unter den breiten Kronen der Libanonzedern fanden jene klassischen Teezeremonien statt, die die Souls zwar nicht erfunden, aber doch berühmt gemacht haben. »Es gibt nur wenige Stunden im Leben, die angenehmer sind als die der Zeremonie des Nachmittagstees geweihte Stunde.« Mit diesen Worten beginnt Henry James, ein häufiger Gast auf Stanway, seinen klassischen Roman »The Portrait of a Lady«, in dem er diese kultische Handlung ausführlich beschrieben hat.

Aus den Bildern der Souls, gleichgültig ob von künstlerischer oder dilettierender Hand geschaffen, blicken uns melancholische, durchgeistigte Gesichter an, deren Hauptzug, eine unerkärliche Schwäche, sie in die Nähe der Figuren Eduard Keyserlingks rückt. Es ist ein schmerzlicher Zug um ihren Mund, ein »Dennoch« in ihrem Blick, der den Nachgeborenen nichts Gutes verheißt. Die Souls waren anders als die durchschnittlichen sport- und jagdbegeisterten Aristokraten. Sie waren gebildeter und toleranter. Sie führten in der spätviktorianischen Gesellschaft die Kunst der intelligenten Konversation wieder ein. Dank ihres Einflusses wurde es unelegant, langweilig zu sein. Der Einfluß der Souls war zugleich befreiend und zivilisierend. Sie lüfteten die viktorianischen Salons und ließen das Licht des englischen und französischen Impressionismus herein. Es war der Versuch, die Gesellschaft mit den Mitteln der Kunst ästhetisch zu befreien, dessen Grenze die Verurteilung Wildes und die sich anschließende gesellschaftliche Stigmatisierung des Dichters markieren.

Immerhin konnte der verurteilte Dichter mit seinem »De Profundis« und der Ballade über das Gefängnis von Reading eine Reform des Leib und Seele zerstörenden Gefängniswesens anregen. England jedoch sah der Dichter nicht wieder, und sein Tod wurde von seinen aristokratischen Freunden nicht betrauert:

Und fremde Tränen werden für ihn
Des Mitleids lang zerbrochene Vase füllen,
Und seine Totenkläger werden Ausgestoßene sein,
Und Ausgestoßene klagen immer.

Dies lag wohl auch daran, daß die Haltung der Souls durchaus konservativ geprägt war. Ihr Christentum war nicht das der vorherrschenden evangelikalen Orthodoxie. Es war ein heiteres, vom Wunsch nach Lebensgenuß und Schönheit durchglühtes Christentum. Die Souls waren patriotisch und empirebegeistert, doch nicht auf die vulgäre Weise, die den »dröhnenden neunziger Jahren« eigen war. Sie identifizierten sich mit Kipling, nicht aber mit dem aggressiven Vulgär-Imperialismus des Jameson-Raids und Cecil Rhodes. Curzon verstand die Bürde des weißen Mannes in Indien als einen immerwährenden Kampf gegen Ungerechtigkeit und Ausbeutung. Dies brachte ihn in Gegensatz zu vielen seiner Landsleute, die der ungerechten Behandlung eines Eingeborenen bestenfalls mit Gleichgültigkeit gegenüberstanden. »Ich liebe Indien, sein Volk, seine Geschichte, seine Regierung«, in dieser schlichten Feststellung drückte sich für Curzon ein Programm aus – die patriarchalische Fürsorge des christlichen Gentleman für die ihm Anvertrauten. Fünfzig Jahre später bemerkte Nehru einmal: »Wenn jeder andere Vizekönig vergessen sein wird, wird man sich an Curzon erinnern, weil er all das gepflegt und wiederhergestellt hat, was in Indien schön war.« Ein später Tribut an eine ästhetisch inspirierte Machtpolitik.

Das politische Interesse am Wohlergehen des Empire unterschied die Souls von der jüngeren Bloomsbury-Gruppe, mit der sie häufig verglichen werden. Bloomsbury war gleichfalls eine Absage an Kunst und Lebensart der Viktorianer, doch war es eine Absage, die sich auf pazifistische und sozialistische Gedanken berief und keinen Sinn für die Idee einer angelsächsischen Weltzivilisation hatte. Die überragende Bedeutung der Bloomsbury-Gruppe im geistigen Leben Englands haben Einfluß und Wirken der Souls in den Schatten des Vergessens gerückt. Die Urteile über die geistige und gesellschaftliche Wirksamkeit dieses Kreises reichen von Balfours selbstgewisser Feststellung, »daß keine Geschichte unserer Zeit vollständig sein wird ohne eine genaue und unvoreingenommene Darstellung des Einflusses der Souls auf die Gesellschaft«, bis hin zu dem Urteil des Historikers und Schriftsteller Piers Brendon: »Man hat die Souls oft als Vorgänger der Bloomsbury-Gruppe bezeichnet. Doch sie haben nichts von dauerhaftem Wert im Bereich der Kunst, der Literatur oder der Ideen geschaffen.« Daß dieses Urteil ungerecht ist, belegen nicht nur der Tadsch Mahal und Balfours Bücher, sondern auch das wiedererwachte literarische Interesse in England an der Wirkungsgeschichte der Souls. Doch ist es bestimmt richtig, daß dem Wirken der Souls etwas Emphemeres, etwas vom Bau funkelnder Luftschlösser anhaftet und daß die meisten ihrer Karrieren unter das berühmte Urteil Lord Roseberys über Randolph Churchill fallen: A brilliant failure.

Das gilt – mit Einschränkung – auch für die beiden intellektuellen Führer der Gruppe, die Edwardians Balfour und Curzon. Arthur James Balfour, der Neffe Salisburys, war in Cambridge berühmt für seinen erlesenen Geschmack, seine Sammlung chinesischen Porzellans und seine Gewohnheit, spät aufzustehen. »König Arthur«, wie ihn seine Souls-Freunde nannten, war das typische Produkt einer Spätzeit, eine Fin-de-siècle-Gestalt, die man den Figuren Prousts zugesellen könnte. Er hatte mehr Ähnlichkeiten mit Prousts Charlus als mit seinem Onkel Salisbury. Er war ein in die Politik verschlagener

Ästhet, dem die Masse fast körperlich zuwider war. Aus den Bildern Sargents tritt uns eine elegante, schlanke Gestalt mit einem fast überdimensionalen feinen Gesicht entgegen, durchgeistigt und mit einem melancholisch-müden Zug der Vergeblichkeit um den Mund. Balfour war ein Politiker, der die Politik verachtete, ein skeptischer Verteidiger des christlichen Glaubens und ein Philosoph, der den Ideen mißtraute. Leidenschaftslos analysierte er die Argumente seiner politischen Gegner, was ihm den Vorwurf der Abstraktheit eintrug. Balfour konnte auf der Treppe seines Londoner Hauses stehen und seine Freunde mit der Bemerkung irritieren: »Es gibt absolut keinen logischen Grund, warum man auf der einen oder anderen Seite hinuntergehen soll. Was soll ich tun?« Seine beiden Bücher »A Defence of Philosophical Doubt« und »The Foundations of Belief« waren der philosophische Versuch, den Glauben seiner Jugend vor den Zerstörungen durch den Darwinismus zu bewahren, in dem er Zweifel an der materiellen Realität wie an der menschlichen Vernunft anmeldete.

Balfours emotionale Gleichgültigkeit war sprichwörtlich. Churchill sah die Ursache für seine unerschütterliche Ruhe, die viele für Pose hielten, darin, »daß ihn die Dinge, um die es geht, nicht wirklich berühren oder daß er glaubt, das Glück der Menschheit sei nicht davon abhängig, ob die Ereignisse nun diesen oder jenen Verlauf nehmen«. Oder wie es Austen Chamberlain einmal ausdrückte: »Er weiß, daß es einmal eine Eiszeit gegeben hat und daß es wieder eine geben wird«. Mit dieser Einstellung konnte man allenfalls ein Erbe verwalten, nicht aber die geistige Führung in einer Zeit des Umbruchs erringen. Balfour war ein unerwartet erfolgreicher Minister für Irland in Salisburys zweitem Kabinett und ein konservativer Premierminister, dem es mit subtiler Dialektik gelang, das Zerbrechen der konservativen Partei über der Schutzzollfrage zu verhindern. Nach der vernichtenden Niederlage der Tories im Jahre 1905, die viel mit dem Mangel an neuen Ideen zu tun hatte, rückte er allmählich in die Rolle eines *elder statesman* auf, der vom Beginn des Krieges bis zum Jahre 1930 fast allen liberalen, konservativen oder Koalitionskabinetten angehörte. Doch sein wirklicher Einfluß auf die weiteren Ereignisse blieb gering. Nach dem liberalen Wahlsieg und der Entmachtung des Oberhauses in den Jahren 1910/11 zerfiel mit der aristokratischen Vorherrschaft auch der Freundeskreis der Souls. Die Parteileidenschaften zwischen Konservativen und Liberalen, aber auch zwischen denen, die lieber das Oberhaus opfern, als eine Beschneidung seiner Befugnisse hinnehmen wollten, trieben die Souls in verschiedene Lager und zerstörten ihren intellektuellen Führungsanspruch.

Die nächste Generation des Kreises – bekanntgeworden unter der Bezeichnung »corrupt coterie« – machte weder durch politische noch durch intellektuelle Führungseigenschaften von sich reden, sondern durch alkoholische Ausschweifungen, wie sie uns Evelyn Waugh in seinem Roman »Brideshead Revisited« überlieferte. Die meisten von ihnen starben voller Lebensekel in den Schützengräben Flanderns. Als Curzon nach dem Rücktritt Bonar Laws im Jahre 1923 Premierminister werden sollte, war es Balfour, der dem König diese Berufung mit der Begründung ausredete, daß ein Premierminister künftig nur noch aus dem Unterhaus kommen könne. Nach seiner Rückkehr aus dem Palast wurde der Führer der Souls auf einer Party, auf der viele alte Freunde versammelt waren, gefragt: »Und, wird der liebe George es werden?« – »Nein«, antwortete Balfour heiter, »der liebe George wird es nicht werden!« Es war ein knapper, fast zynischer Abgesang auf das aristokratische England und seinen Versuch, Macht und Privilegien durch geistige Führung und intellektuelle Überlegenheit zu verteidigen.

Daß dieser Versuch mißlang, hatte nicht nur wirtschaftliche Gründe und kann auch nicht allein den gesellschaftlichen Veränderungen durch den Krieg angelastet werden. Die englische Aristokratie hatte sich innerlich längst vor der Jahrhundertwende von der ritterlichen Libertas oboedientiae der kollektiven Elite gelöst. Sie folgte nicht mehr dem berühmten Wort des Prinzen Eugen: »Am Gehorsam ist nichts herumzudeuten – si nous obéissons, nous nous approchons tourjours de la volonté de Dieu, ce qui est la meilleure des libertés.« Es war der Irrtum der Souls, daß sie die aristokratische Vorherrschaft mit Mitteln verteidigen wollten, deren Erfolgs- und Wertmaßstab bereits die bürgerliche, auf den Egoismus des einzelnen setzende Gesellschaft war. Die Souls waren nach ihrer inneren Einstellung wie ihrem intellektuellen Zuschnitt nach bürgerliche Individualisten, gleich den Mitgliedern des »Marlborough House Set«. Ihr Aristokratismus war ein äußerlicher, ästhetischer; er war zu schwach, den wirtschaftlichen und gesellschaftlichen Veränderungen Widerstand zu leisten. Lord Ribblesdale hatte das erkannt, als er für seine Erinnerungen das Wort Chateaubriands als Motto wählte: »Ich habe jene große Liebe für die Freiheit gehegt, wie sie einer Aristokratie eigen ist, deren letzte Stunde geschlagen hat.«

Die soziale Unruhe, die die englische Gesellschaft zu Beginn unseres Jahrhunderts ergriff, hatte mehrere Ursachen. Zum einen gingen die landwirtschaftlichen Einnahmen der Aristokratie infolge billigen Weizens aus Amerika, Kanada, Argentinien und Australien erheblich zurück. Während sich neuer Reichtum, oft jüdisch-amerikanischen Ursprungs, breitmachte, wurden die großen Güter und Landsitze unwirtschaftlich. Von den frühen achtziger Jahren an verfielen die Preise landwirtschaftlicher Produkte und zwangen die Aristokratie zu strikter Wirtschaftlichkeit und Sparsamkeit. 1914 lebten nur noch acht Prozent der Bevölkerung von der Landwirtschaft. Wer nur vom Lande lebte und keine zusätzlichen Einnahmen hatte, vermochte seine soziale Position nur unter Mühen zu halten. Die Preise für Land fielen um ein Drittel, die fixen Kosten machten einen immer größeren Teil des verfügbaren Einkommens aus. Die erstmals 1894 von den Liberalen eingeführte Erbschaftssteuer sowie neue Steuern auf Einkommen und Landbesitz drückten zusätzlich den Wert des Landes. Zwischen 1835 und 1874 waren Aristokratie und Gentry die Bauherren von fünfzig Prozent der neu erbauten Landhäuser, von 1875 bis 1914 sank ihr Anteil auf weniger als ein Fünftel. Es begann die Zerstörung der großen Stadtresidenzen und die Auflösung der privaten Kunstsammlungen, die die Vorfahren auf der Grand Tour in Italien erworben hatten.

Demgegenüber gewann der Reichtum aus Handel, Industrie, Bergbau und Finanzierungen zunehmend an Bedeutung. Zwischen 1809 und 1879 gehörten achtundachtzig Prozent der britischen Millionäre zur landbesitzenden Klasse, zwischen 1880 und 1914 waren es nur noch dreiunddreißig Prozent. Doch während die großen Vermögen im viktorianischen England nicht zur Schau gestellt wurden, wollte die nachwachsende Generation ihren Reichtum genießen und bediente sich dazu der neuen Verkehrsmöglichkeiten, die es ihr erlaubten, zwischen Monte Carlo, Baden Baden, Bad Homburg, Biarritz und Deauville zu wählen. Hotelpaläste wie das »Ritz« oder das »Savoy« erlaubten großartige Diners, von denen die illustren Gäste dann mit Sonderzügen zu den Schlössern der Aristokratie gefahren wurden. Chatsworth, der Landsitz der Herzöge von Devonshire, beherbergte an einem Wochenende vierhundertsiebzig Menschen. Champagner, der im viktorianischen England der Demimonde vorbehalten war, wurde unter dem Einfluß des Königs zum Getränk der britischen Oberklasse. Unsummen Geldes wurden für Essen, Trinken und Kleidung nach der neuesten Mode ausgegeben, und für die Spitzen der gesellschaftlichen Pyramide wurde das Jahr zum ununterbrochenen Fest.

Im Januar verbrachte der König eine Woche mit dem Herzog von Devonshire in Chatsworth. Im Frühling ging er nach Biarritz, wobei er auf dem Hin- wie auf dem Rückweg einige Tage in Paris verbrachte. Es folgten eine Kreuzfahrt im Mittelmeer und ein Aufenthalt in Kopenhagen zur Feier des Geburtstages von König Christian IX. Danach ging es zum Derby nach Epsom. Mitte Juni war das Rennen in Ascot, dann erreichte die Londoner Saison ihren Höhepunkt. Es schlossen sich an: die Regatta in Cowes und ein Kuraufenthalt in Marienbad. Den September verbrachte der König auf Schloß Balmoral, um der Jagdleidenschaft zu frönen. November und Dezember gehörten Windsor, Weihnachten und das neue Jahr wurden auf Sandringham gefeiert. Dazwischen lagen Besuche auf den Landsitzen der Aristokratie in Goodwood beim Herzog von Richmond, in Badminton beim Herzog von Beaufort, in Eaton Hall beim Herzog von Westminster und in Arundel beim Herzog von Norfolk, bei den Pembrokes in Wilton, den Landsdownes in Bowood und den Warwicks auf Warwick Castle.

Dem zur Schau gestellten Reichtum standen noch immer die soziale Not der Industriearbeiterschaft in den Städten wie die des Landproletariats gegenüber. Das Rückgrat des alten England, die Landhauskultur, begann brüchig zu werden, besonders dort, wo nicht neue Vermögen die landwirtschaftlichen Verluste ersetzt hatten. Die Gentry, die aus kultureller Überzeugung dem Lande verbunden war, verfügte nicht mehr über genügend Mittel, um am Leben des Hofes teilzunehmen, während für die neuen Reichen das Landleben zur Pose eines ästhetischen Lebensstils degenerierte.

Vita Sackville West hat in ihrem Roman »The Edwardians« diese Welt im Abendsonnenschein geschildert. Das Buch ist ein Sittengemälde vom Fin de siècle der englischen Aristokratie. Es zeichnet das Bild einer Klasse, die sich zelebriert und deren Werte ästhetische und nicht moralische sind. Vor dem Hintergrund ihres geliebten Knole zeigt sie die Anmut der Formen und die Kälte der Herzen jener Schicht, aus der sie selbst kam. Das Landhaus verkörpert noch eine Ordnung. Doch es ist nur noch eine formale, keine moralische mehr.

Die Heuchelei, das Wahren des Scheins ist an die Stelle moralischer Überzeugungen getreten; die überkommene Ordnung hält zwar noch, doch sie ist nicht mehr selbstverständlich, und auf die Frage, warum alles so sein muß, weiß niemand eine Antwort.

Für den Zimmermann, dessen Familie seit Generationen auf Chevron (Knole) ansässig ist, bricht eine Welt zusammen, als er seinem jungen Herrn berichten muß, daß sein Sohn das Haus verlassen und in den Autohandel gehen will. »Das Holz, das ich jetzt auf dem Holzhof gestapelt habe, wird in vierzig Jahren so reif wie eine Violine sein, gerade richtig für Frank, es zu bearbeiten, wenn er sechzig ist. Ich habe es Frank gezeigt und zu ihm gesagt: ›Wenn du sechzig bist und ein schönes Stück Holz brauchst, wirst du es hier finden, und dann vergiß deinen Vater nicht, der es hier für dich gelagert hat.‹ Und jetzt will er in den Autohandel gehen.«

Edmund Burke hat die Nation als eine Gemeinschaft bezeichnet zwischen denen, die leben, denen, die schon gestorben sind, und denen, die noch geboren werden. Als das Bewußtsein vom Wert dieser Kette verlorenging, zerbrachen die geistigen Grundlagen der Landhauskultur. Industrialisierung, Arbeitsteilung und Individualisierung zerstörten das Gefühl der Zusammengehörigkeit von Herren und Dienern. Die demokratische Industriegesellschaft war für viele eine Chance, doch die Verluste waren unübersehbar. Sebastian, der Erbe von Chevron, verteidigt das Alte, Untergehende in den »Edwardians« mit den Worten: »Ich weiß, daß Chevron, ich und der Zimmermann Wickenden, ja der ganze Organismus hier ein Anachronismus sind, ein Wachsfigurenkabinett, wenn dir das lieber ist. Die Umstände haben uns sinnlos gemacht. Doch ich denke, daß es schade ist. Ich denke, wir haben alles in allem ein gutes System geschaffen, das dem Verständnis zwischen den Klassen gedient hat. Nichts wird mich davon abbringen, daß die Beziehungen zwischen dem Squire und dem Handwerker oder dem Squire und dem Arbeiter oder dem Squire und dem Farmer nicht auch Elemente von Anstand, Ehrlichkeit und gegenseitigem Respekt enthalten. Ich wünschte nur, unsere Zivilisation hätte sich in diese Richtung weiterentwickelt. Wir haben längst die Tage hinter uns gelassen, da wir den Arbeitern wenig bezahlt und ihnen Ohren und Nasen abgeschnitten haben, wenn sie ein Stück Holz gestohlen hatten. Und wir hätten in Zukunft anständig miteinander in einem System leben können, das in besonderer Weise auf die Engländer paßt. Doch es gibt zu viele Menschen, zuviel Industrie.

Mein idyllisches England verschwindet, und Leute wie ich und Wickenden stehen mit dem Rücken zur Wand.«

Die Entmachtung des Oberhauses zog den verfassungsrechtlichen Schlußstrich unter das aristokratische England. Die Erben der Landhäuser starben gemeinsam mit den Söhnen der Zimmerleute und Gärtner in den Schützengräben des Ersten Weltkrieges. Als der Krieg zu Ende war, gab es im politischen Leben des grauen Nachkriegsenglands nur noch wenige Repräsentanten der untergegangenen Epoche. Lord Curzon war einer der letzten. Die Familie war mit Wilhelm dem Eroberer ins Land gekommen, und seine Vorfahren saßen seit achthundert Jahren auf Kedleston Hall in Derbyshire. Ein Curzon hatte sich Georg III. zur Verfügung gestellt und war dafür Lord Scarsdale geworden. Als Lord Curzon den Titel erbte und in das entmachtete Oberhaus verbannt wurde, zerstob sein Traum, an des »glatten Mastes Spitze« zu gelangen. Als Vizekönig von Indien hatte Curzon mit großer Liebe indische Tempel restauriert, als Außenminister richtete er sein antiquarisches Interesse auf englische Landsitze, die er in alter Pracht neu erstehen ließ. Montacute, Hackwood und sein Geburtshaus Kedleston Hall zeugen noch heute von dem ästhetischen Empfinden eines Spätgeborenen, eines Dilettanten im klassischen Sinne, der seine Zeit überlebt hatte. Curzon besaß alle Vorteile seiner Klasse und war im politischen Kampf doch Stanley Baldwin und Lloyd George unterlegen. Winston Churchill hat diesen Mangel Curzons in die Worte gefaßt: »Everything was in his equipment. You could unpack his knapsack and take an inventory item by item. Nothing on the list was missing, yet somehow or other the total was incomplete ... He could expound a case with precision und deliver a rejoinder with effect. He wielded the Parliamentary small-sword with style and finish. ... Simpler people with rugged force within them and convictions quarried by experience made homely, halting speeches which counted far more than his superfine performances. ... On paper, and if only it could have been settled by an examination he had much in common with the younger Pitt. In fact, however, he was brushed aside.« Auch Curzon war eine Proustsche Figur, eine späte Blüte, deren Kraft nicht ausreichte, sich in dem rauhen Nachkriegsklima zu behaupten. Churchills Urteil über sein Leben ist zugleich ein Verdikt über die Landhauskultur, der er entstammte: »Der Morgen war golden gewesen, der Mittag bronzen und der Abend bleiern.«

Die bleierne Zeit war auch für die Landhäuser Englands gekommen. Das Leben ist aus den Häusern entwichen, die Familien sind entzweit und leben verstreut in aller Welt. Nur zum Sterben kehrt man in das Landhaus zurück. Niemand fühlt sich verantwortlich, allein die Kinderfrau verbindet die Generationen. »Von dem alten Wein sollte eine ganze Menge unbedingt getrunken werden. Die Achtzehner und Zwanziger hätten wir umlegen sollen. Ich habe schon einige Anfragen von den Weinhändlern bekommen, aber ihre Ladyschaft sagt, man soll Lord Brideshead fragen, und er sagt, man muß seine Lordschaft fragen, und seine Lordschaft sagt, man soll die Anwälte fragen. Auf die Art verkommt langsam alles.« Das Haus ist zu groß für seine Bewohner, seine Erben haben den Sinn für seinen Organismus verloren. Es ist unpraktisch und unbequem. Als ein Fossil ragt es aus einer entschwundenen Zeit in unser demokratisches Zeitalter, bestaunt, bewundert, doch unverstanden. Evelyn Waughs Trauer gilt dem Unwiederbringlichen: »Die Erbauer wußten nicht, zu welcher Benutzung ihr Werk erniedrigt werden würde. Sie machten ein neues Haus aus den Steinen der alten Burg; Jahr um Jahr, Generation um Generation bereicherten und vergrößerten sie es; Jahr um Jahr wuchs die große Ernte an Holz im Park zur Reife heran; bis in plötzlichem Frost das Zeitalter Hoopers kam; die Stätte war wüst und öde, und alle Arbeit wurde zunichte gemacht.« Es dauerte nicht einmal eine Generation, um aus den großen Häusern Museen zu machen und aus den Erben der Edwardians Mieter des National Trust.

Das große Thema Englands unter Eduard VII. war die Sozialreform. Sie sollte zum Sprengsatz für die Verfassung und zum Totengräber des aristokratischen Englands werden. Die Jahre vor dem Ersten Weltkrieg zeigen dem heutigen Betrachter ein Janusgesicht. Alle, die sich nach dem großen Krieg, der in Europa die Lichter ausgehen ließ, an diese »Welt von gestern« erinnerten, waren erfüllt von wehmütiger Sehnsucht nach jenen Spätsommertagen, in denen materielle Sicherheit mit geistigem Aufbruch, Komfort mit Grazie einherzugehen schienen. Sie zeigen sich im Rückblick als eine Zeit der Stabilität und Sicherheit, der festen Gründung von Macht und Reichtum des britischen Empires. Die liberalen Mandarine Whitehalls schienen unangefochten, Konservative und Sozialisten waren gesellschaftliche Randerscheinungen. Nach dem Untergang dieser Welt erinnerte man sich nur noch des schönen Scheins und verdrängte, daß diese Jahre auch eine Zeit sozialer Unruhen, zunehmen-

Die Vernachlässigung der Brot- und Butterprobleme, die Distanz zu einer Zeit, in der die gerechte Verteilung des Wohlstandes ebenso wichtig wird wie die industrielle Wertschöpfung hat den Mann, den sie liebevoll »People's William« nannten, gegen Ende seines politischen Lebens den Volksmassen entfremdet. Das Ergebnis war der Sieg der Labour-Partei unter Macdonald. Gladstone, nicht Macdonald, hat die Labour-Partei geschaffen.

der Gewalttätigkeit, leidenschaftlicher politischer Auseinandersetzung und drohender Kriegs- und Bürgerkriegsgefahr war. England erlebte eine Welle von Gewalttätigkeit und Gesetzesbrüchen. Viele gesellschaftliche Gruppen waren bereit, ihre Ziele gewaltsam durchzusetzen.

Die ersten großen Streiks der Bergarbeiter, der Eisenbahner und Seeleute drohten mehrmals das ganze Land lahmzulegen. Auseinandersetzungen zwischen Polizei und Armee auf der einen und Streikenden auf der anderen Seite waren keine Seltenheit. In Irland begann jene Serie von Gewaltakten, die erst vor kurzem zu Ende gegangen ist, und selbst der Führer der Konservativen Partei Bonar Law rief die Protestanten in Ulster offen zu Verfassungsbruch und Bürgerkrieg auf. In London und anderen großen Städten kämpften

Die Suffragetten markieren den Beginn des Feminismus, und nichts hat die männliche Public-School-Gesellschaft so irritiert, wie deren weibliche Aufsässigkeit. Als nach 1918 mit Lady Astor die erste weibliche Abgeordnete das Unterhaus betrat, benötigte Churchill einige Zeit, um wenigstens die Regeln der gesellschaftlichen Höflichkeit zu beachten. Politisch blieb er in der Frauenfrage jedoch so unbeweglich, daß er die Feministin und Sozialistin Beatrice Webb zu der Bemerkung herausforderte: »Wenn Sie mein Mann wären, Winston, würde ich Ihnen Gift geben« – »Wenn Sie meine Frau wären«, parierte Churchill selbstgefällig, »würde ich es nehmen.«

die Suffragetten für das Frauenwahlrecht. Dafür ließen sie sich an die Gitter von Buckingham Palace ketten, schlugen die Scheiben von Downing Street Nr. 10 ein und griffen führende Politiker mit Hundepeitschen an. Schulen und Eisenbahnstationen, Boots- und Lagerhäuser gingen in Flammen auf.

Der Verfassungskampf um das Vetorecht des Oberhauses wurde von den verfeindeten Parteien mit einer bis dahin im öffentlichen Leben nicht gekannten Heftigkeit geführt. Der Premierminister wurde im Unterhaus am Sprechen gehindert und bei den Krönungsfeierlichkeiten für Georg V. von aufgebrachten Aristokraten bespuckt und beschimpft. Nur mit Mühe konnten die traditionellen Institutionen des Landes gegen Gesetzesbrecher von links und rechts verteidigt werden. In England breitete sich eine zur Entladung drängende Endzeitstimmung aus, wie sie uns aus den letzten Kapiteln des »Radetzkymarsches« oder des »Zauberbergs« entgegenschlägt. Das Land hatte teil an der allgemeinen europäischen Unrast.

Die Neuwahlen von 1905 brachten der um den Freihandel gescharten Liberalen Partei 377 Unterhaussitze, 53 gingen an die neue Labour-Partei und 157 an die Konservativen. Das erste Mal seit 1832 hatte die Liberale Partei eine Mehrheit von 132 Sitzen vor allen anderen Parteien. Der neue liberale Premierminister Campell-Bannerman war entschlossen, die wohlfahrtsstaatlichen Forderungen aus dem Gladstonschen Erbe zu erfüllen. Eine Schulreform, die Erweiterung der Gesetze zur Einschränkung des Alkoholkonsums, die Einführung einer Altersrente, Begrenzung der Arbeitszeit, Verbesserung der Wohnverhältnisse und Besteuerung des Landbesitzes zur Finanzierung der zusätzlichen Ausgaben waren Teil des liberalen Programms. Doch die geschlagenen Tories verfügten nach wie vor über die Mehrheit im Oberhaus und hatten den festen Willen, sie zur Blockierung liberaler Gesetzesvorhaben zu nutzen. Nach der Wahl erklärte Balfour: »Die große konservative Partei wird immer, ob an der Macht oder in Opposition, die Geschicke dieses Landes bestimmen.« Die bisher dominierende Schicht Englands fürchtete um ihre Privilegien.

Die ersten gesetzlichen Maßnahmen – ein neues Erziehungsgesetz, eine Wahlrechtsreform und eine Regelung für Streikschäden – wurden vom Oberhaus bis zur Unkenntlichkeit verändert. Auch ein Prohibitionsgesetz wurde von den Lords verworfen. 1908 legte der Schatzkanzler Loyd George ein Budget vor, das eine Steuer auf Landbesitz enthielt, die von den Lords als Herausforderung angesehen wurde. Damit begann der Verfassungskampf. Denn was seit zweihundertfünfzig Jahren ungeschriebene Regel der britischen Verfassung war, daß das Oberhaus Steuergesetze, die von der gewählten zweiten Kammer beschlossen waren, passieren lassen mußte, wurde von den Lords nicht mehr akzeptiert. Der König, der mit der Gefährdung des erblichen Prinzips auch die Monarchie in Gefahr sah, hatte vergeblich beide Seiten zur Mäßigung aufgerufen. Die Unwirksamkeit seines Appells macht den realen Machtverlust deutlich, den die Monarchie unter Königin Victoria erlitten hatte. Die ausgeschriebenen Neuwahlen brachten den Liberalen zwar Verluste, zusammen mit der Labour Partei und den irischen Nationalisten verfügten sie aber weiter über eine komfortable Mehrheit. Es war ihr drittbestes Ergebnis nach 1832 und 1905. Zwar nahm das Oberhaus jetzt den Haushalt an, doch dies war für die Liberalen nicht mehr ausreichend, da sie den irischen Nationalisten für ihre Unterstützung Home rule für Irland versprochen hatten, die das Oberhaus niemals passiert hätte.

So mußte das Veto fallen, wenn die Liberalen regieren wollten. Da die Lords ihrer Entmachtung nicht zustimmen wollten, konnte nur ein Pairsschub, zumindest aber die Drohung mit einem solchen das Verfassungspatt auflösen. Eduard VII. zögerte mit einer Zusage. Im Mai 1910 starb der König, der dem Zeitalter seinen Namen gegeben hatte. Sein Nachfolger Georg V. war ein unerfahrener und scheuer Monarch, dessen Beschränktheit und mangelnde Erfahrung die Aufgabe der Regierung noch schwieriger machte. Da die Regierung dem neuen Monarchen die Zusage eines Pairsschubs nicht als erste Regierungshandlung zumuten wollte, willigte sie in eine Verfassungskonferenz ein, die auf einundzwanzig Sitzungen in fünf Monaten versuchte, den Knoten zu lösen, und am Ende doch scheiterte. Die Streitfrage blieb, welche Rechte das Oberhaus im Konfliktfall behalten sollte. Nach dem Scheitern der Verfassungskonferenz forderte Asquith vom König für die nun unumgänglich gewordenen Neuwahlen die Garantie eines Pairsschubs. Der König gab seine Zustimmung zögernd, nachdem sein Privatsekretär – was erst Jahre später der Öffentlichkeit bekannt werden sollte – ein Angebot des Oppositionsführers Balfour, die Regierung zu bilden und Neuwahlen auszuschreiben, dem König verschwiegen hatte.

Nach der Krönung Georgs V. wurde das Unterhaus im gleichen Jahr 1910 zum zweiten Mal aufgelöst. Das Wahlergebnis war unverändert. Die Regierung brachte erneut einen Gesetzesvorschlag ein, wonach das Oberhaus künftig Finanzgesetze passieren lassen mußte und alle übrigen Gesetze nach zweimaliger Beschlußfassung durch das Unterhaus in zwei Sitzungsperioden auch ohne Zustimmung der Zweiten Kammer Gesetz wurden. Im Oberhaus rangen die Gemäßigten und die Radikalen miteinander. Während die einen das Gesetz annehmen und den Pairsschub vermeiden wollten, waren die anderen entschlossen, mit wehenden Fahnen unterzugehen. Die »die-hards« oder »ditchers«, die im letzten Graben sterben – wie man diese radikale Gruppe nannte –, wurden von einem Sohn Salisburys,

Georg II. hat als letzter englischer König eine Schlacht gewonnen (Dettingen). Georg III. hat zwar nie im Feuer gestanden, aber Amerika verloren. Georg IV. schlug seine Schlachten gegen Napoleon in der Einbildung – er war nirgendwo auch nur in der Nähe der Front. Georg V. blieb die Aufgabe, den Soldaten Mut zuzusprechen und den Hinterbliebenen sinnloser Blutopfer königlichen Trost zu spenden. Wie Wilhelm II. war er nur noch Staffage – Entscheidungen trafen andere in seinem Namen.

die Gemäßigten von Curzon und Landsdowne geführt. Das Gesetz wurde schließlich mit 131 zu 114 Stimmen angenommen. Neunundzwanzig konservative Lords, die Erzbischöfe und die meisten Bischöfe stimmten mit der Regierung.

Es war die entscheidende Verfassungsänderung in diesem Jahrhundert. Die Aristokratie, die trotz der Wahlrechtsreform von 1832 das ganze 19. Jahrhundert hindurch England regiert hatte, war auf einem von ihr selbst gewählten Schlachtfeld geschlagen worden. Dabei hatten sich die Liberalen als die besseren Propagandisten erwiesen. Sie hatten den Verfassungskampf als einen Kampf des Volkes gegen die Aristokratie, als einen Kampf der Habenichtse gegen die Besitzenden dargestellt. Lord Balfours Pudel – wie Loyd George das Oberhaus nannte – hatte sich parteipolitisch mißbrauchen lassen und damit den Verfassungsbau zum Einsturz gebracht. Die Macht der venezianischen Oligarchie war gebrochen. Englands Sonderweg neigte sich dem Ende zu. Der machtpolitische Verfall durch zwei Weltkriege vollendete diesen Prozeß.

Auch die Stellung der Monarchie wurde nun eine andere. War das Oberhaus bisher der aristokratische Geleitschutz für den Thron gewesen, so wurde das erbliche Prinzip nun zum Anachronismus, den man so lange duldet, wie er nützlich ist, wie der Träger der Krone das Lebensgefühl des durchschnittlichen Engländers zum Ausdruck bringt und damit Identität stiftet. Fallen die Träger der Krone auf längere Zeit oder gar dauerhaft hinter diesen Anspruch zurück, ist die Republik eine reale Alternative. Die Krone ist damit auf repräsentative Aufgaben beschränkt, ihre reale Macht löst sich auf. Zwar haben die Nachfolger Eduards mit Glück und Geschick das Volkskönigtum ausgebildet, doch sein Funktionieren hängt von den politischen Tagesströmungen ab. Man muß es deshalb bedauern, daß mit der Entmachtung des Oberhauses das Gleichgewicht der englischen Verfassung nachhaltig gestört wurde. Hatte der Gesetzentwurf zur Abschaffung des Vetos ursprünglich eine Reform und neue Stärkung des House of Lords vorgesehen, so war schon bald davon nicht mehr die Rede, da das Unterhaus eine neue Konkurrenz fürchtete. Doch ein Land, das keine Verfassungsgerichtsbarkeit kennt und dessen Krone keinen politischen Machtfaktor mehr darstellt, hat einen Korrekturmechanismus gegenüber wilden, vom Mehrheitswahlrecht noch verstärkten Pendelschlägen einer kurzlebigen Volksstimmung nötig. Manche Fehlentwicklungen in diesem Jahrhundert lassen sich auf diese Gleichgewichtsstörung zurückführen.

Aber nicht nur innen- und verfassungspolitisch, auch außenpolitisch bringt die kurze Regierungszeit Eduards VII. eine Entwicklung an ihr Ende. Eduard VII. ist der letzte Monarch, der, wenn auch in Übereinstimmung mit seiner Regierung, aktiv Außenpolitik betrieb und politische Gespräche führte. Zwar ist das Schreckgespenst deutsch-nationaler Geschichtsbücher, die Einkreisung, eine Mär, die das außenpolitische Versagen der Nachfolger Bismarcks bemänteln sollte. Doch ein Körnchen Wahrheit findet sich darin. Der Burenkrieg um die Jahrhundertwende hatte England diplomatisch isoliert und seine militärische Verletzbarkeit gezeigt. Die Politik der »splendid isolation« entsprach nicht mehr den europäischen Machtverhältnissen. Da Deutschland in falscher Überhebung glaubte, alle Optionen zu haben, und die von Joseph Chamberlain gereichte Hand ausschlug, näherten sich zunächst die konservative und später die liberale Regierung erst Frankreich und dann Rußland. Die Bildung der Entente cordiale war ein vorsichtiger und langwieriger Annäherungsprozeß, in dem Eduard VII. eine entscheidende Rolle gespielt hat, weil er seiner Überzeugung entsprach. Der König liebte Frankreich und die Franzosen, während ihm die parvenuhaft theatralische Art seines Neffen auf dem preußischen Thron auf die Nerven ging. Wilhelms Mutter, die spätere Kaiserin Friedrich, des Königs Schwester, hatte einmal über ihren Sohn bemerkt, daß ihm eine Regierung, gebildet von Jules Verne, Lord Randolph Churchill, Lord Beresford, General Boulanger, einem Afrikaforscher und Richard Wagner, wohl am meisten zugesagt hätte. Selten noch waren zwei Menschen einander unähnlicher als Wilhelm und Eduard. Eduard war freundlich, bescheiden und pragmatisch, der Kaiser launisch, eitel und romantisch. Der Konversation des Königs mangelte es manchmal an geistreichem Witz, doch niemals an Takt. Der Kaiser glänzte gern, doch geriet sein Funkeln fast immer eine Spur zu aggressiv. Der Kaiser gefiel sich in dröhnenden Reden, der König vermied öffentliche Ansprachen. Der König liebte Puccini, herben Sekt und süße Mädchen, der Kaiser Wagner, Paraden und Predigten. Am Kaiser nahm auch Zivilkleidung einen militärischen Ausdruck an, während der König Uniformen wie Zivilkleider trug. Für den Kaiser war der König ein Muster jener gelassenen englischen Selbstsicherheit, die ihn zugleich verdrießlich machte und aus der Fassung brachte. In jungen Jahren hatte Wilhelm seinen Onkel regelrecht gehaßt, während dieser ihn immer mit natürlicher Freundlichkeit behandelte. Die unterschiedlichen Temperamente hatten besonders bei den jährlichen Segelregatten in Cowes, an denen mehrere Jahre hindurch auch der deutsche Kaiser teilnahm, zu Mißhelligkeiten geführt. Wilhelm benahm sich laut und anmaßend, stritt über das Handicap und wollte immer der erste sein. Während Eduard nach dem Tiefpunkt des Burenkriegs durch viele Auslandsaufenthalte England neue Freunde gewann, vergrößerte Wilhelm durch sein anmaßendes Auftreten die Zahl der Gegner Deutschlands. Als infolge der Flottenpolitik die Beziehungen zwischen Deutschland und England immer gereizter wurden, sorgte Eduard persönlich dafür, daß die Marinereform Admiral Fishers vom Regierungswechsel nicht tangiert wurde und die Heeresreform des liberalen Politikers Haldane nicht in die

Obwohl die Zeiten längst vorüber waren, in denen fürstliche Freundschaften die Welt-
politik bestimmen konnten, hat das Unverhältnis zwischen Eward und Wilhelm viel
zur Verschlechterung des Klimas zwischen Deutschland und England beigetragen.
Wenn Edward das Land seiner Mutter gemocht und Wilhelm das Land seiner
Großmutter nicht nur bewundert, sondern auch verstanden hätte, wäre an der Wegga-
belung der Geschichte dieses Jahrhunderts auch eine Konstellation denkbar gewesen,
die England nicht an der Seite Rußlands und Frankreichs in den Krieg getrieben
hätte.

Auseinandersetzungen zwischen Konservativen und Liberalen über
Finanzen und das Veto der Lords geriet, was ihm in beiden Fällen
auch gelang.

Die Außenpolitik Englands wäre ohne den König die gleiche
gewesen wie mit ihm. Daß sie erfolgreich durchgesetzt werden
konnte und Heer und Marine in die große Auseinandersetzung mit
Deutschland gut gerüstet gingen, verdankt das Land diesem letzten
Aristokraten auf dem Thron. So steht am Ausgang des aristokra-

tischen Zeitalters eine Figur, die in vielem der glänzenden Erscheinung Karls II. zu Beginn dieser Ära glich. Beide waren Lebemänner, Frauenhelden und Genießer, beide waren aber auch gute Diplomaten, die zäh und geduldig ihren innen- und außenpolitischen Weg gingen. Die unterschiedlichen Gestaltungsmöglichkeiten haben ihre Ursache in der Verfassungsentwicklung, die Karl II. an den Anfang, Eduard VII. aber an das Ende der Herausbildung eines konstitutionellen Königtums gestellt hat.

All passion spent

Familie Windsor

Edith Eucken-Erdsiek, die keine gute Kennerin der englischen Politik, aber eine kluge Beobachterin war, hat einmal über die englischen Staatsmänner der Zwischenkriegszeit bemerkt: »Auf den Kricketplätzen von Cambridge und Oxford konnte man sehen, daß dieses Land seine Kraft eingebüßt hatte.« Diese zugespitzte Formulierung enthält einen wahren Kern. Die führenden Staatsmänner der Zwischenkriegszeit sind für uns heute graue Figuren ohne Ausstrahlung, ohne ästhetischen Reiz. MacDonald, Baldwin, Hoare, Halifax, Neville Chamberlain und Austen Chamberlain wirken gedrückt und mißmutig, man würde sie eher für kleinbürgerliche Geschäftsleute denn für Repräsentanten eines Weltreiches halten.

Der erste Labour-Premier, MacDonald, beschließt das Ende seiner Tage in Downing Street als seniler Greis, der kaum noch ein paar Sätze zusammenhängend formulieren kann. Er hat sein Gedächtnis verloren und wird zur Witzfigur sowohl im Kabinett als auch im Unterhaus. Baldwin verbringt zwei Monate im Jahr in Südfrankreich und überrascht im Herbst 1936 seinen Außenminister Eden mit der Bitte, er möge ihm die Beschäftigung mit dem Spanischen Bürgerkrieg, seiner Internationalisierung und den sonstigen außenpolitischen Mißhelligkeiten ersparen, bis er die Abdankungsfrage gelöst habe.

Samuel Hoare wird auch von seinen politischen Freunden als engstirnig, hochmütig und phantasielos bezeichnet. In dem berüchtigten Hoare-Laval-Abkommen stimmt er der Zerschlagung Abessiniens zu, ohne sich der Auswirkungen wirklich bewußt zu werden. Von Ohnmachtsanfällen geplagt, tritt er vor das Unterhaus.

Über Lord Halifax schrieb selbst der pazifistische »Daily Herald« bei seiner Ernennung zum Außenminister: »An der Schönheit seines moralischen Innenlebens wird das Britische Reich zugrunde gehen.« Auf die Frage, wer im Falle einer gelungenen Invasion der Deutschen 1940 in England die Rolle Pétains und Lavals gespielt hätte, gab Harold Nicolson in seinen Tagebüchern die Antwort: Halifax und Hoare. Neville Chamberlain ist für uns so sehr zum Symbol der geschmähten Appeasement-Politik geworden, daß es uns kaum wundert zu erfahren, daß er in der zweiten Regierung Baldwin lieber Gesundheitsminister bleiben wollte, als Schatzkanzler und Stellvertreter des Premierministers zu werden. Austen Chamberlain schließlich war die schlechte Kopie seines kraftvollen Vaters: hölzern, unbeweglich, voller Vorurteile und ohne inneres Feuer, schon zu Lebzeiten eine Mumie, die die berühmte weiße Chrysantheme Joseph Chamberlains zur Erinnerung an bessere Tage trug. Aus diesem Reigen grauer Gestalten fallen nur die Persönlichkeiten heraus, die schon vor 1914 eine Rolle spielten: Balfour, Curzon, Lloyd George und Churchill. Doch Balfour und Curzon waren alt und krank, Lloyd George und Churchill in der politischen Wildnis.

Ohne den Aufstieg Hitlers wäre auch Churchill den Weg seines Vaters gegangen: ein glanzvoller Beginn, ein langer trauriger Abstieg und ein schales Ende, »a brilliant failure«, wie Lord Rosebery dieses Leben genannt hat. Churchills Temperament war für eine Gesellschaft von Leichenbestattern ungeeignet. Seine an Burke, Gibbon und Macaulay geschulte Rhetorik stammte aus einer anderen Zeit, und seine Abenteuerlust machte den müden Verwaltern eines niedergehenden Reiches angst. Nur Churchill, der seine Kraft und seine Überzeugungen aus dem untergegangenen aristokratischen Zeitalter schöpfte, war der flackernden Genialität des wurzellosen Kleinbürgers gewachsen, nur er glaubte noch an die Macht der Geschichte. Für ihn war alles einfach. Hier war das protestantische England der ersten Elisabeth, das England seines Vorfahren John Churchill, des großen Herzogs von Marlbourough, das England der Whig-Aristokraten mit seinen freiheitlichen Institutionen, und dort war das Deutschland Hitlers, die Tyrannei des Bösen, die Wiederholung Philipps von Spanien und Ludwig XIV. in fürchterlicher, amoralischer Gestalt, und diese Tyrannei bedrohte die englischen Freiheiten. Churchill hatte kein Verständnis für das Ruhebedürfnis seiner Landsleute.

Das England der Zwischenkriegszeit spiegelt sich in jener Geschichte, die man sich von dem ersten Kriegsminister einer Labour-Regierung, Tom Shaw, erzählte: Als einer seiner Beamten die Zustimmung des Ministers zu einer dringenden Maßnahme im Gefolge der Unterdrückung von Unruhen in Palästina einholen wollte, entgegnete sein Privatsekretär am Telefon: »Tom Shaw ist ein Pazifist und wünscht nicht, irgend etwas mit Krieg oder militärischen Operationen zu tun zu haben.« Zu dieser Stimmungslage paßt der berühmte Beschluß der Oxford Union aus dem Jahre 1933: »Dieses Haus wird unter keinen Umständen für König und Vaterland kämpfen.«

In die Reihe der grauen Figuren paßt auch Georg V., obwohl er seine prägenden Eindrücke in der Regierungszeit seines Vaters und seiner Großmutter erhalten hatte. Persönlich war er langweilig und intellektuell uninteressiert. Seine lange Wartezeit auf den Thron füllte er mit Briefmarkensammeln und der Jagd aus, die oft in Tierschlächterei überging. Wie Heinrich VIII. hatte er die Frau seines verstorbenen Bruders geheiratet, Mary von Teck, eine deutsche Prinzessin, für die die Monarchie noch immer von Gottes Gnaden war. Den politischen und wirtschaftlichen Veränderungen begegnete der König mit Unverständnis und Kopfschütteln. Hinweise und Warnungen konnte er seinen Ministern kaum geben, da er die Dinge nicht wirklich einzuordnen vermochte. Seine Ausflüge in die Politik scheiterten allesamt und schwächten die Monarchie. Am Ende seiner Regierungszeit war er zwar von allen verehrt, aber ohne jeden politischen Einfluß. Mit ihm war die Monarchie auf das Nur-Repräsentative abgesunken.

In den Auseinandersetzungen zwischen Lords und Gemeinen hatte er dem Drängen der Liberalen auf einen Pairsschub nachgegeben, eine Zusage, die er Zeit seines Lebens bereute und die in ihm die Überzeugung festigte, daß er mißbraucht worden sei. Die auf seinen Wunsch zustande gekommene Verständigungskonferenz zwischen Konservativen und Liberalen über »Home rule« für Irland endete mit einem Mißerfolg. Desgleichen sein Versuch, auf die Bildung der Kriegskoalition unter Lloyd George im Jahre 1916 Einfluß zu nehmen. Der König vermochte weder Lloyd George im Jahre 1918 noch Ramsay MacDonald im Jahre 1924 von unzeitigen Parlamentsauflösungen abzubringen, und er mußte 1923 Stanley Baldwin statt Curzon als Premierminister akzeptieren. Danach war die Krone nicht mehr in der Lage, politische Entscheidungen zu beeinflussen, geschweige denn, Entscheidungen zu treffen.

Der Einsturz der kontinentaleuropäischen Throne 1918 und die Entmachtung des Oberhauses hatten den Monarchen zum Gefangenen der jeweiligen, sich auf den Volkswillen berufenden Unterhausmehrheit gemacht. Daß das Prestige dieses Königs am Ende seiner

Ein Leben lang Müßiggang, Parties, Klatsch und Luxushotels, ein leeres Leben ohne Aufgabe, ohne Ziel. Am Ende konnte das Gesicht die Leere nicht verbergen. Der Herzog war im Krieg Gouverneur der Bahamas, doch letztlich hatte er nur ein Ziel, seiner Frau den Titel Königliche Hoheit zu verschaffen, ein bescheidenes Anliegen in einer Welt, die die Toten nach Millionen zählte. Solange Bruder und Schwägerin regierten und die alte Königin Mary noch da war, konnte es keine Versöhnung geben; erst Elisabeth knüpfte die Familienbande wieder enger, doch Königliche Hoheit wurde Wallis Simpson nie.

Regierungszeit größer als am Anfang war, ist der Tatsache zuzurechnen, daß die Engländer in den unruhigen, von Sozialkonflikten und äußerem Machtverfall des Landes gekennzeichneten Nachkriegsjahren im König ein Symbol der Kontinuität und der verlorengegangenen Stabilität sahen. Daß ein solcher König die Werte der Mittelklasse leben mußte, hat Eduard VIII. zu seinem Schaden nie begriffen. Der Sohn Georgs V. war eine schlechte Kopie seines Großvaters und vielleicht, mit der Ausnahme von Lord Louis Mountbatten, der letzte königliche Edwardianer. Doch was in den ersten Jahren dieses Jahrhunderts vor dem Hintergrund staatlicher Macht und gesellschaftlichen Reichtums möglich war, erschien in den dreißiger Jahren out of date.

Über Eduard VIII. und Wallis Simpson ist so viel geschrieben worden, daß es hier nicht lohnt, die Illustriertengeschichte zu wiederholen. Deshalb nur wenige Feststellungen: Der König wurde nicht zum

Rücktritt gezwungen, weil er ein Freund Deutschlands war und mit Hitler liebäugelte. Er war Aufgabe und Amt schlicht nicht gewachsen. Falsch erzogen, ohne jegliche geistige und ästhetische Interessen, verfiel der älteste Sohn Georgs V. dem »süßen Leben« und einer Frau, die das Opfer des Thronverzichts nicht wert war. Der zukünftige Inhaber eines der schwierigsten Ämter des 20. Jahrhunderts hatte kein Werk der englischen Literatur gelesen, hatte noch nie von Metternich und Castlereagh gehört und verblüffte seine Begleitung vor einem Bild von Hieronymus Bosch mit der Frage, ob das einer von den »Primitiven« sei, über die man jetzt so viel rede. Einige Reisen durch das bröckelnde Empire und zahllose Frauenaffären waren die einzige Vorbereitung auf den Thron. Kurz vor seinem Tode äußerte der an der Misere nicht unschuldige Vater: »Er wird alles in einem Jahr ruinieren und dann abdanken.«

In dieses Leben trat plötzlich eine Amerikanerin, die es zuerst veränderte und dann ruinierte. Da Wallis Simpson nicht gerade eine Schönheit war, hat man ihr vieles angedichtet: wahlweise Nazi- oder KGB-Spionin, Ribbentrops Geliebte und Mutter eines Kindes von Mussolinis Schwiegersohn, Graf Ciano. Ihre sexuellen Techniken, mit denen sie den König gefügig gemacht habe, habe sie in Bordellen in Hongkong und Shanghai gelernt. Doch die Wahrheit ist viel prosaischer: Wallis Simpson war eine starke, dominierende Persönlichkeit, die die Leidenschaft Eduards ihrem sozialen Aufstieg dienstbar machte. Eduard hatte ihrem Machtwillen, ihrer Härte und ihrer Geldgier nichts entgegenzusetzen. Der König, der sich als Prince of Wales – wenn auch oberflächlich – um die Armen Englands gesorgt hatte, kürzte unter ihrem Einfluß bedenkenlos die Gehälter im königlichen Haushalt und ließ die Royal Air Force zollfrei Champagner aus Frankreich einfliegen, während er zugleich das »Trinkgeld« seiner Angestellten strich. Als er einige Zeit, nachdem er König geworden war, von seinen Beratern gedrängt wurde, Interesse für den königlichen Haushalt zu zeigen, besuchte er lustlos die Gärten und Gewächshäuser von Windsor. Der Stolz des »Chefgärtners« war ein Pfirsich-Gewächshaus, dessen Bäumchen in voller Blüte standen und reiche Ernte versprachen. Eduards Kommentar: »Schneiden Sie die Blüten ab und schicken sie sie an Mrs. Simpson« rief bei einem guten Freund nicht zu Unrecht den Vergleich mit Caligula hervor. Es verwundert nicht, daß die Angestellten froh waren, diesen König und seine Gebieterin loszuwerden, und daß keiner seiner persönlichen

»Ich habe nichts als Blut, Schweiß und Tränen anzubieten. Sie fragen, was unsere Politik ist? Ich sage, Krieg zu führen, auf See, an Land und in der Luft mit aller Macht und aller Stärke, die Gott uns geben kann, Krieg zu führen gegen eine monströse Tyrannei, unübertroffen im dunklen traurigen Katalog menschlicher Verbrechen. Das ist unsere Politik. Sie fragen, was unser Ziel ist? Ich kann es mit einem Wort sagen: Sieg, Sieg um jeden Preis, trotz allen Terrors, Sieg, wie lange und schwer der Weg auch sein mag, denn ohne Sieg gibt es kein Überleben.« (Churchill im Unterhaus am 13.05.1940)

Kammerdiener bereit war, auch nur vorübergehend das Exil mit ihm zu teilen. Da die zweimal geschiedene Mrs. Simpson nach Auffassung der anglikanischen Staatskirche, der britischen Regierung wie der Opposition und der Regierungen der Dominions nicht Königin werden konnte, mußte Eduard zwischen dem Thron und ihr wählen. Daß diese Wahl gegen sein Land ausfiel, haben ihm England und seine Familie nie verziehen. Daß er bei den Abdankungsverhandlungen seinen eigenen Bruder über seine finanziellen Verhältnisse täuschte, vernichtete ihn auch gesellschaftlich als Gentleman. Staat und Gesellschaft Englands, die großen Korporationen, die anglikanische Kirche und die Dominions waren nicht bereit, einen Monarchen zu akzeptieren, der seine Neigungen so ausschließlich vor seine Pflicht stellte, oder wie die alte Königin Mary an ihren Sohn schrieb: »Du scheinst nicht fähig zu sein, einen anderen Standpunkt als nur

Deinen eigenen zu sehen.« Die englische Monarchie, so mußte Eduard lernen, gerät in Gefahr, wenn die individuelle Emanzipation der Mitglieder des regierenden Hauses dem Kollektivbewußtsein der Nation vorauseilt oder hinter ihm zurückbleibt. Die Institution der Monarchie war nicht mehr stark genug, den Mißerfolg eines ihrer Repräsentanten zu verkraften, deshalb mußte er gehen, eine düstere Aussicht für die heutigen Royals.

»Der Nutzen der Königin ist in Zahlen nicht auszudrücken. Ohne sie würde die Kraft der gegenwärtigen englischen Regierung versiegen, und sie würde zerfallen. Die meisten Menschen glauben, wenn sie lesen, daß die Königin sich auf den Hängen von Windsor erging und der Prince of Wales das Derby besuchte, daß zu viel Überlegung und Aufmerksamkeit ganz unwichtigen Dingen gewidmet wird. Doch sie irren sich, und es ist amüsant zu verfolgen, wie die Handlungen einer zurückgezogen lebenden Witwe und eines unbeschäftigten jungen Mannes eine solche Bedeutung erlangen können.«

Seit Walter Bagehot diese Sätze 1867 niederschrieb, hat sich wenig geändert. Zwar ist Elisabeth II. noch nicht Witwe, doch sonst scheint alles noch so wie zu Victorias Zeiten. Denn noch immer gilt ein anderer Satz des berühmtesten englischen Verfassungsjuristen: »Die Monarchie ist eine Regierungsform, bei der die Aufmerksamkeit der Nation auf eine Person konzentriert ist, die interessante Dinge tut. Die Republik ist eine Regierungsform, bei der die Aufmerksamkeit auf viele verteilt ist, die alle uninteressante Dinge tun.« Nun würde jeder Politiker diese Definition von »interessant« bestreiten, denn »interessant« bedeutet hier nicht Aktion, Gestaltung, Bewegung, sondern den Menschen verständlich und nahe. Eine Verfassung ist ein abstraktes Ding. Die Königin und ihre Familie sind konkret, zum Anfassen oder zumindest zum Anschauen. Die Angehörigen der königlichen Familie sind zwar mehr damit beschäftigt, eine Rolle zu spielen als Dinge zu tun, aber ihr Sein verleiht dem Tun der Politiker Legitimität, verbindet es mit der Geschichte und Tradition Englands. Die Thronrede zur Eröffnung des Parlamentes wird zwar vom Premierminister geschrieben, doch dadurch, daß sie von der Königin verlesen wird, gewinnt sie eine kaum zu überschätzende sinnliche Qualität. Die königliche Familie bringt den Glanz der Souveränität in das Leben der kleinen Leute. Die von Bagehot gestellte Frage, ob ein Volk von einem Monarchen oder von einer Verfassung regiert werden möchte, ist zugleich die Frage, ob es in einer Weise regiert werden möchte, die es versteht, oder in einer Weise, die es nicht versteht.

Von Elisabath II., der einundvierzigsten Monarchin seit der normannischen Eroberung, läßt sich dasselbe sagen, was W. S. Gilbert über das House of Lords gesagt hat: »Es tut nichts besonderes, und dies tut es gut.« Die Abdankung Eduards VIII. machte aller Welt klar, daß der König machtlos war und die königliche Prärogative nur noch ein Schatten. Zwar ist die Königin noch immer Oberhaupt der anglikanischen Staatskirche; Ernennungen von Ministern und Bischöfen bedürfen ihrer Unterschrift. Auch die vom Premierminister zusammengestellte Liste der Erhebungen in den Adelsstand bedarf ihrer Zustimmung, doch frei, diese zu verweigern, ist sie nicht. Allein die Ritter des Hosenbandordens, des schottischen Distelordens und des Bath-Ordens darf sie selbst aussuchen. Die reale Macht des Monarchen ist in den letzten 60 Jahren fast vollständig geschwunden, das Prestige der Krone hingegen gestiegen, zumindest bis die Eskapaden der jungen Generation der Royals auch hier eine Umkehr gebracht haben.

Georg V., Georg VI. und Elisabeth II. haben das Haus Windsor zum Symbol für Familienwerte, für bürgerliche Wohlanständigkeit gemacht. Die Krone ist nicht mehr die Spitze einer in der Aristokratie auslaufenden Gesellschaftspyramide, sondern Repräsentantin der middle-class. Georg V. war so ehr- und moralpusselig, daß er Geschiedene oder Wiederverheiratete nicht bei Hofe zuließ. Einem schottischen Edelmann, der nach seiner Wiederverheiratung Zugang bei Hofe begehrte, entgegnete der König barsch: »Das mag Sie ins himmlische Königreich bringen, aber es wird Ihnen nicht Einlaß in den Palast von Holyrood gewähren.« Und zu einem Fall von Homosexualität im House of Lords bemerkte er: »Ich dachte immer, daß solche Leute sich erschießen.«

Georg VI., der – durch keine Erziehung darauf vorbereitet – in die Fußstapfen seines älteren Bruders treten mußte, war die Familie, »die Firma«, wie er sie nannte, alles. Sein tapferes Ausharren im deutschen Bombenhagel machte ihn zu einer moralischen Galionsfigur für die Nation. Zwar hätte er lieber Halifax als Churchill zum Premierminister gemacht, da er Churchills politischem Urteil seit dessen Eintreten für Eduard VIII. mißtraute, auf die Wünsche eines britischen Monarchen kam es aber 1940 nicht mehr an. So verblieb

Die Königin im Unterstand. Im Krieg wurde die Monarchie wieder und zum letzten Mal Symbol für die Einheit der Nation. Die königliche Familie behielt ihre Kinder bei sich – viele Aristokraten schickten die ihren nach Kanada und in die USA. Nicht allein Chamberlain war ein Appeaser, Teile der Aristokratie, der »Clivedon Set« und die Mosley-Freunde auch.

ihm nur die Rolle des Symbols der ganzen Nation, die sich in dem berühmten Satz der Königin nach dem Bombardement des Buckingsham-Palastes manifestierte: »Jetzt können wir dem Eastend ins Gesicht sehen.«

Elisabeth II. hat diese Rolle fast bruchlos fortgesetzt. Ihre Krönung war die erste königliche Fernsehshow, sie wurde von ca. 300 Millionen Menschen gesehen und nährte die Hoffnung auf ein zweites elisabethanisches Zeitalter. Doch die alltagsgraue Realität hat diese Hoffnungen bald zunichte gemacht. England stand nicht vor einem neuen Aufstieg, sondern vor dem Abschied von der Weltmachtrolle, und der Monarchie blieb nur übrig, der Auflösung des Empires mit Würde vorzustehen.

*Churchill ist der Vollender der ›Whig-Interpretation of History‹, des englischen Son-
derwegs, der der englischen Rasse, der englischen Nation eine einzigartige Rolle in der
Geschichte zuweist. In dem langen politischen Leben Churchills wird fast jedes Thema
dieses Weges noch einmal angeschlagen, leuchtet fast jede Problemstellung noch einmal
auf, um dann – endgültig – im Dunkel der Geschichte zu verlöschen. Und noch der
alte Churchill wird am Ende seines Lebens zu der jungen Königin Elisabeth II. ein
Verhältnis finden, wie es der alternde Melbourne zu der jungen Königin Victoria
gehabt hat. Churchill konnte an jeder Wegkreuzung seines politischen Lebens auf
Vorbilder blicken, die für ihn noch gelebte Wirklichkeit waren, für das England von
heute jedoch Geschichte sind.*

Doch der Abschied fiel schwer, und die politische Wiederkehr Churchills machte ihn nicht leichter. Von Churchill gilt, was über den alten Bismarck gesagt worden ist: »Er war kein Anfang, sondern ein Ende, ein grandioser Schlußakkord – ein Vollbringer, kein Prophet.« Churchill hatte die Vergangenheit heraufbeschworen, um eine Zukunft möglich zu machen, an der er nicht teilhatte, die ihn nicht interessierte und für die er keine Visionen hatte. Seit der ersten Elisabeth war England einen anderen Weg als die europäischen Festlandstaaten gegangen. Während die kontinental-europäischen Mächte im Kampf miteinander einen absolutistischen Militärstaat ausbildeten, schuf die Freiheit der Meere in England freiheitliche Institutionen und gewann ihm ein überseeisches Reich. Erst mit dem Aufstieg der Flügelmächte Amerika und Rußland beginnt der Abstieg dieses Reiches, dessen letzter Künder Winston Churchill war. Mit der zweiten Elisabeth ist England als Gleicher unter Gleichen in den Kreis der europäischen Staaten zurückgekehrt; seine Vergangenheit hat keine Bedeutung mehr für seine Zukunft. Mit diesem Abschied beginnt die Suche nach einer neuen Rolle für die Monarchie, denn die Monarchie verkörperte das Empire, nicht aber eine absturzgefährdete Mittelmacht.

Zu Beginn ihrer Regierungszeit spielte das Commonwealth noch eine größere Rolle und kompensierte den Machtverlust in der britischen Politik, der ausgerechnet durch konservative Premierminister vorangetrieben wurde. Über das geheime Zusammenspiel mit Israel beim Suez-Abkommen 1956 informierte Premierminister Eden die Königin nicht. Der Übergang von Eden auf Macmillan vollzog sich ohne königliche Sondierung, ebenso der von Macmillan zu Home. Danach führte auch die Tory-Partei ein formelles Wahlverfahren für den Parteiführer ein und reduzierte die theoretisch mögliche königliche Mitwirkung auf Null. Doch auch Macmillans flapsige Feststellung aus dem Jahre 1961 ist heute durch den Bedeutungsverlust des Commonwealth überholt: »Sie (die Königin) hat ihre Pflichten im Commonwealth immer sehr ernst genommen, und das ist auch gut so, weil die Pflichten innerhalb der britischen Monarchie dermaßen geschrumpft sind, daß, hätte man sich nur darauf beschränkt, man ebensogut einen Filmstar hätte nehmen können.«

Noch immer legitimiert die Königin zwar Adel und Oberhaus, doch deren gesellschaftlicher Einfluß ist geschwunden und England nicht länger ein Land von Landedelleuten und Pferdezüchtern. Der

Die Auszeichnung der Beatles durch die Königin war durchaus Zeichen einer Kultur-
revolution. Die Suezkrise hatte der Elite wie dem Land vor Augen geführt, daß die
Vergangenheit vorbei und abgeschlossen ist. England ist eine europäische Mittelmacht
auf dem Wege zum Wohlfahrtsstaat, und »the Great and the Good« sind nicht mehr
ausschließliche Empfänger hoher Auszeichnungen. Deren Bedeutung sinkt in dem
Maße, wie der Stellenwert von Medien, Populätkultur und Kommerz steigt. Jede
Gesellschaft nobilitiert die Helden ihrer Zeit...

Arbeitswelt steht die Monarchin fern, auch wenn der Herzog von Edinburgh immer wieder von seinen Landsleuten die Wettbewerbsfähigkeit des Landes eingefordert hat. Auch Künstler und Intellektuelle haben kaum Verbindung zur Monarchie, obwohl Prinz Charles mit seinem Kampf für einen humanen Städtebau den Windsors eine neue Dimension hinzugefügt hat. Er konnte nicht wie noch Georg IV. Carlton House Terrace bauen, aber einen, das historische Maß sprengenden Anbau an die Nationalgalerie verhindern. Doch all dies reicht nicht aus für eine neue Rolle der Monarchie, wie ernsthafte Kritiker gleich zu Beginn der Regierungszeit der zweiten Elisabeth feststellten.

Ihr bisheriger Erfolg beruhte auf zwei außerhalb Englands nur schwer zu vermittelnden Einsichten: die Engländer trennen – zumindest eine Zeitlang – die Institution von den diese Institution jeweils repräsentierenden Personen, und sie wissen, daß der Monarchie ein Rest Mystik, also etwas Unerklärbares, innewohnt, das sich rational weder erfassen noch begründen läßt. Würde man es versuchen und darin herumstochern, würde das Geheimnisvolle daran verschwinden wie eine ägyptische Mumie, die bei der Öffnung des Grabes an der Luft zerfällt. Bagehot hat das auf die einprägsame Formel gebracht: »Gäbe es einen Untersuchungsausschuß über die Königin, wäre der Charme der Monarchie dahin« oder wie es der berühmte englische Regisseur Attenborough einmal ausgedrückt hat: »Die ganze Institution beruht auf Mystik und dem Stammesoberhaupt in seiner Hütte. Wenn je ein Mitglied des Stammes in diese Hütte hineinschaut, dann ist das ganze System des Häuptlings zerstört, und der Stamm zerfällt schließlich.«

Eben dies scheint die jüngste Generation der Royals nicht zu begreifen. Denn auch als der Hof im Jahre 1969 mit der Investitur des Prinzen von Wales auf das Fernsehen reagierte und eine perfekte Fernsehshow inszenierte, blieb das Innenleben des Hauses Windsor tabu. Daran änderte auch der Fernsehfilm »Royal Family« nichts, da er nur das zeigte, was in das ausgestellte Bild der Windsors paßte. Die Königin und der Herzog von Edinburgh lebten und regierten nach der Devise, die der Herzog öffentlich seinem Sohn vorhielt: »Er selbst habe private Dinge nie öffentlich diskutiert, und ich glaube auch nicht, daß die Queen dies jemals getan hat.«

Die Fernseh- und Buchbeichte des Prinzen von Wales hat dieses sacrum zerstört und damit die Monarchie entzaubert. Die Buchstaben einer Verfassung mögen langweilig sein, doch sie geben Sicherheit. Mystik ist ein empfindlicher Stoff, der, einmal zerstört, unwiederbringlich dahin ist. Denn die Anziehungskraft der Monarchie besteht gerade darin, daß ihre Repräsentanten nicht gewöhnliche Menschen mit gewöhnlichen Fehlern sind, sondern Ausnahmewesen.

Es ist wie im Puppentheater, wenn der Puppenspieler sichtbar wird und die Marionetten das ihnen künstlich eingehauchte Leben verlieren. Es wird der Krone nun noch schwerer werden, eine neue Rolle zu finden. Prestige und Einfluß der Monarchie werden selbst von Gegnern wie John Osborne nicht bestritten, der sie einst »die Goldfüllung in einem Mund voller Fäulnis« nannte. Indem die Monarchie bis heute die Phantasie der Engländer gefangennimmt, verhindert sie – so ihre Kritiker – eine schonungslose Analyse von Abstieg und Machtverlust.

Nicht nur die Massenpresse ist in England geschmackloser geworden, auch die Qualitätszeitungen – mit Ausnahme der »Financial Times« – riechen nach Boulevard. Im Kampf um die beste Schlagzeile aus »der Famlie« gibt es schon lange keine Rücksichten mehr, seitdem der australische Medienzar Murdoch das Mutterland des Commonwealth mit seinen Mitteln zurückeroberte. Aus seiner Geringschätzung für Royals und die anderen Institutionen des aristokratischen Englands machte er nie einen Hehl.

Doch dies kann man auch anders sehen: Alle großen Weltreiche sind unter schweren sozialen und gesellschaftlichen Spannungen, die sich gewalttätig entluden, auseinandergebrochen. Das jüngste Beispiel erleben wir in den Nachfolgestaaten des russischen Imperiums. Allein England hat dank der Monarchie die Wandlung vom Weltreich zur europäischen Mittelmacht friedlich bewältigt. Mehr kann von einer Institution redlicherweise nicht verlangt werden. Doch nachdem dieser Vorgang abgeschlossen ist, das Commonwealth zerfällt und selbst die ehemaligen weißen Dominions wie Kanada und Australien über die Einführung der Republik nachdenken, erscheint der imperiale Pomp unzeitgemäß.

Auch in England wächst eine junge Generation nach, die kaum noch in der Geschichte verankert ist, die die Traditionen nicht mehr lebt, die die Krone repräsentiert. Wie im Weltlichen, so im Geistlichen. Längst ist die Staatskirche eine Minderheitenkirche geworden,

»Ich bin tot, aber in den Elysischen Feldern«, kommentierte Disraeli seine Erhebung in den Adelsstand, seine »Abschiebung« in das House of Lords. Bei Charles, Prinz von Wales, hat man den Eindruck, daß er sich verzweifelt gegen diese Todesart wehrt und damit die Frage nach der Zukunft der Monarchie zum öffentlichen – und im Ausgang erstmals offenen – Thema gemacht hat. Sosehr er jedoch für die Erschütterung der moralischen Grundlagen der Monarchie mit verantwortlich zu machen ist, so hat er doch zumindest die biologischen Grundlagen ihres Fortbestands gesichert.

der fünf Prozent der Bevölkerung angehören. Verteidiger des Glaubens – so der Titel des regierenden Monarchen – kann die Königin nicht mehr sein, so daß eine Entstaatlichung der Kirche wohl kaum zu umgehen sein wird. Hier hat sich die größte Veränderung seit den Tagen Georgs V. vollzogen. Während die Schwester der Königin den geschiedenen Peter Townsend noch nicht heiraten durfte, sind die Angehörigen der jüngeren Generation heute durchweg geschieden oder leben getrennt von ihrem Ehepartner.

Und noch eine Stütze der Monarchie ist weggebrochen. Bis in die siebziger Jahre war die englische Massenpresse royalistisch, heute ist sie antimonarchistisch, besonders die Blätter des australischen Medienzaren Murdoch. Aber auch im übrigen hat die Presse die Tabuschwelle gesenkt; ein Telefongespräch, wie das zwischen dem Prinzen von Wales und Camilla Parker-Bowles mit seinen miefig-erotischen Ergüssen, wäre noch vor zehn Jahren nicht gedruckt worden. Nun haben die Engländer lange Zeiten gekannt, in denen der Träger der Krone hinter den Anforderungen zurückblieb, die sie an ihn stellte. Doch daraus kann das Haus Windsor nur wenig Hoffnung schöpfen. Das Debakel der hannoverschen Georgs fand in einer Zeit statt, in der die Monarchie das Natürliche und die Republik die Ausnahme war. Außerdem bedurfte es eines protestantischen Monarchen als Schlußstein des Verfassungsgebäudes – King in Parliament. Der Schlußstein ist überflüssig geworden, seit Macht nicht mehr von ihm ausgeht und die Volkssouveränität im Unterhaus alle Quelle der Macht ist. Könnte die Überforderung der jungen Generation des Hauses Windsor auch damit zu tun haben, daß sie selbst nicht mehr an sich und ihre Rolle glaubt?

Die Monarchie funktioniert so lange, wie die Spannung zwischen der Institution und den sie repräsentierenden Personen nicht zu groß wird. Doch was geschieht, wenn der Zufall des Blutes keine Persönlichkeit mehr hervorbringt, die dieser Spannung gewachsen ist? Sie ist für den einzelnen schwer zu ertragen.

Mit Größe zwiegeboren,
Dem Odem jedes Narren untertan,
Des Sinn nichts weiter fühlt als eigne Pein!
Wieviel Behagen muß ein König missen,
Das der Privatmann froh genießt?
Was bist du für ein Gott, der mehr erleidet
Von irdscher Not als deine Diener tun?

So läßt Shakespeare Heinrich V. in dem gleichnamigen Schauspiel über die Göttlichkeit und Menschlichkeit eines Königs meditieren. Das Problem, mit dem sich Heinrich V. hier herumschlägt, ist auch das Problem der modernen Monarchie. Ja, es ist es sogar mehr noch heute, da sich die verfassungsrechtlichen, gesellschaftlichen und politischen Verankerungen der Krone lockern und neue Anker nicht sichtbar sind. Schon einmal in diesem Jahrhundert hat ein englischer König diese Spannung nicht ausgehalten und auf den Thron verzichtet. Der Prinz von Wales könnte der nächste sein.

Trotz aller Modernisierung und Demokratisierung leben die Angehörigen des englischen Königshauses noch immer unter dem Anspruch, den einst Prinz Eugen an seine adligen Offiziere stellte: »Meine Herren, Sie haben nur eine Lebensberechtigung, wenn Sie beständig, auch in der größten Gefahr, als Beispiel wirken, aber in so leichter und heiterer Weise, daß es Ihnen niemand zum Vorwurf machen kann.« Und weiter: »Am Gehorsam ist nichts herumzudeuten – si nous obessions, nous nous aprochons toujours de la volonte de Dieu, ce qui est la meilleure des libertes.« Das ist die alte ritterliche Libertas oboedentiae der kollektiven Elite, die einem obersten Prinzip zu gehorchen sich bemüht. Ein Aristokrat, der sich von diesem Prinzip und aus der Einordnung löst, kann als einzelne Figur faszinierend sein, als Aristokrat hat er keine Berechtigung mehr. Prinzessin Diana mag außergewöhnlich schön und ein professioneller Fernsehstar sein, für den Thron reicht beides nicht aus, da beides der Konkurrenz unterliegt. Das ist die ernsthafte Frage hinter den Eheproblemen der königlichen Familie, die uns die Boulevardpresse präsentiert. Die Angehörigen dieser Familie sind in ihrer Stellung nur so lange ungefährdet, wie sie dem Gesetz dienen, nach dem sie angetreten sind. Nur wenn sie diesem Gesetz gehorchen, wird auch noch im 21. Jahrhundert das optimistisch-pessimistische Wort des verstorbenen Königs Faruk gelten: »Bald gibt es nur noch fünf Könige auf der Welt, die vier im Kartenspiel und den englischen.«

Stammtafel des englischen Königshauses

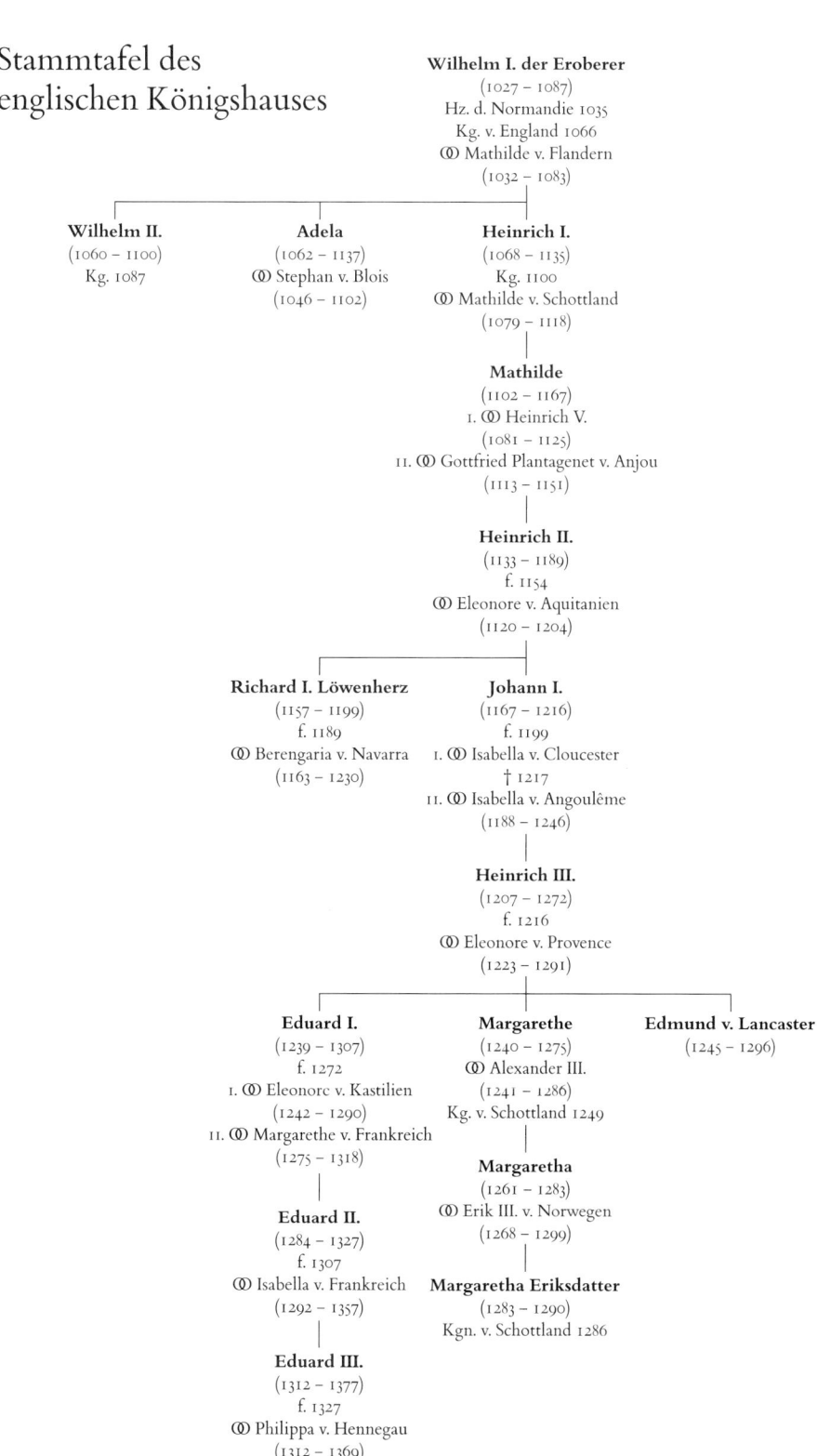

Wilhelm I. der Eroberer
(1027 – 1087)
Hz. d. Normandie 1035
Kg. v. England 1066
⚭ Mathilde v. Flandern
(1032 – 1083)

Wilhelm II.
(1060 – 1100)
Kg. 1087

Adela
(1062 – 1137)
⚭ Stephan v. Blois
(1046 – 1102)

Heinrich I.
(1068 – 1135)
Kg. 1100
⚭ Mathilde v. Schottland
(1079 – 1118)

Mathilde
(1102 – 1167)
I. ⚭ Heinrich V.
(1081 – 1125)
II. ⚭ Gottfried Plantagenet v. Anjou
(1113 – 1151)

Heinrich II.
(1133 – 1189)
f. 1154
⚭ Eleonore v. Aquitanien
(1120 – 1204)

Richard I. Löwenherz
(1157 – 1199)
f. 1189
⚭ Berengaria v. Navarra
(1163 – 1230)

Johann I.
(1167 – 1216)
f. 1199
I. ⚭ Isabella v. Cloucester
† 1217
II. ⚭ Isabella v. Angoulême
(1188 – 1246)

Heinrich III.
(1207 – 1272)
f. 1216
⚭ Eleonore v. Provence
(1223 – 1291)

Eduard I.
(1239 – 1307)
f. 1272
I. ⚭ Eleonore v. Kastilien
(1242 – 1290)
II. ⚭ Margarethe v. Frankreich
(1275 – 1318)

Margarethe
(1240 – 1275)
⚭ Alexander III.
(1241 – 1286)
Kg. v. Schottland 1249

Edmund v. Lancaster
(1245 – 1296)

Eduard II.
(1284 – 1327)
f. 1307
⚭ Isabella v. Frankreich
(1292 – 1357)

Margaretha
(1261 – 1283)
⚭ Erik III. v. Norwegen
(1268 – 1299)

Eduard III.
(1312 – 1377)
f. 1327
⚭ Philippa v. Hennegau
(1312 – 1369)

Margaretha Eriksdatter
(1283 – 1290)
Kgn. v. Schottland 1286

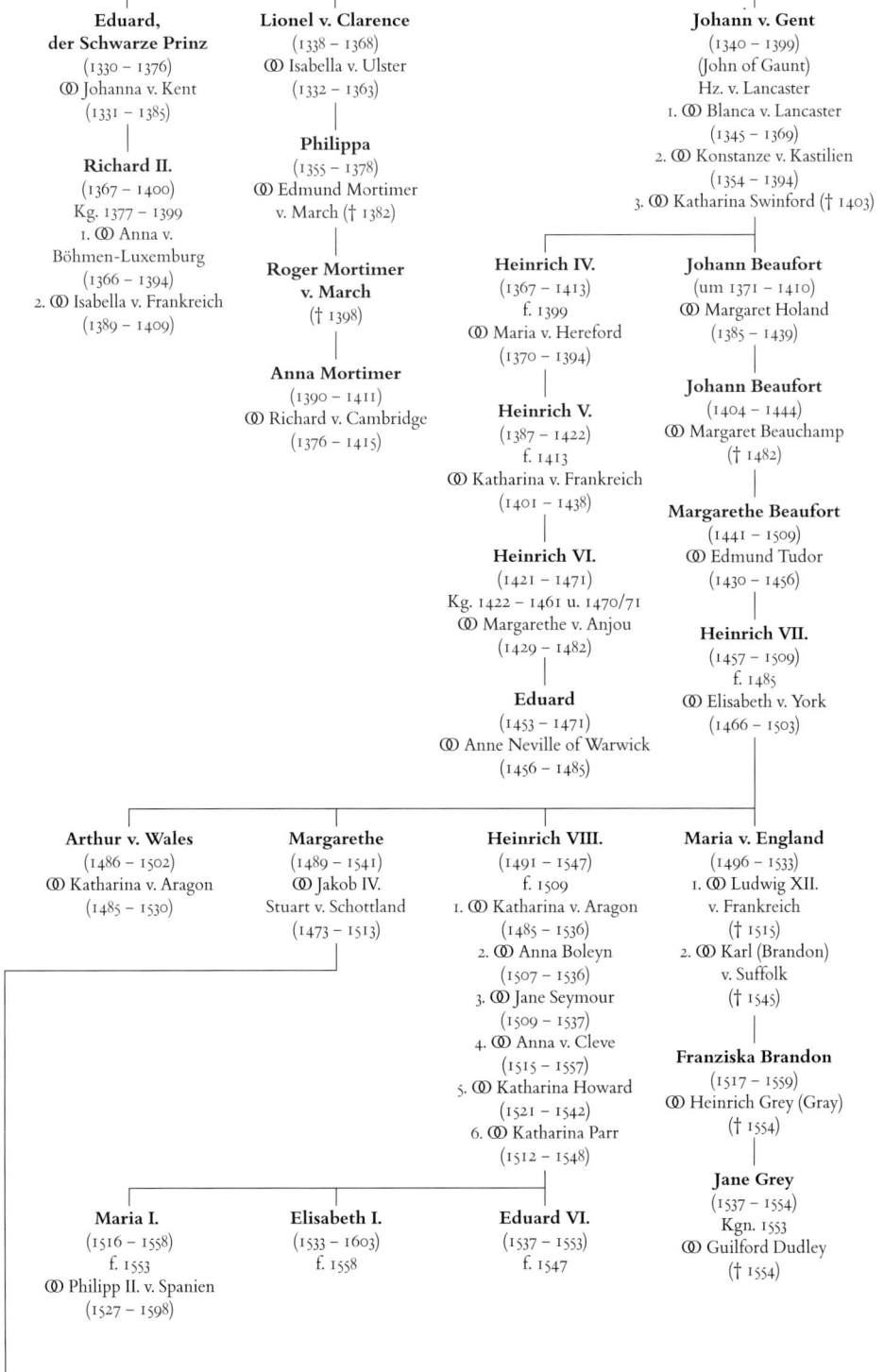

Eduard,
der Schwarze Prinz
(1330 – 1376)
Ⓦ Johanna v. Kent
(1331 – 1385)

Richard II.
(1367 – 1400)
Kg. 1377 – 1399
1. Ⓦ Anna v.
Böhmen-Luxemburg
(1366 – 1394)
2. Ⓦ Isabella v. Frankreich
(1389 – 1409)

Lionel v. Clarence
(1338 – 1368)
Ⓦ Isabella v. Ulster
(1332 – 1363)

Philippa
(1355 – 1378)
Ⓦ Edmund Mortimer
v. March († 1382)

Roger Mortimer
v. March
(† 1398)

Anna Mortimer
(1390 – 1411)
Ⓦ Richard v. Cambridge
(1376 – 1415)

Johann v. Gent
(1340 – 1399)
(John of Gaunt)
Hz. v. Lancaster
1. Ⓦ Blanca v. Lancaster
(1345 – 1369)
2. Ⓦ Konstanze v. Kastilien
(1354 – 1394)
3. Ⓦ Katharina Swinford († 1403)

Heinrich IV.
(1367 – 1413)
f. 1399
Ⓦ Maria v. Hereford
(1370 – 1394)

Heinrich V.
(1387 – 1422)
f. 1413
Ⓦ Katharina v. Frankreich
(1401 – 1438)

Heinrich VI.
(1421 – 1471)
Kg. 1422 – 1461 u. 1470/71
Ⓦ Margarethe v. Anjou
(1429 – 1482)

Eduard
(1453 – 1471)
Ⓦ Anne Neville of Warwick
(1456 – 1485)

Johann Beaufort
(um 1371 – 1410)
Ⓦ Margaret Holand
(1385 – 1439)

Johann Beaufort
(1404 – 1444)
Ⓦ Margaret Beauchamp
(† 1482)

Margarethe Beaufort
(1441 – 1509)
Ⓦ Edmund Tudor
(1430 – 1456)

Heinrich VII.
(1457 – 1509)
f. 1485
Ⓦ Elisabeth v. York
(1466 – 1503)

Arthur v. Wales
(1486 – 1502)
Ⓦ Katharina v. Aragon
(1485 – 1530)

Margarethe
(1489 – 1541)
Ⓦ Jakob IV.
Stuart v. Schottland
(1473 – 1513)

Heinrich VIII.
(1491 – 1547)
f. 1509
1. Ⓦ Katharina v. Aragon
(1485 – 1536)
2. Ⓦ Anna Boleyn
(1507 – 1536)
3. Ⓦ Jane Seymour
(1509 – 1537)
4. Ⓦ Anna v. Cleve
(1515 – 1557)
5. Ⓦ Katharina Howard
(1521 – 1542)
6. Ⓦ Katharina Parr
(1512 – 1548)

Maria v. England
(1496 – 1533)
1. Ⓦ Ludwig XII.
v. Frankreich
(† 1515)
2. Ⓦ Karl (Brandon)
v. Suffolk
(† 1545)

Franziska Brandon
(1517 – 1559)
Ⓦ Heinrich Grey (Gray)
(† 1554)

Jane Grey
(1537 – 1554)
Kgn. 1553
Ⓦ Guilford Dudley
(† 1554)

Maria I.
(1516 – 1558)
f. 1553
Ⓦ Philipp II. v. Spanien
(1527 – 1598)

Elisabeth I.
(1533 – 1603)
f. 1558

Eduard VI.
(1537 – 1553)
f. 1547

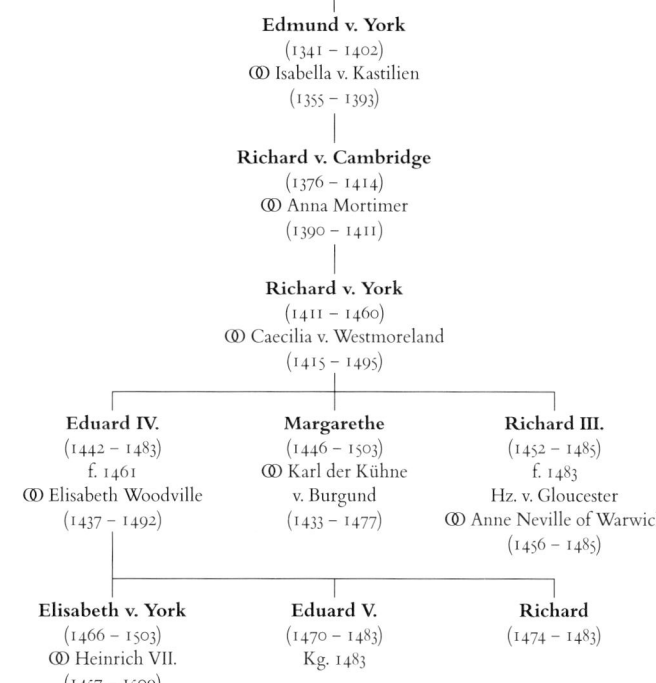

Edmund v. York
(1341 – 1402)
⚭ Isabella v. Kastilien
(1355 – 1393)

Richard v. Cambridge
(1376 – 1414)
⚭ Anna Mortimer
(1390 – 1411)

Richard v. York
(1411 – 1460)
⚭ Caecilia v. Westmoreland
(1415 – 1495)

Eduard IV.	**Margarethe**	**Richard III.**
(1442 – 1483)	(1446 – 1503)	(1452 – 1485)
f. 1461	⚭ Karl der Kühne	f. 1483
⚭ Elisabeth Woodville	v. Burgund	Hz. v. Gloucester
(1437 – 1492)	(1433 – 1477)	⚭ Anne Neville of Warwick
		(1456 – 1485)

Elisabeth v. York	**Eduard V.**	**Richard**
(1466 – 1503)	(1470 – 1483)	(1474 – 1483)
⚭ Heinrich VII.	Kg. 1483	
(1457 – 1509)		

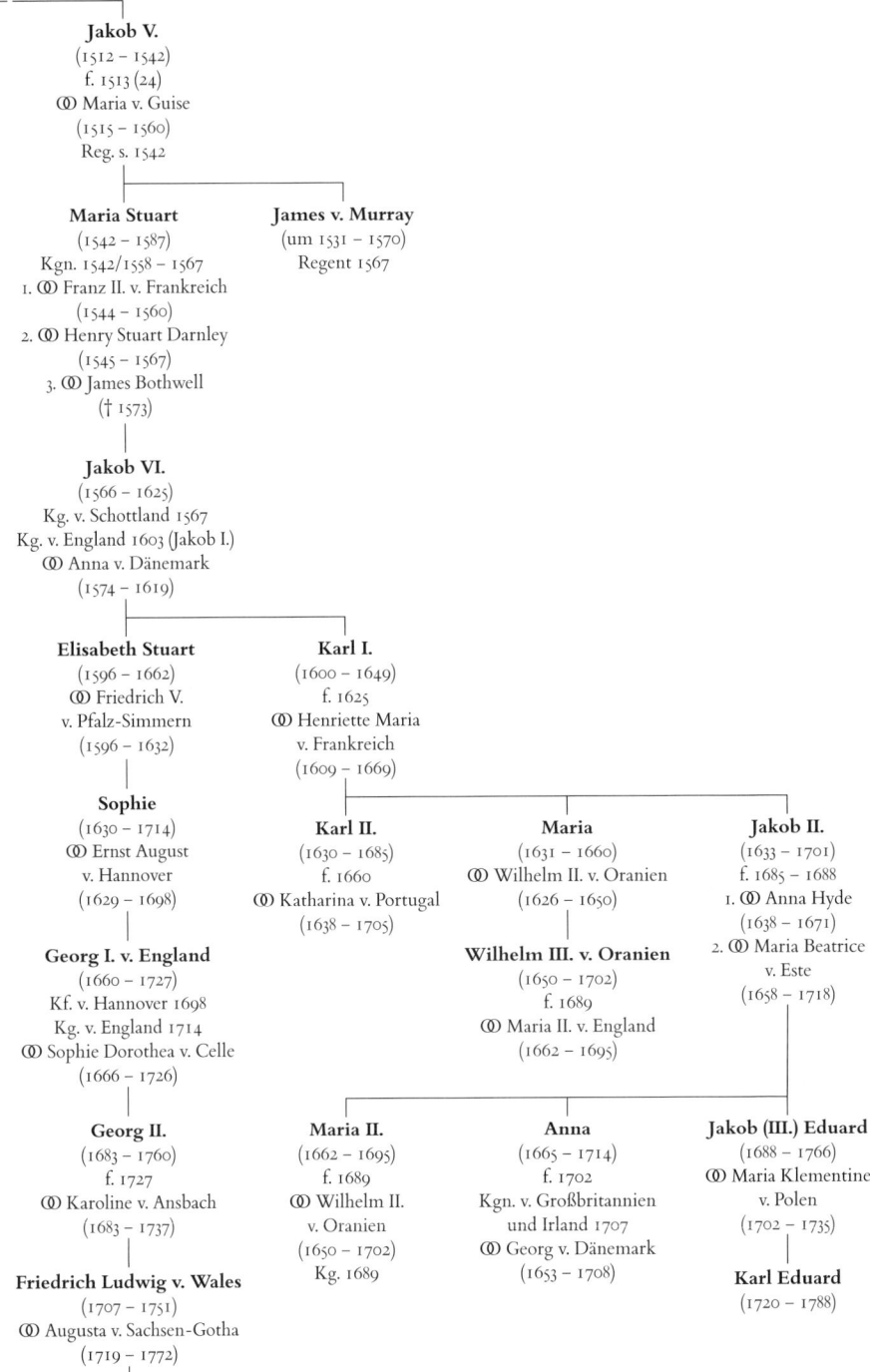

Jakob V.
(1512 – 1542)
f. 1513 (24)
⚭ Maria v. Guise
(1515 – 1560)
Reg. s. 1542

Maria Stuart
(1542 – 1587)
Kgn. 1542/1558 – 1567
1. ⚭ Franz II. v. Frankreich
(1544 – 1560)
2. ⚭ Henry Stuart Darnley
(1545 – 1567)
3. ⚭ James Bothwell
(† 1573)

James v. Murray
(um 1531 – 1570)
Regent 1567

Jakob VI.
(1566 – 1625)
Kg. v. Schottland 1567
Kg. v. England 1603 (Jakob I.)
⚭ Anna v. Dänemark
(1574 – 1619)

Elisabeth Stuart
(1596 – 1662)
⚭ Friedrich V.
v. Pfalz-Simmern
(1596 – 1632)

Karl I.
(1600 – 1649)
f. 1625
⚭ Henriette Maria
v. Frankreich
(1609 – 1669)

Sophie
(1630 – 1714)
⚭ Ernst August
v. Hannover
(1629 – 1698)

Karl II.
(1630 – 1685)
f. 1660
⚭ Katharina v. Portugal
(1638 – 1705)

Maria
(1631 – 1660)
⚭ Wilhelm II. v. Oranien
(1626 – 1650)

Jakob II.
(1633 – 1701)
f. 1685 – 1688
1. ⚭ Anna Hyde
(1638 – 1671)
2. ⚭ Maria Beatrice
v. Este
(1658 – 1718)

Georg I. v. England
(1660 – 1727)
Kf. v. Hannover 1698
Kg. v. England 1714
⚭ Sophie Dorothea v. Celle
(1666 – 1726)

Wilhelm III. v. Oranien
(1650 – 1702)
f. 1689
⚭ Maria II. v. England
(1662 – 1695)

Georg II.
(1683 – 1760)
f. 1727
⚭ Karoline v. Ansbach
(1683 – 1737)

Maria II.
(1662 – 1695)
f. 1689
⚭ Wilhelm II.
v. Oranien
(1650 – 1702)
Kg. 1689

Anna
(1665 – 1714)
f. 1702
Kgn. v. Großbritannien
und Irland 1707
⚭ Georg v. Dänemark
(1653 – 1708)

Jakob (III.) Eduard
(1688 – 1766)
⚭ Maria Klementine
v. Polen
(1702 – 1735)

Friedrich Ludwig v. Wales
(1707 – 1751)
⚭ Augusta v. Sachsen-Gotha
(1719 – 1772)

Karl Eduard
(1720 – 1788)

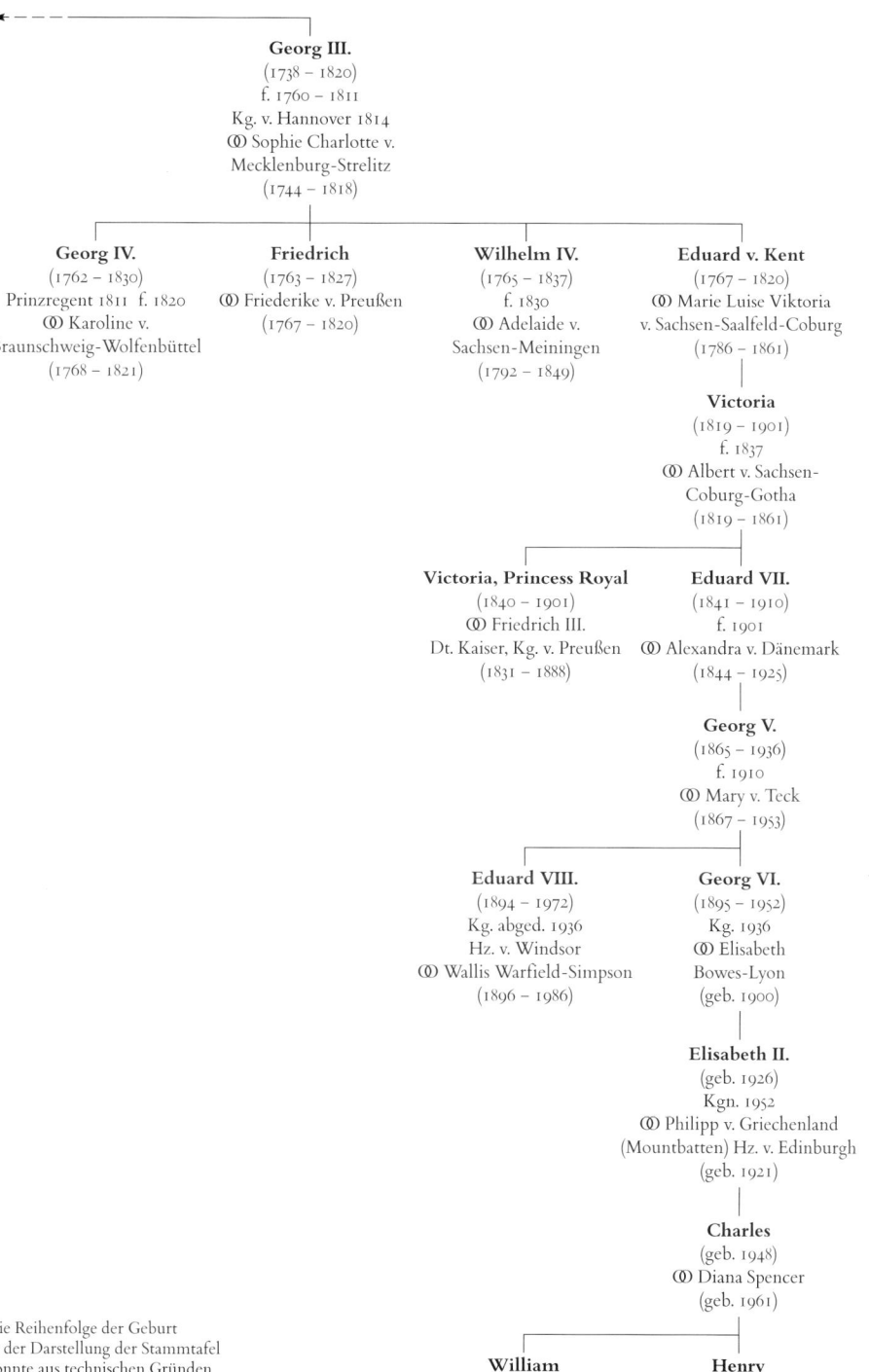

Georg III.
(1738 – 1820)
f. 1760 – 1811
Kg. v. Hannover 1814
⚭ Sophie Charlotte v.
Mecklenburg-Strelitz
(1744 – 1818)

Georg IV.
(1762 – 1830)
Prinzregent 1811 f. 1820
⚭ Karoline v.
Braunschweig-Wolfenbüttel
(1768 – 1821)

Friedrich
(1763 – 1827)
⚭ Friederike v. Preußen
(1767 – 1820)

Wilhelm IV.
(1765 – 1837)
f. 1830
⚭ Adelaide v.
Sachsen-Meiningen
(1792 – 1849)

Eduard v. Kent
(1767 – 1820)
⚭ Marie Luise Viktoria
v. Sachsen-Saalfeld-Coburg
(1786 – 1861)

Victoria
(1819 – 1901)
f. 1837
⚭ Albert v. Sachsen-
Coburg-Gotha
(1819 – 1861)

Victoria, Princess Royal
(1840 – 1901)
⚭ Friedrich III.
Dt. Kaiser, Kg. v. Preußen
(1831 – 1888)

Eduard VII.
(1841 – 1910)
f. 1901
⚭ Alexandra v. Dänemark
(1844 – 1925)

Georg V.
(1865 – 1936)
f. 1910
⚭ Mary v. Teck
(1867 – 1953)

Eduard VIII.
(1894 – 1972)
Kg. abged. 1936
Hz. v. Windsor
⚭ Wallis Warfield-Simpson
(1896 – 1986)

Georg VI.
(1895 – 1952)
Kg. 1936
⚭ Elisabeth
Bowes-Lyon
(geb. 1900)

Elisabeth II.
(geb. 1926)
Kgn. 1952
⚭ Philipp v. Griechenland
(Mountbatten) Hz. v. Edinburgh
(geb. 1921)

Charles
(geb. 1948)
⚭ Diana Spencer
(geb. 1961)

William
(geb. 1982)

Henry
(geb. 1984)

Die Reihenfolge der Geburt
in der Darstellung der Stammtafel
konnte aus technischen Gründen
nicht immer eingehalten werden.

Regenten Englands

Normannische Könige:

Wilhelm I.	1066-1087
Wilhelm II.	1087-1100
Heinrich I.	1100-1135
Stephan	1135-1154

Haus Anjou:

Heinrich II.	1154-1189
Richard I.	1189-1199
Johann I.	1199-1216

Haus Plantagenet:

Heinrich III.	1216-1272
Eduard I.	1272-1307
Eduard II.	1307-1327
Eduard III.	1327-1377
Richard II.	1377-1399

Haus Lancaster:

Heinrich IV.	1399-1413
Heinrich V.	1413-1422
Heinrich VI.	1422-1461
	1470-1471

Haus York:

Eduard IV.	1461-1470
	1471-1484
Eduard V.	1483
Richard III.	1483-1485

Haus Tudor:

Heinrich VII.	1485-1509
Heinrich VIII.	1509-1547
Eduard VI.	1547-1553
Maria I.	1553-1558
Elisabeth I.	1558-1603

Haus Stuart:

Jakob I.	1603-1625
Karl I.	1625-1649

Republik:

Lordprotektor	
Oliver Cromwell	1653-1658
Richard Cromwell	1658-1659

Haus Stuart:

Karl II.	1660-1685
Jakob II.	1685-1688
Maria II.	1689-1695
Wilhelm III.	1689-1702
v. Oranien	
Anna	1702-1714

Haus Hannover:

Georg I.	1714-1727
Georg II.	1727-1760
Georg III.	1760-1820
Georg IV.	1820-1830
Wilhelm IV.	1830-1837
Victoria	1837-1901

Haus Sachsen-Coburg-Gotha:

Eduard VII.	1901-1910

Haus Windsor:

Georg V.	1910-1936
Eduard VIII.	1936
Georg VI.	1936-1952
Elisabeth II.	1952-

Kursive Ziffern beziehen sich auf Bildunterschriften, gewöhnliche auf den laufenden Text.

Abigail, Kammerzofe 116, 117
Adam, Robert *130*, 159
Addison, Joseph 111, 115, 161
Alba, Ferdinando Alvarez de
    Toledo, Herzog von 55
Albert, Prinz von Sachsen-Coburg-
    Gotha, Prinzgemahl 13, *171*,
    173, 174, 176, 179, 180, 181, 183,
    184, 185, 186, 190, 191, 195
Alençon, Herzog von 57
Anjou, Herzog von 57
Anna von Cleve 39
Anna, Königin 94, 107, 110ff., 132
Antinori, Haus *56*
Apostata, Julian 41
Argyll 101
Arnold, Matthew 14
Arnold, Thomas, Headmaster von
    Rugby 163
Arthur, Bruder Heinrichs VIII. 30
Arthur, König 13
Asquith, Premierminister 151, 199,
    212
Ashley 94
Astor, Lady *210*
Attenborough, Regiseur 230
Augustus, Römischer Kaiser 123
Austen, Jane 123, *125*, 126, *155*, 158
Aylesford, Graf von 196

Babington 55
Bacon, Francis 61, 62, 63, 65, 75

Bagehot, Walter 172, 174, 176, 224,
    230
Baldwin, Stanley 207, 218, 219, 220
Balfour, Arthur James 190, 199,
    201, 202, 203, 211, 212, 213, 219
Barbarossa, Kaiser Friedrich 70
Battenberg, s. Mountbatten
Beatles *229*
Beaufort, Herzog von 205
Becket, Thomas, Erzbischof von
    Canterbury 33
Bedford, Herzöge von 123, 131
Beerbohm, Max *194*
Beresford, Lord 196
Bernini, Giovanni Lorenzo *112*
Berwick, Herzog von 111
Bismarck, Otto Fürst von, Reichs-
    kanzler 94, 145, 214
Blandford, Marquis von *120*
Boleyn, Anne 32, 35, 36, 38
Bolingbroke, Heinrich 22f., 94
Bolingbroke, Viscount 111, 116,
    119, 121, 132
Bosch, Hieronymus 222
Boswell, Biograph *143*
Bothwell 51
Boucher, Francois 124
Boulanger, General 215
Bradshaw, John 87, 88, 89
Bramante, Donato 162
Brantome, Pierre de Bourdeilles
    51

Brendon, Piers 201
Bright, John 181
Brooke, Lady 196
Brown, Capability 157
Bruce, Robert 68, 69, 193
Brummell, Beau 126, *127*
Bryant, Arthur 16, 18
Buchanan, George 73
Buckingham, Herzöge von 32, 78
Burke, Edmund 123, 136, 137, 138,
    139, 140, 141, 142, 144, 145, 156,
    165, *166*, 168, 206, 219
Burlington 159
Burne-Jones, Edward 196, 198
Burney, Fanny 137
Burns, Robert 109, *167*
Bute, Marquis von 137
Byron, Lord 123, 148, *149*, *166*, 168,
    177

Caesar *160*
Caligula 89
Calvin, Johannes 48
Cambridge, Herzog von
Campell-Bannerman, Premiermi-
    nister 211
Canning 123, 145, 146
Canaletto 157
Cannadine, englischer Historiker
    9, 174, 176
Canova, Antonio 108
Carlyle 188
Caroline von Braunschweig 128,
    146
Caroline von Ansbach 126
Carracci, Annibale 169
Carteret 129, 134
Cassel, Ernest 196
Castiglione, Baldassare 61
Castlereagh 222
Catsby, Robert 75
Cavendish, Herzöge von 131
Cecil, Robert 65

Cecil, William, Lord Burley 53,
    55, 58, 63, 73, 75
Chamberlain, Joseph 181, 188, 190,
    215, 219
Chamberlain, Austen 202, 218, 219
Chamberlain, Neville 218, 219
Charles Edward, Enkel Jakobs II.
    107
Charles, Prince of Wales *164*, 229,
    230, 232, *232*, 233
Charlotte, Tochter Georgs IV. 170
Chateaubriand 203
Chesterfield, Lord 162
Chippendale, Thomas *147*, 153
Christian IX., König von Dänemark
    205
Churchill, John, Herzog von
    Marlborough 94, 104, 111, 112,
    113, 115, 116, 117, 118, 119, 121,
    123, 128, 131, 150, 219
Churchill, Lord Randolph *119*,
    196, 201, 215
Churchill, Sarah, Herzogin von
    Marlbourgh 94, 110ff., *113*
Churchill, Sir Winston 19, 21, *21*,
    28, 63, 86, 92, *113*, 114, 115, 116,
    117, 118, *119*, 125, 151, *164*, 189,
    189, 190, 196, 202, 207, *210*, 219,
    223, 225, *227*, 228
Ciano, Graf, Schwiegersohn
    Mussolinis 222
Cicero *160*
Clarendon, Graf von 94, 96, 97, 98
Clemens VII., Papst 36
Coleridge 123, 168
Congreve, William 115
Constable, John 123, 169
Cook, John 87
Courtenay, Henry 32
Cranmer, Thomas, Erzbischof von
    Canterbury 36, 42
Cromer 188

Cromwell, Oliver 8, *47*, 67, 77, *79*, 81, 83, 84, *85*, 86, 87, 88, *89*, 90, *91*, 92ff., 96, 100
Cromwell, Thomas 36, 38, 39
Cruikshank, Karikaturist 136, 168
Curzon, Lord George, Vizekönig von Indien 188, 199, 200, 201, 203, 207, 213, 219, 220
Cust, Harry und Nina 199

Dahl, Michael 168
Danby, Erster Minister 94, 100
Darnley, Lord Henry *49*, 50, 51, 73
Darwin, Charles 190
David I. 68
Davison 55
Devonshire, Herzöge von 123, 131
Defoe, Daniel 111, 115, 165
Derby, Lord 180
Desborough, Lady 199
Devereux, Robert, Earl of Essex 63
Devonshire, Herzöge von 148, *154*, 196, 205
Devonshire, Herzogin von *149*
Diana, Prinzessin von Wales *113*, 234
Dickens, Charles 30, 130, 192
Diderot, Denis 61
Dilke, Charles 181, 188
Disraeli, Benjamin, Graf von Bea-consfield 94, 173, 179, 182, 184, 185, *185*, 186, 191
Donne, John 61
Dorislaus, Isaac 87
Douglas, Archibald 69
Douglas, Familie 72
Drake, Francis 59, 76, 78
Dryden 102
Dudley, John, Herzog von Nort-humberland 40
Dudley, Robert, Earl of Leicester 32, 57, 59, 61, 64
Durham, Lord 150, *151*

Eden, Sir Anthony, Lord Aden 218, 228
Eduard I. 16, 22
Eduard II. 22, 86
Eduard III. 7, *10*, 17, 22, 68
Eduard IV. 27, 28, 39
Eduard V. 18
Eduard VI. 28, 38, 40, 41
Eduard VII. 94, 176, 193, *194*, 205, 208, 211, 212, 214, 215, *216*, 217
Eduard VIII. 221, 222, 223, 224, 225
Eduard, Herzog von Kent 170
Edward of Windsor 7, *10*
Egremont, Lady Caroline 148
Egremont, Lord 148, 155
Elcho, Lord und Lady 199
Eleonore von Aquitanien 20
Elgar, Edward 188
Eliot, T. S. 161
Elizabeth I. 11, 30, 35, 38, 39, 40, 43ff., *44*, *46*, 73, 74, 81, 82, 111, 186, 192, 193, 228
Elizabeth II. *9*, 11, 32, 43, 172, 176, *221*, 224, 225, 226, *227*, *229*
Elizabeth, Königin (Königinmutter) *226*
Elizabeth von York, Gemahlin Heinrichs VII. 25, 27
Elizabeth, Schwester Karls I. 81, 90, 110
Empson 32
Ernst August, König von Hannover 128
Esmé Stuart 73
Essex, Thomas Graf von 65
Eucken-Erdsiek, Edith 218
Eugen, Prinz von Savoyen 203, 233

Fairfax 86
Faruk, König von Ägypten 234
Fawkes, Guy *74*, 75

Fichte, Johann Gottlieb 123
Fielding 131
Finn, Phineas 47
Fisher, Admiral 215
Fisher, John, Erzbischof von
    Rochester 32, 38
Fitzherbert, Maria 128
Fontane, Theodor 67, *71*, 72, *167*
Fox, Charles James 123, 135, *136*,
    137, 138, 140, 142ff., 148, *149*, 159
Fragonard, Honoré *79*, 124
Frances Stuart, Herzogin von Rich-
    mond 97
Franz I., König von Frankreich 34
Franz II., König von Frankreich 49
Franz Josef I., Kaiser von Osterreich
    172
Friedell, Egon 43, 47
Friedrich II., der Große, König von
    Preußen 104, 124, 132, 134
Friedrich, Pfalzgraf bei Rhein, der
    »Winterkönig« 81
Froude 188

Gainsborough, Thomas 123, 124,
    148, 153, *155*, 169
Garrick, David 16
Gay, John 131
Georg I. 122, 125, 128, 132, 168
Georg II. 125, 126, 132, 133, 135,
    213
Georg III. 94, 108, 126, 128, 135,
    136f., 138, 140, 141, 144, 145, 176,
    190, 191, 192, 207, *213*
Georg IV. 108, *123*, 126, *127*, 128,
    129, 145, 176, 192, *213*, 229
Georg V. 7, *8*, 9, 176, 210, 212, *213*,
    220, 221, 222, 225, 232
Georg VI. 225
Georg, Prinz von Dänemark 115
George, Lloyd 207, 211, 213, 220
Gibbon, Edward 123, 161
Gilbert, W. S. 225

Gillray, James 136, 168
Gladstone, William Ewart 132,
    151, 174, *175*, 180, 181, 182f., *182*,
    184f., 186, 188, 191, *209*, 211
Gneisenau, August Wilhelm Graf
    Neidhardt von 123
Godolphin, Sidney 111, 115
Goethe, Johann Wolfgang von 32,
    61, *166*
Goldsmith 140
Gonzaga, Herzöge von 78
Gordon of Khartoum, Charles Ge-
    orge 16, 174, *175*, 184
Grenville, George 137, 139, 181
Grey, Lord 149, *151*, 177
Gründgens, Gustav 116
Gwynn, Nell 97

Haldane 215
Halifax, Lord 218, 225
Halifax, Lord, s. Savile, George
Hamilton, Emma *139*
Hamilton, Familie 72
Hampden 83, 94, 129
Händel, Georg Friedrich 126
Hardenberg, Karl August Fürst von
    123
Hardy, Schumacher 141
Harley, Earl of Oxford 111, 116, 117,
    119
Harold, König von Schotland *23*
Hastings, Warren 142, 187
Hawkins, John 59
Hawksmoor 115
Hazelrigg 83
Hegel, Georg Wilhelm Friedrich
    105
Heinrich I. 16, 20, 35
Heinrich II. 16, 20
Heinrich III. 22, 26
Heinrich V. 16, 18, 23, 24, 110
Heinrich VI. 15, 23, 28
Heinrich VII. 11, 13, 25ff., *27*, 34,
    63

Heinrich VIII. 11, *14*, 20, 25, 29, 30ff., *31*, 48, 70, 81
Heinrich Benedikt York, Kardinal 107, 108
Heinrich Friedrich, Prinz von Wales 77
Heinrich V., Kaiser 36
Heinrich II., König von Frankreich 49
Heinrich IV., König von Frankreich 65
Henrietta Maria von Frankreich 80
Heppelwhite, George *147*, 153
Hitler, Adolf 43, 151, 190, 219
Hoare, Samuel 218
Hogarth, William 123, 153, 168
Holbein, Hans d. J. *37*, *39*
Hollands, Lady *149*
Home, Robert 228
Hoppner, John 148
Howard, Catherine 32, 39
Humboldt, Wilhelm von 123
Hyde, Anne 114

Innozenz XI., Papst 105
Ireton 86

Jakob (IV.) I. 13, 56, 57, 66, 69f., 73, 74, 75, 76, 82, 110, 126, 186, 193
Jakob II. 90, 100, 101, 102ff., *103*, 110, 111, 114, 115, 122, 136
Jakob II., König von Schottland 69
Jakob III., König von Schottland 69
Jakob V., König von Schottland 48
James, Henry *155*, 156, 196, 199
Jameson-Raid 200
Jeanne d'Arc 23, 32
Jennings, Sarah, s. Churchill, Sarah
Johann, jüngster Sohn Heinrichs II. 20, 21
Johnson, Samuel 123, 138, *143*, 144, 161, 162, 165

Jones, Inigo 159, 199
Jonsons, Ben 57, 63
Julius II., Papst 35
Juxon, Bischof 90

Kainz 16
Kaiserin Friedrich, s. Victoria, Deutsche Kaiserin und Königin von Preußen
Kantorowicz, Ernst 16
Karl I. *44*, 77ff., *79*, *89*, *91*, 94ff., *95*, 126
Karl II. 77, 90, 95, *97*, 104, 114, 217
Karl V., Kaiser *14*, 34, 36
Karl, Erzherzog, Bruder Kaiser Maximilians II. 57
Karl VI., König von Frankreich 23
Katharina die Große 124, 133
Katharina von Aragon 33, 35, 36f., 41
Katharina von Frankreich, Tochter Karls VI. 23
Kean 16
Kendall, Paul Murray *26*
Kent 159
Kéroualle, Louise de, Herzogin von Portsmouth 97
Keyserlingk, Eduard 200
Kingsley 188
Kipling 183, 188, 195
Kitchener 188
Kneller, Sir Godfrey 168
Knox, John 48, 67, *68*, 82
Kortner 16
Krahl, Hilde 116

Lamb, William, s. Melbourne
Landsdowne 213
Lauderdale, Minister 104
Laval, Pierre 218
Law, Bonar 203, 209
Lawrence von Arabien *175*
Lawrence, Sir Thomas 148, 153, 169

Lely, Sir Peter   97, 168
Lennox   73
Leopold I., König der Belgier   170,
    172, 173, 191
Lilburne, Robert   84
Liverpool, Lord   145, 146
Locke, John   100, 102, 129, 159
Longhi, Pietro   157
Ludendorff, Erich   175
Ludwig VII., König von Frankreich
    20
Ludwig XIV., König von Frankreich
    99, 100, 103, 112, 116, 122, 131,
    153, 219
Ludwig XV., König von Frankreich
    108, 133
Ludwig XVI., König von Frank-
    reich   80
Luther, Martin   31
Lyttelton, Alfred   199

Macaulay   61, 137, 219
MacDonald, Ramsay   209, 218, 220
Machiavelli, Niccolo   17
Macmillan, Harold   228
Malbournes, Lady   149
Manchester, Herzogin von   172
Mancini, Hortense,
    Nichte Kardinal Mazarins   97
Mantegna, Andrea   78
Mar, Earl of   73, 107
Margaret Tudor, Schwester
    Heinrichs VIII.   48, 70, 72
Maria II.   104, 105, 110, 115
Maria Stuart   8, 39, 41, 42, 44, 45,
    47, 48ff., 49, 54, 56, 67, 72, 73, 86
Maria Theresia, Kaiserin   132, 134
Maria, Tochter Karls I.   100
Marie Antoinette, Königin von
    Frankreich   80, 163
Marie Luise, Victoria Prinzessin
    von Leiningen   170
Marie von Guise   48, 58

Marlborough, Herzöge von   152,
    159
Marlowe, Christopher   62
Marx, Karl   80, 105, 186
Mary, Königin   220, 221, 223
Matilda, Tochter Heinrichs I. und
    Gemahlin Kaiser Heinrich V.
    35
Maximilian I., Kaiser   28, 32, 34, 57
Mazarin, Kardinal   94, 97
Medici, Haus   56
Melbourne, Lord William   148,
    173, 177, 178
Metternich, Clemens Wenzel Fürst
    von   94, 222
Michelangelo   169
Mill, John Stuart   179, 180
Milner   188
Milton   102, 129
Minette, Schwester Karls, Herzogin
    von Orléans   99
Minto   188
Mirabeau, Honoré Gabriel Riqueti
    100
Mocenigo, Doge von Venedig   188
Monfort, Simon de   22
Monk, General   96
Monmouth, Herzog von   103
Montaigne   165
Morley, Biograph Cromwells   92
Morley, Premierminister   132
Morris, William   196
Morton   73
Morus, Thomas   b15, 25, 37, 37
Mountbatten, Lord Louis   189, 221
Murdoch   231, 232

Namier, Lewis   137
Napoleon I., Kaiser   24, 105, 145,
    149, 213
Napoleon III., Kaiser   174, 181
Nash, Beau   159
Nattier, Jean Marc   124

Nelson, Horatio   123, 138, *138*, *139*, 148, 176
Newcastle, Herzöge von   123, 131, 134, 135
Newman, Kardinal   35
Newton, Sir Isaac   102, 115
Nicolson, Harold   148, 163, 218
Norfolk, Herzog von   55, 205
North, Lord   137, 140

Olivier, Sir Lawrence   16
Osborne, John   230
Oxford, Earl of   61

Palladio, Andrea   159, *160*
Palmer, Barbara, Herzogin von Cleveland u. Gräfin von Castelmaine   97
Palmerston, Lord   148, 172, 173, 174, 180f.
Parker-Bowles, Camilla   232
Parr, Catherine   57
Peel, Sir Robert   173, 179, 180, 183, 185
Pembroke, Countess of   61
Pepys, Samuel   102
Pétain, Henri Philippe   218
Peter der Große   123
Petrarca, Francesco   61
Philipp II., König von Spanien   42, 57, 58, 59, 65, 219
Philipp IV., König von Spanien   28, 76
Philipp, Herzog von Edinburgh   230
Pitt, William, Earl of Chatham   63, 94, 121, 123, 133ff., *133*, *136*, 138, 140ff., 144, 145
Pitti, Familie   *56*
de la Pole, englische Adelsfamilie   32
Ponsonby, Caroline, Gemahlin Melbournes   177

Pope, Alexander   111, 115, 123, 131, 161
Portland, Herzöge von   131
Proust, Marcel   201, 207
Puccini, Giacomo   215
Pultney   129
Purcell, Henry   102
Pym, John   83, 94, 129

Queensberry, Herzogin von   159

Raeburn, Sir Henry   124, 153, 169
Raffael   78, 169
Raleigh, Walter   47, 61, 75f.
Ranke, Leopold von   77, 78, 83
Rauch, Christian Daniel   123
Rembrandt   169
Repton   157
Reynolds, Sir Joshua   123, 124, 148, 153, 169
Rhode, Cecil   188, 200
Ribblesdale, Lord   203
Ribbentrop, Joachim von   222
Riccio, David   50
Richmond, Herzog von   97, 205
Richard I. Löwenherz   11, 17, 20, 24
Richard II.   16, 18, 22, 86
Richard III.   11, 15, *17*, 20, 25, 26, *26*, 28
Richard, Herzog von Gloucester   18, 24
Richelieu, Armand Jean Kardinal   94
Robert II.   68
Robert III.   68
Rochester   102
Rockingham, Herzöge von   102
Rockingham, Marquis von   139, 140
Romney, George   169
Ronsard   51
Rosebery, Lord   181, 188, 201, 219
Rowlandson, Karikaturist   136, 168

Rubens, Peter Paulm 168
Rucellai, Haus *56*
Rupert von der Pfalz 83
Ruskin, John 169, 188
Russell, Lord John 101, 150, *151*
Rutland, Herzogin von 199
Rysbrack, John Michael *112*, 121

Sackville West, Vita 205
Saint-Germain, Chevalier von 106
Salisbury, Gräfin von 32
Salisbury, Lord *164*, 172, 176, 184,
    186, 190, 199, 201, 202
Sargent, John Singer 196, 198, 199,
    202
Savile, George, Marquess of Halifax
    94, 101f., 104
Savonarola *68*
Schadow, Johann Gottfried 123
Scharnhorst, Gerhard Johann David
    von 123
Schiller, Friedrich 30, *54*, 55
Schinkel, Karl Friedrich 123
Scott, Walter 20, 67, *71*, 108, 124,
    125, 126, 167
Scribe 116
Seeley 186
Seneca 62
Seymour, Eduard, Herzog von So-
    merset 40
Seymour, Jane 38
Seymours, Lord 57
Shaftesbury, Lord 100, 101, 159, 161
Shakespeare, William 15, 17, 25,
    26, 54, 60, 61, 62, 63
Shaw, Tom 219
Shelburne 140
Shelley 123, 168, 192
Sidney, Philip 101, 161
Simnel, Lambert 28
Simpson, Wallis 221, *221*, 222, 223
Smith, Adam 123
Snow, Charles Percy 7

Somerset, Herzog von 115
Somerset, Lordprotektor 57
Sophia Dorothea von Celle, Ge-
    mahlin Georgs I. 125
Southey 168
Southhampton 61
Spenser, Edmund 61, 161, 184
St. John, Henry
Stamfordham, Lord 7
Steele 161
Stein, Heinrich Friedrich Karl Frei-
    herr vom Stein 123
Stephens 18
Sterne, Lawrence 165
Stewart, Ada James 70
Stockmar, Baron 179, 195
Strachey 175
Strachey, Lytton 45, 65
Strafford, Statthalter in Irland 82f.,
    90
Strozzi, Familie *56*
Stubbs, George 153
Suffolk, Herzöge von 32
Sully 73
Sunderland 111
Surrey, Graf von 32
Sussex, Lord 57
Sutherland, Herzog von 196
Swift 111, 115, 131
Sydney, Philipp 61

Talleyrand, Charles Maurice 128
Teck, Mary von, s. Mary, Königin
Tennant, Laura, Gemahlin von Al-
    fred Lyttelton 199
Tennyson, Alfred 13f., 188, 192
Thornhill, James 168
Tintoretto 78
Tizian 61, 78, 169
Tocqueville, Alexis de 179
Took, Horne 141
Townsend, Peter 232
Trevelyan, George 119, 137, 148

Trollope, Anthony *151*, *155*, 192
Tuchmann, Barbara 193
Turenne 102
Turner, William 169

Van Dyck, Sir Anthony 78, *79*, 168
Vanbrugh, Sir John 115, 121, 159
Vane 101
Verne, Jules 215
Victoria, Deutsche Kaiserin u. Kö-
  nigin von Preußen 215
Victoria, Königin 7, 9, 11, 15, 58,
  63, 126, 146, 170ff., *171*, 193, *194*,
  199, 211, *227*
Villiers, George, Herzog von
  Buckingham 75, 76
Vitruv 162
Voltaire (eigtl. François Marie
  Arouet) 61, 119, 121

Wagner, Richard 215
Walpole, Horace 135, 137, 164f.
Walpole, Robert 129, 131f., 134,
Walsingham, Francis 55, 63
Walters, Lucy 103
Warbeck, Perkin 28
Warwick, Graf von 28, 205
Washington, George 123, 190
Watteau, Antoine *79*, 124

Watts 196
Waugh, Evelyn, 203, 208
Webster 62
Webb, Beatrice *210*
Wellington, Herzog von *19*, 176
Wessex, Alfred von 19
Westminster, Herzog von 205
Whistler 196, 198
Wilberforce 142
Wilde, Oscar *187*, 196, *198*, 200
Wilhelm I., der Eroberer 7, 20, *23*,
  194, 207
Wilhelm IV. 146, 178
Wilhelm von Oranien *47*, 100,
  104, 110, 115
Wilhelm II., Deutscher Kaiser u.
  König von Preußen 58, 145,
  151, 196, *213*, 215, *216*
Wilkes, John 137, 176
William, Herzog von Gloucester
  110, 122
Wolsey, Thomas, Kardinal 32ff.,
  33, 36
Wordsworth, William 123, 168
Wren, Sir Christopher 115
Wyndham, George 199

Zweig, Stefan 50

Abbildungsverzeichnis

Archive und Leihgeber

Archiv für Kunst und Geschichte, Berlin   9, 17 (Walker Art Gallery, Liverpool), 19, 21 (Bibliothèque Nationale, Paris), 23 (Musée de la Tapisserie, Bayeux), 31 (Galleria Nazionale, Pal. Barberini, Rom), 37 (Öffentliche Kunstsammlung, Basel), 44 (Privatbesitz, England), 46 (Privatbesitz, Earl of Warwick), 47 (Museo del Prado, Madrid), 54 (British Museum, London), 60, 68 (Tate Gallery, London), 74, 79 (Musée du Louvre, Paris), 82, 91, 97 (National Portrait Gallery, London), 113 (Blenheim Palace), 124 (Pinacoteca Vaticana, Rom), 125, 129, 133, 149 (National Gallery, London), 154 (The National Trust, Suffolk), 155 (National Gallery, London), 163 (Tate Gallery, London), 166 (National Portrait Gallery, London), 167, 185, 189, 197, 210, 221, 229

Bildarchiv Preußischer Kulturbesitz, Berlin   10 (Westminster Abbey, London), 33 (King's College, Cambridge), 85 (National Gallery, London), 139 (National Portrait Gallery, London)

Bridgeman Art Library, London   50 (Tate Gallery, London), 89 (Fitzwilliam Museum, Cambridge), 136 (House of Commons, Westminster, London), 157 (British Museum, London), 160, 164 (Maidstone Museum and Art Gallery, Kent), 171 (Victoria & Albert Museum, London), 182 (Christie's, London)

Hornack, Angelo, London   147

Jarrod Publishing, Norwich   112, 119, 120 (mit freundlicher Genehmigung Seiner Majestät des Herzogs von Marlborough)

Mansell Collection, London   14, 49, 95, 107, 127, 143, 151, 187

Mary Evans Picture Library, London   56, 198, 216

National Portrait Gallery, London   26, 27

Neumeister, Werner, München   53, 64, 71, 106, 130

South West News Service, Bristol   232

Süddeutscher Verlag, Bilderdienst, München   8, 138, 209, 213, 226, 227, 231

Transglobe Agency, Hamburg   103

Ullstein Bilderdienst, Berlin   62, 175

Publikationen

Beerbohm, Max, *Things Old and New*, 1923   194
London, Evening Standard 1940   223

Für die freundliche Abdruckgenehmigung
bedanken wir uns bei den Leihgebern.

Verzeichnis der Gemälde

10 Eduard III., Anonymus, um 1377/80

14 König Artus und die Ritter der Tafelrunde, Anonymus, 14. Jh.

17 Der Schauspieler David Garrick als Richard III., Gemälde von
William Hogarth, 1746

19 Schottische Hochländerinfanterie im Gefecht bei Balaklava,
Lithographie von A. Buttler, o.J.

21 Die Schlacht bei Azincourt, franz. Buchmalerei von Martial d'
Auvergne, um 1484

23 Teppich von Bayeux. Landung der normannischen Flotte
unter Wilhelm dem Eroberer, spätes 11. Jh.

26 Richard III., Anonymus, um 1485

27 Richard VII., Anonymus, o.J.

31 Heinrich VIII., Gemälde von Hans Holbein d. J., 1540

33 Thomas Wolsey, Anonymus, um 1520

37 Thomas Morus und seine Familie, Federzeichnung von Hans Holbein
d. J., 1527

44 Königin Elizabeth tanzt den Polka mit Robert Dudley, Anonymus,
o. J.

46 Krönungsbildnis Elisabeths, Guillim Stretes zugeschriebenes
zeitgenössisches Gemälde

47 Maria I. Tudor, Gemälde von Anthonis van Dashorst, 1554

49 Tod Darnleys, o. A.

50 Cricket, o. A.

54 Hinrichtung Maria Stuarts in Fotheringhay am 8. Februar 1587,
Federzeichnung, o. J.

60 Der Untergang der Armada, zeitgenössischer Holzschnitt, o. J.

68 John Knox predigt vor den Lords der Kongregation am 10. Juni 1559,
Gemälde von David Wilkie, o. J.

79 Karl I., Gemälde von Anthon van Dyck, um 1635

85 Oliver Cromwell, Gemälde von Robert Walker, o.J.

89 Kinder von Charles I., Miniatur von John Hoskins, o. J.

91 Die Hinrichtung Karls I., Kupferstich, Anonymus, o. J.

95 The Royal Oake of Brittayne, o. A.

97 Richard III., Anonymus, o.J.

103 Empfang James II. bei Ludwig XIV., o. A.

107 Schlacht von Culloden, o. A.

112 Königin Anna, Standbild im Blenheim Palace, 1746

113 Herzogin Sarah Jennings, Herzogin von Marlborough, zeitgenössisches Gemälde, o. A.

124 Georg IV., Gemälde von Sir Thomas Lawrence, 1818/19

125 Georg IV. Ein Genußmensch unter den Qualen der Verdauung, Radierung von James Gillray, o. J.

127 Beau Brummell, Gemälde von Frederick Bernard, um 1880

129 Krönung König Georgs IV., Aquarell von C. Wild, o. J.

133 The Giant-Factotum Amusing Himself, Radierung von James Gillray, 1797

136 Charles James Fox spricht zum House of Commons zur Zeit der Regierung Pitt, Gemälde von Anton Hickel, o. J.

138 Lord Nelson, o. A.

139 Lady Emma Hamilton, Gemälde von George Romney, o. J.

143 The Procession, o. A.

154 The Harvey Conversation-Piece, Gemälde von William Hogart, o. J.

155 Robert Andrews und seine Frau Mary, Gemälde von Thomas Gainsborough, o. J.

157 Stourhead, Gemälde von Francis Nicholson, o. J.

163 Sir Broothby, Gemälde von Joseph Wright of Derby, o. J.

164 Rugby School, Gemälde von George Pyne, o. J.

166 Lord Byron, Gemälde von Richard Westall, 1838

167 Robert Burns, Grisaillemalerei, Anonymus, um 1870

171 Königin Victoria und Prinz Albert tanzen, Lithographie, o. A.

175 Charles George Gordon - seine Ermordung in Karthum, o. A.

182 Mr. Gladstone im Omnibus, Gemälde von Alfred Morgan, o. J.

185 Benjamin Disraeli, Zeichnung von Daniel Machise, um 1825

194 Prinz Edward von Wales in Windsor Castle, Karikatur von Max Beerbohm, o. A.

197 Fuchsjagd, Farbholzstich nach J. Akermark, um 1900

198 Oscar Wilde, o. A.

223 ›All behind you, Winston‹, Karikatur von Low, 1940

Die Deutsche Bibliothek – CIP-Einheitsaufnahme
Gauland, Alexander:
Das Haus Windsor/Alexander Gauland –
1. Aufl. – Berlin: Siedler, 1996
ISBN 3-88680-534-4

© 1996 by Wolf Jobst Siedler Verlag GmbH, Berlin

Der Siedler Verlag ist ein Unternehmen
der Verlagsgruppe Bertelsmann.

Bildredaktion: Ditta Ahmadi, Berlin
Schutzumschlag: Brigitte und Hans Peter Willberg, Eppstein
Satz und Reproduktionen: Bongé + Partner, Berlin
Druck: Ara, Stuttgart
Buchbinder: Büge, Celle
Printed in Germany 1996
ISBN 3-88680-534-4
Erste Auflage

Matthias Steiner / Tobias Hatje

Snowboard

Das Handbuch

Equipment

Freestyle

Competition

Tourenboarding

Alpine Gefahren

Snowboardatlas

Mit Aktionsfotos von Peter Mathis

Bruckmann

Einband-Titel:
Axel Zander an der Albona, Stuben am Arlberg

Innentitel: Das Team am Kitzsteinhorn

Eine Produktion des
Bruckmann-Teams, München

Lektorat: Georg Steinbichler, Jutta Hemminger
Layout und Herstellung: Ina Hesse
Umschlaggestaltung: Uwe Richter

Bildnachweis:
Archiv der Autoren, Hamburg: 10, 24, 25, 26, 28, 30, 31, 32, 48, 50 (2 Fotos), 51 (2 Fotos), 128, 152 (kleines Foto), 158, 169
Katja Delago, Oberammergau: 156
Richard Walch, Augsburg: 165
Alle übrigen Fotos: Peter Mathis, Hohenems
Die Grafiken erstellte Georg Sojer, Ruhpolding

Alle Angaben in diesem Buch sind nach bestem Wissen und Gewissen zusammengestellt worden. Es kann jedoch keine Garantie übernommen werden. Sollte es bei der Anwendung der im Snowboard-Handbuch erläuterten Techniken und Verhaltensweisen zu Unfällen und Verletzungen kommen, ist im Rahmen der geltenden Gesetze jegliche Haftung von Autoren oder Verlag ausgeschlossen.

Gedruckt auf chlorfrei gebleichtem Papier

Die Deutsche Bibliothek –
CIP-Einheitsaufnahme

Steiner, Matthias:
Snowboard: das Handbuch; Equipment – Freestyle – Competition – Tourenboarding – Alpine Gefahren – Snowboardatlas/ Matthias Steiner/Tobias Hatje. Mit Aktionsfotos von Peter Mathis. – München. Bruckmann, 1996 (Outdoor-Praxis)
ISBN 3-7654-2961-9
NE: Hatje, Tobias

Gesamtherstellung: Bruckmann, München
Druck: Gerber + Bruckmann, München
Printed in Germany
ISBN 3-7654-2961-9

INHALT

1   Vorwort
    von Peter Bauer   8

2   Einleitung   12

3   Equipment   16
3.1 Konstruktionsmerkmale 19
    Boards 19
    Bindungen 23
    Boots 24
3.2 Alpin-Ausrüstung 24
    Alpin-Boards 24
    Plattenbindungen 25
    Hardboots 26
3.3 Freestyle-Ausrüstung 27
    Freestyle-Boards 27
    Schalenbindungen 28
    Softboots 30
3.4 Freeride-Ausrüstung 31
    Freeride-Boards 32

4   Herstellungsverfahren . . .   34

5   Standposition   38
5.1 Goofy oder regular? 39
5.2 Bindungsposition 41

6   Kleidung   42
6.1 Sportunterwäsche 44
6.2 Zwischenschicht 44
6.3 Wind- und wasserfeste
    Oberbekleidung 44
6.4 Handschuhe 45

7   Boardpflege   46
7.1 Arbeitsmaterial 48
7.2 Belagreparatur 48
7.3 Kantenschleifen 49
7.4 Wachsen 50

8   Elementarschule **52**
Ratgeber: Aufwärmen 54
Ratgeber: Boardhandling 59
Ratgeber: Sicher einsteigen 60
Ratgeber: Problemlos aufstehen 60
Ratgeber: Umdrehen des
         Boards 62
Ratgeber: Angstfrei stürzen 62
Ratgeber: Richtig stehen 64
Ratgeber: Balance auf dem
         Board 65
Ratgeber: Locker gleiten 66
Ratgeber: Effektiver Kanten-
         einsatz 67
Ratgeber: Schrägfahrt 68
Ratgeber: Sicher bremsen 69
Ratgeber: Liftfahren 70

9   Basisschule **72**
9.1 Basisschwung 73

10   Alpintechnik **78**
10.1 Schwungprinzipien 80
Hochentlastung 81
Tiefentlastung 82
**10.2 Situationsangepaßtes
      Fahren 84**
Pistentechniken 84
Ratgeber: Flache Piste 84
Ratgeber: Steile Piste 86

Ratgeber: Buckelpiste 87
Geländetechnik 88
Ratgeber: Tiefschnee 90
Ratgeber: Harsch 91
Ratgeber: Eis 91

11   Stangentechnik **92**
11.1 Slalomtechnik 96
11.2 Riesenslalomtechnik 98

12   Freestyle **100**
Ratgeber: Pistentricks 102
Ratgeber: Springen für
      Einsteiger 103
Ratgeber: Halfpipe 106

13   Snowboard extrem 112
13.1 Tourenboarding 113
   Ratgeber: Tourenboarding 114
13.2 Helicopterboarding 119

14   Nachwuchsschule 120
   Ratgeber: Einstiegsalter 122
   Ratgeber: Elternverhalten 123
   Ratgeber: Material 126
   Ratgeber: Kleidung 129

15   Snowboarding als
   Wettkampfsport 130
15.1 Alpine Disziplinen 132
   Parallelslalom (Duel) 132
   Riesenslalom (GS) 133
   Parallel-Riesenslalom 134
   Super-G 134
15.2 Freestyle-Disziplinen 134
   Halfpipe 134
   Obstacle Course 137
   Boarder Cross 137
   Freeriding 139

16   Wettkampfserien 140
16.1 ISF Championships 142
16.2 ISF World Tour 143
16.3 ISF Invitationals 144
16.4 ISF Nations' Tour 144
16.5 FIS Snowboard World Cup 145

17   Snowboard-
   organisationen 146

18   Geschichte 152
18.1 Die Ursprünge 152
18.2 Der Snurfer 154
18.3 Die Väter des
   Snowboards 154
18.4 Die jungen Wilden 155
18.5 Der Durchbruch
   in Europa 157
18.6 Die Wettkampfszene 158
18.7 Medien und
   Verbände 159

19   Mit Sicherheit Spaß 160
   Ratgeber:
   Verhaltenstips 162
   Ratgeber:
   Lawinenkunde 163
   Ratgeber:
   Verletzungsgefahr 171

20   Snowboardatlas 176

21   Snowboardschulen 182

22   Lexikon 187

23   Register 191

Dank

Ohne die tatkräftige Unterstützung vieler Freunde und Kollegen wäre die Produktion des Snowboard-Handbuches nicht möglich gewesen. Wir bedanken uns ganz herzlich bei:

Peter Mathis für die perfekten Fotos und seine unendliche Geduld.

Nicola Thost und **Markus Apperle** für den Elan beim Demonstrieren der Fahrtechnik.

Peter Bauer für das Vorwort und **Thilo Bohatsch** für die inhaltliche Beratung.

Peter Präauer von den Gletscherbahnen Kaprun und **Hans Wallner** vom Fremdenverkehrsverband Kaprun für ihr Engagement in Sachen Snowboarding.

Erwin Cizek, Lorenz Kocher und dem Team der Pistenrettung Kitzsteinhorn für die vielen Extratouren mit den Pistenraupen und das Graben der Schneeprofile.

Katja und Tommy Delago von Nitro-Snowboards für die tolle Hilfsbereitschaft in allen technischen Fragen.

Julia Fichtner und Jan-Hein Habes von Burton Snowboards für die freundliche Unterstützung.

Dr. med. Reinhard Schneiderhan (ISF- Verbandsarzt) aus München und **Prof. Dr. Kai Neumann** aus Garmisch-Partenkirchen für die fachliche Beratung in medizinischen Fragen.

Astrid Sponer (medico sports fashion) für die wärmende Ausrüstung der Fahrer.

Christian Petrolini (Mammut Toko) für das schnelle Wachs.

Kurt Gerber (Exped Bergsteiger- und Trekkingausrüstung) für die Sherpa Schneeschuhe.

Peter Schmid und seiner Crew von der Bergschule Randonnée aus dem Allgäu für seine fachliche Unterstützung im Bereich Lawinenkunde.

1 VORWORT

Als vorübergehende Modeerscheinung sahen es die einen, als einen die Alpen belebenden neuen Wintersport die anderen. Eine unkontrollierbare Gefahr für alle Skifahrer wurde ins Snowboard hineininterpretiert, aber auch eine neue Lebensphilosophie, in der viele junge Leute plötzlich wieder Licht am Ende ihres No-Future-Tunnels erblickten ...

Warum sorgt ein einfaches Holzbrett, das doch eigentlich nur die Aufgabe hat, eine Person vom Berg ins Tal rutschen zu lassen, für soviel Aufruhr in den Medien?

Dieses Brett war neben Rock 'n' Roll, Flowerpower, den Stones und dem Skateboard hierzulande eine der am meisten mißverstandenen Erscheinungen, die in den letzten fünfzig Jahren von Amerika über den großen Teich schwappten.

Welcome to Snowboarder Country!

Den allgemeinen Generationskonflikt unserer Zeit anfachend, konnten Eltern einfach nicht verstehen, warum ihre Kinder das für teures Geld gekaufte Skiequipment plötzlich im Keller stehen ließen.

Überall zeigten sich die Verantwortlichen in den Skigebieten intolerant. Sie untersagten den snowboardinfizierten Kids den Lifttransport, und Wintersportverbände weigerten sich, das neue Spielzeug in ihr Programm aufzunehmen.

*Deutschlands »Mister Snowboard«,
Peter Bauer.*

Doch jetzt ist die Probezeit der Modeerscheinung abgelaufen. Snowboardende Familien sind am Schlepplift gern gesehen, und Skigebiete reißen sich mit speziellen Werbekampagnen um die geldbringende neue Zielgruppe. Selbst ergraute Skiverbände versuchen, durch Snowboardveranstaltungen ihr Image aufzubessern und Akzeptanz bei der Jugend zu gewinnen.

Snowboarding ist eben nicht nur Extremsport für Individualisten oder Außenseiter. Snowboarding ist mehr. Snowboarding ist Mode, Musik und Movement, Lifestyle und Lebensphilosophie. Snowboarding beinhaltet gleichzeitig lockeres Beisammensein und hartes Wettkampfgeschäft.

Snowboarding ist die eleganteste, faszinierendste und zugleich simpelste Art, einen Schneehügel hinunterzurutschen.

Ein multifunktionales Etwas? Wie auch immer.

Dieses Buch wird auf jeden Fall sowohl allen Neueinsteigern wie auch allen Fortgeschrittenen einen fundierten Überblick bieten. Es ist ein Wegweiser, um geschickt durch den Dschungel von Boardangeboten, Schwungtechniken, Wettkampfdisziplinen und alpinen Gefahren zu finden.

Welcome on Board!

Peter Bauer

(Peter Bauer ist Deutschlands bekanntester Snowboarder, Buchautor und einer der weltweit erfolgreichsten Fahrer überhaupt.)

*Freestyler:
Die Überflieger des Wintersports.*

2 EINLEITUNG

Snowboarding, die junge Faszination des Wintersports. Früher als »Eintagsfliege« belächelt, hat das Snowboard weltweit neuen Schwung in die Berge gebracht. Nicht umsonst meinen Experten, daß im Snowboarden eine Jugendkultur ihren Sport gefunden hat. Aber es sind nicht mehr die trendorientierten Teenager allein, die die Wintersportgebiete bevölkern, auch für Kinder und Eltern, für ehemals eingefleischte Skifahrer und Tourengeher, kurzum: für aktive Menschen jeden Alters wird das Snowboard immer mehr zum ständigen Begleiter im Winter.

Die Entscheidung, Snowboarding in das olympische Programm aufzunehmen, war die logische Konsequenz einer rasanten Entwicklung, und dieser Entwicklung trägt das »Handbuch Snowboard« Rechnung.

Die Verkaufszahlen für Ski sind in ganz Europa seit Jahren stark rückläu-

Spaß im Doppelpack: Zu zweit wird das Tiefschneeerlebnis noch intensiver.

fig, die für Snowboards haben jährliche Zuwachsraten bis zu 27 Prozent.

Nach Angaben der International Snowboard Federation (ISF) begeistern sich schon jetzt knapp fünf Millionen Menschen für das Gleitbrett, und ständig werden es mehr. Der Grund ist einfach: Das Snowboard garantiert grenzenlosen Spaß im Schnee. Für manche ist es die Synthese aus Skateboarden und Wellenreiten. Andere begeistert die Ästhetik des Gleitens, für wieder andere ist Snowboarden der Ausdruck eines Lebensgefühls. Eine Sportart eben, die nicht von festen Regeln bestimmt ist, sondern Platz läßt für Individualität und Spontaneität.

Unser Handbuch beleuchtet alle Facetten dieser abwechslungsreichen Sportart. Es wird kompetenter Begleiter der Snowboardkarriere sein, Lehrbuch und Ratgeber zugleich.

An erster Stelle steht aber immer der Genuß! Um den Spaß auf dem Board so schnell wie möglich erleben zu können, gehen wir in diesem Buch neue Wege. Nicht die bloße Aneinanderreihung verschiedener Techniken bildet den roten Faden, sondern die Orientierung an der Praxis. Nach dem Einmaleins des Snowboardens steigen wir voll mit dem ein, was für Snowboarder das wichtigste ist: die besten Techniken für die unterschiedlichen Geländeformen. Wie schwinge ich im Flachen, wie bringe ich das Board im Steilen auf die Kante. Und vor allem: Wie reagiere ich auf verschiedene Schneearten.

Weil das Snowboard inzwischen auch viele junge, wintersportunerfahrene Menschen in die Berge zieht, informieren wir ausführlich über alpine Gefahren und richtiges Verhalten im Gelände.

Dieses Handbuch kann und will nicht den Unterricht in einer guten Snowboardschule ersetzen, aber es vermittelt das, was Snowboarding wirklich ist: ein faszinierender Sport im Schnee. Schnell, abwechslungsreich und leicht zu erlernen.

Viel Spaß beim Lesen!

Auf dem Sprung: Snowboarding entwickelt sich zum Top-Wintersport.

3 EQUIPMENT

Drei Dinge braucht der Snowboarder als Grundausstattung für den Spaß im Schnee: Ein **Board**, das seinem Können und dem bevorzugten Einsatzbereich entspricht, ein Paar passende **Schuhe** und eine **Bindung**, die den Boarder fest und sicher auf dem Schneebrett fixiert. Stimmen diese drei Komponenten, steht dem Vergnügen im Schnee nichts mehr im Wege. Die Kleidung sollte allerdings auch nicht vernachlässigt werden (siehe Kapitel 6). Hier zählen jedoch weniger optische Aspekte (über Geschmack läßt sich ja bekanntlich nicht streiten) als vielmehr funktionelle Kriterien

Die Entwicklung der sportspezitischen Kleidung hat in den letzten Jahren neue Stoffe hervorgebracht, die den besonderen Ansprüchen und Belastungen beim Snowboarden gewachsen sind.

Das Snowboard schlägt Wellen:
Über 350 000 Deutsche fahren inzwischen
auf das Brett ab.

Verkaufte Boards Land/Saison	1992/93	1993/94	1994/95	1995/96
Deutschland	30 000	38 000	49 000	80 000
Japan	85 000	110 000	145 000	450 000
USA/Kanada	115 000	145 000	190 000	440 000
Europa	116 000	164 000	208 000	380 000
Weltweit	316 000	419 000	543 000	1 270 000

(Quelle: ISF laut Angaben der Hersteller)

Bevor man jedoch das richtige Equipment an und unter seinen Füßen hat, muß der Weg durch den Materialdschungel gefunden werden. Kein leichtes Unterfangen in Anbetracht der Tatsache, daß rund 1 200 verschiedene Boards von etwa 100 Herstellern in den Regalen der Shops, Snowboardschulen oder Kaufhäuser liegen oder stehen. Dazu kommen nochmals rund 200 Bindungen und die gleiche Menge an unterschiedlichen Boots. Hätte es diese Anzahl an Anbietern Anfang der achtziger Jahre gegeben, die Zahl der Ausrüster hätte die der Aktiven überschritten. Neben reinen Snowboardanbietern, wie Burton, Nitro, Nidecker, Santa Cruz, Sims und anderen, versuchen auch die traditionellen Skifirmen wie Rossignol oder K2, sich ein Stück vom Kuchen zu sichern. Selbst die Windsurfindustrie, mit Firmen wie Fanatic, Mistral oder F2, hat die neue Dimension im Schnee entdeckt und versucht ihren Sommerkunden das adäquate Board für den Schnee zu offerieren. Aber die Gesamtzahl der verkauften Boards hat noch längst nicht die Verkaufszahlen von Ski erreicht, auch wenn die Tendenz steigend ist.

Mit der Masse hat sich in den letzten Jahren auch Klasse durchgesetzt. Die Boards, Bindungen und Boots, die auf dem Markt erhältlich sind, haben in der Regel einen hohen technischen Standard und sind mit vielen durchdachten Details ausgestattet. Dennoch bleibt die Frage: Was paßt am besten unter meine Füße? Hier sollte der Tip gelten: Versuch macht klug! Für Einsteiger ist es auf alle Fälle ratsam, erst die Basisfahrtechnik zu erlernen und auf Testmaterial zurückzugreifen. Erst dann sollten sie in einen Shop rennen, um sich auszurüsten. Denn das Material ist auf bestimmte Einsatzbereiche und Disziplinen zugeschnitten, und wer weiß schon vor den ersten Versuchen, was er später einmal beim Fahren favorisieren wird!

Die Bretter lassen sich in folgende Kategorien unterteilen: Freestyle-, Freeride-, Freecarve-, Slalom-, Race- und Powderboards. Die letzte Kategorie, die Powderboards, sprechen eine sehr kleine Zielgruppe an und fallen nicht besonders ins Gewicht. Die anderen fünf Brettarten lassen sich nach dem geforderten Fahrkönnen und dem bevorzugten Einsatzbereich in drei Gruppen zusammenfassen:

- **Alpin**
- **Freeride**
- **Freestyle.**

Diese Einteilung bezieht sich auf die bevorzugte Fahrweise, und darauf haben die Hersteller das Material abgestimmt.

3.1 Konstruktionsmerkmale

Boards

Brett ist nicht gleich Brett. Um unterschiedliche Bretter zu vergleichen, muß man sich die einzelnen Konstruktionsmerkmale der Boards genau anschauen. Die richtige Kombination dieser Merkmale ergibt das optimale Board mit dem Traummaß. Laut offiziellen internationalen Wettkampfregeln wird ein Brett folgendermaßen definiert:

»Ein Snowboard ist ein speziell entwickeltes Surfbrett, welches allen Schneearten angepaßt ist. Die Länge variiert von 100 bis 180 Zentimetern. Die Breite liegt zwischen 18 und 32 Zentimetern. Die Bindungen werden in schrägem Winkel zur Längsachse montiert. Die Bindungen müssen direkt auf dem Board fixiert sein. Die Distanz zwischen Lauffläche des Snowboards und der Standfläche des Bindungssystems darf maximal 5 Zentimeter betragen.«

Diese Definition läßt viel Spielraum für Brettdesigner.

Folgende Konstruktionsmerkmale unterscheidet man:
1. Länge
2. Breite
3. Taillierung
4. Schaufel und Heck
5. Effektive Kantenlänge
6. Flex
7. Vorspannung
8. Symmetrie.

Aus der Kombination dieser einzelnen Maße ergeben sich die Eigenschaften wie **Drehfreudigkeit, Kantengriff, Laufruhe, Biegecharakteristik und Torsionsverhalten**.

1. Länge

Die Länge wird gemessen von der Spitze bis zum Heck. Die meisten Bretter sind zwischen 140 und 180 Zentimeter lang, Bretter für Kinder ausgenommen. Faustregel: je kürzer das Brett, desto leichter dreht es. Längere Boards geben mehr Laufruhe, mehr Führung und Auftrieb, was insbesondere im ungewalzten Gelände wichtig ist.

2. Breite

Unterschieden wird die **Schaufelbreite** und die **Heckbreite**. Die Breite im Schaufel- und Heckbereich beträgt meist zwischen 26 und 32 Zentimetern. Schmaler als 18 Zentimeter darf

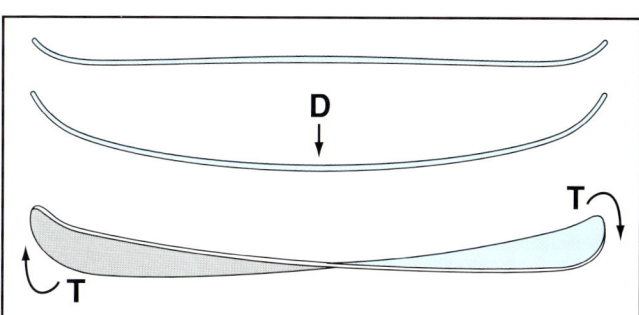

Die Durchbiegung (D) und die Torsionssteifigkeit (T) geben Aufschluß über die Härte des Boards.

ein Board, das bei Rennen eingesetzt wird, an keiner Stelle sein. Schmale Boards ermöglichen einen schnellen Kantenwechsel, verfügen über ein geringeres Gewicht, erfordern jedoch bei großen Schuhen einen steilen Bindungswinkel, da sonst die Schuhspitze oder die Ferse über die Kante hinausragt (siehe Bindungsposition, Seite 41). Breite Boards bringen eine gute Stabilität beim Landen nach Sprüngen, liefern mehr Auftrieb im Tiefschnee und erlauben einen flacheren Bindungswinkel, ohne daß die Zehen oder Fersen über die Kante überstehen.

3. Taillierung

Bei diesem Merkmal unterscheidet man zwischen dem Taillierungsradius und der Taillierungstiefe. Jede Kante bei einem Board weist eine gewisse Rundung auf. Würde man diese Rundung fortführen, ergäbe sich ein Kreis mit einem bestimmten Radius. Eine schwache Taillierung, also ein großer Radius, macht das Brett gutmütig. Es verzeiht Fehler beim Aufkanten leichter als ein Brett mit einer starken Rundung an der Kante. Ist der Radius größer als 10 Meter, ist das Board für lange Schwünge ausgelegt (Riesenslalom), es hat eine

bessere Stabilität bei hohen Geschwindigkeiten, verlangt jedoch bei kurzen Schwüngen ein starkes, dynamisches und kräftiges Aufkanten. Bretter mit einem Radius unter 10 Metern, wie zum Beispiel Slalomboards, eignen sich gut zum Carven (Schwingen auf der Kante) mit kleinen Radien. Bei höheren Geschwindigkeiten werden sie etwas unruhig. Die Tiefe der Taillierung wird gemessen zwischen der schmalsten Stelle in der Brettmitte und der breitesten Stelle im Schaufel- und Heckbereich. Der Vergleich der Tiefe ist jedoch nur bei Boards mit der gleichen effektiven Kantenlänge aussagekräftig.

4. Schaufel und Heck

Die Aufbiegung und der Radius von Spitze und Boardende sind ebenfalls vom bevorzugten Einsatzbereich abhängig. Bretter, die ausschließlich auf der Piste gefahren werden, haben eine flache, kurze Schaufelaufbiegung (*Scoop*). Eine hohe, weite Aufbiegung erhöht den Luftwiderstand und verschlechtert die Laufruhe. Eine flache kurze Schaufel ist windschnittiger und damit schwingungsärmer. Um sich aber im Tiefschnee nicht einzugraben und genug Auftrieb zu bekommen,

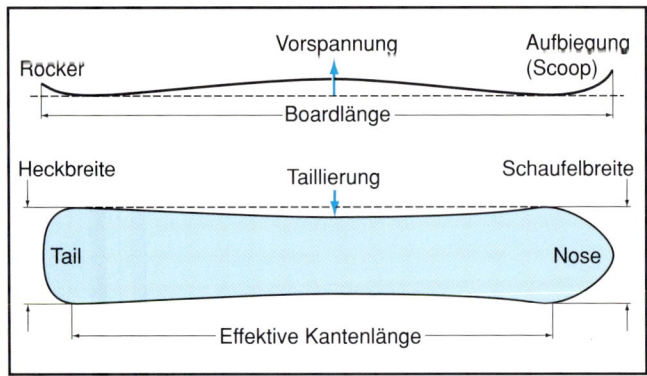

Die Auf- und Seitenansicht zeigt die verschiedenen Konstruktionsmerkmale eines Boards.

In Europa sind 70 Prozent der verkauften Boards Freestyle-Bretter, in den USA sogar 94 Prozent.

müssen Freeride-Boards eine breite, längere und stärker aufgebogene Schaufel haben. Da der **Scoop** bei Alpin-Boards kurz und steil ist, haben diese im Vergleich zu einem Freeride-Brett bei gleicher Gesamtlänge eine längere effektive Kante.

Bei der Heckaufbiegung (*Rocker*) verhält es sich ähnlich. Mit Freestyle-Boards wird auch häufig rückwärts gefahren (*Fakie*), das Heck wird so zur Brettspitze und muß daher ebenfalls genügend aufgebogen sein. Bei alpinen Brettern wird auf die hohe Aufbiegung verzichtet, um eine möglichst lange effektive Kante zu bekommen. Als Heckform hat sich generell die abgerundete Rechteckform (*Squash*- oder

Squaretail) durchgesetzt. Das Schwalbenschwanzheck (*Swallowtail*) findet man nur noch ganz vereinzelt bei extremen Tiefschneebrettern.

5. Effektive Kantenlänge
Die effektive Kante ist eines der wichtigsten Merkmale des Boardshapes, um ein Brett zu beurteilen. Gemessen wird die effektive Kante vom vorderen bis zum hinteren Auflagepunkt der Lauffläche eines Brettes. Diese Kantenlänge, im Englischen als *Running edge* bezeichnet, greift also tatsächlich im Schnee. Mit einer langen effektiven Kante erhält das Board guten Kantengriff, hohe Laufruhe und ermöglicht so eine dynamische, schnelle und kontrol-

lierte Fahrweise. Eine kürzere Kante hat den Vorteil, daß die Schwungauslösung leichter fällt und die Drehfreudigkeit insgesamt größer ist. Bei höherem Tempo werden diese Bretter aber unruhig. Für Anfänger wird der Einstieg erleichtert mit einem Board, das eine kürzere effektive Kante aufweist. Fortgeschrittene Alpin-Fahrer bevorzugen hingegen eine längere effektive Kante.

6. Flex

Die Boardhärte bezeichnet den Härteverlauf eines Boards. Ein härterer *Flex* kann in Kombination mit einer guten Abstimmung von Vorspannung und effektiver Kantenlänge für guten Kantengriff sorgen. Um den nötigen Druck auf die Kante zu übertragen, ist hoher Kraftaufwand erforderlich und fortgeschrittene Fahrtechnik. Alpin-Boards, speziell Riesenslalom-Bretter, verfügen meist über einen harten *Flex*. Freestyle-Boards und auch Bretter, die für Einsteiger geeignet sind, weisen einen weichen *Flex* auf. Der Grund: Das Brett verzeiht so eher Fahrfehler, es wird drehfreudiger, und die Schwungauslösung wird einfacher. Die Nachteile: geringe Laufruhe und weniger Kantengriff. Einen besonderen *Flex* weisen die Pisten-Freestyle-Bretter auf: Sie sind in der Mitte hart und im Schaufel- und Heckbereich sehr weich.

7. Vorspannung

Als Vorspannung bezeichnet man den maximalen Abstand zwischen dem Brett und einer ebenen Unterlage, wenn man das Board unbelastet auf den Untergrund legt. Ist der Abstand sehr groß, verfügt das Brett über eine hohe Vorspannung. Dadurch verteilt sich bei richtiger Fahrtechnik der Kantendruck auf die gesamte Länge der effektiven Kante. Dieser gute Kantengriff ist besonders bei harten und vereisten Pisten von Vorteil. Alpin-Boards verfügen in der Regel über eine hohe Vorspannung. Im Gegensatz dazu verringert eine geringe Vorspannung den Druck auf die Enden des Boards. Der Effekt: Das Brett wird drehfreudiger, greift aber bei zu geringer Vorspannung nur im Bindungsbereich, und Heck und Schaufel rutschen weg. Man sagt, das Board »**driftet**« oder »**flattert**«.

8. Symmetrie

Ein Shapemerkmal, das Ende der achtziger Jahre für Furore sorgte, ist die **asymmetrische** Bauweise. Normalerweise sind beide Kanten eines Boards identisch konstruiert, sie sind symmetrisch. Bei den asymmetrischen Boards dagegen ist die effektive Kante an den Fußspitzen, der Frontsidekante, um etwa vier bis acht Zentimeter in Fahrtrichtung nach vorn verschoben. Dadurch werden die Frontside- und Backsidekante trotz der schrägen Fußstellung immer im Mittelpunkt der Taillierung belastet, und die Kante kann optimal greifen. Dies gilt aber nur für Bindungspositionen in einem Winkel von etwa 40 bis 50 Grad zwischen Boardquerachse und Bindungslängsachse. Ist der Winkel größer und sind die Bretter schmaler, erfolgt die Kantenbelastung nicht mehr über die Fersen und Ballen, sondern über den ganzen Fuß. Die Achse, auf der das Körpergewicht verlagert wird, liegt dann senkrecht zur Fahrtrichtung, der Taillierungsmittelpunkt von Frontside- und Backsidekante muß somit auf gleicher Höhe liegen.

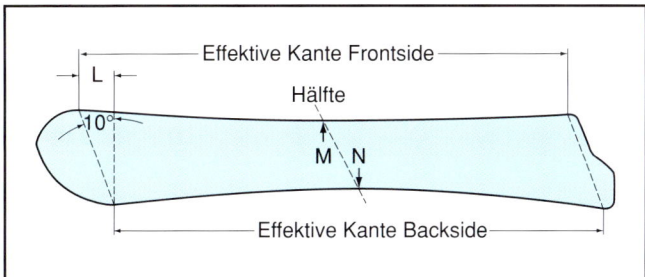

Effektive Kante Frontside

L

10°

Hälfte

M N

Effektive Kante Backside

Bei asymmetrischen Brettern ist die Fersenkante (N) stärker tailliert als die Zehenkante (M).

Bei **symmetrischen** Boards sind beide Kanten identisch aufgebaut. Das heißt, das Brett ist auf beiden Seiten genau gleich konstruiert, und der Mittelpunkt der Taillierung liegt jeweils an der gleichen Stelle.

Je nach **Fahrkönnen, Einsatzbereich** und **Körpergewicht** müssen die einzelnen Shapemerkmale kombiniert werden. Ein Board mit großer Drehfreudigkeit, also einer einfachen Schwungauslösung, verfügt meist über einen geringeren Kantengriff und weniger Laufruhe bei höheren Geschwindigkeiten. Umgekehrt muß bei einem Board mit gutem Kurvenverhalten und Kantengriff eine exakte Schwungauslösung erfolgen, es verzeiht weniger Fehler.

Beim Snowboard spielt das Körpergewicht die entscheidende Rolle bei der Brettwahl. Schwerere Fahrer benötigen ein Board mit längerer effektiver Kante und höherer Vorspannung. Leichtere Boarder kommen mit einer mittleren Vorspannung aus. Entsprechend geben die Brettersteller Boardempfehlungen jeweils nach dem Gewicht der Fahrer an, nicht nach der Körpergröße. Diese Empfehlungen sollte man beherzigen, da sich sonst die Fahreigenschaften verschlechtern. Benutzt ein Fahrer, der 80 Kilo wiegt, ein Board, das nur bis 65 Kilo Körperge-

wicht empfohlen wird, wird er das Brett »durchtreten«. Die Vorspannung wird nicht ausreichen, und das Board wird zum Flattern und zu unruhigem Fahren neigen. Umgekehrt kann eine leichte Snowboarderin mit 55 Kilo Körpergewicht nicht die nötige Masse und Kraft aufbringen, um ein Board mit einem empfohlenen Idealgewicht von 80 Kilo optimal auf die Kante zu stellen.

Bindungen

Wer aufs Snowboard will, muß eine Bindung eingehen – zwar nicht fürs Leben, aber zumindest für die Saison.

Grundsätzlich unterscheidet man zwei Arten von Bindungen beim Snowboard:
1. Softbindungen (Schalenbindungen), für die man Softboots benutzt, und
2. Plattenbindungen für Hardboots.

Im Falle eines Sturzes lösen beide Bindungssysteme nicht aus. Und das ist auch gut so. Löst sich beim Sturz nur ein Fuß vom Board, wirken auf die Gelenke und Bänder des anderen Beines extreme Hebel- und Scherkräfte. Das führt in der Regel zu bösen Verletzungen im Fuß- oder Kniegelenk. Gleichmäßiger Druck auf beide Beine verhindert extreme Hebelwirkungen und entsprechende Verletzungen.

☞ **Eine Sicherheitsbindung beim Snowboard zeichnet sich also dadurch aus, daß sie sich im Falle eines Sturzes nicht öffnet – egal ob Schalen- oder Plattenbindung.**

Boots

Bei den Schuhen wird analog zu den Bindungen unterschieden nach:
1. Hardboots für Plattenbindungen und damit in erster Linie für den alpinen Bereich, und
2. Softboots für Schalenbindungen und somit eher für den Freestylebereich.
Hardboots sind den Ski- bzw Tourenstiefeln der Skifahrer sehr ähnlich. Sie haben eine genormte Sohle, wodurch nahezu jeder Stiefel mit jeder Plattenbindung kombinierbar ist.

Die Softboots sind eher vergleichbar mit festen Winterstiefeln. Sie haben keine genormte Sohle und weisen eine Schnürung auf, in den seltensten Fällen Klettverschlüsse. Die Softboots sollten genau auf die entsprechende Schalenbindung abgestimmt sein.

☞ **Bei der Auswahl des Equipments ist der Einsatzbereich ausschlaggebend. Man unterscheidet zwei Hauptgruppen: den Alpin- und den Freestyle-Bereich.**

3.2 **Alpin-Ausrüstung**

Als »Alpin« bezeichnet man die Fahrtechnik und Ausrüstung, die in erster Linie für den Bedarf auf präparierten Pisten zugeschnitten ist. Dieses Material ist für Snowboarder gedacht, die sich auf der Piste wohl fühlen, die Spaß haben beim Fahren von sauberen Kurven und die kontrollierte Geschwindigkeit mögen. Die Fahrtechnik ist stark nach biomechanischen Prinzipien aufgebaut und sehr exakt analysiert. Die Alpin-Bretter unterteilt man ihrerseits wieder in Raceboards (Slalom- und Riesenslalom) und Freecarve-Boards, Bretter für sportliche, aber nicht wettbewerbsorientierte Fahrer.

Alpin-Boards

Die Freecarve- oder Race-Boards sind meist sehr hart, bedingt durch eine hohe Vorspannung und durch eine lange effektive Kante. Die Schaufelaufbiegung ist kurz und steil, um möglichst windschnittig zu sein und die Vibration zu minimieren. Die *Shapes* (Bauweisen) sind zum größten Teil symmetrisch. Eine Ausnahme bilden die Slalombretter: Hier vertraut man noch häufig den asymmetrischen *Shapes*, da sie bei kurzen Schwüngen einen gleichmäßigen, schnellen und exakten Kantengriff der Frontside- und Backside-

Alpin-Board
für den Einsatz auf der Piste.

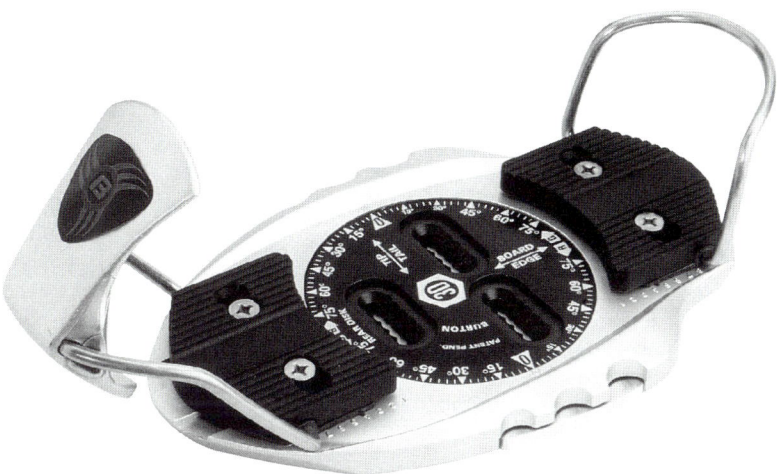

*Die **Plattenbindungen** werden in Kombination mit Hardboots gefahren. Zwei Metallbügel fixieren den Schuh in der Bindung.*

kante garantieren. Die geringere Geschwindigkeit beim Slalom gegenüber dem Riesenslalom läßt das Board auch nicht zu unruhig werden. Die Preise für diese Bretter liegen zwischen 500 und 1 400 Mark.

> **⇨ Kauftip**
> Insgesamt erfordern die reinen Alpinboards ein hohes Fahrkönnen, da sie exakt über die Kante gefahren und gesteuert werden. Dadurch lassen sich auch sehr hohe Kurvengeschwindigkeiten erzielen. Freecarve-Boards sind etwas gutmütiger, nicht so extrem schmal geschnitten wie die Rennmodelle, verfügen aber trotzdem noch über einen aggressiven Kantengriff. Häufig findet man Vorjahresmodelle komplett mit Bindungen zu sehr günstigen Preisen. Diese sind für Einsteiger ein gutes Startset.

Plattenbindungen

Für den alpinen Bereich werden die Plattenbindungen bevorzugt. Plattenbindungen haben ihren Ursprung in den Tourenbindungen der Skifahrer. Die genormte Schuhsohle (wie bei Skistiefeln) wird mit zwei Metallbügeln fixiert. Der Spannhebel der Bindung befindet sich, je nach Modell, an der Ferse oder an der Schuhspitze. Diese Kombination aus Bindung und Schuhen ermöglicht einen optimalen Kraftschluß zwischen Board und Fahrer. Die Kraftübertragung ist direkter und schneller als bei Softbindungen und Softboots, die Steuerimpulse sind unmittelbarer. Dieser Bindungstyp ist daher für Pistenfahrer und hohe Geschwindigkeiten geeignet.

Das Zauberwort bei diesem Bindungssystem heißt »Step-in« . Sein Vorteil: wesentlich höherer Komfort. Das Schließen des Spannhebels entfällt, die

> **Kauftip**
> Achten Sie beim Kauf einer Bin-
> dung darauf, welche Verstellmög-
> lichkeiten sie hat. Als praktisch
> haben sich Bindungen erwiesen,
> die sich ohne Werkzeug auf die
> Schuhlänge anpassen lassen. Auch
> müssen die Inserts (Bohrungen im
> Brett) und die Basisplatte der Bin-
> dungen übereinstimmen. Am häufig-
> sten wird das »Vier-mal-vier-Loch-
> system« verwendet. Die Preise liegen
> zwischen 120 und 390 Mark.
> **Wichtig ist bei beiden Bindungs-
> systemen:** Der benutzte Stiefel muß
> genau auf die Bindung abgestimmt
> sein. Einsteiger, die vom Skifahren
> kommen, greifen häufig auf Platten-
> bindungen zurück, da hier zum
> Teil Skistiefel verwendet werden
> können.

Bindung schnappt automatisch zu,
wenn der Schuh in die Bindung gestellt
wird. Bei den Step-in-Bindungen existieren unterschiedliche Systeme: Bei
»Fritschi«-Bindungen schnellt der Front-
automat direkt zu, sobald der Stiefel in
die Bindung gesetzt wird. Bei »Snow-
pro« und »Burton« schnappt der Fer-
senbügel nach vorn und arretiert die
Sohle. Diese Bindungen können mit je-
dom Stiofel genutzt werden, der eine
genormte Sohle hat. Bei einem anderen Typus wird die Hacke des Stiefels
mit einem Stift ausgerüstet, der in den
Fersenautomaten der Bindung einrastet
(zum Beispiel »F2«, »Nitro«, »Raichle«).
All diese Innovationen machen das lä-
stige Bücken zum Schließen der Bügel
überflüssig. Im Rennbereich wird aber
immer noch lieber Hand angelegt zum
Schließen, denn Step-in-Bindungen ha-

ben noch kleinere Kinderkrankheiten.
So versagt häufig der Schnappbügel
seinen Dienst, wenn sich Schnee unter
der Sohle festgesetzt hat oder Eis die
Mechanik blockiert. Doch die Zukunft
der Bindungen ist deutlich auf mehr
Komfort ausgerichtet.

Hardboots

Um das Fahrpotential von Alpin-Boards
wirklich ganz ausschöpfen zu können,
sind Hardboots und Plattenbindungen
notwendig. Diese Kombination aus
Schuhen und Bindungen ist die Voraussetzung für schnelles und kontrolliertes
Carven. Die Hardboots sehen Skistiefeln zwar ähnlich, haben aber dennoch andere Eigenschaften als die Ski-
boots.

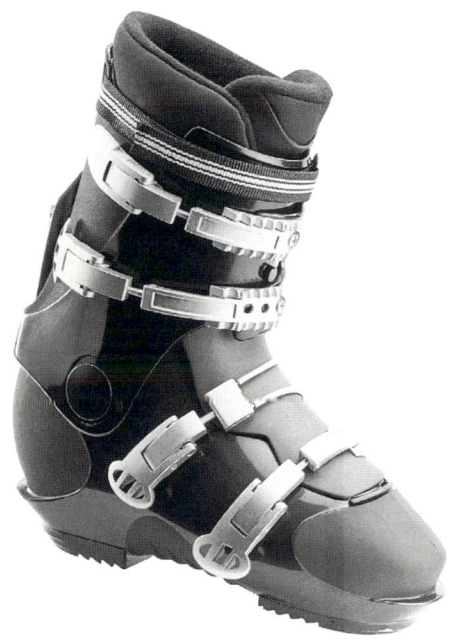

*Der **Hardboot** mit der festen Kunststoff-
schale ähnelt den typischen Skistiefeln. Die
genormte Sohle ist aber wesentlich kürzer.*

> ▷ **Kauftip**
>
> Probiert man Schuhe im Laden an, sollten diese einem längeren Lauftest unterzogen werden. Die Schnallen müssen mit nur leichtem Druck schließen und die Ferse (sehr wichtig!) muß fest in die Fersenkappe des Schuhs gedrückt werden, so daß sie sich nicht mehr anheben läßt. Eine Flex-/No-Flex-Einstellung sorgt dafür, daß man bequem in dem Schuh laufen kann (dadurch wird die Vorlagefixierung aufgehoben, der Schaft wird zum Gehen frei beweglich). Im geschlossenen Zustand sollte der Schuh nach vorne recht weich sein, nach hinten jedoch genügend Halt bieten. Auch der Vorlagewinkel muß individuell einstellbar sein, denn das vordere Bein hat einen anderen Vorlagewinkel als das hintere.
>
> Entscheidend ist jedoch, daß der Stiefel optimal paßt: Der Fuß muß fest fixiert sein und darf im Innenschuh nicht rutschen, um Blasenbildung zu verhindern. Andererseits darf der Schuh aber auch nicht so eng sitzen, daß er Druckstellen verursacht. Die Preise für Hardboots liegen zwischen 400 und 800 Mark.

Snowboardstiefel müssen nicht nur frontal, sondern auch seitlich flexibel sein. Daher sind sie in der Regel weicher als Skistiefel. Die Sohle ist kurz, um einen Überhang über die Brettkante zu verhindern. Ein fingerbreiter Überhang über die Front- oder Backsidekante ist die maximale Toleranz. Die Schafthöhen der neueren, speziellen Freecarve-Boots sind etwas niedriger geschnitten als beim klassischen Hartschalenstiefel. Dadurch wird größere Bewegungsfreiheit erreicht. Der Nachteil ist, daß die Beine schneller ermüden, insbesondere bei längeren Passagen auf der Backsidekante, wo ein höherer Schaft die Beine stärker entlastet.

3.3 Freestyle-Ausrüstung

Freestyle bezeichnet die Fahrweisen, bei denen Tricks und Sprünge auf der Piste oder in der Halfpipe bevorzugt werden. Exaktes, technisch sauberes Fahren auf der Kante und hohe Geschwindigkeiten sind zweitrangig. Viele Tricks und Figuren wurden vom Skateboardfahren übernommen. Im Gegensatz zum alpinen Bereich, wo die Tendenz beim Material ist, daß alle Komponenten, wie Bretter, Bindungen und Boots, sehr »hart« sind, ist es beim Freestylen genau umgekehrt. Das Equipment ist eher »weich« gehalten, um größtmögliche Bewegungsfreiheit und Flexibilität zu haben für die »Performance« im Schnee.

Freestyle-Boards

Die Boards unterteilt man nochmals in Bretter für die Halfpipe und Bretter zum Tricksen auf der Piste (auch als Freeride-Boards bezeichnet). Bretter für die Halfpipe werden fast ausschließlich als »Twin-Tip« gebaut: das heißt, Schaufel und Heck sind gleich, die Boards sind um die Längs- und die Querachse symmetrisch. Die Standposition der Füße ist häufig parallel, in einem Winkel von 90 Grad zur Fahrtrichtung (im Sprachgebrauch: Bindungswinkel 0 Grad). So

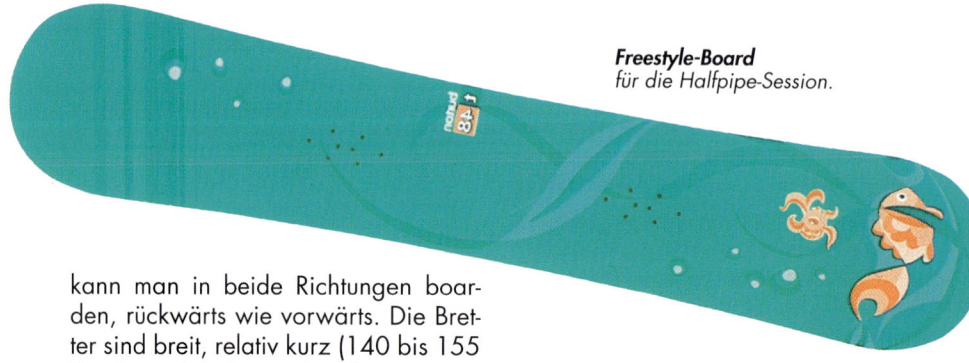

Freestyle-Board
für die Halfpipe-Session.

kann man in beide Richtungen boarden, rückwärts wie vorwärts. Die Bretter sind breit, relativ kurz (140 bis 155 Zentimeter), mit wenig Vorspannung und geringer effektiver Kantenlänge. Bei reinen Halfpipe-Boards sind die Nasen- und Heckaufbiegungen relativ flach und kurz gehalten, um wenig Gewicht in den Enden der Boards zu haben. Freestyle-Boards für die Piste haben eine stärkere Aufbiegung an Nose und Tail. Die Taillierung ist gering, die Drehfreudigkeit hoch, die Laufruhe jedoch etwas geringer. Die Preise liegen zwischen 500 und 900 Mark. Diese Boards eignen sich für echte Freestyle-Freaks, die geschnittene Schwünge langweilig finden. Sinn machen diese Bretter nur in Verbindung mit Softboots und Schalenbindungen.

Schalenbindungen

Diese Bindungsart, auch als Softbindung bezeichnet, bringt das Surfgefühl in den Schnee. Mit zwei oder drei Ratschenschnallen ausgestattet, ermöglichen sie in Kombination mit den Softboots (siehe Seite 30 f.) einen großen Bewegungsspielraum. Nach hinten sorgt ein höhergezogener Schaft (High-Back) für den nötigen Halt bei Backsideturns, nach vorne und zur Seite ist der Fahrer flexibel. Wichtig ist, daß die »Straps« (Riemen) am ganzen

Fuß aufliegen, um so den Druck flächig zu verteilen. Die Schnallen dürfen ebenfalls nicht drücken und sollten leicht zu schließen und zu öffnen sein. Selbst mit dicken Handschuhen müssen die Schnallen noch leicht zu bedienen sein. Auf keinen Fall dürfen sie bei größerem Druck, wie bei Sprüngen oder in der Buckelpiste, aufspringen. Dies kann sonst zu gefährlichen Verletzungen führen. Beim Öffnen der Schnallen ist es vorteilhaft, wenn sich diese mit einer Handbewegung bedienen lassen.

Für reine Freestyler gibt es Softbindungen ohne Grundplatte, die sogenannten »Baseless-Bindungen«. Hier sind die Schnallen an einem Aluminiumrahmen angebracht und direkt auf das Board geschraubt. Man steht so mit der Schuhsohle auf dem Deck des Brettes und bekommt ein besseres Gefühl für die Schneeunterlage, da der Abstand zwischen Fußsohle und Schnee noch geringer ist als bei Softbindungen mit Grundplatte. Bei den ex-

Mute Grab: Stylen beim Springen gehört
zur hohen Schule.

tremen Formen dieser Bindungsart wird ein sehr kleines *High-Back* verwendet, um optimale Bewegungsfreiheit in alle Richtungen zu ermöglichen. Baseless-Bindungen sind aber nur etwas für Freestyler, die stark verdrehte Sprünge lieben und deren Heimat die Halfpipe ist.

> 🖒 **Kauftip**
> Bei den Montagemöglichkeiten darauf achten, daß der bevorzugte Standwinkel auf dem Brett eingestellt werden kann. Gut sind auch Bindungen, bei denen das *High-Back* nach hinten oder vorne verschiebbar ist und im Vorlagewinkel verstellt werden kann.

Auch bei den Softbindungen existieren inzwischen Step-in-Varianten. Vier Systeme lassen sich unterscheiden. Beim »K2-/Shimano«-Prinzip wird unter der Sohle eines speziellen Softboots eine Metallplatte fixiert, die in einer Schiene

*Die **Schalenbindungen** sind auf die Softboots zugeschnitten. Zwei Ratschenschnallen sorgen für einen sicheren Halt.*

auf dem Board einrastet. Zum Öffnen zieht man an einem kleinen Hebel. Bei der Variante von »Nidecker« klappt die Wadenstütze beim Ausstieg nach hinten weg und arretiert sich beim Einsteigen automatisch in der senkrechten Position. Diese Bindung kann mit jedem Softboot gefahren werden. Beim System von »Devise« wird eine Softbindung verwendet, bei der die Riemen fehlen. Vorn in der Bindung ist ein Metallstift, an der Ferse ist ein Verschlußmechanismus befestigt. An dem speziell darauf abgestimmten Schuh befindet sich eine Schiene, die vorne in den Stift greift und die hinten einen Metallzapfen hat, der in den Verschlußmechanismus einrastet. Bei dem Modell von »Switch« rasten zwei Metallschienen, die links und rechts von den Spezialschuhen sitzen, in eine Art Plattenbindung ein. Das *High-Back* wird durch härtere Plastikschienen im Stiefel ersetzt. Insgesamt wird bei den Step-in-Bindungen für den Freestylebereich noch sehr viel herumexperimentiert. Ein variables und funktionelles System, das mit unterschiedlichen Boots kombiniert werden kann, existiert jedoch bisher nicht. Die Preise liegen zwischen 140 und 370 Mark.

Für Einsteiger haben Schalenbindungen den Vorteil, daß Fahrfehler leichter verziehen werden, die Kraftübertragung ist aber anstrengender und aufwendiger, man ermüdet schneller. Außerdem ist das An- und Abschnallen ein wenig umständlich.

Softboots

Auch bei den Softboots für Schalenbindungen existiert eine riesige Auswahl. Hier ist die Abstimmung zwischen Bin-

*Der **Softboot** ermöglicht durch sein flexibles Material ein besseres Gefühl für den Schnee, erschwert aber die Kraftübertragung auf das Board.*

dung und Schuh noch wichtiger als bei den Hardboots. Die Step-in-Varianten lassen häufig nur eine Schuh-Bindungs-Kombination zu, da der Stiefel die Funktion des **High-Backs** übernehmen muß. Bindung und Schuh von einem Hersteller garantieren in der Regel eine perfekte Abstimmung der einzelnen Komponenten. Bei Softboots ist eine gute Paßform meist durch die Schnürung möglich. In folgenden Merkmalen unterscheiden sich die Softboots: Die **Sohlenlänge** sollte auf das Brett und die Bindung abgestimmt sein, so daß der Schuh nicht übersteht. Die Sohlenlänge verkürzt sich etwas, wenn kein **Innenschuh** *(Liner)* existiert oder die Sohle im Fersen- und Zehenbereich angeschrägt ist. Eine dicke Sohlenstärke sorgt für eine gute Isolierung gegen die Schneekälte, verschlechtert jedoch den direkten Kontakt zum Board. Ein Stiefel mit Innenschuh hat den Vorteil, daß er komfortabler und wärmer ist.

Schuhe ohne **Liner** sind meist kürzer und weicher, was aber nicht automatisch weniger Halt bedeutet. Sind die Boots asymmetrisch aufgebaut, hat der Schuh zur Innenseite ein weicheres Biegeverhalten als zur Außenseite. Das Obermaterial sollte wasserdicht oder -abweisend und sehr robust sein.

> ⇨ **Kauftip**
> Die Schafthöhe ist ein Indiz für die Härte der Schuhe. Ein hoher Schaft macht den Stiefel härter und gibt dem Fuß mehr Halt und Stabilität. Das gleiche gilt umgekehrt. Stiefel mit hohem Schaft eignen sich eher zum schnelleren Fahren und für weitere Sprünge, ein weicher Schuh mit niedrigem Schaft eignet sich mehr zum »**Tweaken**« und »**Bonen**« (siehe Kapitel 12, Freestyle). Die Preise liegen zwischen 125 und 550 Mark.
> Für beide Schuhformen, also Hard- und Softboot, gilt: Je länger sie gefahren werden, desto weicher werden sie.

3.4 Freeride-Ausrüstung

In dem Begriff Freeriden drückt sich am stärksten die typische Form des Snowboardens aus. Freeriden meint das ungezwungene Rumcarven, Springen und Spielen in allen Schneearten und Geländeformen. Freeride ist genau das Bindeglied zwischen dem alpinen Bereich und dem Freestyle-Sektor. Freerideboards können sowohl mit Soft- als auch mit Hardboots gefahren werden, je nach persönlichen Vorlieben. Fahrer, die hauptsächlich auf Schwünge und

Geschwindigkeit Wert legen, aber auf den Komfort der Softboots nicht verzichten wollen, sind mit diesem Brettyp bestens bedient.

Freeride-Boards

Sie sind für den Einsatz auf der Piste bei griffigem Schnee und im Powder geeignet. Bei Längen zwischen 150 und 180 Zentimetern und Breiten zwischen 25 und 31 Zentimetern sorgen die Gleiter für viel Auftrieb im tiefen Schnee und ermöglichen grenzenloses Powdern. Auf der Piste sind sie beim Umkanten eher träge, Driftschwünge lassen sich jedoch gut ausführen. Die Tendenz bei dieser Boardgruppe geht wieder hin zum klassischen Allround-brett, das für Einsteiger und »Allwetter-Fahrer« geeignet ist. Die beliebten Freeride-Boards haben eine runde, harmonische Form, der *Scoop* ist etwas länger gezogen, und eine kürzere effektive Kante bringt mehr Drehfreudigkeit. Schmale Boards dieser Kategorie sind für Einsteiger bestens geeignet und bieten den größten Allround-Spaß. Die Preise liegen zwischen 500 und 1 000 Mark.

Freeride-Board
für Piste und Pulver.

Die Wettkämpfe in der Halfpipe haben ▷ ihren Ursprung bei den Skateboardern, und auch die meisten Aktiven haben Vorerfahrungen auf dem Skatebaord.

4 HERSTELLUNGS- VERFAHREN

Das Innenleben eines Boards entscheidet nicht nur über die Eigenschaften auf der Piste, es hat entscheidenden Einfluß auf den Preis des Brettes. Das Board besteht aus mehreren Komponenten, die je nach angestrebter Eigenschaft miteinander kombiniert werden. Insgesamt werden der Materialmix und die Herstellung immer besser auf die angestrebten Eigenschaften abgestimmt.

Ein Board setzt sich aus folgenden Teilen zusammen (von unten nach oben):
1. Lauffläche, 2. Stahlkanten, 3. Untergurt, 4. Seitenwangen, 5. Kern,
6. Übergurt, 7. Oberflächenbelag.

Ein gutes Board soll auf der einen Seite eine solide Dämpfung bieten, also Schläge abfedern, andererseits darf aber auch die **Rückstellkraft**, speziell bei dynamischer Fahrweise, nicht zu schwach sein (unter »Rückstellkraft« versteht man die Eigenschaft eines Boards, nach einer Verformung um die Querachse wieder in die Ursprungs-

Abgefahren: Mit dem entsprechenden
Board steht dem Spaß im ungespurten
Schnee nichts im Wege

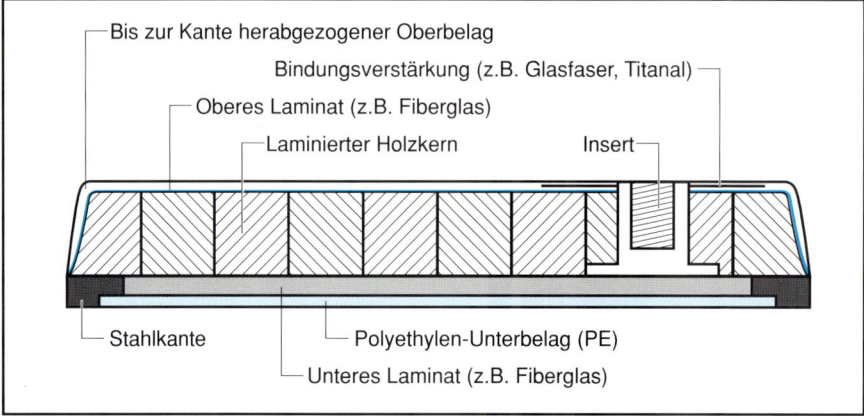

Bis zur Kante herabgezogener Oberbelag

Bindungsverstärkung (z.B. Glasfaser, Titanal)

Oberes Laminat (z.B. Fiberglas)

Laminierter Holzkern

Insert

Stahlkante

Polyethylen-Unterbelag (PE)

Unteres Laminat (z.B. Fiberglas)

Cap-Konstruktion. Besonderes Kennzeichen: Der Obergurt und die Seitenwangen sind aus einem Stück.

form zurückzukommen). Je mehr »weiche« Materialien verwendet werden (Gummi, Schaum), desto besser ist das Dämpfungsverhalten (das Brett wird »elastischer«), aber die Dynamik und damit die Rückstellkraft verschlechtern sich. Die größten mechanischen Belastungen treten im Bereich der Bindungsbefestigungen, am Heck und an der Schaufel auf. Im Bindungsbereich muß auf alle Fälle eine Verstärkung (Fiberglas, Titanalplatte) unter dem Obergurt eingelegt sein.

Drei Bauweisen für Boards haben sich durchgesetzt:

Die häufigste Bauweise ist die **Holz-Sandwich-Konstruktion.** Wie bei einem Sandwich wird das Brett aus mehreren Schichten von unterschiedlichem Material aufgebaut. Über und unter einen Holzkern werden Fasergelege aus Polyester, Carbon und anderen Materialien (Ober- und Untergurt) und Dämpfungseinlagen sowie Seitenwangen und Stahlkanten geklebt, in einer

Form fixiert, laminiert und schließlich bei einer Temperatur um 100 Grad »gebacken«. Eine reine Holz-Sandwich-Bauweise ist aufwendig, man erzielt aber auch eine sehr gute Kombination aus Dämpfung und Rückstellkraft, geringes Gewicht, Langlebigkeit, gute Dynamik und Kantengriff. Daher werden auch fast 70 Prozent aller auf dem Markt befindlichen Boards in dieser Bauweise hergestellt.

Eine zweite Bauweise ist das **Torsionskasten-Prinzip.** Um einen Kern wird ein Glasfaser- oder Fiberglasschlauch laminiert, der den Torsionskasten bildet. Das Glasfasergewebe ist also auch an den senkrechten Seiten des Kerns vorhanden, wodurch das ganze Laminat eine hohe Stabilität bekommt und die Bretter sehr verwindungsarm sind. Als Kern können unterschiedliche Materialien (Holz, Schaum, Wabenstrukturen) verwendet werden. Diese Bauweise ist sehr aufwendig, der Anteil der Boards, die so gefertigt werden, liegt daher nur bei etwa 10 Prozent.

Die dritte Bauweise ist die **Schalenbauweise oder »Cap-Konstruktion«**. Bei dieser Technologie werden der Obergurt und die Seitenwangen aus einem Stück gefertigt. In diese Schale werden dann der Kern, die Kanten, der Untergurt und die Lauffläche eingelegt und verklebt. Diese »Halbschale« hat den Vorteil, daß die auftretenden Kräfte gut aufgenommen und verteilt werden und die Boards recht verwindungsarm sind. Rund 20 Prozent aller erhältlichen Boards werden in dieser Technologie gefertigt.

Bei der Herstellung unterscheidet man zwei Prinzipien: das **Injektions-** und das **Laminierverfahren**.

Bei den **Injektionsverfahren** sind drei verschiedene »Füllungen« möglich.

Der Kern kann lediglich aus **PU-Schaum** (Polyurethan) bestehen, der mittels einer Schäumungsanlage in das Brett eingespritzt wird und dann langsam aushärtet. Diese Bretter sind preiswert, der Schaum ermüdet allerdings auch schneller als Holz, der Kantengriff und die Dynamik sind nur mittelmäßig.

Die Lebensdauer dieser Boards ist entsprechend eingeschränkt.

Die zweite Möglichkeit ist, daß der Kern zwar aus PU-Schaum besteht, aber Holzstreifen (*Stringer*) eingelegt sind, die dem Brett mehr **Längssteifigkeit** geben. Diese Verbundbauweise ermöglicht eine bessere Schwingungsdämpfung als bei reinen Schaumboards.

Eine dritte Möglichkeit der Füllung ist die sogenannte **RIM-Bauweise** (*Reactive Injection Molding*). Hier wird ein Holzkern mit hochverdichtetem PU-Schaum verklebt. Diese Bauweise hat annähernd die Eigenschaften eines Sandwichboards zu einem recht günstigen Preis.

Beim **Laminierverfahren** wird um einen Kern aus Holz, Schaum, Wabenkonstruktion oder ähnlichem in Handarbeit Glasfasergewebe gelegt und mit Epoxy-Harz getränkt. Dieses Herstellungsverfahren garantiert sehr leichte Boards, die über gute Flex- und Dämpfungseigenschaften verfügen.

Sandwich-Konstruktion: Aufwendig in der Herstellung, aber entsprechend robust und langlebig.

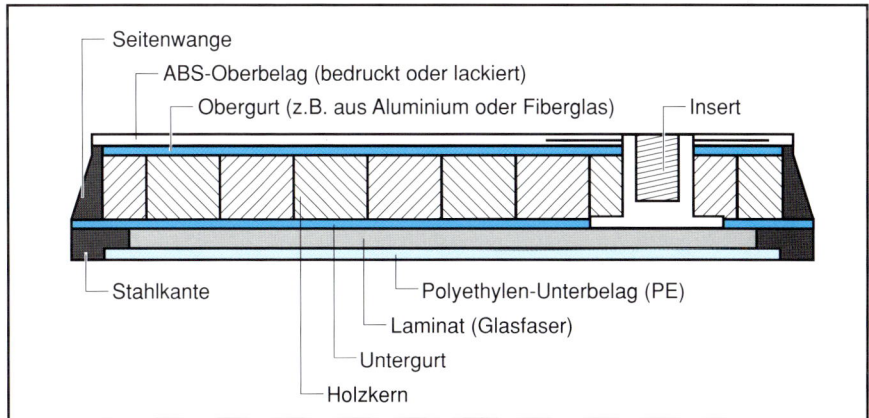

5 STANDPOSITION

Goofy oder regular?

Alle Snowboarder schwärmen vom unvergleichlich intensiven Surffeeling im Schnee. Befragt, was denn das tolle Gefühl bewirkt, hört man immer wieder, daß es irgend etwas mit der Position auf dem Board zu tun haben muß. Zu Recht, denn die Faszination des Snowboardens fußt zu einem erheblichen Teil auf der Fußstellung auf dem Brett.

☞ **Auf dem Snowboard steht man immer quer oder schräg zur Fahrtrichtung.**

Man steht nicht wie beim Skifahren gerade nach vorn ausgerichtet, sondern quer oder zumindest schräg zur Fahrtrichtung des Boards – genauso wie auf dem Skateboard oder dem Wellenreit-

Powder-Session: Durch den Tiefschnee zu pflügen ist nicht nur faszinierend, es ist auch einfach zu erlernen.

board. Und das ist eben die Voraussetzung für das Surffeeling, das man nur auf dem Snowboard bekommen kann. Da die Füße quer oder schräg zur Boardlängsachse fixiert sind, steht grundsätzlich ein Fuß in der vorderen und der andere in der hinteren Bindung. Entsprechend lautet die erste Frage, bevor es aufs Brett geht: **Welcher Fuß ist vorne?** In der Sprache der Snowboarder ausgedrückt: **goofy oder regular?**

Goofy bedeutet nichts anderes, als daß der rechte Fuß in der vorderen Bindung steht, regular meint, daß der linke Fuß vorn ist. Bei der persönlichen Festlegung von goofy oder regular gibt es keine Vorgaben. Genauso wie es Links- und Rechtshänder gibt, gibt es auch die zwei unterschiedlichen Fußpositionen auf dem Board, individuell völlig unterschiedlich. In beiden Stellungen ist der Fahrspaß gleich groß; entscheidend für die Festlegung ist allein das persönliche Gefühl, in welcher Position man sich wohler fühlt.

☞ Entscheidend für die Fußstellung ist das Gefühl.

Um herauszufinden, ob man nun goofy oder regular auf dem Board bequemer steht, gibt es einige Tricks und Hilfen: Am einfachsten haben es die Skateboarder: Die Position auf dem Rollbrett ist meist identisch mit der auf dem Snowboard. Sollten Sie kein abgefahrener Skateboarder sein, aber zufällig eine Eisfläche vor der Haustür haben, machen Sie den »Schliddertest«: Einfach anlaufen und losrutschen. Ein Fuß wird dabei automatisch vorne sein, und das ist dann auch der vordere auf dem Board.

Oder Sie beobachten sich beim **Treppensteigen**. Welcher Fuß beginnt unwillkürlich den Aufstieg – genau der, der auch auf dem Board nach vorn gehört.

Ein weiterer Test: Sie stellen sich locker hin, beide Beine parallel nebeneinander. Mit geschlossenen Augen lassen Sie sich **leicht vornüber fallen**, und wieder wird instinktiv ein Fuß zum Abstützen nach vorne schnellen. Und genau der ist dann auch für die vordere Bindung vorgesehen.

Oft reicht auch schon das **Aufstehen von einem Stuhl,** um herauszufinden, welcher Fuß die Bewegung beginnt. Der »Startfuß« gehört dann nach vorn auf das Board.

Um die Technik des Snowboardens verstehen zu können, ist eine weitere Unterscheidung wichtig: die beiden verschiedenen Kanten des Snowboards. Entsprechend der Position auf dem Board zeigen die Fußspitzen (Zehen) immer auf eine Boardkante, die Fersen zur anderen. Die Kante auf der Seite der Fußspitzen ist die **Frontsidekante** (der auch die Körpervorderseite zugewandt ist), die »Fersenkante« wird als **Backsidekante** bezeichnet (Körperrückseite). Schon wenn Sie sich zum erstenmal auf ein Snowboard stellen, wird diese Unterscheidung deutlich.

Auch beim späteren Fahren behalten die Bezeichnungen ihren Sinn: Eine Kurve auf der »Zehenkante«, bei der die Körpervorderseite zum Kurvenmittelpunkt zeigt, ist ein *Frontsideturn*, gefahren auf der Frontsidekante; eine Kurve auf der »Fersenkante«, bei der die Körperrückseite zum Kurvenmittelpunkt zeigt, ist also ein *Backsideturn*, gefahren auf der Backsidekante.

5.2 Bindungsposition

Die Bindungsposition ist bestimmt durch den Abstand zwischen vorderem und hinterem Fuß sowie dem Winkel zur Boardquerachse. Wo die Bindungen auf dem Board positioniert werden müssen, ist durch Inserts im Board vorgegeben. Alle Bindungen sind inzwischen auf alle Boards montierbar, das »Vier-mal-vier-Lochsystem« hat sich durchgesetzt. Andere Befestigungssysteme, wie das 3D-System von Burton, lassen sich damit kombinieren.

Bindungsabstand und -winkel sind von der Körpergröße, dem Fahrstil und dem Snowboardmodell abhängig.

Der Bindungsabstand liegt zwischen 36 und 60 Zentimetern. Ein großer Abstand verbessert die Boardkontrolle, speziell bei Sprüngen und im Einsteigerstadium. Ein geringer Bindungsabstand wird beim schnellen Carven bevorzugt.

Der Bindungswinkel variiert zwischen 0 und 60 Grad, gemessen zwischen Bindungslängs- und Boardquerachse.

Freestyler neigen zu einem sehr kleinen Winkel, stehen teils sogar senkrecht (0 Grad) zur Fahrtrichtung auf dem Brett. Je schmaler die Boards werden, je schneller gecarvt wird, um so größer wird der Bindungswinkel (bis 60 Grad). Rennläufer drehen dabei den vorderen Fuß extrem stark in die Fahrtrichtung.

Folgende Maße dienen als Anhaltspunkte für die Einstellung:
● Race und Slalom, schmale Boards, große Schuhe: 60 Grad vorn und 55 Grad hinten.
● Freecarve, mittelbreite Boards: 45 bis 50 Grad vorn und 32 bis 40 Grad hinten.
● Freeride, mittelbreite Boards, weich: 20 bis 40 Grad vorn und 25 Grad hinten.
● Freestyle, Halfpipe, breite Boards: 0 bis 30 Grad vorn und 0 bis 15 Grad hinten.

Bei Plattenbindungen wird unter die hintere Bindung ein sogenannter **Cantingkeil** geschoben, der die Bindung zwischen 0 und 8 Grad ankippt. Die Bindung und der Fuß werden dadurch nach vorn geneigt, die Beinstellung ist anatomisch günstiger und entspannter, das Körpergewicht kann leichter auf den vorderen Fuß gelegt werden (geeignet bei sehr harten Stiefeln, die kaum seitliche Flexibilität haben). Aus Gründen des Fahrkomforts bevorzugen viele Fahrer auch einen Zehen- oder Fersenkeil, speziell bei sehr steilen Bindungswinkeln.

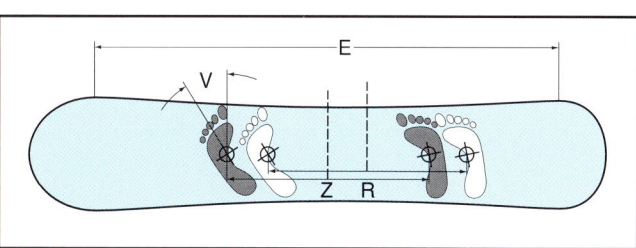

Eine zurückversetzte Standposition (R) ist besser geeignet zum Carven, eine zentrierte Position (Z) zum Freestyle.

6 KLEIDUNG

Selbst die coolen Snowboarder mögen es »warm ums Herz«. In der kalten Jahreszeit ist die richtige Kleidung in Schnee und Sturm extrem wichtig. Deshalb sollten nicht nur guter Schnitt, schickes Design und optimale Paßform über die Kleiderwahl entscheiden.

Wer häufiger und länger boardet, kommt an den neuen Chemiefasern nicht vorbei. Die Funktion der modernen Kunststoffasern ist mit der Entwicklung über die Jahre so gut geworden, daß sie den Naturstoffen in den meisten Belangen weit überlegen sind.

Wer sich bewegt, schwitzt. Wer nicht schwitzt, ist kein echter Einbrettfahrer. Schon gar nicht im Anfangsstadium. Wer den grenzenlosen Spaß im Schnee erleben will, muß die Kleiderauswahl für die Pistenkür gut treffen. Der alte Spruch »Kleider machen Leute« läßt sich beim Snowboarden umschreiben in: Das Outfit bestimmt die sportliche Show. Denn: Textilien haben einen wesentlichen Einfluß auf die Lei-

Zum Snowboarden gehört der Vollkontakt mit dem Schnee. Deshalb ist eine wasserabweisende, atmungsaktive Bekleidung Voraussetzung.

stungsfähigkeit und Ausdauer des Sportlers. Die Kleider müssen nämlich mit dem abgegebenen Schweiß fertigwerden und außerdem die kalte Außentemperatur und den eisigen Wind vom Körper fernhalten. Allerdings: Schwitzen ist lebensnotwendig, denn Schweiß regelt den Wärmehaushalt des Körpers. *Die normale Körpertemperatur von 37 Grad Celsius darf höchstens um 3 Grad über- oder unter-*

schritten werden, sonst drohen gefährliche Überhitzung oder Unterkühlung.

Drei Grad sind nicht viel, wenn man
bedenkt, wieviel Energie bei sportli-
cher Leistung erzeugt wird, auch bei
kalter Umgebungstemperatur. Zwei
Drittel dieser Energie werden als Wärme wieder abgegeben, davon 90 Prozent über die Haut. Dort treten Millionen von Schweißdrüsen in Aktion. Der
produzierte Schweiß führt zu einer Art
Verdunstungskälte, um den erhitzten
Körper wieder abzukühlen. *Ein Liter
Schweiß bringt beim Verdampfen eine
Kühlleistung von etwa 700 Watt.* Aber

ein Liter Schweiß muß durch die Kleidung nach außen transportiert werden.
Das ist eine ganze Menge, und das
stellt hohe Anforderungen an die Kleidung. Wer kennt nicht dieses naßkalte
Gefühl verschwitzter Wäsche auf der
Haut? Gefährliche Verdunstungskälte
droht, sobald Sie eine Verschnaufpau-
se einlegen. Der Körper produziert
jetzt keine Wärme mehr, und durch die
Verdunstung wird dem Organismus
obendrein noch zusätzlich Wärme entzogen. Sie kühlen aus. Niedrige
Außentemperaturen und Wind beschleunigen diesen Vorgang, denn sie

entziehen den Textilien zusätzlich Wärme (sogenannter *Windchill*-Effekt).

Optimalen Schutz gegen Kälte und Nässe haben Sie nur, wenn Sie die richtigen Sachen tragen. Alle Bekleidungsschichten, von der Unterwäsche bis zur wetterfesten Jacke, sollten aufeinander abgestimmt sein.

Einige Hersteller haben die Lücke erkannt und bieten bereits komplette Systeme an, deren Komponenten funktionell zusammenwirken. Folgende drei Komponenten (Schichten) werden zum Beispiel in der »Zwiebelhaut« von »medico« kombiniert.

6.1 Sportunterwäsche

Underwear aus Funktionsfaser hat den klassischen Baumwoll-Doppelrippteilen den Kampf angesagt. Allerdings haben viele Sportler immer noch Vorurteile gegenüber Chemiefasern. Zu Unrecht: *Baumwolle nimmt sehr viel Feuchtigkeit auf (bis zu 40 Prozent des Eigengewichts) und trocknet nur sehr langsam. Diese Feuchtigkeit staut sich im Textil und läßt es auf der Haut kleben.* Moderne Fasern wie **Polyester** (PES), **Polyamid** (PA) und **Polypropylen** (PP) nehmen keine oder nur ganz wenig Feuchtigkeit auf.

Die Sportunterwäsche sollte aus einem Zweischicht-System bestehen. Auf der Haut liegt die Poly-Schicht, außen besteht das Textil aus Baumwolle oder Wolle. Die Körpernässe wird sofort durch das Garn von der Haut weggeführt, die Naturfaser verteilt den Schweiß großflächig auf der Oberfläche, wo er verdunsten kann oder in die nächste Bekleidungsschicht (Pulli oder Fleece) wandert.

6.2 Zwischenschicht

Der Pulli, das Sweatshirt, ein Fleeceteil oder eine Weste sollen den Körper wärmen und den Schweiß von der Unterwäsche nach außen weiterleiten. Je nach Temperatur und Witterung können eine oder mehrere Zwischenschichten übereinander getragen werden. Grundsätzlich ist es besser, zwei oder drei dünne Lagen als eine dicke zu tragen.

Bei der Materialwahl der Sekundärschicht scheiden sich immer noch die Geister: Für kurzzeitigen sportlichen Einsatz ist die gute alte Baumwollfaser noch einsatzfähig. Bei stundenlangen Powdersessions und hohem Schweißausstoß sind hingegen Funktionsfasern ideal. Hier sticht besonders Polyester-Fleece hervor: Es leitet nicht nur Nässe sehr schnell weiter, sondern isoliert den Körper sehr gut und hat dabei ein geringes Eigengewicht.

Je voluminöser und weicher die Stoffe sind, desto mehr Luft wird eingeschlossen. Wichtig für jede Wärmeisolation ist neben weichen, volumigen und leichten Textilien der Abstand zwischen dem Kleidungsstück und der Haut. Einzelne Luftschichten zwischen den Kleidungsstücken haben eine ähnliche Wirkung wie das Luftpolster im Federkleid eines Vogels.

6.3 Wind- und wasserfeste Oberbekleidung

Die Palette der eingesetzten Materialien ist hier groß. Robuste, weite Schnitte mit den entsprechenden Verstärkungen am Hintern, an den Ellenbogen und Kniegelenken zeichnen die Überzieher aus. Und vor allem: perfekte wasser- und windabweisende Eigenschaften. Dabei mangelt es nicht an Schweißdurchlässigkeit. Die Hosen sollten in der Nierengegend hoch geschnitten sein, um das Eindringen des Schnees beim Rumsitzen auf den Pisten zu vermeiden. Ob Jacke oder Schlupfblouson, das ist Geschmackssache – wichtig ist, daß das Oberteil gut paßt und selbst nach drei Stunden Boarden bei Schneefall noch warm hält. Wer optimalen und dauerhaften Schutz gegen Wind und Wetter benötigt, greift am besten auf Beschichtungen und Membransysteme zurück. Das bekannte Gore-Tex zum Beispiel. Sie bieten auch stundenlangen Schutz gegen Schnee.

Viele Hersteller haben bereits ein komplettes Bekleidungssystem, von der Unterwäsche bis zum Überzieher. Die »Zwiebelhaut« des Sportbekleidungsherstellers »medico« bringt genau aufeinander abgestimmte Wäsche, wobei man je nach Kälteempfinden zwischen einer warmen und luftigeren Version wählen kann.

6.4 Handschuhe

Dem Schutz der Hände kommt eine besondere Bedeutung zu. Die Handschuhe sollten aus abriebfestem und wasserdichtem Material sein, häufig wird hierfür Kevlar verwendet. Dieses besonders reißfeste Material verhindert, daß die scharfen Stahlkanten beim Tragen des Boards oder bei einem Sturz den Handschuh oder gar die Finger aufschneiden. Die Schäfe reichen bis zum Unterarm, um zu verhindern, daß der Schnee sich an den Handgelenken festsetzen kann. Ein oder zwei Plastikschienen schützen das Handgelenk. Dieser Schutz ist notwendig, denn viele Stürze werden reflexartig mit den Händen abgefangen. Der Griff in den Schnee erfolgt beim Boarden wesentlich häufiger als auf Ski – daher erfüllen normale Skihandschuhe auf Dauer auch nicht die spezifischen Anforderungen der Snowboardfahrer.

Die **Wrist-Guards** vom Inline-Skaten haben sich hervorragend auch bei Snowboard-Einsteigern als Handgelenksschützer bewährt.

Snowboard-Handschuhe haben zum Schutz der Handgelenke eine Kunststoffschiene als Verstärkung (2. v. l.). Für Einsteiger eignen sich auch die »Wrist-Guards« vom Inline-Skaten (3.+4. v. l.).

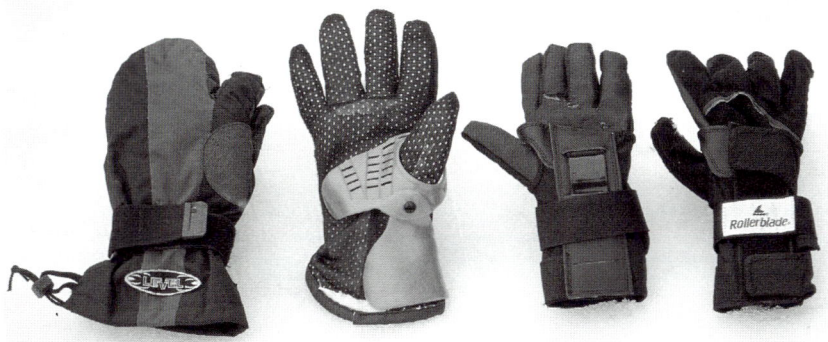

7 BOARDPFLEGE

Möchten Sie die Lebensdauer Ihres Boards verlängern, gehört ein wenig Pflege dazu. Damit der Belag glatt und geschmeidig bleibt, muß er alle paar Tage eingewachst werden. *Gewachst wird nicht nur, damit das Board besser gleitet – in erster Linie soll der Belag geschützt werden.* Sonst trocknet dieser aus und wird spröde wie menschliche Haut, die zu lange von extremer Sonneneinstrahlung gegerbt wurde. Ähnliches gilt auch für die Kanten. Sie müssen immer wieder in Form gebracht werden, um optimal auf der Piste zu greifen.

Der beste Platz, um sein Board fachgerecht zu präparieren, ist eine Werkstatt, in der das Brett mit Snowboardhaltern an einer Werkbank fest eingespannt werden kann. Möchte man das Brett lediglich wachsen, reichen auch zwei Stühle als Stützen.

Gerade nach einem Ritt im Firn muß das Board gepflegt werden.

7.1 Arbeitsmaterial

Egal ob Profi oder Freizeitboarder, ein paar Werkzeuge gehören dazu, wenn das Brett vernünftig präpariert werden soll:

• Kantenschleifer mit variabler Winkeleinstellung;

• Kantenstein, mit dem Sie gröbere Scharten in der Kante begradigen können;

• Kantengummi, um die Grate, die beim Feilen entstehen, zu entfernen;

• Feile (Karosseriefeile), um die Kante von unten zu glätten;

• Bügeleisen oder Wachsmaschine;

• Wachs zum Einbügeln;

• P-Tex-Stäbe zum Ausbessern des Belages;

• Abziehklingen aus Plastik;

• Metallklinge, um überstehende Reste des Repairsticks zu entfernen;

• Nylonbürste, um die Belagstruktur freizubürsten.

Beim Präparieren sollte in folgenden Arbeitsschritten vorgegangen werden:

7.2 Belagreparatur

Die Belagpflege beginnt mit dem Reinigen. Also zuerst das alte Wachs inklusive Schmutz mit einer Klinge abziehen und die letzten Reste mit einem Lappen, getränkt mit Wachsentferner, abwischen. (Sparsam umgehen, die Entferner sind nicht gerade umweltfreundlich.) Den Wachsentferner mindestens 20 Minuten ablüften lassen. Kleine Risse, Kratzer oder sonstige Belagschäden werden mit einem Repairstick ausgebessert. Den Kratzer mit dem Reiniger säubern und überstehende Belagspuren mit einem scharfen Messer entfernen. Das Füllmaterial mit einem Lötkolben oder einer Kerze erwärmen, auftröpfeln und erkalten lassen. Achten Sie darauf, daß der Repairstick nicht

*Die wichtigsten Utensilien für die **Boardpflege**: Wachs, Feile, Bügeleisen, Wachsentferner, PU-Repair-Stick.*

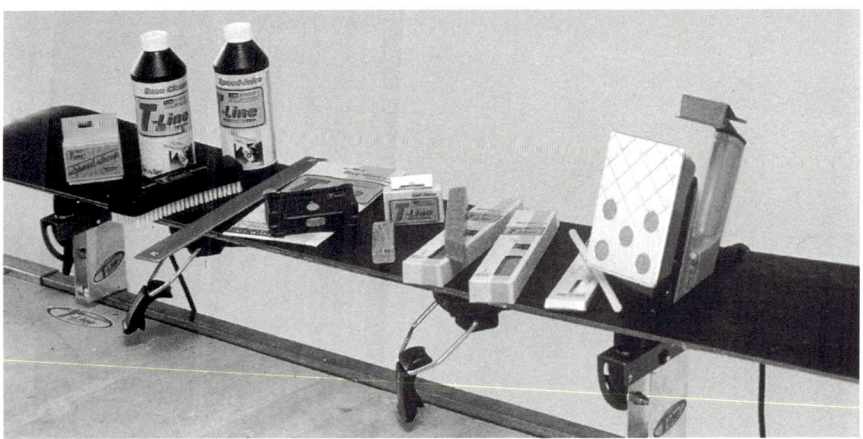

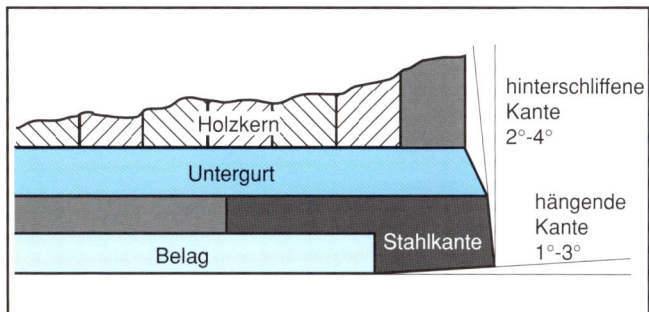

hinterschliffene
Kante
2°-4°

hängende
Kante
1°-3°

Holzkern

Untergurt

Belag

Stahlkante

Eine hinterschliffene Kante erhöht die Griffigkeit, eine hängende Kante macht das Board gutmütiger.

mehr rußt und die Flamme eine leicht bläuliche Färbung zeigt. Nach dem Abkühlen wird das überstehende P-Tex-Material mit einem Surffoamhobel, der Karosseriefeile oder der Ziehklinge abgeschabt.

7.3 Kantenschleifen

Sauber geschliffene Kanten des Snowboards sind wichtig für den Griff und die Führung des Brettes. Schon nach einem Snowboardtag bildet sich, aufgrund der starken Druckbelastung, ein Grat an der Kante. Wird dieser Grat nicht entfernt, verschlechtert sich die Griffigkeit der Kante erheblich. Grobe Scharten in der Stahlkante entfernt man mit einem Schleifstein. Dazu führen Sie diesen ein paarmal mit der angefeuchteten Steinseite über die zu bearbeitende Stelle. Mit einer langen Karosseriefeile oder einem speziellen Stahlkantenhobel werden die Kanten gleichmäßig abgeschliffen. Zuerst werden die Stahlkanten auf der Lauffflächenseite bearbeitet. Bei einer Karosseriefeile sollten Sie immer von außen nach innen und mit voller Auflage auf der Unterseite des Boards arbeiten, um zu verhindern, daß die Kante rundgeschliffen

wird. Die Feile sollte auf alle Fälle in einem langen Strich und mit mäßigem Druck über die Kante geführt werden.

Um den Belag zu schonen, können Sie ein Stück Papier unter der Feile mitführen, so daß nur die Kante bearbeitet wird. Ein spezielles Kantenschleifgerät mit fixierbarem Winkelanschlag erleichtert die Prozedur. Das freihändige Schärfen mit einer Feile erfordert viel Fingerspitzengefühl und Erfahrung, da jedes Verkanten und falsche Aufsetzen der Feile die Kante beschädigt.

Im zweiten Schritt wird die Kante von der Seite bearbeitet. Je nach Fahrstil werden unterschiedliche Kantenwinkel bevorzugt: Die **hängende Kante** (1–3 Grad) ist gegenüber einer 90-Grad-Kante weniger aggressiv: Sie verringert die Gefahr des Verschneidens beim Gleiten. Mit dem variablen Kantenhobel kann der gewünschte Winkel gefeilt werden. **Hinterschliffene**, also trapezförmige Kanten erhöhen die Griffigkeit, sind jedoch auch empfindlicher, das Board verschneidet auch leichter. Im Rennsport werden die Kanten bis zu 86 Grad hinterschliffen, bei Freestylern und Freeridern sind Winkel zwischen 88 und 90 Grad ausreichend.

Der Fingernageltest gibt Aufschluß

Die Kanten werden zuerst von der Lauffläche aus bearbeitet. Achten Sie darauf, daß die Feile plan aufliegt.

Mit einem Kantenhobel wird dann die Kante seitlich geschliffen. An dem Hobel können Sie den Winkel für den Kantenschliff einstellen.

über die Schärfe der Kante: Eine gut geschliffene Kante schabt etwas vom Fingernagelrücken ab, wenn man damit über die Kante fährt. Um das Board etwas drehfreudiger zu machen, können die Kanten 15 Zentimeter im Schaufel- und fünf Zentimeter im Heckbereich leicht abgerundet (gebrochen) werden. Mit einem speziellen Kantengummi gehen Sie nach dem Schleifen ein bis zweimal über die Kante, um den kleinen Grat, der beim Schleifen entsteht, zu entfernen.

7.4 Wachsen

Jetzt kann mit dem Wachsen begonnen werden. Hier gibt es das Kalt- und Hartwachs. Das Kaltwachs dient zur zusätzlichen Pflege; es weist längst nicht die guten Ergebnisse auf, die Sie mit dem Heißwachsen erzielen können, da es nicht in die Belagporen eindringen kann. Bei den Heißwachsen unterscheidet man Wachsarten für unterschiedliche Temperaturen und Schneearten, Universalwachse und ganz spe-

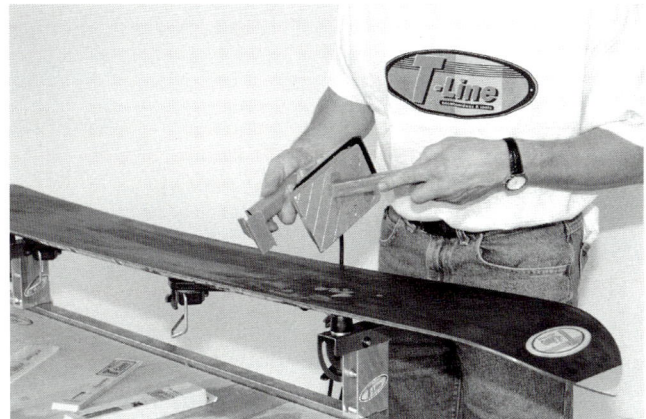

Das Wachs erwärmen Sie am Bügeleisen und träufeln es gleichmäßig auf den Belag des Boards auf.

Nach dem Abkühlen (ca. 45 Minuten) ziehen Sie das überschüssige Wachs mit einer Plastik-Ziehklinge ab.

zielle Wachsarten für Graphitbeläge.

Das Wachs mit Mutters aussortiertem Bügeleisen oder mit dem Wachsautomaten erwärmen und auf den Belag aufbringen. Die Temperatur des Bügeleisens sollte auf Seide/Wolle oder zwei Punkte eingestellt sein. Kommt es bei der Erwärmung zur Rauchentwicklung, ist die Temperatur zu hoch. Danach das Wachs mit dem Eisen in den Belag einbügeln. Gleitet das Bügeleisen schlecht über den Belag, verwenden Sie etwas mehr Wachs.

Wenn der Belag richtig gut getränkt ist, das Wachs abkühlen und aushärten lassen (ca. 45 Minuten). Erst dann das überflüssige Wachs mit einer Plastikklinge gründlich und mit leichtem Druck bis auf den Belag abziehen. Die Klinge immer in Fahrtrichtung ziehen (also von der Schaufel zum Heck), niemals quer zum Board. Zum Schluß bürsten Sie den dünnen Wachsfilm mit einer Nylonbürste in der Gleitrichtung aus, so daß die Belagstruktur wieder frei wird.

8 ELEMENTARSCHULE

Das lern' ich nie« hört man zwar immer wieder mal auf den Anfängerhängen, aber gerade für das Snowboarden ist diese Angst völlig unbegründet. Wenn die ersten Versuche unter fachkundiger Anleitung gemacht werden, dann stellen sich meist schon nach ein bis zwei Tagen die großen Erfolgserlebnisse ein – normalerweise sogar viel schneller als beim Skifahren.

Voraussetzungen sind nicht notwendig, ein durchschnittlich sportbegabter Mensch kann in aller Regel am Ende eines dreitägigen Kurses sicher die ersten leichten Hänge befahren. Wer allerdings schon Vorkenntnisse vom Skifahren, Skateboardfahren, Windsurfen oder Wellenreiten mitbringt, wird noch schneller die wenigen Geheimnisse der Snowboardtechnik geknackt haben. Auch die Behauptung vieler Skifahrer,

Sit-in am Kitzsteinhorn.
Die Crew des Snowboard-Handbuchs
hatte immer kompetente Zuschauer.

daß das Snowboarden besonders verletzungsträchtig sei, ist absolut Schnee von gestern. Es gibt mittlerweile diverse Untersuchungen, die das Gegenteil beweisen (siehe Ratgeber Verletzungsgefahr, Seite 171 ff.).

Die fachkundige **Anleitung** ist jedoch das A und O für den schnellen und verletzungsfreien Lernerfolg. Nach einer repräsentativen Studie der *Salzburger-Land-Tourismusgesellschaft* versuchen noch immer rund zwei Drittel aller Neueinsteiger, sich das Boarden im Do-it-yourself-Verfahren beizubringen. Das ist ein Fehler! Denn schon die ersten Erfahrungen mit dem Snowboard entscheiden oft über Spaß oder Frust. Wer allein vor sich hinwurschtelt, stellt das Board vielleicht gleich wieder in den Keller, da er den richtigen Dreh einfach nicht findet. In einer Snowboardschule, die mit ausgebildeten Lehrern arbeitet, wird von Anfang an die richtige Technik gelehrt und darauf geachtet, daß sich keine Fehler einschleichen. Gerade die »selbsterlernten« Fehler sind es, die den Autodidakten später die größten Probleme bereiten.

Außerdem ist man in einem Kurs immer in guter Gesellschaft, die »Leidensgenossen« liegen genauso wie Sie des öfteren im Schnee. Gemeinsam machen auch die ersten Versuche schon viel Spaß.

Welche geprüften Schulen in Ihrem Wintersportgebiet Snowboardkurse anbieten, erfahren Sie über die Snowboardverbände (siehe Seite 146 ff.) und ab Seite 182 in diesem Handbuch.

Damit Sie aber vorab schon wissen, was Sie in einem guten Snowboardkurs erwartet, finden Sie auf den nächsten Seiten alle wichtigen Tips für den Start ins Gleitvergnügen.

Aufwärmen: *Machen Sie ein paar Strecksprünge zum Warmwerden. Beim Abfedern der Sprünge ganz langsam in die Hocke gehen.*

 Ratgeber

Aufwärmen

Oft belächelt und trotzdem das Wichtigste am Beginn eines jeden Snowboard-Tages: Richtiges Aufwärmen und Dehnen ist ein Muß für Einsteiger und Könner gleichermaßen. Es schüttelt die Müdigkeit aus den Knochen und vermindert das Verletzungsrisiko beträchtlich.

Am Anfang steht immer das **Aufwärmen**. Hüpfen, Laufen und kleine Wettspiele (ohne Board) in der Gruppe sind optimale Übungen, um die nötige »Betriebstemperatur« der Muskulatur zu erreichen. Danach folgt ein gezieltes Dehnen (**Stretching**) der beim Snowboarden am meisten belasteten Muskelgruppen. Am besten dehnt man von oben nach unten, das heißt, zuerst Schulter, Arme und Handgelenke, danach den Rumpfbereich und abschließend die Beine. Hier besonders die Oberschenkelstrecker und -beuger. Je mehr Zeit Sie sich für diese Übungen lassen, desto geringer ist hinterher das Verletzungsrisiko. Auch nach der Mittagspause sollten Sie sich wieder richtig aufwärmen. Am Ende eines langen Snowboardtages bietet die Wiederholung des Stretching-Programms den besten Schutz vor einem Muskelkater.

Spaß beim Aufwärmen

Um den Kreislauf in Schwung zu bringen, gibt es natürlich diverse Möglichkeiten. Am einfachsten ist es, einen Hang zu Fuß aufzusteigen. Oben angekommen, ist man garantiert warm. Diese Methode ist aber auch die mit Abstand langweiligste. Gerade beim Snowboarden in der Gruppe kann auch schon das Aufwärmen richtig Spaß machen.

Nach ein paar Kniebeugen und Strecksprüngen stehen **Spiele** auf dem Programm. Zum Beispiel das aus Kindertagen beliebte »Schwänzefangen«. Alle stecken sich einen Handschuh oder die Mütze in den hinteren Rand des Snowboardstiefels. Wer die meisten »Schwänze« ergattert, hat gewonnen. Kaum zu glauben, aber je älter die Snowboarder werden, desto ausgelassener geht es zu, wenn sich alle auf den »Babykram« einlassen. In einem abgesteckten Areal reichen schon ein paar Minuten, um richtig in Fahrt zu kommen.

Für Freunde des Wettkampfsports empfehlen wir den »Menschenslalom«: Die Gruppenmitglieder stellen sich nebeneinander in einer Reihe auf (Abstand ca. einen Meter). Nacheinander müssen dann alle die lebenden »Slalomstangen« möglichst schnell und eng umrunden.

Bei größeren Gruppen bieten sich Staffeln zum Aufwärmen an. Im ersten Durchgang muß gehinkt werden, dann stehen Schlußsprünge an, weiter geht es auf allen vieren, und den Abschluß bildet eine Bocksprungstaffel.

Richtig Dehnen

Beim Snowboarden wird die gesamte Muskulatur des Körpers beansprucht. Stretching bereitet die Muskeln auf die kommenden Anstrengungen vor. Ein vorgedehnter Muskel verträgt Beanspruchungen besser als ein ungedehnter. Zerrungen und andere kleine Muskelverletzungen treten meist nur dann auf, wenn ein unvorbereiteter Muskel extrem beansprucht wird.

Die Nackenmuskulatur
Im entspannten Stand geht es mit dem Kopf los: Der Blick wandert zuerst bis über die linke Schulter, dann langsam zurück bis zum Blick über die rechte Schulter. Mit Blick nach vorn wird nun der Kopf so weit wie möglich zu beiden Seiten geneigt. Achtung: Die Übungen unbedingt langsam ausführen. **Auf keinen Fall kopfkreisen!**

Schulter- und Armbereich
Um den Schulter- und Armbereich vorzubereiten, wird aus der Hochhalte der rechte Arm nach hinten abgewinkelt. Die linke Hand drückt den rechten Ellenbogen dicht hinter dem Kopf zur

Arme: *Die Unterarmmuskulatur dehnen Sie, indem Sie die Finger der ausgestreckten Hand zu sich ziehen (links). Brustmuskeln: Hände hinter dem Rücken verschränken und die Arme hochführen.*

Seite. So werden Armstrecker und Brustkorb gleichzeitig gedehnt. Diese Übung gilt natürlich umgekehrt auch für den linken Arm.

Danach wird der gestreckte rechte Arm unterhalb Kinnhöhe mit der linken Hand auf den Brustkorb gedrückt (und umgekehrt).

Speziell für die Arme ist diese Übung: Hände hinter dem Rücken fest verschränken. Die Arme soweit durchstrecken, bis sich die Schulterblätter berühren. Nun die Hände langsam nach hinten oben führen.

Die Handgelenke werden gedehnt, indem beide Hände vor dem Körper so verflochten werden, daß bei gestreckten Armen die Handinnenflächen nach vorne außen zeigen.

Schultern: *Dehnen Sie sowohl die seitliche Schultermuskulatur (rechts) als auch die obere Rückenmuskulatur (links).*

Rumpfmuskulatur: Setzen Sie ruhig Ihr Board beim Stretching als Stütze ein und dehnen Sie die seitliche Rumpf- (links) und die Brustmuskulatur (rechts).

Rumpfmuskulatur
Um die seitliche Rumpfmuskulatur vorzubereiten, führen Sie die gestreckten Arme aus einer leichten Grätschstellung in der Körperebene zur Seite, bis die Hände das neben Ihnen im Schnee steckende Board erreichen.

Nun stellen Sie sich frontal vor das Board, knicken in der Hüfte ab und versuchen, mit geradem Oberkörper und gestreckten Armen das Board zu greifen. So wird die Rückenmuskulatur vorgedehnt.

Oberschenkel
Seitgrätschstellungen mit weitem Ausfallschritt zu einer Seite dehnen die Innenseiten der Oberschenkel. Weite Ausfallschritte in Gehrichtung dehnen Kniebeuger und Hüfte.

Um die hintere Oberschenkelmusku-

latur vorzubereiten, legen Sie das gestreckte Bein auf der Bindung des senkrecht im Schnee steckenden Boards ab und senken den Oberkörper langsam in Richtung Knie ab.

Die vordere Oberschenkelmuskulatur (Kniestrecker) dehnen Sie, indem Sie ein Bein im Stand so weit anfersen, bis der Stiefel den Po erreicht.

Um Überdehnungen zu vermeiden,

☞ **Die wichtigsten Grundsätze beim Dehnen:**
Niemals durch Nachfedern die Schmerzgrenze überschreiten. Nur soweit dehnen, bis eine deutliche Muskelspannung zu fühlen ist. Die einzelnen Übungen fünfzehn bis zwanzig Sekunden halten und dabei nicht die Luft anhalten, sondern tief atmen. Immer beide Arme und beide Beine dehnen!

Beine vorne/hinten: *Nehmen Sie Ihren Stiefel und ziehen Sie den Fuß langsam zum Gesäß (Dehnung der vorderen Oberschenkelmuskulatur, links). Beugen Sie sich mit geradem Rücken über das ausgestreckte Bein (Dehnung der hinteren Beinmuskulatur, rechts).*

Beine seitlich: *Dehnen Sie die innere Beinmuskulatur (Adduktoren), indem Sie einen weiten Grätschschritt machen und langsam zu einer Seite tief gehen.*

sollen alle Übungen langsam ausgeführt werden. **Auf keinen Fall nachfedern!**

Die Übungen, bei denen das Board als »Stütze« verwendet wird, können Sie natürlich auch mit einem Partner machen.

 Ratgeber

Boardhandling

Wer sein Board liebt, der hält es fest. Hier geht es allerdings nicht um den leider weitverbreiteten Brettklau, sondern um die Sicherheit der anderen Wintersportler. Und damit sind wir auch schon bei der ersten wichtigen Regel für alle Snowboarder:

Auf dem Weg zum Startplatz wird das Brett möglichst senkrecht und dicht am Körper unter dem Arm getragen. Diese Regel hat wirklich nichts mit dem übertriebenen Sicherheitsgehabe der alten Schlaumeier zu tun, denn eine ruckartige Bewegung mit dem waagrechten Snowboard in der Warteschlange vor der Gondel kann »umwerfende« und äußerst schmerzhafte Konsequenzen haben.

Einzige Ausnahme: Beim Aufstieg am Rand einer Piste oder im Bereich einer Halfpipe kann man sich das Board auch quer hinter dem Rücken unter die Arme klemmen.

Auch beim Tragen wird die Fangleine (*Leash*) am Körper befestigt. Ist sie lang genug, kann sie bereits am vorderen Bein unterhalb des Knies fixiert werden. Die kurze Leash wird um das Handgelenk geschlungen. Nur so ist zu verhindern, daß sich das Board selb-

Boardhandling: Um das Brett immer sicher im Griff zu haben, tragen Sie es aufrecht seitlich am Körper oder klemmen Sie es hinter dem Rücken ein.

ständig macht, wenn es mal aus der Hand gleitet.

Am Startplatz angekommen (natürlich immer am Rand der Piste) wird das Board grundsätzlich nie mit der Belagseite (Gleitfläche) in den Schnee gelegt, denn ein herrenlos wegrutschendes Snowboard wird zum gefährlichen Geschoß! Deshalb: Ein Board mit Plattenbindung wird auf die Bindungsseite gelegt, ein Gleiter mit Softbindung wird so auf der Boardkante abgelegt, daß die Wadenstützen (*High-Backs*) talwärts im Schnee liegen.

 Ratgeber

Sicher einsteigen

Die ersten Einstiegsübungen sollten immer in der Ebene stattfinden. Der Auslauf einer wenig geneigten Anfängerpiste oder der leere Sammelplatz der örtlichen Snowboardschule bieten meist gute Voraussetzungen.

Falls nicht schon vorher geschehen, wird natürlich zuerst die *Leash* am vorne stehenden Bein unterhalb des Knies befestigt. Dann wird das Board quer zur Falllinie (man versteht darunter die kürzeste Strecke zwischen Berg und Tal, also den »direkten Weg nach unten«) vor den Füßen ausgerichtet. Der vordere Fuß wird grundsätzlich zuerst in der Bindung fixiert, erst dann folgt der hintere Fuß.

Für den Einstieg auf der Piste empfiehlt sich bei Plattenbindungen mit Heckverschluß (zum Beispiel Step-in) immer die Blickrichtung zum Berg. Bei Softbindungen oder Plattenbindungen mit Frontverschluß sollte man mit Blickrichtung Tal stehen oder noch besser sitzen.

Bei Blickrichtung Berg stellt man den hinteren Fuß unter das Board, um so eine ebene Einstiegsfläche für den vorderen Fuß zu bilden. Wenn Schuh und Bindung schnee- und eisfrei sind, wird zuerst der vordere Schuh in die vordere Bindung gestellt, um dann den Verschlußhebel zuzuklappen. Nun stützt man sich mit einer Hand im Schnee ab, kantet das Board über den vorderen Fuß gegen den Hang auf und stellt den anderen Schuh in die hintere Bindung. Vor dem Losfahren bitte immer prüfen, ob die Bindung richtig geschlossen ist!

Beim Einstieg in eine Softbindung oder eine Plattenbindung mit Frontverschluß setzt man sich mit Blickrichtung Tal hin, schlägt das Board mit der Backsidekante vor sich quer in den Schnee und macht Schuhe und Bindung sauber. Dann wird der vordere Fuß über die Fersenkappe in die vordere Bindung gestellt, Schnallen oder Frontbügel geschlossen, und erst dann folgt der hintere Stiefel in die hintere Bindung.

 Ratgeber

Problemlos aufstehen

Egal ob nach dem ersten Anschnallen oder nach dem ersten Sturz, irgendwann stellt sich für alle Einsteiger die Frage: Wie stehe ich wieder auf? Es ist völlig normal, daß Sie sich bei den ersten Versuchen (mit »gefesselten« Bei-

Aufstehen: Stehen Sie Frontside zum Berg (links), drücken Sie sich einfach von den Händen über die Hocke in den Stand. Stehen Sie Backside (rechts), müssen Sie beim Aufstehen das Körpergewicht über den vorderen Fuß bringen.

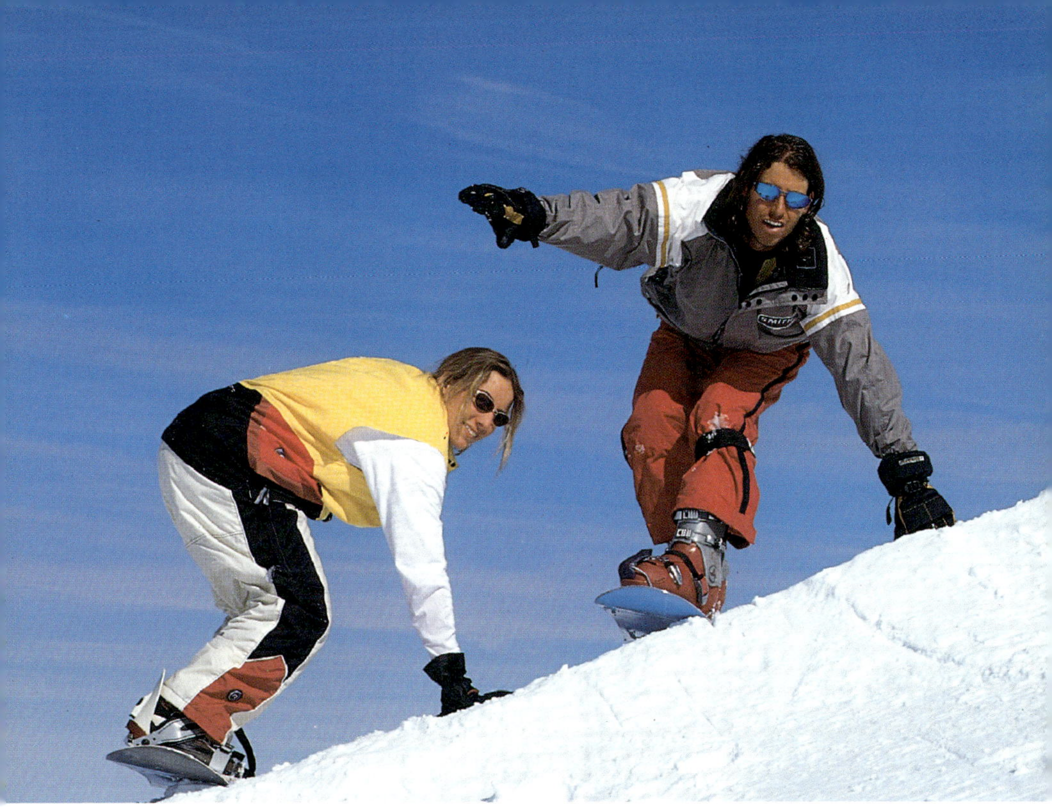
SMITH

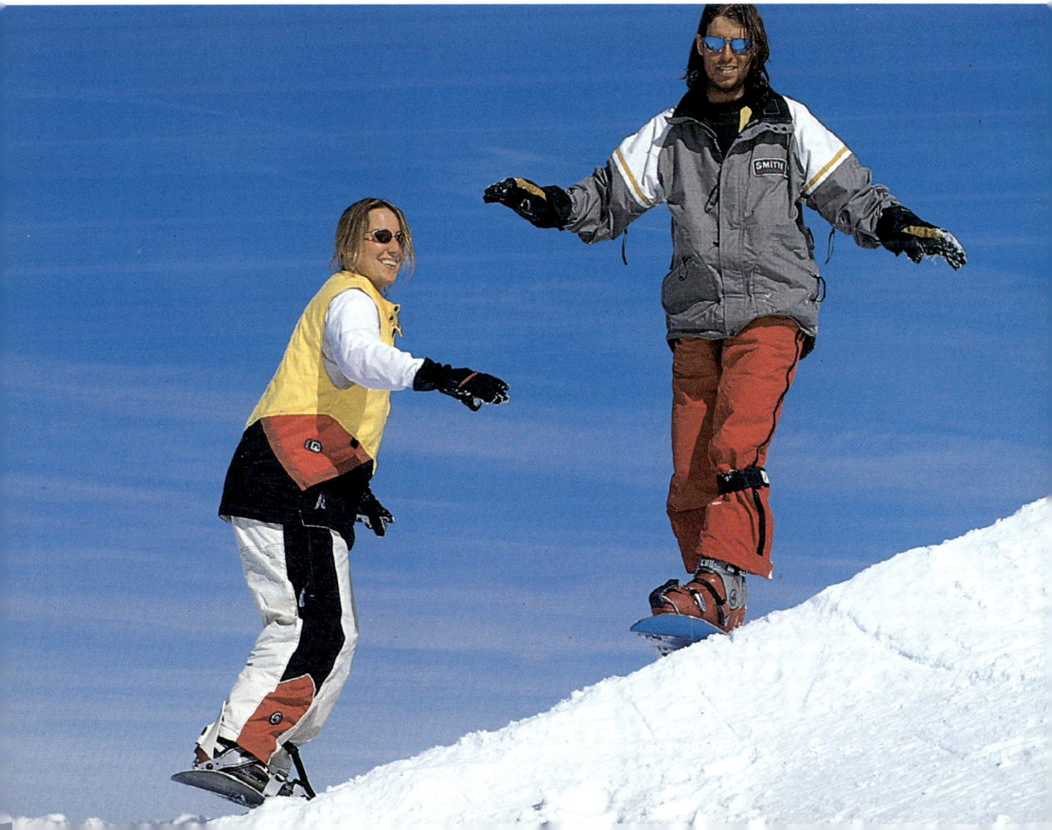
SMITH

nen) wie der berühmte Maikäfer auf dem Rücken fühlen, aber mit der richtigen Technik kommen Sie schnell und kraftsparend wieder in den »aufrechten Gang«. Entscheidend ist immer, daß Sie den Körperschwerpunkt möglichst dicht ans Board oder sogar über das Board bekommen.

Die richtige Technik ist hier besonders wichtig, denn sonst geht Ihnen schnell die Puste aus.

Zuallererst wird der Gleiter quer (zur Fallinie) mit der Bergkante in den Schnee gedrückt, um das Wegrutschen beim Aufstehen zu verhindern.

Bei Blickrichtung zum Berg (also über die Frontsidekante) knien Sie dicht oberhalb des Boards im Schnee und drücken sich dann von den Händen über die Boardkante in die Hocke und weiter in den Stand auf der belasteten Bergkante.

Etwas schwieriger ist das Aufstehen mit Blickrichtung Tal (also über die Backsidekante). In der Ausgangsposition sitzen Sie möglichst dicht oberhalb des Boards im Schnee. Mit der vorderen Hand drücken Sie sich nach vorne oben (regular: linke Hand vorn; goofy: rechte Hand vorn). Die hintere Hand schwingt nun kraftvoll in Richtung der Boardspitze, das Körpergewicht wird damit über das vordere Bein gebracht, und durch Strecken der Beine können Sie sich voll aufrichten.

Falls dieses Manöver auch nach mehreren Versuchen nicht klappen sollte, empfiehlt es sich, das Board im Liegen so zu drehen, daß Sie in die Position »Blick zum Berg« kommen. Aus dieser Lage ist das Aufstehen wie beschrieben einfacher. Aber auch die Technik des Boarddrehens will gelernt sein.

⇨ **Ratgeber**

Umdrehen des Boards

Auch diese Technik will gelernt sein, bietet sie doch im Notfall die einfachste Möglichkeit einer Richtungsänderung. Egal ob aus der Bauch- oder Rückenlage, grundsätzlich wird zuerst das vordere Bein angewinkelt und das hintere voll durchgestreckt. Dann wird das Snowboard über das Heck kippend aufgerichtet und der Oberkörper unterstützend in die Zielrichtung gedreht. Nun braucht der aufgestellte Gleiter nur noch in die neue Richtung geklappt zu werden, der Rest dürfte dann mit der entsprechenden Aufstehtechnik kein Problem mehr sein.

⇨ **Ratgeber**

Angstfrei stürzen

Da es in der Geschichte unserer Sportart noch niemanden gegeben hat, der das Snowboarden ohne Sturz gelernt hat, ist es wirklich sinnvoll, auch die Technik des Fallens intensiv zu üben. Sie können dadurch die natürlich vorhandene Angst vor dem Stürzen abbauen und vermeiden zugleich unnötige Verletzungen. »Aktives Stürzen« lautet die Zauberformel – eine Technik, die

Umdrehen: *Die einfachste Art,
die Fahrtrichtung zu ändern, ist
das Drehen des Boards im Liegen.
Nicht elegant, aber effektiv.*

übrigens auch die Profis anwenden, wenn im Wettkampf ein Abgang in den Schnee nicht mehr zu verhindern ist.

Genauso, wie es zwei verschiedene Boardkanten gibt, gibt es auch zwei verschiedene Fallrichtungen – **Frontside** und **Backside**.

Beim aktiven Stürzen über die Fußspitzen (*Frontside*) kommt es darauf an, sich möglichst klein zu machen, um dann über die Knie, die Oberschenkel und den Bauch in einer Vorwärtsbewegung auf die Unterarme zu rutschen. Der Bewegungsablauf sieht genauso aus wie der beim Hechtbagger im Volleyball. Die Hände sind dabei zur Faust geballt. Durch das Vorwärtsgleiten vermeiden Sie den schmerzhaften

Fall-Studien: *Den Sturz über die Backsidekante versuchen Sie durch ein Abrollen über den Rücken abzufangen (rechts). Den Sturz nach vorn über die Unterarme abfangen.*

Aufprall auf den Schnee. Im Liegen werden die Beine sofort in den Knien gebeugt, um das Board aus dem Schnee zu heben. So verhindern Sie, daß das Board verschneidet und die Beine sich schmerzhaft verdrehen.

☞ **Wichtig ist immer, daß Sie sich nicht mit den Händen abstützen. Denn das kann zu gefährlichen Verletzungen der Handgelenke führen.**

Beim aktiven Stürzen über die Fersen (*Backside*), also beim Fallen nach hinten, kommt es ebenfalls darauf an, sich klein zu machen, um den Körperschwerpunkt möglichst dicht über das Board zu bringen. Das Kinn wird auf die Brust gedrückt, und über den Po rollen Sie dann auf dem runden Rücken (Katzenbuckel) ab. Die Unterarme (nicht die Hände!) dicht am Körper können den Aufprall mindern. Auf keinen Fall mit den Händen abstützen! Im besten Fall setzen Sie zu einer Art Rückwärtsrolle an, dadurch kommt das Board sofort aus dem Schnee und kann nicht steckenbleiben.

Egal in welche Richtung Sie fallen, falls ein Sturz nicht mehr zu vermeiden ist, sollten Sie immer versuchen, daraus eine aktive Bewegung zu machen. Um die richtige Sturztechnik zu erlernen, bietet es sich an, den »freien Fall« zuerst ohne Board zu üben.

➪ *Ratgeber*

Richtig stehen

Die richtige Grundposition auf dem Board ist eine wichtige Voraussetzung für erfolgreiche Manöver. Man versteht

Grundposition: *In der Grundstellung ist Ihr Körpergewicht auf beide Füße gleichmäßig verteilt, die Beine sind leicht gebeugt, der Oberkörper in Fahrtrichtung offen.*

darunter eine bewegungsbereite Mittelstellung des Körpers. Die Kniegelenke sind leicht gebeugt, das Körpergewicht ist gleichmäßig auf beide Beine verteilt. Der aufrechte Oberkörper ist im Schultergürtel schräg in Fahrtrichtung nach vorn gedreht (Winkel von 45 Grad zur Boardlängsachse), die Arme sind leicht abgespreizt und in den Ellenbogen leicht abgewinkelt. Der Blick ist nach vorn gerichtet.

Um eine persönlich sinnvolle Grundposition herauszufinden, sollten Sie anfangs verschiedene Körperhaltungen ausprobieren. Wichtig ist, daß die Grundstellung nicht verkrampft ist, sondern entspannt eingenommen werden kann.

Balance auf dem Board

Hier geht es darum, ein Gefühl für das Brett zu bekommen, auf das man »gefesselt« ist. In der Ebene ist dabei alles erlaubt, was Spaß macht und nicht wehtut.

Um wirklich zu erfahren, wie sich das Board »anfühlt«, sollten zuerst beide Beine in den Bindungen fixiert sein. Am einfachsten beginnen Sie mit Hoch- und Tiefgehen in der Grundstellung sowie mit einer extremen Verlagerung des Körpergewichts in Richtung der Boardlängsachse nach vorn und hinten (bis sich Brettspitze und -ende aus dem Schnee heben). Das abwechselnde Belasten von Frontside- und Backsidekante ist zwar eine kippelige Angelegenheit, aber es schult das Balancegefühl ganz enorm.

Kleine Hüpfer können gar nicht oft genug probiert werden. Der Strecksprung aus der Hocke ist genauso sinnvoll wie der Absprung mit Anhocken oder das sogenannte »Sternspringen«. Dabei versuchen Sie, das Board durch einen kräftigen Absprung komplett aus dem Schnee zu heben und in der Luft zu drehen. Möglichst wenige Sprünge aus dem Stand sollen einen sternförmigen Vollkreis ergeben. Wenn Sie immer darauf achten, daß der Kopf die Drehung des Körpers einleitet, sind auch für Sie als Einsteiger Turns von 180 Grad möglich. Diese Übung ist übrigens eine gute Vorbereitung auf die meisten Freestyle-Tricks.

Die ersten Gleiterfahrungen auf dem Brett sammeln Sie beim **»Rollerfahren«**.

Balance: Um ein besseres Gefühl für das Brett zu bekommen, verlagern Sie Ihr Gewicht so extrem auf den vorderen oder hinteren Fuß, daß sich Brettspitze oder Brettende vom Schnee lösen.

Es schult das Gleichgewicht und wird später beim Einstieg in den Lift immer wieder gebraucht. In der Ebene wird nur das vordere Bein in der Bindung fixiert, der hintere Fuß stößt sich (eben wie beim Rollerfahren) vom Schnee ab und wird dann bei der Gleitfahrt zwischen die Bindungen auf das Antirutschpad gestellt. In der Fahrt immer nach vorne schauen, denn sobald der Blick ängstlich auf das eigene Board gerichtet wird, verkrampfen Sie automatisch. Aber bitte nicht gleich zu übermütig »Rollerfahren«, immer nur in der Ebene und auf festem Schnee! Wenn der hintere Fuß im weichen Schnee hängenbleibt oder man bei zu schneller »Rollerfahrt« stürzt, können schmerzhafte Verdrehungen des vorderen Beins die Folge sein.

 Ratgeber

Locker gleiten

Das intensive Training der verschiedenen Vorübungen hat sich gelohnt, denn nun steht die erste richtige Abfahrt auf dem Programm. Am Rand einer flachen Piste mit ebenem Auslauf oder leichtem Gegenhang stiefeln Sie ein paar Schritte bergauf, und dann steht der langersehnten Schußfahrt nichts mehr im Wege: Anschnallen wie geübt, aufstehen, ein Sprung um 90 Grad in die Fallinie, und ab geht die Post. In der Grundhaltung (so unverkrampft wie möglich) läßt sich das Gleitvergnügen genießen. Das Ende der Schußfahrt erfolgt automatisch in der Ebene oder am Gegenhang der »Versuchsstrecke«.

Für die nächsten »Läufe« gibt es neue Aufgaben, denn auch beim Glei-

Gleiten: Lösen Sie den hinteren Fuß aus der Bindung und fahren Sie mit Ihrem Board Roller. Das verbessert das Gefühl für die Verlagerung des Gewichts auf den vorderen Fuß.

ten kann das Balancegefühl weiter geschult werden. Strecken und Beugen, Gewichtsverlagerungen nach vorn und hinten, kleine Sprünge und das Aufheben von Gegenständen während der Fahrt geben schnell noch mehr Sicherheit auf dem Snowboard. Wichtig: Bei allen Schußfahrten liegt das Board plan auf dem Schnee auf, auf jegliche Belastung der Kanten sollte bewußt verzichtet werden.

 Ratgeber

Effektiver Kanteneinsatz

Kontrolliertes **Seitrutschen** (Abrutschen) ist das Ziel dieser Übungseinheit. Um das Board rutschen zu lassen, muß der Druck auf die Kanten variiert werden; ein sicheres Gefühl für den Kanteneinsatz ist die entscheidende Voraussetzung für alle Schwünge im späteren Leben als Snowboarder. Außerdem kann das Board über die Kanten immer wieder abgebremst werden.

Auch hier gibt es natürlich zwei verschiedene Techniken für den Einsatz der beiden Kanten.

Relativ einfach und sicher ist das Seitrutschen über die **Frontsidekante** (also das Gleiten mit Blickrichtung Berg). Ausgangsposition ist die Grundstellung mit belasteter Frontsidekante (Bergkante). Durch vorsichtiges Belasten der Fersen wird der Kantendruck auf die Frontside verringert, und das Board beginnt, quer zur Fallinie abzurutschen. Wichtig ist die gleichmäßige Gewichtsverteilung auf beide Beine, denn nur wenn beide Beine gleichmäßig belastet sind, rutscht das Board wirklich quer zur Fallinie. Um das Seitrutschen zu stoppen, wird über ver-

Kanteneinsatz: *Um sicher am Berg stehen zu können, wird immer die Bergkante kräftig belastet.*

Seitrutschen/Abrutschen: *Durch Verringerung des Drucks auf die Bergkante wird das Board flachgestellt und beginnt abzurutschen.*

stärktes Belasten der Fußspitzen (Ballen) der Kantendruck auf der Frontside wieder erhöht, und das Board kommt zum Stehen.

Über die **Backsidekante** (also Blickrichtung Tal) fühlt man sich meist etwas unsicherer, der Bewegungsablauf ist aber einfach nur umgekehrt: Ausgangsposition ist wieder die Grundstellung, nun aber mit belasteter Backsidekante. Jetzt wird der Kantendruck durch leichte Belastung der Fußspitzen vermindert, und das Board beginnt quer zur Fallinie abzurutschen. Durch den Belastungswechsel auf die Fersen wird der Gleiter dann wieder stärker aufgekantet und abgebremst.

Das Seitrutschen ist die beste Möglichkeit, ein sicheres Gefühl für die Kanten zu entwickeln. Übrigens können Sie mit dieser Technik auch notfalls jeden noch so steilen Hang bewältigen. Sie sollte deshalb intensiv trainiert werden, sowohl in unterschiedlich steilem Gelände, als auch mit unterschiedlich starkem Auflösen des Drucks auf die Bergkante. Durch unterschiedlich starkes Belasten des vorderen und hinteren Fußes können Sie versuchen, einen Hang in kleinen Zickzackbewegungen abzurutschen. Zu vergleichen ist diese Übung mit einem Blatt, das langsam vom Baum zu Boden fällt.

Aber Achtung: Wenn das Brett zu flach gestellt wird, besteht die Gefahr, daß es mit der Talkante im Schnee steckenbleibt – und das führt dann automatisch zum Sturz.

Das Aufkanten und Flachstellen des Boards läßt sich auch als Partnerübung trainieren. Am einfachsten geht es, wenn Sie sich dabei gegenseitig an den Händen festhalten (eine Person *frontside*, die andere *backside*).

⇨ *Ratgeber*

Schrägfahrt

Sobald man den Kanteneinsatz beherrscht, bietet sich mit der Schrägfahrt erstmals die Chance, eine längere Strecke im Gelände zu befahren. In der Grundposition (quer zur Fallinie) wird bei belasteter Bergkante der Oberkörper ganz leicht Richtung Tal gedreht und das Körpergewicht vorsichtig auf das vordere Bein verlagert – die kontrollierte Schrägfahrt auf der Bergkante beginnt.

Je nachdem, wie weit man den Oberkörper ins Tal dreht, folgt auch die Brettspitze in diese Richtung. Entsprechend schnell wird die Fahrt. Die ersten Versuche sollten möglichst nahezu quer zur Fallinie gefahren werden, um die Geschwindigkeit kontrollieren zu können.

Die Schrägfahrt wird beendet, indem Sie den Oberkörper Richtung Berg drehen und das hintere Bein stärker belasten. Dadurch geht das Board wieder ins Seitrutschen über und kann durch stärkeres Aufkanten angehalten werden.

Schrägfahrten mit Blickrichtung Berg (also auf der Frontsidekante) sind für den Einstieg am einfachsten.

Wenn Sie so das Trainingsgelände gequert haben (Achtung: immer auf Wintersportler achten, die von oben kommend den eigenen Weg kreuzen!), setzen Sie sich in den Schnee, drehen das Board in die entgegengesetzte Richtung und beginnen die nächste Schrägfahrt. Auch auf diese Weise können Sie natürlich einen ganzen Hang bewältigen (siehe Umdrehen des Boards, Seite 62 f.).

Sicher bremsen

Über das Seitrutschen kann zwar jeder Schwung beendet werden, aber hier und da kann es Situationen geben, in denen das Board quasi auf der Stelle zum Stehen gebracht werden muß. Das entsprechende Manöver heißt **Stoppschwung**. Beim abrupten Abbremsen des Boards durch ruckartiges Querstellen zur Fallinie machen Sie sich die Gesetze der Physik zu eigen: Egal, aus welcher Richtung man anfährt, durch eine ruckartige Rotation des Oberkörpers gegen die Rutschrichtung des Snowboards dreht das Brett automatisch gegen den Oberkörper, bis es quersteht.

Die Rotationsbewegung des Oberkörpers wird durch extremes Tiefgehen unterstützt. Dadurch wird das Board stark aufgekantet und kommt (quer zur Fallinie) schnell zum Stehen. Oftmals verliert man bei diesem Manöver das Gleichgewicht und fällt um, sobald das Board steht, aber da der Stoppschwung eigentlich auch nur in Notsituationen angewendet wird, ist es nicht schlimm, wenn Sie dabei mal umfallen.

Falls Sie aus einer Schrägfahrt abrupt anhalten müssen, belasten Sie das hintere Bein möglichst stark und reißen das Board aktiv in eine Position quer zur Fallinie. Durch kräftigen Kanteneinsatz bleibt es dann sofort stehen.

*Schon die Kinder machen es unbewußt richtig: Beim **Stoppschwung** erfolgt eine Gegendrehung des Oberkörpers. Das Gewicht ist auf dem vorderen Fuß, und aktiv schiebt man das Board mit dem hinteren Fuß quer zur Fallinie.*

Liftfahren

Der Moment, den alle Anfänger herbeisehnen und den sie gleichzeitig ganz unten in der Magengegend auch fürchten, ist gekommen: Die erste Fahrt mit dem Lift steht an. Auf der einen Seite ist man heilfroh, daß das *Hiking*, das Hochstiefeln des Hanges, ein Ende hat, andererseits hat man schon ein komisches Gefühl, ob man die Fahrt im Lift ohne Sturz überstehen wird. Aber mit entsprechender Vorbereitung und der richtigen Technik ist auch das Lifteln kein Problem.

Grundsätzlich unterscheidet man drei Arten von »Aufstiegshilfen«: Am leichtesten geht es mit der **Gondel-** oder der **Kabinenbahn**. Beim Ein- und Ausstieg haben Sie das Board unter dem Arm – das Thema Stürzen existiert nicht.

Bei den **Sesselliften** ist zum Ein- und Ausstieg nur das vordere Bein in der vorderen Bindung fixiert. Während der Fahrt sitzen Sie bequem im Sessel und schweben am Zugseil durch die Luft. Das Board bleibt am vorderen Fuß, wird aber auf einer Fußstütze abgelegt.

Im **Schlepplift** – der Name sagt es – werden Sie in einer Liftspur auf dem Schnee den Berg hinaufgeschleppt. Das Board liegt die gesamte Zeit im Schnee, der vordere Fuß steht in der vorderen Bindung.

Für Sie als Einsteiger ist die Benutzung eines Sesselliftes einfacher als die des Schleppers, da Sie nur zu Beginn und am Ende der Bergfahrt den Gleiter in der richtigen Spur halten müssen.

Am Ende der Warteschlange vor dem Sessellift wird das hintere Bein aus der Bindung genommen, und mit »Rollerfahren« bewältigen Sie die Strecke zur Einstiegstelle. Je nachdem, für wie viele Wintersportler der Lift vorgesehen ist (zwei, drei oder vier), stellt man sich in entsprechenden Reihen auf. Beim Einstieg selbst wird das Board in Fahrtrichtung ausgerichtet, dann schauen Sie zurück und setzen sich zügig auf den ankommenden Sessel. Zu Beginn der Fahrt wird das Board vorne leicht angehoben und später dann auf dem heruntergeklappten Trittbügel abgestellt. Kurz vor der Ausstiegsstelle wird das Brett vom Trittbügel heruntergehoben, es hängt dann am vorderen Fuß in der Luft. Der Trittbügel wird rechtzeitig hochgeklappt, und direkt vor dem Ausstieg wird erneut die Boardspitze angehoben. Sobald Sie auf der Plattform der Ausstiegsstelle angekommen sind, rutschen Sie nach vorne vom Sessel, setzen den hinteren Fuß auf das Antirutschpad zwischen den Bindungen und lassen sich dann in möglichst gebeugter Haltung vom Sessel zur Rampe der Ausstiegsstelle schieben. Dort gleiten Sie dann sofort nach unten oder zur Seite weg, um Platz für die nächsten zu machen.

Anfänger sollten bei Mehrplatzliften möglichst auf den Außenpositionen sitzen, um beim Ausstieg die Mitfahrer nicht zu behindern.

Um die Premiere im Schlepplift angst- und sturzfrei zu gestalten, bieten sich ein paar Vorübungen an. Neben dem bereits erwähnten »Rollerfahren« gewinnen Sie schnell Sicherheit, wenn Sie sich von einem Partner an einem Skistock ziehen lassen. Noch besser ist es, wenn Sie einen Liftbügel ausleihen können, um damit das Anfahren des

Schlepplift: *Beim Einstieg zuerst nach hinten schauen und den Bügel zwischen die Beine klemmen.*

Liftbügel entgegen. Mit beiden Händen greifen Sie den Bügel, klemmen ihn – wie geübt – im Schritt zwischen die Oberschenkel und stellen das hintere Bein auf das Antirutschpad. Eine Hand umgreift die lange Stange des Schlepp-ankers. Den Anfahrtsruck des Lifts dämpfen Sie durch leichtes Tiefgehen und Nachgeben mit dem Arm. In der Fahrt ist das Körpergewicht auf beide Beine verteilt, der Blick nach vorn ge-richtet. Falls das Board aus der Spur gleiten will, können Sie es durch Bela-sten des vorderen Beines und gleich-zeitiges leichtes Aufkanten gegen die Rutschrichtung wieder zurück in die Spur zwingen.

An der Ausstiegsstelle wird der Schleppbügel aktiv zwischen den Bei-nen herausgezogen und nach vorne nachgebend losgelassen. Mit dem Restschwung gleiten Sie aus der Schleppspur. Das hintere Bein wird erst nach dem Verlassen der Ausstiegsstelle in die Bindung gestellt, um die nach-folgenden Wintersportler nicht zu ge-fährden. Bei möglichen Stürzen wäh-rend der Fahrt müssen Sie sich schnell vom Schleppbügel befreien und dann zügig die Schleppspur verlassen. Falls möglich, sollten Einsteiger erfahrene »Beifahrer« haben, die bei Unsicher-heiten helfend und haltend eingreifen können.

Manche Snowboarder fühlen sich al-lerdings wohler, wenn sie beim Liftfah-ren auch den hinteren Fuß in der Bin-dung lassen. Man hat dadurch mehr Kontrolle über das Board, Balancepro-bleme lassen sich aber nicht so leicht ausgleichen, deshalb empfiehlt sich für Einsteiger die »Einbeintechnik«. Auf alle Fälle sollten Sie beide Methoden mal ausprobieren.

Lifts zu simulieren. Das hintere Bein steht dabei neben der hinteren Bindung auf dem Antirutschpad; der Liftbügel wird im Schritt zwischen die Beine ge-klemmt.

Beim Liften selbst (Anker- oder Teller-lift) wird das Board in der Schleppspur ausgerichtet. Goofy-Fahrer stehen am bequemsten in der rechten, Regular-Fahrer in der linken Spur. Nun schauen Sie nach hinten, dem ankommenden

9 BASISSCHULE

Genug der Vorübungen. Nach dem intensiven Vorbereitungstraining haben Sie es sich verdient, erstmals das zu tun, was das Snowboarden so faszinierend macht: **schwingen**.

Der erste Bogen über die Fallinie hinweg hat etwas Magisches – endlich richtig snowboarden, endlich das Gefühl vom Wellenreiten auf Schnee erleben. Das ist so ähnlich wie das Glücksgefühl nach dem ersten geglückten Wasserstart beim Windsurfen.

9.1 Basisschwung

Die entsprechende Technik haben Sie bereits in der Elementarschule gelernt. Jetzt geht es nur noch darum, die natürliche Angst zu überwinden und das Board über die Fallinie gleiten zu lassen. In der Fachsprache wird diese

Sieht spektakulär aus, ist aber leicht zu lernen: Ein Frontsideturn im Tiefschnee.

Backside-Basisschwung: Gleiten in der Schrägfahrt, das Gewicht ist gleichmäßig auf beide Füße verteilt, die Hände sind in der Vorhalte.

Bewegungsabfolge **Basis- oder Grundschwung** genannt.

Wer den wirklich einfach zu erlernenden Grundschwung beherrscht, hat die Snowboardtechnik endgültig geknackt. Mit dieser Schwungform kann fast jedes Gelände befahren werden. Der Basisschwung ist der Grundstein für alle weiteren Schwünge bis hin zur Racetechnik. Je nachdem, wohin man schaut, wird vom *Frontside-* oder *Backsideturn* gesprochen. Beim Frontside-Grundschwung geht der Blick zur Bogenmitte, beim Backside-Grundschwung schaut man zur bogenäußeren Seite.

Die Unterschiedung in Front- und Backsideturns gilt übrigens für alle Schwungformen.

● **Starten in der Schrägfahrt**
Als Übungsgelände sollten Sie sich einen einfachen, leicht geneigten Hang

suchen, der keine Buckel aufweist. Die meisten Einsteiger finden es einfacher, mit dem Frontsideturn anzufangen, also mit einem Bogen, bei dem man zum Kurvenmittelpunkt schaut. Dieser Schwung wird auf der Backsidekante des Boards begonnen und auf der Frontsidekante abgeschlossen.

Sie starten auf der belasteten Backsidekante mit Blickrichtung Tal. Durch eine leichte Gewichtsverlagerung auf das vordere Bein beginnt die Schrägfahrt.

Der Oberkörper rotiert zur Schwungeinleitung in die neue Fahrtrichtung vor, bis die vordere Schulter über die Fallinie zeigt.

● **Rotation des Oberkörpers zur Schwungeinleitung**
Sobald das Board ein wenig Fahrt aufgenommen hat, drehen Sie Kopf und Oberkörper in einer fließenden Bewegung so weit Richtung Tal, bis die vordere Schulter über die Fallinie hinweg zeigt. Diese Rotation des Oberkörpers leitet den Schwung ein.

- **Driften durch die Fallinie**

Gleichzeitig lösen Sie den Druck auf die Backsidekante auf. Dem Oberkörper folgend beginnt nun das flachgestellte Board, durch die Fallinie hindurch zu driften. Sobald das Brett die Fallinie passiert hat, bringen Sie durch dosierten Druck über die Zehen Gewicht auf die Frontsidekante.

- **Schwungende in der Schrägfahrt**

Dadurch wird die Driftphase des Boards beendet und eine abschließende, schwungsteuernde Schrägfahrt auf der Frontsidekante eingeleitet. Die Schrägfahrt wird beendet, indem Sie den Oberkörper leicht zum Berg drehen und das hintere Bein stärker belasten. Dadurch geht das Board wieder

Das Brett driftet über die Fallinie und folgt der Vorrotation des Oberkörpers.

ins Seitrutschen über und kann durch stärkeres Aufkanten angehalten werden. Das war schon alles. Sie haben den ersten gedrifteten Basisschwung geschafft.

> ➭ **Praxistip**
> Der Kopf hat zentrale Bedeutung für die Bewegungssteuerung. Mit einer Kopfdrehung leitet man immer Rotationsbewegungen um die Körperlängs- oder -querachse ein. Daher bei den Rotationsschwüngen die Körperdrehung stets mit dem Kopf einleiten — sprich, den Blick in die Richtung wenden, in die man fahren will.

Man spricht vom gedrifteten Basis- oder Grundschwung, da das Board nicht direkt von einer auf die andere Kante gekippt wird, sondern flachgestellt durch die Fallinie rutscht (driftet). Der gedriftete Backside-Grundschwung funktioniert entsprechend: Sie fahren auf der Frontsidekante an (Blickrichtung Berg, siehe Sequenz), rotieren mit dem Oberkörper Richtung Tal und beenden den Schwung mit einer steuernden Schrägfahrt auf der Backsidekante.

In der neuen Fahrtrichtung die Bergkante belasten, dadurch die Driftphase beenden und den Schwung aussteuern.

Fehlerkorrektur

Was sich so einfach liest, kann in der Praxis bei den ersten Versuchen vielleicht schiefgehen. Folgende Probleme treten bei Anfängern häufig auf:

1. Sie haben das Gefühl, alles richtig gemacht zu haben, aber das Board will einfach nicht durch die Fallinie drehen:
Verstärken Sie die Rotation des Oberkörpers, denken Sie an die einleitende Drehung des Kopfes.

2. Das Board driftet zwar bis in die Falllinie, aber nicht weiter. Es wird immer schneller, und das Abbremsen erfolgt leider durch einen Vollkontakt mit dem Schnee:
Dieses Problem haben viele. Der Grund ist so einfach wie natürlich: Sie haben Angst. Das ist etwas vollkommen Natürliches! Sie befürchten, zu schnell zu werden. Unwillkürlich belasten Sie das hintere Bein stärker, um nicht nach vorne ins Tal zu »fallen«. Durch die Belastung passiert aber genau das Gegenteil von dem, was Sie wollen. Das Board stabilisiert sich nämlich in der Fallinie und nimmt Fahrt auf.
Die Angst überwinden Sie, indem Sie nochmals die Schwünge zum Berg aus der Fallinie heraus üben. Sie springen also aus dem Stand in die Fallinie und beginnen sofort, durch Oberkörperrotation und dosiertes Aufkanten, das Board aus der Fallinie herauszudrehen. Natürlich bleibt Ihnen auch immer noch die Möglichkeit, auf einem flacheren Hang zu trainieren.

3. Eine andere Fehlerquelle:
Der Oberkörper dreht unwillkürlich genau in die entgegengesetzte Richtung des Schwunges, weil Sie versuchen, das Board »rumzureißen«:
Denken Sie wieder an die Drehung des Kopfes und unterstützen Sie die Rotation aktiv durch die Arme, bis die kurvenäußere Hand in die neue Fahrtrichtung zeigt.

4. Oft kommt es vor, daß das Board am Schwungende überdreht und das Heck wegrutscht:
Hier schaffen Sie Abhilfe, indem Sie in der abschließenden Schrägfahrt wieder die Grundstellung einnehmen und das Board nicht nur im Schaufelbereich belasten.

Sobald Sie den gedrifteten Grundschwung sowohl als Frontside- als auch als Backsideturn beherrschen, können die Einzelkurven verbunden werden. Dabei wird die bisher abschließende Schrägfahrt eines Turns gleichzeitig zur Anfahrt zum nächsten Schwung. Sie beenden die Schrägfahrt nicht durch Querstellen des Boards, sondern leiten bereits kurz nach Beginn der Schrägfahrt einen weiteren Turn ein. Nach dem Frontsideschwung fahren Sie auf der Frontsidekante mit Blickrichtung Berg. Nun folgt schon in der Schrägfahrt die Oberkörperrotation Richtung Tal, und automatisch beginnt der Backsideturn.
Mit dieser Technik sind Sie erstmals in der Lage, einen ganzen Hang hinabzuschwingen. Sie haben die Grundschule des Snowboardens erfolgreich absolviert.
Herzlichen Glückwunsch!

Spurensuche:
Die Handschrift ist der signierte Hang.

10 ALPINTECHNIK

Der Einstieg ist gemacht, die ersten Pisten haben Sie mit dem Basisschwung bewältigt. Sind die Grundlagen mit dem Basisschwung gelegt, können Sie loslegen und an Ihrer Technik feilen. Speziell das saubere Fahren auf der Kante, der **geschnittene Schwung** (*Carven*), übt eine enorme Faszination auf jeden Snowboarder aus. Statt mit flachgestelltem Brett durch den Bogen zu driften, heißt es nun: gleiten auf der Kante. **Carven** bedeutet, daß Sie aus der Kurvenfahrt beschleunigen und sich wie beim Motorradfahren mit dem Körper stark zur Bogenmitte legen. Carven heißt aber auch, daß Sie den Fliehkräften nur mit einer ausgefeilten, präzisen Schwungausführung widerstehen können. Sauberes Carven ist Millimeterarbeit – es will geübt sein und verlangt den Perfektionisten auf dem Board.

Surffeeling in den Bergen: Das Schönste beim Snowboarden ist, durch den weichen Schnee zu shredden.

Der Hauptunterschied zwischen geschnittenen Schwüngen und gedrifteten Basisschwüngen ist der Zeitpunkt des Umkantens. *Beim Carven wird zuerst umgekantet, dann dreht der Oberkörper in die Schwungrichtung, und die Kurvenfahrt wird eingeleitet. Beim Basisschwung ist die Reihenfolge umgekehrt.*

Es erfolgt auch ein direktes Umkanten von der Frontside- auf die Backsidekante oder umgekehrt. Ohne ein Flachstellen des Boards beim Kantenwechsel. Das bedeutet, daß noch vor der Fallinie die Talkante in den Schnee gedrückt wird und durch den ganzen Bogen führt. Damit das funktioniert, muß der Körper nach einer **Hoch-** oder **Tiefentlastung** (siehe Seite 81 ff.) eine Kurvenlage einnehmen, so daß die resultierende Kraft aus dem Körperschwerpunkt und der Fliehkraft direkt über der Innenkante liegt.

Dafür drehen Sie nach dem Umkanten den Oberkörper leicht nach vorn einwärts. Der Oberkörper rotiert also nicht mehr vor, sondern nimmt die Schwungrichtung lediglich voraus.

Ein zweiter, aber wesentlicher Unterschied zum gedrifteten Basisschwung ist die Verlagerung des Körpergewichts zwischen beiden Füßen. Das Gewicht wird, je nach Boardtyp, Hangneigung und Pistenzustand, während des Schwunges langsam vom vorderen auf den hinteren Fuß verlagert. Der Effekt: Die Kante führt länger, und das Board beschleunigt aus der Kurve heraus. Direkt nach dem Schwung muß das Gewicht jedoch wieder auf beide Füße verlagert werden, um nicht in der Rücklage zu verharren.

Carven ist auch die Grundlage für den Einstieg in den Rennsport und die Stangentechnik. Denn nur wenn Sie es beherrschen, ihr Brett exakt auf der Kante zu führen, können Sie kontrolliert und schnell fahren. Der Schwungradius wird dabei durch die Taillierung des Boards bestimmt. Boards mit einem großen Radius (Riesenslalombretter, wenig tailliert) lassen keine kurzen, geschnittenen Schwünge zu. Hier gibt die Taillierung lange weite Bögen vor. Stark taillierte Boards sind für kurze Schwünge geeignet, also eher für den Slalom.

10.1 Schwungprinzipien

Neben der **Rotationstechnik**, mit welcher der Basisschwung eingeleitet wird, existieren zwei weitere wesentliche Prinzipien, um einen Schwung auszulösen: die **Hoch-** und **Tiefentlastung.** Diese Schwungprinzipien finden sich als Grundlage bei sehr vielen Schwungvarianten wieder. Sie sind die Basis, damit Sie das Brett schnell von der einen auf die andere Kante stellen können, um Schwünge flott aneinanderzureihen und um die Piste mit einer zügigen und dynamischen Fahrweise zu bewältigen. Allerdings erfordert die Schwungauslösung mit Hoch- oder Tiefentlastung eine größere Koordinationsleistung des Boarders, als dies beim Basisschwung der Fall ist. Die ausgeprägte Vertikalbewegung und die Körpergewichtsverlagerung machen die gesteuerte Schwungführung anstrengender als die Basistechnik.

Der Vorteil ist jedoch, daß das Brett früher und flüssiger über die Fallinie dreht und Sie so schneller wieder die kontrollierte Schrägfahrt auf der Kante erreichen. Auch die Rotationstechnik des Basisschwunges können Sie mit einer Hoch- oder Tiefentlastung kombinieren, im fortgeschrittenen Fahrniveau werden Sie jedoch auf die Rotation immer mehr verzichten.

Hochentlastung: Anfahren mit aktionsbereiter Haltung, die Schwungauslösung mit einer dynamischen Streckung des Körpers einleiten.

In der gestreckten Position wird das Brett noch vor der Fallinie umgekantet, der Oberkörper nimmt die Schwungrichtung vorweg.

Hochentlastung

Das Prinzip der Hochentlastung besteht darin, daß der Körperschwerpunkt durch eine Streckbewegung kurzzeitig nach oben beschleunigt wird, so daß das Board entlastet ist und somit ein Kantenwechsel ohne Rutschen oder Driften möglich ist.

Die Kurve mit der Schwungauslösung durch eine Hochentlastung läßt sich in einzelne Bewegungsabschnitte unterteilen:

● **Einleitung mit aktionsbereiter Haltung**
Die Schrägfahrt erfolgt in der Grundposition, dabei beugen Sie die Hüft-,

Der Schwung wird auf der bogeninneren Kante durch ein kontinuierliches Tiefgehen ausgesteuert.

Knie- und Sprunggelenke so weit, daß Sie bewegungsbereit sind.
● **Schwungauslösung durch Körperstreckung**
Um die Schwungauslösung einzuleiten, machen Sie eine Streckbewegung, so daß das Board entlastet wird.

- **Schnelles Umkanten vor der Fallinie**
Durch die Entlastung des Brettes können Sie nun die andere Kante in den Schnee setzen. Ihr Oberkörper nimmt dabei die Schwungrichtung vorweg. Das Board »kippt« von einer Kante auf die andere.

- **Aussteuern durch kontinuierliches Tiefgehen**
Auf der neuen Kante gehen Sie langsam wieder runter und beugen dabei die Knie- und Hüftgelenke. So senken Sie den Körperschwerpunkt ab und passieren in dieser Phase die Fallinie.

- **Beschleunigen durch Körpergewichtsverlagerung**
Nach der Fallinie verlagern Sie ihr Gewicht stärker auf den hinteren Fuß, damit das Heck nicht wegrutscht.

- **Neuen Schwung anfahren**
Mit einer tiefen Körperhaltung gehen Sie in die Schrägfahrt, das Körpergewicht wird jetzt wieder auf beide Beine gleichmäßig verteilt.

Anwendungsbereich: Die Hochentlastung wird meist bei Backsideturns angewendet, im Bruchharsch und sehr steilem Gelände (Umspringen).

Tiefentlastung

Das Prinzip dieser Schwungauslösung ist genau das Gegenteil der Hochentlastung. Durch ein plötzliches »Zusammensacken« wird das Board ebenfalls entlastet und damit ein Umkanten ermöglicht. (Wer es nicht glaubt, stellt sich auf eine Personenwaage und geht blitzschnell in die Hocke. Die Gewichtsanzeige zeigt kurzfristig weniger an.) Der Bewegungsablauf bei der Tiefentlastung unterscheidet sich von der Hochentlastung am deutlichsten im Moment des Umkantens.

- **Einleitung mit aktionsbereiter Haltung**
Knicken Sie wie bei der normalen Schrägfahrt in der Grundposition in den Hüft-, Knie- und Sprunggelenken leicht ein. Nehmen Sie eine Mittelstellung ein, also nicht zu weit in die Hocke gehen, denn sonst ist keine Tiefentlastung mehr möglich.

- **Schwungauslösung durch Tiefgehen**
Zur Schwungauslösung gehen Sie blitzschnell tief. Sie »fallen« in den Hüft-, Knie- und Sprunggelenken zusammen und kanten das stark entlastete Board um.

- **Oberkörper in die Kurve legen**
Neigen Sie den Oberkörper in die Schwungrichtung vor-/einwärts und

> **Praxistips**
> Worauf Sie bei bei den Entlastungsprinzipien achten sollten!
> **1.** Die Phase der Entlastung erfolgt direkt zur Schwungeinleitung, also noch in der »alten« Schrägfahrt.
> **2.** Nur die Sprung-, Knie- und Hüftgelenke beugen und strecken sich, der Oberkörper bleibt aufrecht und knickt nicht in der Hüfte ab.
> **3.** Die steuernde Streckung (bei der Tiefentlastung) beziehungsweise das steuernde Tiefgehen (bei der Hochentlastung) erfolgt kontinuierlich und kraftvoll *nach* dem Umkanten.
> **4.** Auch bei den Entlastungsprinzipien hat die Kopfsteuerung eine zentrale Bedeutung. Daher den Blick in die Richtung wenden, in die man fahren will. So folgt der Oberkörper automatisch und nimmt die Schwungrichtung vorweg.

nehmen Sie die Kurvenlage ein, vergleichbar mit einem Motorradfahrer.

● **Beine strecken zum Aussteuern**

Bringen Sie jetzt Druck auf die bogeninnere Kante, indem Sie Ihre Beine langsam strecken. Das Gewicht nach der Falllinie stärker auf den hinteren Fuß verlagern.

Tiefentlastung: *Bei der Anfahrt eine Mittelstellung einnehmen, Hüft-, Knie- und Sprunggelenke nur leicht anwinkeln.*

Die Schwungauslösung erfolgt durch ein blitzschnelles Tiefgehen. Das Board in der entlasteten Phase noch vor der Falllinie umkanten.

● **Neuen Schwung anfahren**

Den Schwung aussteuern, das Gewicht wieder auf beide Füße bringen und den nächsten Schwung ansetzen.

Anwendungsbereich: Die Tiefentlastung wird bevorzugt im Rennlauf angewendet, aber auch in den Buckeln und im Tiefschnee ist diese Technik funktional einsetzbar.

Zum Aussteuern die Beine wieder strecken und den Oberkörper in den Schwung legen.

**Typische Probleme bei Hoch-
oder Tiefentlastung und was man
dagegen tun kann**

1. Die Hoch-/Tiefentlastung erfolgt
nicht zur Schwungauslösung in der
Schrägfahrt, sondern erst in der Falllinie und ist sehr abgehackt:
Rhythmus und Schwungfolge durch
Vorsprechen von Signalen oder Wör-
tern beim Schwingen verinnerlichen
(hoch – tief und wieder hoch; oder: tief
– hoch und wieder tief).
2. Das Board driftet weg, die Kante
greift nicht genug:
Nicht dosiert und kraftvoll hoch- beziehungsweise tiefgegangen nach dem
Umkanten, sondern sich zu schnell aufgerichtet oder in die Knie gegangen.
3. Der Oberkörper dreht gegen die
Schwungrichtung:
Bewußt mit den Armen in die
Schwungrichtung zeigen und auch den
Kopf/Blick in Fahrtrichtung halten.
4. Die Streckung beziehungsweise das
Beugen erfolgt lediglich aus der Hüfte,
die Beine sind steif:
So stark in die Knie gehen, daß Sie
deutlich die Lasche des Schuhs am
Schienbein spüren. Krallen Sie die Zehen zusammen und spannen Sie die
Muskeln der Waden und des Gesäßes
bewußt an. Das zwingt Sie in eine ge-
beugte, aktionsbereite Haltung.

10.2 Situations-
angepaßtes Fahren

Die Wahl der Technik und die konkrete
Umsetzung hängt in erster Linie von
dem Gelände ab, in dem Sie fahren.
Aber auch die Schneebeschaffenheit
hat großen Einfluß auf die Technikwahl. Beherrschen Sie nur einen

Schwung, wird es erstens schnell langweilig, und zweitens werden viele Passagen mit großem Gefälle oder schwierigen Schneeverhältnissen nur mit
Mühe und wenig Spaß zu bewältigen
sein. Um das zu vermeiden, finden Sie
im folgenden Abschnitt Varianten und
Techniken, die sich bewährt haben.

Pistentechniken

Piste ist nicht gleich Piste. Daher benötigen Sie für die unterschiedlichen Anforderungen aufgrund der Pistennei-
gung und -beschaffenheit auch verschiedene Schwungarten.

⇨ *Ratgeber*

Flache Piste

Eine flache und sehr breite Piste ist für
Snowboardeinsteiger die beste Spiel-
wiese. Hier lassen sich fast alle
Schwungvarianten üben und verbessern, vom **Basisschwung** bis zum sauberen **Carven**. Gut geeignet sind flache Pisten für sehr lange, weitgezoge-
ne Schwünge mit Hoch- oder Tiefentlastung. Damit Sie die Bögen auch wirklich auf der Kante fahren können, brauchen Sie ein flottes Grundtempo. Reihen Sie Schwung an Schwung, um einen Rhythmus zu finden; machen Sie
keine langen Schrägfahrten. Außerdem wichtig: Lehnen Sie sich mit dem
Körper richtig in die Kurve. Bei sehr
weit gezogenen Schwüngen können
Sie ein Umkanten auch lediglich durch
ein Kippen des Körpers erzielen. Die
Vertikalbewegung zur Entlastung und
zum Umkanten entfällt dann. Der Körperschwerpunkt wird lediglich von der

*Nur wenige Zentimeter über dem Schnee: Beim **Vitelli-Turn** liegt der Snowboarder fast parallel zum Hang.*

alten Kurveninnenseite auf die neue Kurveninnenseite verlagert.

Die eleganteste Form des Carvens ist der **Vitelli-Turn** (benannt nach dem französischen »Erfinder« und Snowboarder Serge Vitelli, der als erster so radikal die Pisten »rasierte«).

Dieser Schwung wird mit sehr starker Kurvenlage gefahren, der Körper liegt fast parallel über dem Schnee. Der Vitelli wird sehr weit angefahren, mit genug Tempo kann sogar ein 360-Grad-Kreisel daraus werden. Entscheidend ist die richtige Geschwindigkeit bei der Schwungeinleitung. Ist das Tempo zu niedrig, »verhungern« Sie am Schwungende. Ist das Tempo zu hoch,

rutscht die Kante aufgrund der starken Schräglage weg. Eingeleitet wird der Vitelli-Turn mit einer Tiefentlastung, danach erfolgt eine dosierte, aber kraftvolle Streckbewegung des ganzen Körpers.

Auf flachen Pisten können Sie auch sehr gut das Kurzschwingen üben, um diese Schwungvariante dann sicher auf steileren Pisten anwenden zu können. Beim **Kurzschwingen** ist es schwierig, wirklich nur auf der Kante zu fahren. Durch eine dynamische Entlastung, blitzschnelles Umkanten und kraftvolles Aufkanten lassen sich jedoch auch kleine Radien gut aussteuern (siehe nächsten Abschnitt).

Völlig losgelöst: Mit einer explosiven Streckung bei der Hochentlastung verliert das Brett den Schneekontakt und kann in der Luft angedreht werden.

⇨ Ratgeber

Steile Piste

Bei steilen Pisten geht es darum, die Geschwindigkeit zu kontrollieren. Um eine steile Passage nicht nur mit langen und langweiligen Schrägfahrten zu meistern, bietet sich hier das **Kurzschwingen** mit starkem Aufkanten an. Meist sind Kurzschwünge eine Mischung aus geschnittenen und gedrifteten Schwüngen, ausgelöst durch eine explosive Hochentlastung. Eine Tiefentlastung ist in diesem Fall unfunktional, da dynamisches Aufkanten leichter beim Anheben des Körperschwerpunktes zu meistern ist.

In ganz extremen Fällen kann der Kurzschwung mit Hochentlastung auch als **Jump Turn** gefahren werden.

Die Hochentlastung erfolgt dabei so explosiv, daß das Brett den Schnee-kontakt verliert und in der Luft gedreht wird. Der Körperschwerpunkt verlagert sich beim Absprung von vorn nach hinten entlang der Brettlängsachse, zur Landung aber wieder nach vorne. Man landet auf der neuen Kante und steuert nun durch dosiertes Tiefgehen den Schwung aus. Fersen Sie das hintere Bein in der Sprungphase leicht an, wird das Vordrehen erleichtert, ohne daß Sie hoch abspringen müssen. Die-

☞ **Vermeiden Sie, egal welchen Schwung Sie im steilen Gelände fahren, daß Sie in Rücklage geraten! Dann ist das Board kaum noch zu steuern. Voraussetzung dafür ist, daß Sie das Tempo wirklich kontrollieren. Ein aggressiver Kanteneinsatz am Ende des Schwunges hilft dabei.**
***Als Faustregel gilt:* Je steiler der Hang ist, um so kleiner sollten die Schwungradien sein.**

se Schwungform können Sie auf flacher Piste auch mit einem sehr großen Radius fahren. Das Schweizer Snowboardlehrwesen bezeichnet diesen Schwung dann als **Schleuderdrehen.**

 Ratgeber

Buckelpiste

Die Buckelpiste ist bei den meisten Snowboardern unbeliebt. Eigentlich zu Unrecht, denn mit richtiger Technik können Sie auch zwischen den Buckeln (*Moguls*) viel Spaß haben. Allerdings müssen Sie in der Technikanwendung sehr flexibel sein, denn es werden bei

Entweder fahren Sie mit der **Muldentechnik** um die Schneehaufen herum oder mit der **Ausgleichstechnik** über sie drüber. In der Regel werden Sie beide Techniken kombinieren müssen,

Locker zwischen den **Buckeln**: *Bei der Ausgleichstechnik den Buckel anfahren ...*

... und wie bei einem Stoßdämpfer den Hügel mit den Beinen »schlucken«. Das Brett in diesem Moment in die neue Fahrtrichtung drehen ...

der Fahrt zwischen den Buckeln verschiedene Schwungformen in kurzen zeitlichen Abständen gefordert.

Zwei Möglichkeiten haben sich bewährt, um die Buckelpiste zu meistern:

... und den Schwung am Buckel aussteuern. Das Gewicht bleibt auf dem vorderen Fuß.

um sauber durch die *Moguls* zu kommen.

Bei der **Muldentechnik** steuern Sie die Buckeltäler an und fahren dort einen Tiefschwung mit Vorrotation des Oberkörpers. Das Board folgt dem Körper. Der Schwung wird dabei gegen den nächsten Buckel gedriftet und ausgesteuert. Die Drifttechnik bietet sich an, denn der Schwungradius läßt sich so noch während des Aussteuerns variieren. Das ist beim geschnittenen Schwung wesentlich schwieriger.

Bei der **Ausgleichstechnik** werden die Buckel direkt angefahren. Der Kantenwechsel erfolgt wie bei einem »passiven« Tiefschwung: Sie beugen die Beine in dem Moment, in dem Sie auf den Buckel fahren, Sie schlucken ihn (**Stoßdämpfer-Prinzip**). Der Oberkörper rotiert vor, und das Board wird auf dem Scheitelpunkt in die neue Schwungrichtung gedreht (hier ist der Drehwiderstand des Boards am geringsten). Entscheidend dabei ist, daß Sie das Gewicht auf dem vorderen Fuß haben.

Auch mit der richtigen Brettwahl kann man einiges vereinfachen. Geeignet sind symmetrische Freeride-Boards mit einer Länge um 155 Zentimeter, die recht weich und mit einer deutlichen Aufbiegung am Heck und an der Schaufel versehen sind. Reinrassige Slalom- oder Riesenslalom-Bretter haben zwischen den Buckeln wenig zu suchen. Welches Bindungssystem man bevorzugt, ist Geschmackssache — Plattenbindungen geben etwas besseren Halt, Softbindungen lassen leichter Schwünge aus den Fußgelenken zu. Auch zwischen den Buckeln ist die Kontrolle der Geschwindigkeit oberstes Gebot. Nur so ist zu gewährleisten, daß man den nächsten Buckel auch wirklich sauber anfährt, schluckt und wegfedert und nicht zum Gummiball zwischen den *Moguls* wird.

> ⇨ **Praxistips
> für die Buckelpiste**
> - Legen Sie sich einen Spurplan zurecht, bevor Sie sich in die Buckel stürzen. Die ersten drei bis fünf Schwünge genau planen und immer vorausschauend fahren.
> - Starten Sie ihre ersten Versuche nicht in hohen, vereisten *Moguls*. Spaß und Erfolg stellen sich leichter bei flachen und griffigen Buckelpisten ein.
> - Sprechen Sie sich einen Rhythmus vor. Das erleichtert die Schwungauslösung in gleichmäßiger Reihenfolge. (zum Beispiel hopp, hopp, hopp).
> - Versuchen Sie nicht, die Buckel mit aller Kraft wegzuschieben. Fassen Sie den Weg zwischen den Buckeln als Tanz auf, nicht als Kampf.

Geländetechnik

Das Gelände und insbesondere die Beschaffenheit des Schnees haben Auswirkungen auf die Technikwahl. Da sich die Konsistenz des Schnees ständig ändert und einer stetigen Umwandlung unterzogen ist, brauchen Sie auch verschiedene Techniken, um in den unterschiedlichen Schneearten bestehen zu können.

Airtime: Sprünge über tiefe Abgründe sind die hohe Schule des Snowboardens – und die Landungen die Abschlußprüfungen.

Tiefschnee

Eine der schönsten Formen des Snowboardens ist das Tiefschneefahren –
vergleichbar mit dem Wellenreiten.
Und das Beste dabei ist, daß Boarden
im Tiefschnee zu den einfachsten Übungen auf dem Snowboard gehört und
selbst für Einsteiger schnell erlernbar
ist. Der Hauptunterschied zur gewalz-
ten Piste: das Körpergewicht wird stärker auf das hintere Bein verlagert, um
ein Unterschneiden der Boardschaufel
zu verhindern. Als Schwungauslösung
kann sowohl die Hoch- als auch die
Tiefentlastung angewendet werden.

Die Tiefentlastung ist zwar etwas anstrengender, dafür staubt der Schnee aber höher als bei der Hochentlastung.

Das Beste für Powder-Novizen: die Schwungauslösung ist viel einfacher und das Umkanten entfällt. Denn die ganze Lauffläche, die im Schnee aufliegt, führt das Board, und nicht nur die Kanten.

Bei einer hohen Neuschneeauflage brauchen Sie eigentlich nur noch an einen Schwung zu denken – und schon dreht Ihr Board. Mit minimaler Vertikalbewegung, aber deutlicher Gewichtsverlagerung und leichter Vorrotation des Körpers zur Kurvenmitte dreht das Brett. Sacken Sie im Schnee mit dem Brett stark ein, ist es vorteilhaft, zuerst

genügend Geschwindigkeit aufzunehmen, bevor Sie mit dem Schwingen beginnen. Mit der Erhöhung der Geschwindigkeit wird der Auftrieb größer, das Brett kommt vorne weiter aus dem Schnee (es »schwimmt auf«), der Drehwiderstand verringert sich, das Schwingen fällt leichter.

 Ratgeber

Harsch

Bei festem Harsch, der einen richtigen Deckel bildet, sollten Sie das Board möglichst flach halten und vorsichtig fahren. Die Devise lautet: »Carving light«. Dazu belasten Sie stärker den hinteren Fuß. Bei starkem Kanteneinsatz kann der Harschdeckel sonst wegbrechen und das Board unglücklich unterschneiden. Typischen Bruchharsch, in den man einsinkt, möglichst meiden, denn hier muß man kraftvoll und mit energischer Rotation drehen oder den *Jump Turn* beherrschen.

 Ratgeber

Eis

Bei vereisten Pisten sind scharf geschliffene Kanten eine große Hilfe. Wichtig für einen sicheren Halt auf Eis ist der kraftvolle Kanteneinsatz. Außerdem das Tempo kontrollieren, also den Schwungradius klein halten und einen Schwungrhythmus beibehalten. Allerdings bringen Eisplatten wirklich wenig Spaß – also möglichst einen weiten Turn um sie machen.

Snowboarding pur:
Quasi im Blindflug durch den Tiefschnee.

11 STANGENTECHNIK

Im alpinen Rennbereich lassen sich die wesentlichen Merkmale der Renntechniken an zwei Disziplinen festmachen: am **Parallelslalom** und am **Super-G** (siehe Seite 134). Diese Wettkampfformen haben spezifische Techniken hervorgebracht, die sich stets modifizieren. Das ist zum einen bedingt durch die Weiterentwicklung des Materials, zum anderen durch neue Erkenntnisse in der Trainings- und Bewegungslehre. Die Veränderungen der Boardshapes und der verwendeten Materialien erfordern immer wieder eine Anpassung der Techniken der Racer, um die höchsten Geschwindigkeiten zwischen den Toren zu erzielen. Selbst für Nicht-Racer ist Stangentraining eine gute Möglichkeit, das fahrtechnische Niveau zu überprüfen. Stangenfahren zwingt dazu, an einer vorher festgelegten Stelle einen Schwung einzulei-

Perfekte Renntechnik:
Peter Bauer in Aktion.

ten. Vom lerntheoretischen Ansatz her wird in dieser Trainingssituation ein höheres Anforderungsniveau an den Fahrer gestellt. Denn die Technik muß automatisiert sein (sie muß unbewußt ablaufen), um sie variabel und genau im richtigen Moment anwenden zu können, unabhängig von der Hang- und Schneebeschaffenheit an der Stelle. Die Aufmerksamkeit liegt auf der optimalen Linienenführung zwischen den Stangen. Also trauen Sie sich ruhig mal in den Stangenparcours, Sie erkennen schnell den Stand Ihrer Technik.

Die unterschiedlichen Stangenabstände und Hangneigungen bei den verschiedenen Renndisziplinen erfordern natürlich spezielle Techniken.

Beim Slalom unterscheidet man zwischen dem **Kippdrehen** und der **Stangentechnik mit Hochentlastung.** Das Kippdrehen wird bevorzugt, wenn der Kurs sehr nahe an der Fallinie gesteckt ist, also keine starken Richtungsänderungen erforderlich sind. Sind die Stangen stark versetzt, und ist der Slalomparcours recht »eckig«, wird eher eine Schwungtechnik mit Hochentlastung gefahren. Häufig sind die Parcours so gesteckt, daß sich schnelle und langsame Passagen abwechseln und beide Techniken zur Anwendung kommen. Ziel beider Formen ist es, die Stangen möglichst direkt anzusteuern und den ganzen Kurs auf der Kante gleitend zu durchfahren.

Damit Sie sich im Stangenwald nicht verfahren, wählen Sie für die ersten Versuche einen flachen und breiten Hang, der eine gleichmäßige Neigung

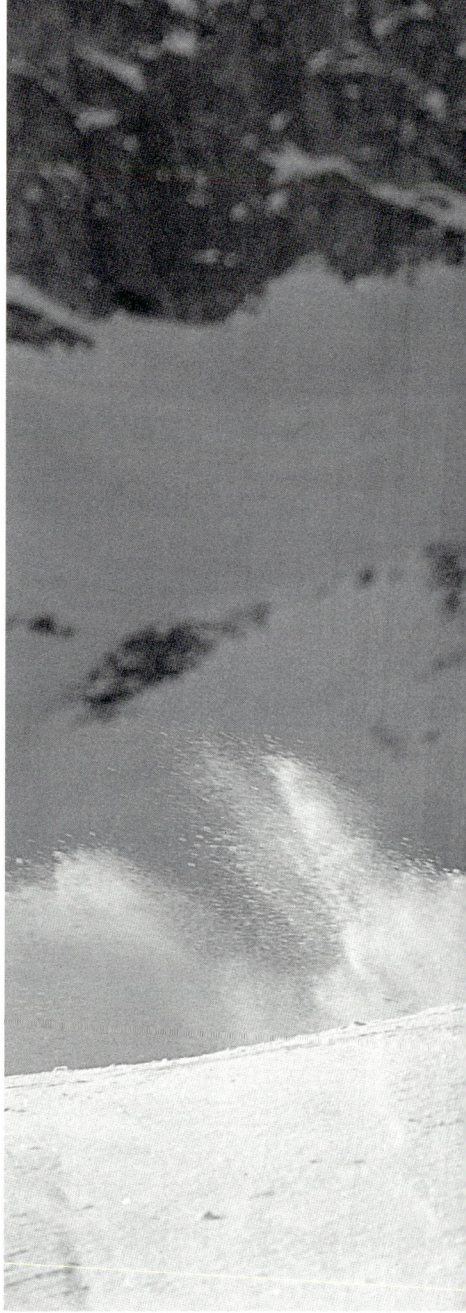

Seit Jahren beliebt:
Speed im Stangenwald.

aufweist. Die Stangen selbst sollten nicht zu eng gesteckt werden, sonst ist es erheblich schwieriger, in den Rhythmus zu kommen. Und dieser Rhythmus ist neben der sauberen Technik der zweite wichtige Faktor, um sich nicht aus dem Kurs zu katapultieren.

11.1 Slalomtechnik

Beim Slalom werden die Stangen direkt angefahren. Das Umkanten erfolgt aus den Unterschenkeln, der Oberkörper bleibt ruhig. Auch findet keine ausgeprägte Hoch- oder Tiefentlastung statt, sondern der schnelle Kantenwechsel kommt ganz allein aus den Beinen. Diese Technik wird auch als

Kippdrehen bezeichnet. Der Körperschwerpunkt ist die ganze Zeit auf einer Ebene. Optimal ist es, wenn Sie die Kippstangen mit dem Schienbeinschoner zur Seite drücken. Beim Slalom werden lange Kippstangen verwendet und keine Dreiecktore wie beim Rie-

Die Sequenz zeigt die **Slalomtechnik** mit einer sehr ausgeprägten Hoch-Tief-Bewegung. Direkt nach dem Passieren des Tores wird das Board umgekantet, der Oberkörper ist dabei sehr ruhig. Der Kniewinkel ist während des ganzen Schwunges nahezu gleich. Die Stange wird lediglich »passiv« umgefahren.

senslalom (*Giant Slalom*, GS). Achten Sie darauf, daß Sie die Stangen nicht aktiv wegschlagen, sondern einfach aus der Fahrtgeschwindigkeit heraus wegdrücken. Das aktive Wegschlagen führt sonst zu einer unfunktionalen Rotation des Oberkörpers, die eine perfekte Schwunglinie verhindert.

Sind die Tore stärker versetzt, so daß eine größere Richtungsänderung erforderlich ist, wird eine **Technik mit Hochentlastung** angewandt.

Beim Stangenfahren erfolgt die Schwungauslösung sehr früh. Der Schwung ist beendet, wenn das Tor passiert wird. Direkt nach dem Tor kanten Sie das Brett um und fahren die nächste Stange an. Der Blick sollte immer drei bis vier Tore voraus »schweifen«, um eine harmonische Linie, die Ideallinie, zu finden und nicht einen abgehackten Zick-Zack-Kurs zu fahren. Bei der Slalomtechnik mit Hochentlastung erfolgt ein sehr explosives Aufrichten und nachfolgendes Tiefgehen, um kleine Schwungradien auf der Kante zu fahren. Die Belastung ist abhängig von der Piste. Bei flachen Hängen ist das Gewicht mehr auf dem hinteren Fuß, und die Arme werden zum Schwungholen mit eingesetzt, bei steileren Passagen ist das Gewicht zentriert zwischen beiden Füßen.

11.2 **Riesenslalomtechnik**

Die Technik im Riesenslalom hat sich durch die Entwicklung der Dreiecktore enorm gewandelt. Diese Tore sind auf der Innenseite lediglich mit einer kleinen Stange ausgestattet, so daß sie sehr direkt und mit einer starken Kurvenlage angefahren werden können. Im Gegensatz zur Slalomtechnik wird beim Riesenslalom die Stange aber nicht umgefahren, sondern umfahren. Ein Touchieren der Stangen bringt den Fahrer bei den hohen Geschwindigkeit zu sehr aus der Bahn, was leicht in einem Sturz enden kann. Durch den weiteren Abstand der Tore und die daraus resultierende höhere Geschwindigkeit hat sich beim Riesentorlauf eine andere Technik durchgesetzt:

auf den hinteren Fuß eine Beschleunigung zu erzielen. Ein weiterer Vorteil des tiefen Runtergehens ist die Absenkung des Körperschwerpunktes. Dies erleichtert bei einer starken Kurvenlage noch kleine Richtungskorrekturen, ohne

Der Schwung wird durch eine Tiefentlastung ausgelöst. Der Fahrer geht extrem weit runter, um dadurch im Anschluß mit einer dynamischen Streckbewegung und Gewichtsverlagerung

*Bei der **Riesenslalomtechnik** wird der Schwung mit einer Tiefentlastung ausgelöst. Der Fahrer geht beim Passieren des Tores extrem weit herunter, um dann durch eine Streckbewegung und Verlagerung des Gewichtes auf das hintere Bein den Schwung zu beschleunigen. Die Dreiecktore erlauben eine starke Kurvenlage.*

sofort das Gleichgewicht zu verlieren. Das hintere Knie wird dabei neben das vordere gedrückt. Das Umkanten erfolgt ebenfalls sehr früh, das heißt, schon direkt nach dem Passieren des Tores wird der nächste Schwung eingeleitet. Die Hände und Arme sind in der Vorhalte, die gesamte Körpermuskulatur baut eine aktionsbereite Körperspannung auf. Diese Technik ist sehr kraftraubend, speziell für die Oberschenkelmuskulatur. Zum Kantenwechsel muß das Körpergewicht immer wieder auf beide Beine gleichmäßig verteilt werden, nur so kann das Brett gepusht werden. *Pushen* beschreibt die Beschleunigung bei der Streckbewegung und der Verlagerung des Gewichtes auf den hinteren Fuß. Wichtig, um auch hier die Ideallinie zu finden, ist das vorausschauende Fahren und die gedankliche Vorwegnahme der Spur über die nächsten zwei bis drei Tore. Nur so kann der Kantenwechsel optimal getimt werden. Bei flachen Pisten ist die Hoch-Tief-Bewegung nicht sehr ausgeprägt, lediglich bei den Toren wird durch eine kurze Streckbewegung Druck auf die Kante gebracht. Bei steilen Hängen ist hingegen häufig sogar eine leichte Driftphase beim Schwung zu beobachten, und zwar in dem Moment, wo auf dem hinteren Fuß die stärkste Belastung liegt.

12 FREESTYLE

Der Freestyle-Bereich findet bei den jungen Snowboardern sehr großen Anklang. Es sind die Tricks und Sprünge, die spielerische Form, die eine ungeheure Faszination ausüben. Und Freestyle ist Ausdruck der Ablehnung normierter Fahrtechniken irgendwelcher Lehrpläne. Ein Problem, mit dem der Skisport viele Wintersportler vergrault hat. Beim Freestyle ist erlaubt, was gefällt, und das bestimmt jeder für sich selbst.

Das Snowboard eröffnet auch wesentlich mehr Möglichkeiten als die Ski, kreativ auf die alpine Winterwelt zu antworten. Mulden, Steilkurven, Buckel, Wächten, all diese Geländeformen reizen auf dem Snowboard, damit zu spielen. Beim Skifahren sind diese Geländegegebenheiten meist in kein Technikschema zu pressen, und daher werden sie gemieden. Aber

Das Freestyle-Snowboarden ist spektakulär und hat den Sport populär gemacht.

auch beim Freestylen ist es genauso wichtig wie im alpinen Bereich, daß Sie einige Grundlagen beherrschen. Denn die meisten Tricks und Sprünge auf der Piste oder in der Halfpipe werden aus verschiedenen Basistechniken zusammengesetzt. Die Auswahl der Sprünge und Tricks im Snowboard-Handbuch erhebt keinen Anspruch auf Vollständigkeit, sie soll lediglich als Anreiz dienen, nicht immer geradeaus zu fahren, sondern das Gelände aktiv zu erleben.

 Ratgeber

Pistentricks

Eine Grundvoraussetzung für die Pistenkür und viele Sprünge ist, daß Sie rückwärts fahren – *fakie* genannt – können. Rückwärtsfahren gelingt wesentlich leichter, wenn die Bindungswinkel zwischen Boardquerachse und Bindungslängsachse klein sind. Sie können entweder aus dem Stand rückwärts losfahren, oder aus einem Schwung heraus in die Fakie-Position kommen. Dazu fahren Sie einen weiten Turn, bis Sie schon wieder bergan fahren, und orientieren sich dann mit dem Oberkörper übers Boardheck in Richtung Tal. Fakie boarden fällt am leichtesten mit dem Basisschwung (Rotationstechnik), kombiniert mit einer Hochentlastung.

Noseroll: Mit viel Balancegefühl wird das Gewicht auf den vorderen Fuß gelegt. Das Board folgt der Vorrotation des Oberkörpers, auf dem quergestellten Brett rutscht man nur auf der Boardspitze.

Einer der einfachsten Tricks für die ebene Piste ist der *Tailwheely*. Bei weicher Schneeauflage fahren Sie in der Fallinie in leicht gebeugter Grundstellung an. Das Körpergewicht wird nun schlagartig auf das hintere, stark angewinkelte Bein verlagert. Das vordere Bein ist durchgestreckt, und durch Abknicken in der Hüfte wird die Brettschaufel hochgezogen. Den Oberkörper neigen Sie leicht nach hinten, die Arme sind ausgestreckt, um die Balance besser halten zu können. Ein sauberer Wheely verlangt viel Gleichgewichtsgefühl und eine gute Sicherheit auf dem Brett. Der Wheely läßt sich nicht nur auf dem Tail fahren, Sie können genauso den Nosewheely aus der Fakie-Fahrt ansetzen. Dann wird natürlich das Gewicht auf den Fuß verlagert, der näher zur Nose steht.

Ein weiterer Trick, der gutes Balancegefühl erfordert, ist die *Noseroll* oder das *Sliden* auf der Nose. Dafür verlagern Sie ihr Gewicht auf den vorderen Fuß und ziehen das hintere Bein an und damit das Heck an das Gesäß heran. Der Oberkörper rotiert vor, zeigt eine taloffene Haltung. Gleichzeitig ziehen Sie mit dem hinteren Fuß das Board seitlich vor, so daß Sie mit quergestelltem Board auf der Brettspitze rutschen. Um nicht zu verkanten, das Gewicht auf der Bergkante halten. Das Board folgt dem Oberkörper und wird bis 180 Grad weitergedreht.

Grundlage für weitere Tricks auf der Piste und in der Halfpipe sind einfache Sprünge. Hierzu zählt der *Ollie.*

Diese Sprungvariante ist eigentlich nur ein normaler gerader Sprung ohne Geländehilfen. Der Absprung erfolgt durch eine Verlagerung des Körperschwerpunktes nach hinten und einer anschließenden dynamischen Hochentlastung. Diese Hochentlastung wird erleichtert, wenn Sie vorher aus einer sehr tiefen Grundhaltung anfahren. Beim Absprung ziehen Sie zuerst das vordere Bein stark an, dann folgt das hintere. In der Luft beugen Sie ihren Oberkörper wieder vor, wodurch das Brett im höchsten Punkt wieder flachgestellt wird. Die Landung fangen Sie mit beiden Beinen und dosiertem Tiefgehen ab.

Aus diesem Grundsprung lassen sich mit **Rotationen** und **Grabs** (Griffe an die Kanten) sehr viele Varianten formen.

⇨ Ratgeber

Springen für Einsteiger

Die ersten komplexeren Sprünge können Sie ebenfalls am besten auf der Piste versuchen. Denn erst wenn Sie einfache Sprünge beherrschen, sollten Sie sich in die Funparks wagen. Dort können Sie sich dann an Steilkurven, kleineren oder größeren Rampen, *Funboxes* und *Quarterpipes* austoben und Ihr Sprungrepertoire ausbauen.

Neben den **Straight Airs** (gerade Sprünge, kombiniert mit Griffen ans Board), deren Gundsprung der Ollie ist, kommen **Spin Tricks** (Sprünge mit Rotationen) hinzu.

Als erste **Spin Tricks** für die Piste eignen sich die 180- und 360-Grad-Drehungen. Ein kleiner Buckel erleichtert den Absprung, insbesonders bei der 360-Grad-Drehung. Die einfacherere Variante bei diesem Sprung geht über die Frontsidekante. Die Anfahrt erfolgt in einem Bogen auf der Frontsidekante,

> **Praxistips für Spin Tricks**
>
> Um bei Drehsprüngen die Orientierung zu behalten und sicher zu landen, machen Sie folgende Vorübungen:
> - Die ersten Hüpfer um 180 Grad oder mehr erst mal aus dem Stand in der Ebene probieren. Kraftvoll abspringen und die Beine anziehen!
> - Wie bei den Schwüngen ist die Kopfsteuerung hier ein sehr wichtiger Aspekt. Also schauen Sie mit dem Kopf in die Rotationsrichtung zum Horizont (nicht zum Boden!) und visieren Sie einen Fixpunkt an (»Ich drehe mich solange, bis ich den Liftmast wieder sehen kann«).
> - Bei Sprüngen ist stets eine hohe Körperspannung erforderlich. Bei einer kompakten Körperhaltung zieht die Kopfdrehung automatisch Schultergürtel und Hüfte mit. Achten Sie also bei den ersten Versuchen darauf, daß alle Muskeln ihres Körpers angespannt sind.
> - Die Arme haben Einfluß auf die Drehgeschwindigkeit. Strecken Sie die Arme zu weit, bremst dies die Rotationsgeschwindigkeit.

Drehrichtung unterschieden. Sprünge, die in Richtung der Zehenkante gedreht werden, bezeichnet man als **Backside-Spin**, Sprünge in Richtung Fersenkante als **Frontside-Spin**.

Bei den **Straight Airs** sind ebenfalls verschiedene Formen möglich. Meist bestimmen Griffe einer Hand ans Board oder das Stylen die Bezeichnung für den Sprung. Daraus ergeben sich Bezeichnungen wie:

und schon mit dem Absprung wird der Oberkörper in die Rotationsrichtung vorgedreht. Bei 180-Grad-Drehungen landet man **fakie,** also rückwärts. Fährt man rückwärts genauso weiter wie vorwärts, nennt sich dies **Switchstance**. Ein Regular-Fahrer würde also als goofy weiterfahren.

Bei den Spin Tricks wird nach der

Tailgrab: Eine Hand greift ans Heck des Boards.

Nosegrab: Eine Hand greift an die Boardspitze.

Mutegrab: Eine Hand greift zwischen den Bindungen an die Frontsidekante.

Bone: Ein Bein wird gestreckt.

Stiffy: Beide Beine werden voll durchgestreckt, immer kombiniert mit einem *Grab*.

Diese Sprünge lassen sich zum Teil wieder kombinieren. So läßt sich ein *Tailgrab* auch *boned* springen, wenn das vordere Bein durchgestreckt wird.

Wird außerdem eine 180-Grad-Drehung dazu gemacht und man landet rückwärts, werden die Sprünge als **»... to fakie«** bezeichnet. Also zum Beispiel ein **Backside nosegrab to fakie.**

Backside Nosegrab to Fakie:
Bei diesem Spin Trick für die Piste leitet die Oberkörperdrehung in Zehenrichtung die halbe Drehung ein, die vordere Hand greift an die Brettspitze (nosegrab). Die Landung erfolgt rückwärts (fakie).

Drop-In: *Mit Schwung und dem Gewicht auf dem vorderen Fuß gehts in die Halfpipe. In der Wall eine möglichst kompakte Haltung einnehmen.*

⇨ **Ratgeber**

Halfpipe

In der Halfpipe richtet sich die Bezeichnung der Sprünge und Tricks nach der Seite der *Wall*, die Sie anfahren. Der Zusatz **Frontside** wird in der Pipe zu Aktionen dazugestellt, bei denen Sie auf der Frontsidekante anfahren, **Backside** entsprechend umge-

kehrt. Ein **Front-/Backside-Air** in der Pipe ist ein Sprung, bei dem Sie normal an der *Coping* rausspringen und mit der Brettnase zuerst in die Pipe eintauchen. Springen Sie einen 360er in der Pipe, landen Sie *fakie*. Alles klar? Wenn nicht, keine Angst. Jeder muß sich ein wenig in die Terminologie der Freestyler einfuchsen.

Die Kombinationsmöglichkeiten mit **Spins** und **Grabs** sowie **Flips** (Saltos um die Körperquerachse) sind fast unerschöpflich. Die »angesagten« Tricks und Manöver unterliegen aber auch immer einer saisonalen Konjunktur. Was eine Saison angesagt ist, springt unter Umständen im nächsten Winter kein richtiger Freestyler mehr.

Bevor Sie aber zur Sprungkür ansetzen können, müssen Sie erstmal richtig in die Pipe reinkommen. **Drop-In** nennt sich das Eintauchen in die Schneeröhre. Wichtig dabei: Vom Rand der Pipe fahren Sie an der *Wall* runter und legen dabei das Körpergewicht deutlich nach vorn – Sie stürzen sich regelrecht in den »Abgrund« der Pipe. In der *Wall* sollten Sie eine möglichst kompakte Körperhaltung einnehmen, in der *Transition* wird beschleunigt (*pushen*), im *Flat* möglichst entspannt fahren und in der gegenüberliegenden *Wall* wieder die kompakte Haltung einnehmen.

Die Basissprünge in der Pipe sind **Frontside Air** und **Backside Air**. Die Anfahrt an die Kante erfolgt mit genügend Schwung, so daß Sie an der Wall nicht »verhungern«. Mit einer gebeugten und aktionsbereiten Grundstellung fahren Sie bis zur *Coping*, um dort abzuspringen. In der Luft ziehen Sie das Brett durch Anwinkeln der Beine wieder zu sich hin. Die Arme sind leicht ausgestreckt, um die Balance zu halten. Der Kopf dreht in die Sprungrichtung, und Sie fixieren die Landestelle in der *Transition* an. Kurz vor der Landung die Beine wieder leicht strecken, um den Sprung durch Tiefgehen abzufedern. Geschafft – der erste Sprung in der Pipe wäre gestanden.

Diesen Sprung können Sie natürlich auch wieder mit *Grabs* kombinieren.

Beim **Lien-Air** (Trick an der *Frontside-Wall)* zum Beispiel lehnt sich der Oberkörper zurück in Richtung Fersenkante (heeledge), als ob man auf den Belag schauen wollte, und es erfolgt ein *Grab* der vorderen Hand an die Backsidekante. Wichtig für diese Sprünge ist, daß Sie beim Absprung genug Höhe haben. Nur so haben Sie in der Luft die nötige Zeit, um Aktionen auszuführen.

Etwas schwieriger ist schon der **Frontside-Nosebone.** Nach dem kraft-

vollen Absprung wird das Gewicht auf den hinteren Fuß verlagert und das vordere Bein nach vorne gestreckt. Die hintere Hand greift direkt neben der hinteren Bindung an die Frontsidekante; das hintere Bein ist in diesem Moment maximal angezogen. Zur Landung wird der Körper durch Anziehen des vorderen Beines zentral über das Brett gebracht. Die Landung federn Sie durch Tiefgehen ab.

Der **Frontside 360** ist die Basis für alle *Spins* in der Pipe. Ungewohnt ist die *fakie*-Landung. Das Rückwärtsfahren und 180-Grad-Spins auf der Piste sollten Sie sicher beherrschen. Beim **Frontside Lien 360** ist zu beachten, daß die Rotation schon vor dem Absprung eingeleitet wird. Die *Coping* wird recht flach angefahren. Für Neulerner eine gute Möglichkeit, schon einen Teil der Drehung vorwegzu-

*Die **Halfpipe** hat die Form einer aufgeschnittenen Röhre. Sie wird in der Fallinie mit einer Länge von 70 bis 110 Metern und einem Neigungswinkel von ca. 20 Grad errichtet.*

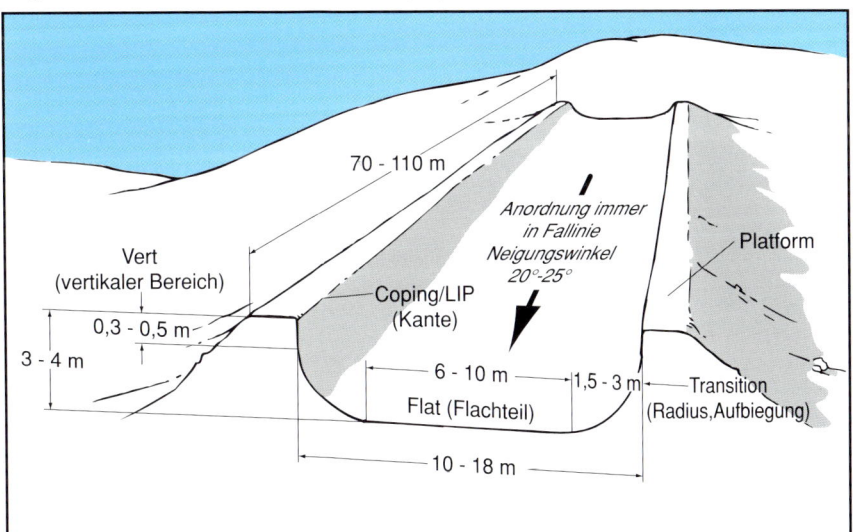

Frontside Air: *In gebeugter Haltung auf die Coping zufahren und dort dynamisch abspringen. Der Kopf dreht in Sprungrichtung, und der Blick fixiert die Landestelle an. Die Arme sind zur besseren Balance in der Vorhalte.*

nehmen. So können Sie die 360 Grad auch schaffen, wenn Sie nicht allzu hoch aus der Pipe rausgesprungen sind.

Wenn Sie *fakie* auf die *Backside-Wall* zufahren und dann einen *three-sixty* machen, also vorwärts landen, haben Sie einen **Caballerial** gestanden.

Einen weiterer *Air*, den man in der Pipe häufig bewundern kann, ist der **Frontside 540.** Bei dieser eineinhalbfachen Drehung müssen Sie eine gute Rotationsgeschwindigkeit und Höhe er-

Frontside-Nosebone: *Nach dem kraftvollen Absprung wird das Gewicht auf das hintere Bein verlagert und das vordere Bein ganz durchgestreckt (bone). Die hintere Hand greift während der Flugphase neben der hinteren Bindung an die Frontsidekante.*

zielen, um die Drehung rechtzeitig abzuschließen. Die Rotation wird wiederum schon kurz vor dem Absprung
durch eine Kopf- und Oberkörperdrehung eingeleitet. Ziehen Sie das Brett
dicht an den Körper, um die Rotation
zu beschleunigen. Auch die Arme müssen dicht an der Körperlängsachse
sein. Entscheidend für eine erfolgreiche Landung ist wieder, daß der Körperschwerpunkt über dem Brett ist und
Sie nicht in Rücklage sind.

Eine weitere Trickvariante an der *Coping* sind die ***Inverts.*** Merkmal der *In-*

540 Air: Bei dieser eineinhalbfachen Drehung wird die Rotation schon kurz vor dem Absprung durch eine Kopf- und Oberkörperdrehung eingeleitet. Wichtig ist, daß die Höhe stimmt, um die Rotation vor der Landung ganz abzuschließen.

verts ist, daß der Kopf bei diesen Tricks kurzfristig tiefer ist als das Board. Eine häufige Variante ist der **Handplant.** Als einfache Form fahren Sie frontal auf die *Wall* mit mittlerem Tempo zu und greifen möglichst exakt an der *Coping* mit beiden Händen in den Schnee. Greifen Sie schon an der *Transition* in den Schnee, besteht die Gefahr, daß Sie abrutschen. Mit den Händen greifen Sie neben der hinteren Bindung in die Schneewand und drücken sich aus der Hüfte in den Handstand. Den Blick fest auf den Punkt der Hände konzentriert, schieben Sie das Board dadurch kräftig über das *Tail* in die Luft. Die

Arme und Beine sollten ganz gestreckt sein, erst dann setzen Sie zur Landung an. Versuchen Sie in der Hüfte einzuknicken und das Brett möglichst dicht an den Körper zu bringen und direkt neben den Händen wieder in den Schnee zu setzen. Stoßen Sie sich von den Armen ab, damit Sie wieder in die Grundstellung gelangen.

Klappt dieser Trick, können Sie dazu übergehen, das Ganze mit nur einer Hand zu probieren. Und dann lassen sich natürlich auch wieder prima *Grabs* stylen. Oder *Spins*. Oder beides. Oder überhaupt. Machen Sie doch einfach, was Sie wollen!

In der Pipe haben die Fahrer zwei Läufe für ▷ ihre Performance. Die Punkte werden addiert und ergeben das Gesamtklassement.

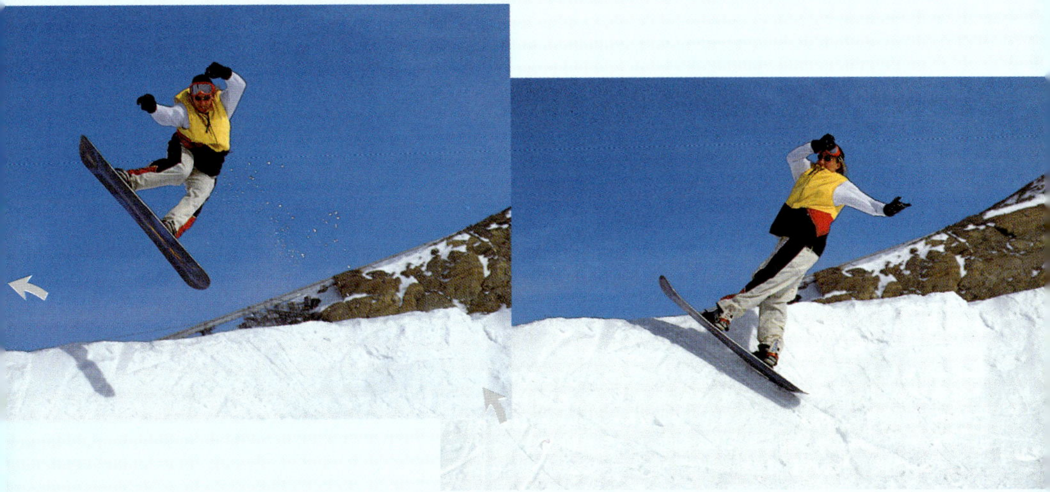

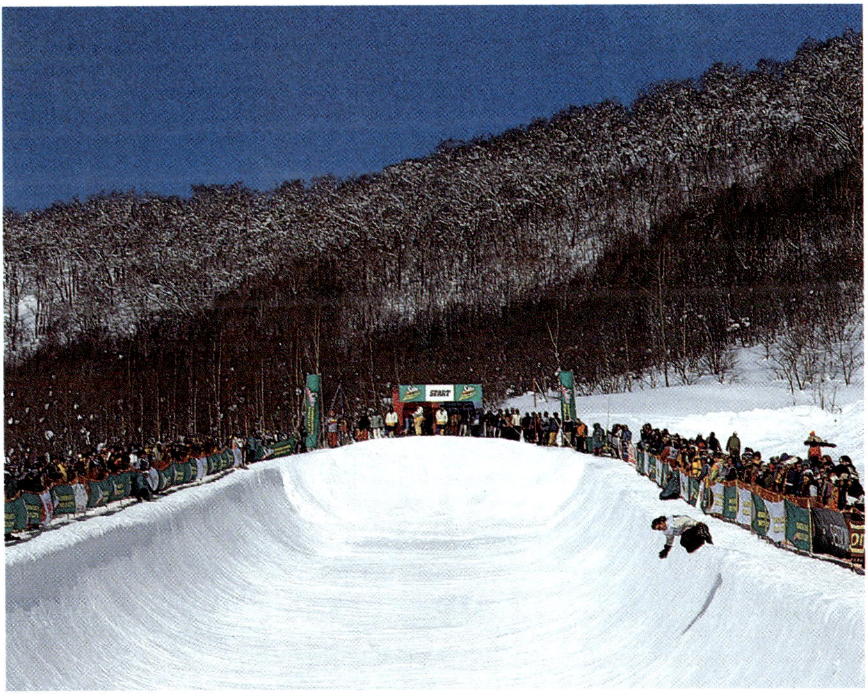
START

13 SNOWBOARD EXTREM

Zwei Formen des Snowboardens üben auf fast alle Aktiven einen besonderen Reiz aus: das **Touren-boarding** und das **Heliboarding**.

13.1 Tourenboarding

Die Ausssicht, abseits des Pistentrubels auf ungespurten Hängen seine Visiten-karte in Form einer schönen Spur zu hinterlassen, läßt alle Snowboarder kribbelig werden. Allein in der Natur, nur mit ein paar Kumpels den puren Powder erleben, das ist nicht nur was für die Kondition, das ist in erster Linie was fürs Gemüt. Weißbedeckte Hän-ge, kleine Cliffs, Steilkurven und na-türliche Quarterpipes machen aus der Abfahrt nach einem anstrengenden Aufstieg ein echtes Naturerlebnis – für den Kopf und die Seele. Das ist **Soul Boarding** in seiner natürlichsten Form.

Setzt perfekte Geländekenntnisse voraus:
Der Sprung über eine Wächte.

Ratgeber

Tourenboarding

Tourenboarding bedeutet nichts weiter, als daß man mit Schneeschuhen aufsteigt und am Gipfel die Schneeschuhe gegen das geschulterte oder auf dem Rucksack festgeschnallte Board auswechselt und auf dem Board den unverspurten Powder durchpflügt. In den letzten Jahren findet das Tourenboarding immer mehr Anhänger. Aus mehreren Gründen:

• Die Entwicklung der Schneeschuhe hat große Fortschritte gemacht. Im Gegensatz zu den Ursprungsmodellen mit einem nostalgischen Holzrahmen sind die neuen Modelle aus Aluminium gefertigt und dadurch wesentlich leichter.

• Die Schneeschuhe sind besser auf die Anforderungen abgestimmt worden. Sie sind nicht nur leichter, sondern auch griffiger, spurtreuer und robuster als die älteren Modelle.

• Es wird eine größere Auswahl an Schneeschuhen auf dem Markt angeboten als noch vor wenigen Jahren.

• Und – ganz entscheidend – immer mehr Leute haben die Nase voll vom ewigen Anstehen an den langen Liftschlangen.

Bevor Sie den Berg auf Schneeschuhen hochkraxeln, sollten Sie einige Kriterien bei der Auswahl der Schneeschuhe beachten:

• Die Größe der Auflagefläche richtet sich natürlich nach Ihrem Gewicht. Schwere Boarder brauchen eine grö-

Tourengehen: Erst die Arbeit und dann... Für den Aufstieg kann man Schneeschuhe wählen (links) oder ein spezielles Touren-Snowboard mit Fellen für den Aufstieg präparieren.

Wer den Aufstieg nicht genießen kann, wird am Tourenboarden wenig Gefallen finden. Nachteil bei der Schneeschuh-Variante: Das schwere Board muß getragen werden.

ßere Auflagefläche, um nicht zu tief einzusacken. Bedenken Sie bei der empfohlenen Gewichtsangabe der Hersteller, daß Sie mit Rucksack und zusätzlichem Gewicht (Board) laufen. Das müssen Sie unbedingt zu Ihrem Körpergewicht hinzurechnen.

• Schneeschuhe, deren Sohlen mit einem Tuch bespannt sind, sind grundsätzlich besser als solche mit geflochtenen Sohlen. Der Auftrieb ist größer, man kann kleine Hänge oder Mulden abrutschen, und es bleiben auch keine Stöcke oder Äste hängen.

• Die Länge der Schneeschuhe richtet sich nach Körpergewicht (siehe oben) und Einsatzbereich. Bevorzugen Sie weitläufiges und flaches Gelände, sind längere Schuhe (um die 80 Zentimeter) besser geeignet, im steileren oder stark

Heliboarding: *Diese Snowboardvariante treibt den Genuß, aber auch die Kosten und die ökologischen Kritiken auf den Gipfel. Dagegen erlebt man nach einem langen Anstieg zu Fuß die Abfahrt wesentlich intensiver.*

bewaldeten Gelände sind kürzere Modelle (um die 60 Zentimeter) vorteilhaft.

• Für Snowboarder haben kürzere Modelle zudem den Vorteil, daß sie sich leichter im Rucksack für die Abfahrt verstauen lassen und nicht so stark die Bewegungsfreiheit einschränken.

• Die Bindungen müssen auf die Boots abgestimmt sein. Achten Sie darauf, daß die Bindungen mit Ihren Soft- oder Hardboots kompatibel sind. Die Zakken der Bindungen sorgen für sicheren Halt, sie greifen wie Steigeisen bei jedem Schritt in den Schnee. Längskrallen sorgen dafür, daß man beim Hangqueren nicht abrutscht.

Die Preise für die Schneeschuhe liegen zwischen 155 und 360 Mark, das Gewicht zwischen 1 100 und 1 900 Gramm. Die Bindungen kosten zwischen 75 und 170 Mark, das Gewicht liegt zwischen 450 und 700 Gramm.

Es gibt aber auch eine andere Möglichkeit, auf den Berg zu steigen. Der Snowboardhersteller »Nitro« zum Beispiel hat ein spezielles Tourenboard entwickelt, das sich in der Längsachse teilen läßt. Wie zwei überbreite Ski lassen sich so die beiden Hälften an die Füße schnallen. Die Tourenbindungen werden dafür einfach in Längsrichtung gedreht. Zum Aufstieg werden unter die beiden Boardhälften Felle geklebt, die verhindern, daß Sie rückwärts abrutschen. Auf dem Gipfel bauen Sie das Brett wieder zusammen für die Abfahrt. Die Bindungen werden in den normalen Winkel zurückgedreht und verstreben gleichzeitig das Board. Als Schuhe werden entweder Tourenskistiefel oder Hardboots verwendet.

Diese »Zweiteiler« haben zwei gravierende **Vorteile:**

1. Bei der Abfahrt stecken Sie die beiden Hälften wieder zu einem Brett zusammen, stellen sich darauf und düsen los. Sie müssen also keine sperrigen Schneeschuhe im Rucksack verstauen.

2. Mit den Fellen und den Kanten können Sie sehr viel steilere Passagen meistern, als es mit den Schneeschuhen möglich ist.

Nachteile hat das Board jedoch bei der Abfahrt. Es ist in der Längsrichtung sehr labil, auf hartem Schnee ist es kaum möglich, sauber auf der Kante zu fahren.

Egal, welche Art Aufstieg zum Tief-schneevergnügen Sie bevorzugen, ob Schneeschuhe oder Tourenboard, das Niveau (Länge und Höhendifferenz) der Tour sollte auf Ihre konditionellen und fahrpraktischen Voraussetzungen abgestimmt sein. Denn schließlich gibt es ein weites Spektrum zwischen kleineren, leichten Tagestouren und ausgedehnten hochalpinen Touren.

Ein paar Ausrüstungsgegenstände benötigen Sie aber auf jeden Fall, unabhängig davon, wie ausdauernd ihre Tour ist. Dazu gehören:

• Teleskopskistöcke für den Aufstieg;
• Verschüttetensuchgerät (VS) (siehe ausführliche Beschreibung auf Seite 170);
• ein Lawinenset;
• ein Rucksack, der über eine Haltevorrichtung fürs Board verfügt (auch für »Zweiteiler«);
• funktionale Kleidung im Mehrschicht-Prinzip (siehe Seite 42 ff.);
• ausreichend Flüssigkeit;
• eine Brotzeit.

Doch mit der richtigen Tourenausrüstung allein ist es noch nicht getan. Tourenboarding verlangt umfangreiches Wissen über alpine Gefahren (siehe Seite 160 ff.) und einen guten Zustand Ihrer Fitneß. Erholungspausen im Lift gibt es nicht, schließlich sind Sie selber der Lift zum Gipfel. Daher: Je größer die Kondition ist, um so mehr Spaß haben Sie. Meist dauern die Aufstiege drei bis vier Stunden. Bergsteigen im Sommer, Joggen oder Skilanglauf schaffen gute konditionelle Voraussetzungen. Auch sollten Sie über eine gute Fahrtechnik verfügen. Tiefschnee, Bruch- oder Windharsch darf Sie nicht vor unlösbare Aufgaben stellen. Und Vorsicht vor der Sonne. Eine Sonnenbrille muß das UV-Licht zu 100 Prozent rausfiltern. Die Sonnencreme muß auch noch wirken, wenn Sie beim Aufstieg stark schwitzen. Außerdem: Nie alleine zum Tourenboarding gehen!

Ausgedehnte Touren sollten auf alle Fälle immer durch einen kompetenten und ausgebildeten Bergführer angeleitet werden. Auch die ökologischen Aspekte sollte man beim Tourenboarding beachten.

13.2 Helikopterboarding

Eigentlich ein kleiner Traum: Der Pilot hebt den Daumen – das Zeichen zum *Take off*. Sie heben ab. Das Ziel: der nächste Gipfel. Weit weg von dem Trubel der Pisten und dem Krach der Hütten und Restaurants an den Pisten. Auf dem Gipfel angekommen, liegt der nächste Powder-Run vor Ihnen. Ein neuer, unverspurter Hang, überzogen mit dem weißen Puder, der nur darauf wartet, von ihnen gezeichnet zu werden.

Heliboarding ist in der Snowboardszene das Synonym für *unlimited* Freeride-Spaß. Jeder Run wird zu einem neuen Naturerlebnis durch tiefen Powder, über weite Wächten und hohe Cliffs. Das einzige, was Sie brauchen, ist ein langes Powder Board (etwa 180 Zentimeter) und die Taschen voll Geld. Denn Heliboarding ist nicht nur die exklusivste Art, einen Berggipfel zu erklimmen und dem Snowboardspaß zu frönen, es ist mit Sicherheit auch die teuerste Möglichkeit, die Kosten für den Liftpaß zu sparen. Heliboarding hat bestimmt ungeheuren Reiz und bietet auch einmalige Naturerlebnisse – aber es ist unter ökologischen Aspekten absolut nicht zu rechtfertigen.

Sich mit einem Helikopter auf einen Gipfel absetzen zu lassen, um dann durch tiefen Schnee zu pflügen, ist mit Sicherheit keine Heldentat. Durch den Helikopter dringt man in Regionen vor, die für viele Tiere im Winter als Rückzugsgebiet dienen. Das Wild wird durch den Lärm der Rotorblätter und die riesigen Schatten der Helis aufgeschreckt und flüchtet. Durch diese Fluchtreaktionen verbrauchen die Tiere übermäßig viel Energie. Energie, die den Tieren vielleicht fehlt bei einem langen kalten Winter, in dem sie mit ihren Fett- und Energiereserven genau haushalten müssen. Die Regionen, die mit dem Heli leicht zu erreichen sind, sind bislang meist von Wintersportlern noch nicht bevölkert worden. Und für die Erhaltung dieser ungestörten Regionen hat jeder Wintersportler seinen Beitrag zu leisten. Auch wenn es moralisch klingen mag, aber wenn wir nicht die Courage haben, diese Einschränkung zu akzeptieren und einzuhalten, sind wir bei der Zerstörung des sensiblen Ökosystems der Alpen in einem erheblichen Maße mitverantwortlich.

Man muß allerdings auch etwas differenzieren: Der Einsatz von Helikoptern bis in den kleinsten Winkel des vollkommen erschlossenen Alpenraums ist mit Sicherheit überflüssig und größtenteils auch unterbunden. Vergleicht man die Situation einmal mit den weitläufigen Gebieten Kanadas, stellt sich die Situation anders dar. Hier gibt es Skiressorts in der Größe von Südtirol, die lediglich von einem Heliski- und Snowboardanbieter mit seinen fünf Maschinen genutzt werden. Diese Population von Wintersportlern pro Fläche ist nicht vergleichbar mit der der Alpen.

14 NACHWUCHS-SCHULE

Junge Eltern haben es vielleicht auch schon erlebt: Da steht ihr Nachwuchs vor ihnen und erklärt unmißverständlich, daß er nun auch so ein Board wie »die im Fernsehen« haben will. Außerdem hätte der Bruder eines Klassenkameraden auch eines zu Weihnachten bekommen und überhaupt, Snowboarden sei »echt cool«.

Was tun, wenn die Steppkes aufs Board wollen?

Genau darum geht es in diesem Kapitel. Hier wenden wir uns an Mütter und Väter, die vor der Entscheidung stehen, wann und vor allem unter welchen Rahmenbedingungen der eigene Nachwuchs mit der Snowboardkarriere beginnen soll.

Fast schon wie die Großen: Auch die Kinder wollen aufs Board.

⇨ *Ratgeber*

Einstiegsalter

Da die Kinder von Anfang an Spaß am neuen Wintersport haben sollen, müssen wir dieses Kapitel mit einem Dämpfer für snowboardbegeisterte Eltern beginnen. **Stellen Sie Ihren Nachwuchs nicht zu früh aufs Board!** Wenn die Steppkes nicht gerade in einem Wintersportgebiet als Kinder professioneller Snowboarder aufwachsen (und das tun bekanntlich die wenigsten), dann sprechen Fakten und Erfahrungen dagegen, den Einstieg in die Sportart schon vor dem **Grundschulalter** zu beginnen:

Kleinkinder im Alter von drei bis fünf Jahren sollen Bewegungserfahrungen in der Alltagsmotorik sammeln. Laufen, Springen, Hüpfen und Balancieren sind Bewegungsmuster, die entwickelt werden sollen. Snowboarden hat damit soviel gemein wie Fahrradfahren mit Fußballspielen, nämlich absolut nichts.

Kleinkinder wollen sich frei bewegen, ohne in irgendwelche Körperhaltungen gezwungen zu werden. Auf dem Snowboard sind sie »gefesselt«, die Bewegungsfreiheit ist vollkommen eingeschränkt.

Der Gleichgewichtssinn ist bei Kleinkindern noch nicht vollständig ausgebildet. Das Snowboarden verlangt jedoch einen sehr ausgeprägten Gleichgewichtssinn.

Erste Gleiterfahrungen im Schnee sammeln Kleinkinder meist spielend auf einer ebenen Fläche – das Snowboard ist in der Ebene weitgehend unbrauchbar.

In der Regel bereitet es den Kurzen auch große Schwierigkeiten, die Bindungen allein zu öffnen und zu schließen, noch können sie mit »gefesselten« Beinen nach (zwangsläufigen) Stürzen allein wieder aufstehen.

Wenn Sie Ihren Nachwuchs zu früh aufs Board stellen, werden Sie eher das Gegenteil von dem erreichen, was Sie wollen. Nicht der Spaß wird am Anfang der Karriere stehen, sondern der Frust, vielleicht ersticken Sie sogar das Interesse am Snowboarden schon im Keim.

Auch wenn die kleinen Herrschaften daheim erklären, daß sie fast alles schon können und natürlich auch kräftig üben werden, die Realität im Schnee sieht anders aus. Sobald die Kinder merken, daß sie das Board nicht beherrschen, werden sie es ablehnen.

Auf Ski ist das etwas anderes. Man kann darauf gehen, vorsichtig rutschen, sich von den Stöcken abstoßen und viel einfacher das Gleichgewicht halten. Vor allem aber sind die beiden Beine nicht auf einem Brett »gefesselt«, so daß die Kleinen nach einem Sturz allein wieder aufstehen können. Auch für snowboardbegeisterte Eltern gilt deshalb: Der Skikindergarten kann auch eine sinnvolle Vorbereitung auf das Snowboarden sein.

Start frei im Grundschulalter

Wenn im Alter von sechs bis acht Jahren die meisten Bewegungsmuster der Alltagsmotorik weitgehend ausgebildet sind und auch bewußtes Lernen langsam möglich wird, steht der jungen Snowboardkarriere nichts mehr im Wege.

Erfahrungen im Schlittschuhlaufen,

Rollschuhlaufen oder Skateboarden sind gute Voraussetzungen für die ersten Rutschversuche auf dem Wintergleiter.

Neun- bis Zwölfjährige sind im **optimalen Lernalter**. Sie können sich konzentrieren, haben in der Gruppe gemeinsam Spaß und können erste Bewegungsvorstellungen entwickeln und umsetzen. Kinder in diesem Alter muß man eher schon in ihrem Bewegungsdrang bremsen, denn oftmals wollen die jungen Snowboarder mehr als sie können.

Unabhängig vom Einstiegsalter kann bei Kindern allerdings auch die Ausrüstung großen Einfluß auf den Spaß am Boarden haben, aber dazu später mehr.

⇨ *Ratgeber*

Elternverhalten

Ihr Sohn hat zu Weihnachten eine Snowboard-Ausrüstung bekommen. Am ersten Urlaubstag trägt er sein Board mit stolzgeschwellter Brust zum Anfängerhügel. Die Eltern haben auch die Bretter dabei, und nun soll es endlich gemeinsam losgehen.

Mit elterlicher Hilfe bekommt der Junge das Board angeschnallt, er läßt sich ein paar Meter schieben, will dann alleine rutschen – und fällt hin. Mit einer großen Kraftanstrengung kommt er wieder auf die Beine, läßt sich wieder ein Stückchen bergauf ziehen, will losfahren – und fällt wieder hin. Die Mie-

Absoluter Kinderkram: Ab sieben Jahren geht der Snowboardspaß auch beim Nachwuchs los.

ne des jungen Schülers verfinstert sich, die Begeisterung fürs Snowboarden schmilzt in der Vormittagssonne. »Das blöde Board schmeißt mich immer um«, heißt es, und die Eltern sollen nicht immer neben ihm herlaufen. Nach dem nächsten Sturz ist es aus. Das Board ist Mist, und Lust zum Üben hat der Jungspund auch nicht mehr. Das ruft den Vater auf den Plan. Mit deutlichen Worten fordert er seinen Sprößling auf, sich jetzt mal richtig anzustrengen und sich nicht zu blamieren. Und schon rutscht die Stimmung der Familie auf den Nullpunkt.

Eine Szene, wie sie immer wieder stattfindet. Die Eltern wollen mal eben den Kindern zeigen, wie es geht – und das geht meistens schief.

Grundsätzlich gilt für Kinder wie für Eltern: Wer von Anfang an mit möglichst wenig Frust und um so mehr Erfolg lernen will, der geht in eine **geprüfte Snowboardschule**, denn dort kann man sicher sein, daß gut ausgebildete Übungsleiter die ersten Schritte auf dem Weg zum unbeschwerten Boarden sinnvoll begleiten.

Kinder lernen am liebsten in der Gruppe

Gerade für Kinder ist es wichtig, daß sie in einer Gruppe Gleichgesinnter spielen und lernen. Sie sind nicht allein, haben Spielkameraden, und in der Regel lassen sie sich von einem Snowboardlehrer viel besser motivieren als von den eigenen Eltern. In der Gruppe ist es für die Kinder auch einfacher, den Frust der vielen Stürze zu überwinden, da die Kollegen garantiert auch ständig im Schnee liegen.

Die Zahl der auf Kinder spezialisier-

ten Snowboardschulen ist zwar noch nicht groß, die nationalen Snowboardverbände helfen Ihnen in dieser Frage aber gerne weiter (siehe Seite 151).

Falls Sie sich dennoch zutrauen, die ersten Versuche Ihrer Sprößlinge anzuleiten, dann denken Sie immer daran, daß Kinder über das Spielen lernen!

Kinder lernen im Spiel

Der Bau eines Schneemanns, das Naseputzen oder die Schneeballschlacht sind mindestens genauso wichtig wie die ersten Übungen auf dem Board. Wenn die Sprößlinge nach ein paar Minuten das Brett wieder lossein wollen, dann lassen Sie es zu.

☞ **Überfordern Sie die Kinder nicht – nichts ist schädlicher als der übertriebene Ehrgeiz der Eltern.**

Mit viel Lob geht es besser, schneller, leichter

Loben Sie, wann immer es geht! Am meisten helfen Sie dem Nachwuchs, indem Sie Spielkamerad sind. Benutzen Sie das Board als Schlitten (den Sie ziehen müssen), als Brücke zwischen zwei Schneehaufen, oder verwenden Sie das Board als Schneeschaufel. Je spielerischer die Gewöhnung an das unbekannte Gerät, desto besser.

Die Kinder sollten den Ablauf der Stunden im Schnee, den Wechsel zwischen Lernen und Spielpausen selbst bestimmen dürfen. Vermeiden Sie lange Erklärungen. Kinder lernen über **Vormachen und Nachahmen**, bildhafte Vergleiche werden besser verstanden als wissenschaftlich abgesicherte Anweisungen (»mach dich klein wie ein Zwerg«, »streck dich wie ein Riese«). Versuchen Sie, die Kinder zu fordern, aber nicht zu überfordern.

Wettspiele sind interessant!

Wettspiele sind oft ein sinnvolles Mittel, da sich der Nachwuchs gerne mit anderen mißt (zum Beispiel »Rollerfahren« in der Ebene mit nur einem Bein in der Bindung).

Wichtig ist auch das richtige Gelände. Vorbereitende Spiele sollten immer in der Ebene stattfinden. Wenn die ersten Fahrten anstehen, kann es gar nicht flach genug sein. Angstsituationen (steile Piste, Eisplatten) verhindern jeden Lernerfolg.

Lassen Sie den Kindern auch beim Lernen und Üben Zeit

Wenn Sie mit Ihrem Nachwuchs wirklich Spaß im Schnee haben wollen, dann lassen Sie den Kleinen genügend Zeit. Wenn am Ende des ersten Urlaubs mit dem Snowboard der Schlitten wieder wichtiger ist als das Board, machen Sie

kein Problem daraus! Im folgenden Jahr kann es schon ganz anders aussehen.

Da Kinder am besten im Spiel lernen, ist es für Sie als Lehrer wichtig, immer ein großes Repertoire an spielerischen Übungen parat zu haben. In einer für die Kinder spannenden Spielsituation können Sie die Sprößlinge auch vom schlechten Wetter ablenken oder sie wieder aufwärmen.

Spielerische Unterrichtsgestaltung

Für Kinder wie Erwachsene gilt dasselbe: niemals ohne gründliches Aufwärmen aufs Board! Beim Nachwuchs sollte das spielerische Erwärmen der Muskulatur sogar ein Hauptbestandteil des Unterrichts sein. Dabei sollte das Snowboard erst nach längerer Zeit angeschnallt werden – quasi »zufällig« als Spielgerät.

Je attraktiver die Übungsformen in spielerische Aufgaben eingebunden werden, desto aufmerksamer sind die Kinder bei der Sache. Ein paar Beispiele: Nach dem intensiven Aufwärmprogramm (siehe Seite 54 ff.) setzen sich die Kinder auf ihre Boards. In der

Das Material muß auch für die Kleinen stimmen. Die Bretter sind kürzer, Schuhe und Bindungen sollte der Nachwuchs selber schließen können.

Ebene geht es dann darum, sich mit den Händen vom Schnee abzustoßen und so eine kurze Strecke sitzend zu gleiten. Auch im Liegen macht diese Übung Spaß.

Als Erweiterung wird die Aufgabe gestellt, einen Parcours zu durchrutschen und dabei Gegenstände (Luftballone, Mützen, Fähnchen etc.) einzusammeln.

Als Partnerübung sollen sich die Kinder gegenseitig auf ihren Boards sitzend schieben. Als Steigerung dieser Spielform stellt sich ein Kind mit beiden Füßen zwischen die Bindungen auf das Board (nicht anschnallen!) und läßt sich schieben. Wenn sich die Sprößlinge mit Hilfe eines Skistocks frei auf dem Board stehend ziehen, bereiten sie sich spielerisch auf das Lifteln vor.

Auch das »Rollerfahren« mit einem frei auf dem Board stehenden Fuß wird den Nachwuchs schnell begeistern.

Zwischendurch aber sollte das Snowboard immer wieder zweckentfremdet werden. So lernen die Kinder spielend, das Brett selbst zu tragen, und gewöhnen sich an das Gewicht. Das Brett kann zum Schaufeln einer Kuhle oder eines Iglus eingesetzt werden. Es kann als Transportmittel für die Bälle einer Schneeballschlacht verwendet werden, als trockener Sitzplatz oder als Zeichengerät, mit dem Figuren und große Buchstaben in den Neuschnee gedrückt werden.

 **Ratgeber**

Material

In den letzten Jahren hat sich auf dem Snowboardmarkt einiges getan. Kein guter Hersteller kann es sich heute leisten, auf spezielle Angebote für Kinder zu verzichten. Aber die komplette Ausrüstung für den Nachwuchs kann verdammt teuer werden. Da die Werbung natürlich auch nicht vor den Kindern halt macht, stellen Sie sich auf kostspielige Wünsche der Kleinen ein. Die Frage ist allerdings, ob es für die ersten Versuche unbedingt ein aufwendig produziertes Board mit speziellem Einsatzbereich sein muß. Ganz zu schweigen von der Tatsache, daß zumindest die Schuhe nach einer Saison meist schon wieder zu klein sind. Leihmaterial oder der Kauf im Second-Hand-Laden kann da eine preiswerte Alternative sein. Bei der Boardlänge, der Paßform der Schuhe und vor allem bei der Kleidung sollten Sie allerdings keine Kompromisse machen, denn gerade bei den Kindern ist es wichtig, daß sie keine Probleme mit der Ausrüstung haben.

Das Board

Auf keinen Fall zu lang sollte es sein, das erste Brett, höchstens Körpergröße, besser noch wäre **Schulterhöhe**. Im Handel werden Kinderboards von 90 bis 138 Zentimetern Länge angeboten. Ganz entscheidend ist allerdings auch das Gewicht des kleinen Snowboarders. Ein Kerlchen von zum Beispiel 23 Kilogramm muß das Brett so weit »durchtreten« können, daß die Lauffläche plan auf dem Schnee aufliegt. Denn sonst fährt das Board nicht dahin, wo der Besitzer hin will. Bei den meisten Herstellern sind die Boards automatisch mit Angaben zum empfohlenen Körpergewicht oder zum Alter des Fahrers versehen. Je leichter und kürzer ein Board ist, desto einfacher ist es zu beherrschen. Geschäumte Boards sind in der Regel leichter als die aufwendig produzierten Holz-Sandwich-Konstruktionen. Vor allem aber sind Boards mit Schaumkern die günstigere Variante.

Der **Boardshape** und etwaige konstruktionsbedingte Einsatzbereiche spielen bei den Kleinen wirklich noch keine Rolle. Der *Freestyle-Shape*, also ein Board mit aufgebogenem Heck, hat sich allerdings als sehr sinnvoll herausgestellt, da diese Bretter bei ungewollten Rückwärtsfahrten nicht unterschneiden und sehr leicht drehen. Die Bretter gibt es ab etwa 300 Mark, nach oben sind natürlich keine Grenzen gesetzt. Die Suche nach **Auslaufmodellen** lohnt sich im Frühjahr finanziell fast immer. Wer mit dem Kauf sogar bis zum Sommer warten kann, wird die besten

Schnäppchen machen, denn dann müssen die Lager unbedingt für die aktuellen Modelle des kommenden Winters geräumt werden, und die Preise purzeln entsprechend.

Bindungen und Stiefel

Hier gilt das gleiche wie bei den Erwachsenen. Bindung und Schuh werden immer als Einheit gesehen. Der Softboot paßt nur in die Softbindung, und entsprechend gehört ein Hartschalenschuh in eine Plattenbindung.

Falls Ihre Kinder die ersten Schneeerfahrungen auf Ski gesammelt haben, können die Skistiefel auch problemlos für die ersten Fahrten mit dem Snowboard verwendet werden (in der Plat-

Aller Anfang ist schwer ...

Kinder wollen »spielend« lernen.

tenbindung). Falls Sie die gesamte Ausrüstung allerdings neu anschaffen müssen, empfehlen sich **Softboots**. Sie drücken meist weniger und sind insgesamt flexibler als die Hartschalenschuhe. Zudem gibt die Softbindung viel Bewegungsfreiheit. Im Snowboard-Fachhandel gibt es bisher auch fast nur Softboots für Kinder zu kaufen (ab Größe 30, ab 150 Mark). Ein weiterer Vorteil

der »soften« Kombination: In der Schalenbindung (ab 140 Mark) können die Kleinen notfalls auch mit festen Winterstiefeln fahren, und das wirkt sich natürlich positiv auf Ihren Geldbeutel aus (Snowboard-Profi und »Nitro«-Chef Tommy Delago ließ seinen Sohn die ersten Versuche sogar in gefütterten Gummistiefeln machen).

Erst wenn die jungen Snowboarder

das Brett beherrschen, sollten Sie auf spezielle Wünsche eingehen. Freestyle- oder alpinorientierte Bretter machen erst dann Sinn, wenn die Kinder genau wissen, ob sie lieber springen und Tricks lernen (Freestyleboard mit Softbindung), oder lieber sportlich auf der Piste carven wollen (Alpinboard mit Plattenbindung).

Ein Tip noch in Sachen Schuhkauf: Lassen Sie dem Nachwuchs Zeit dabei! Schon eine kleine Druckstelle kann eine Snowboardkarriere jäh beenden. Im guten Fachhandel wird man Ihnen die ausgewählten Treter gerne ausleihen. Und dann verdrängen Sie einfach mal die Angst um die heimische Auslegeware und lassen ihr Kind in den neuen Stiefeln im Wohnzimmer möglichst lange herumlaufen. Das ist immer noch die beste Methode der Anpassung. Und der Nachwuchs wird es Ihnen danken.

 Ratgeber

Kleidung

Das richtige Outfit ist neben dem Schuhwerk das A und O für die jungen Wintersportler. Da die Werbung bekanntlich auch gerne den Nachwuchs anspricht, sollten Sie den Mut haben, den Kleinen bestimmte Wünsche wieder auszureden. Denn es kommt bei den ersten Versuchen nicht darauf an, wie ein cooler Snowboarder auszusehen hat, sondern darauf, warm und trocken zu bleiben. Ein **Overall** ist für die ganz jungen Boarder sinnvoller als die Kombination aus Jacke und Hose, da sich bei den garantierten Stürzen kein Schnee in der Hüftgegend festsetzen kann. Überhaupt sollten Sie bei

der Kleidung keine Kompromisse machen. Wasserdichte oder zumindet **wasserabweisende Materialverstärkungen** am Po, an den Knien und den Armen sind ein absolutes Muß.

Auch bei der **Unterwäsche** sollten Sie nach Möglichkeit atmungsaktive Materialien in mehreren dünnen Lagen verwenden. Das hält die Kleinen wärmer als dicke Pullover und verhindert den Schweißstau auf der Haut, was gerade für die meistens sehr aktiven Kinder besonders wichtig ist, um ein gefährliches Auskühlen zu verhindern. **Latzhosen** sind sinnvoller als Hosen, die nur bis über die Hüfte reichen, sollten allerdings unbedingt einen Schlitz im Schrittbereich haben, denn nichts ist nerviger, als die Kleinen bei »dringenden Geschäften« auf der Piste stundenlang ausziehen zu müssen.

Besonderen Wert sollten Sie auch auf gute **Handschuhe** legen. Fäustlinge sind wärmer als Fingerhandschuhe! Der Schaft der Handwärmer muß so lang wie möglich sein. Nur so kann verhindert werden, daß bei Stürzen Schnee an die Handgelenke kommt.

Eine warme, nicht verrutschende **Mütze** ist selbstverständlich, ein **Helm** sehr empfehlenswert. Unter dem Kinderhelm sollte eine »Sturmhaube« aus Seide getragen werden (wenn die Haube nicht im Snowboard-Fachhandel zu bekommen ist, werden Sie im Motorradgeschäft mit Sicherheit fündig).

Die Augen der jungen Boarder müssen immer durch eine gute **Sonnen- oder Schneebrille** geschützt werden, und zu guter Letzt sollten Sie darauf achten, daß die empfindliche Kinderhaut immer kräftig mit **Sonnenschutzcreme** (mit hohem Faktor) oder *Sunblocker* eingecremt ist.

15 SNOWBOARDING ALS WETTKAMPFSPORT

Es sind nach wie vor die Medien, die über den Bekanntheitsgrad einer Sportart entscheiden. Und im Snowboarden sind es gerade die internationalen Rennen, die für die Medien, insbesondere das Fernsehen, so interessant sind. Von November bis April vergeht kein Wochenende, an dem nicht irgendwo auf der Welt ein großer Wettkampf stattfindet, der die Medien anlockt und dadurch indirekt zu einer noch größeren Verbreitung unserer Sportart beiträgt. Der Grund für das starke Interesse an Snowboard-Wettkämpfen ist einleuchtend: Nirgendwo sonst sieht man so viele Spitzenfahrer »auf einem Haufen«, fast nirgendwo sonst erlebt man das Snowboarden so spektakulär wie im Rennen. Und für die Aktiven selbst ist es natürlich auch das Salz in der Suppe, sich mit anderen in

Snowboarden hat sich zu einem professionellen Wettkampfsport entwickelt und ist erstmals 1998 in Nagano/Japan olympische Disziplin.

Technik, Kreativität oder Schnelligkeit zu messen.

In den USA gab es schon Ende der 70er Jahre ein paar Wettkämpfe, in Europa kam die Szene mit den ersten Weltmeisterschaften 1987 in St. Moritz (Schweiz) und Livigno (Italien) so richtig in Schwung. Gab es damals nur die Aufteilung in Halfpipe, Slalom oder Super-G, so gibt es heute eine Vielzahl von Disziplinen, in denen es auf nationaler oder internationaler Ebene richtig zur Sache geht.

Grundsätzlich unterscheidet man **alpine Rennen** mit dem Umkurven von Richtungstoren und **Freestyle-Wettbewerbe** als die kreative, fast grenzenlose Disziplin in der Halfpipe oder auf einer speziell präparierten Piste. In den alpinen Wettbewerben entscheidet allein die Zeit über Sieg und Niederlage, im Freestyle bewerten Kampfrichter (*Judges*) den Einfallsreichtum und die Technik der Aktiven, ähnlich der Beurteilung im Eiskunstlauf.

Da Snowboarding nach wie vor eine junge Sportart ist, gibt es fast in jedem Winter leichte Veränderungen der Disziplinen. Grund dafür ist das Bestreben des Weltsnowboardverbandes (ISF), wirklich snowboardspezifische Wettkampfformen zu entwickeln. Wenn eine Jugendkultur in einer Sportart ihren Ausdruck findet (und das ist im Snowboarding der Fall), dann muß es auch das Ziel der Funktionäre sein, die sich ständig weiterentwickelnden Trends zu erkennen und sie in den Sport einfließen zu lassen. Und genau das macht die ISF. Ganz bewußt werden die Wettkämpfer nicht gezwungen, sich einem starren Reglement anzupassen. Sie werden in den Diskussionsprozeß einbezogen. Neue Diszi-

plinen wie Freeriding oder Veränderungen bestehender Wettkampfformen dokumentieren, daß Snowboarding auch im Rennsport nichts mehr mit dem alpinen Skisport zu tun hat, sondern eine absolut eigenständige, an den Aktiven orientierte Sportart geworden ist.

15.1 Alpine Disziplinen

Parallelslalom (Duel)

Der heiße Tanz im Stangenwald, den Gegner im Blick, das ist der Parallelslalom. Im Gegensatz zum alpinen Skirennlauf wird der Slalom bei den Snowboardern immer als »Paarlauf« ausgetragen. Auf einem breiten, steilen Hang (Höhendifferenz 80 bis 150 Meter) werden zwei möglichst identische Kurse nebeneinander gesteckt. Kippstangen mit dreieckigen Flaggen weisen den Weg ins Ziel. Die Kurse bestehen aus 20 bis 35 Toren, die im Abstand von 7 bis 12 Metern gesetzt werden. Weil immer zwei Fahrer zugleich starten, ist der Parallelslalom für die Zuschauer durchschaubar und spannend.

Nach dem K.-o.-System wird der Wettbewerb in zwei Qualifikationsrennen und das Finale gegliedert. Die Frauen sind immer vor den Männern dran, und die Startreihenfolge entspricht der aktuellen Plazierung in der Weltrangliste (World Ranking List), die Besten müssen also zuerst ins Rennen. Aktive mit geraden Startnummern treffen auf Gegner mit ungeraden Nummern. Im zweiten Qualifikationslauf starten die ersten 32 Männer und die 16 schnellsten Frauen nochmals, nun aber auf dem jeweils anderen Kurs.

Die Zeiten der beiden Läufe werden addiert, die 16 schnellsten Männer und die acht schnellsten Frauen qualifizieren sich für das K.-o.-Finale. Nun fahren wieder »Pärchen« auf beiden Kursen gegeneinander, und die jeweils Zeitschnellsten kommen eine Runde weiter. So geht es von Runde zu Runde, bis nur noch zwei Wettkämpfer übrigbleiben, die dann das große Finale austragen (auch in zwei Läufen).

Als Variante dieser Disziplin gibt es auch den **Open Parallel Slalom**, der, mit größeren Torabständen einfacher gesteckt, speziell für die Nachwuchsrennen entwickelt wurde.

Seit der Saison 1996/97 firmiert der Parallelslalom unter dem Titel »*Duel*« (engl. für Zweikampf), um auch in der Begrifflichkeit den Unterschied zum Slalom der Skifahrer deutlich zu machen.

Riesenslalom (GS)

Die Strecke ist bedeutend länger als beim Slalom und muß eine Höhendifferenz von 150 bis 300 Metern aufweisen. Die 20 bis 45 Tore bestehen aus einer weichen Kurzstange auf der Innenseite und einer normalen Kippstange auf der Außenseite, die mit einer Dreieckflagge verbunden sind.

Die acht schnellsten Frauen und die 16 schnellsten Männer des ersten Laufs qualifizieren sich für den zweiten Durchgang, der auf einem neu gesetzten Kurs gefahren wird. Gestartet wird in umgekehrter Reihenfolge der Plazierung aus dem ersten Lauf, das Gesamtklassement ergibt sich aus der Addition beider Laufzeiten.

Seit der Saison 1996/97 gibt es allerdings eine gravierende Änderung des Riesenslaloms: Der **Banked Slalom**

Geschwindigkeiten bis zu 100 Kilometer pro Stunde werden beim Riesenslalom oder Super-G erreicht.

mit dem Durchfahren von Steilkurven, Kanten und Naturrinnen wird im Rahmen der ISF World Tour nicht mehr als eigenständige Disziplin ausgetragen, sondern als Bestandteil des Riesenslaloms. Es wird auch weiterhin Tore auf der Strecke geben, die dann aber mit den Hochgeschwindigkeitskurven und den anderen Elementen des *Banked Slalom* kombiniert werden.

Sprünge und Steilkurven sollen den GS noch radikaler machen, vor allem aber auch in diesem Bereich das snowboardspezifische Moment betonen. Im vorolympischen Winter 1996/97 steht allerdings auch noch der klassische GS auf dem Rennprogramm. Spätestens nach den Spielen in Nagano aber wird im Riesenslalom die Rennstrecke nicht mehr allein vom Speed bestimmt sein, sondern noch mehr genau auf das Snowboard zugeschnittene Elemente enthalten. Je nach Ausrichtung wird zukünftig beim klassischen Riesenslalom von GS gesprochen, die modernisierte Wettkampfform hat den Titel »*Carving*«.

Parallel-Riesenslalom

Eine noch junge Disziplin, die speziell im Nations' Cup ausgetragen wird (siehe Seite 143). Der Hang muß breit sein, darf aber kürzer sein als beim Riesenslalom, da weniger Tore gesteckt werden. Nebeneinander werden zwei möglichst identische Kurse gesetzt. Das Rennen selbst wird wie beim Parallelslalom durchgeführt, über das K.-o.-System geht es bis ins Finale.

Super-G

Geschwindigkeit pur und nichts für schwache Nerven! Selbstverständlich mit Helmpflicht, denn nicht selten werden beim Super-G Geschwindigkeiten von bis zu 100 Kilometern pro Stunde erreicht. Die Rennstrecke muß eine Höhendifferenz von 300 bis 500 Metern aufweisen. Nicht der eng gesteckte Stangenwald wie beim Slalom, sondern wenige, an das steile Gelände angepaßte Richtungstore bestimmen den Weg ins Tal. Dementsprechend große, weite Schwünge, exakt auf der Kante gefahren, bringen den Speed. Es wird nur ein Lauf ausgetragen, Sieger ist natürlich der Zeitschnellste.

In Europa gehört der Super-G seit 1992 nicht mehr zum offiziellen World-Tour-Programm, da es zu wenige geeignete Pisten dafür gibt und die Super-G-Boards für den Handel uninteressant geworden sind. In den USA und Kanada wird diese Disziplin allerdings noch gerne gefahren. Der Super-G ist nach wie vor der Lieblingswettbewerb der Speedpiloten aus Amerika.

Im internationalen Sprachgebrauch spricht man grundsätzlich von Giant Slalom (GS), wenn nicht direkt der Parallelslalom gemeint ist. Die Veranstalter der großen Events entscheiden, ob als GS ein Riesentorlauf, ein Parallel-Riesenslalom, *Carving* oder ein Super-G gefahren wird. In der Weltrangliste zählen alle vier Disziplinen zum *Giant Slalom*.

15.2 Freestyle-Disziplinen

Halfpipe

Für viele ist es die Königsdisziplin im Snowboarden. Die *Pipe* ist eine Halbröhre aus Schnee, die den Spielwiesen der Skateboarder nachempfunden ist.

Sprünge bringen auch hohe Punktzahlen bei den Judges (Punktrichtern). Insgesamt bewerten fünf Richter die Kür in der Pipe.

Kein Wunder, daß die Stars der Szene oftmals direkt vom »Rollbrett« oder vom Wellenreitbrett auf das Snowboard umgestiegen sind.

In der Halfpipe steht auch beim Wettkampf der Lifestyle im Vordergrund. Ausgefallene Kleidung, moderne Rhythmen aus kräftigen Lautsprecheranlagen und besonders lässiges (»cooles«) Auftreten der Aktiven sind die entscheidenden Merkmale einer Halfpipe-»Session«. Dazu gibt es dann aber auch spektakulären Sport zu sehen. Gerade bei den Halfpipe-Wettbewerben drückt sich das aus, was das Snowboarden für junge Leute so beliebt macht: die Mixtur aus Jugendkultur und spannendem Wettkampf.

Selbstverständlich geht es in der Pipe richtig zur Sache, aber nach dem Wettkampf treffen sich alle Fahrer zum Feiern. Auch für die Profis ist der Wettkampf selbst nur dann richtig »cool«, wenn auch das Drumherum der »Session« stimmt.

In der Halfpipe geht es darum, mit Kreativität, Mut, Sprungkraft und immer wieder neuen Tricks zu überzeugen. Das eigentliche Geschehen spielt sich in der Luft ab. Auf der Fahrt von Wand zu Wand (*Wall*) wird Schwung geholt, und nach dem Absprung am oberen Rand (*Coping*) der Röhre folgt dann eine möglichst hohe und verwegene »Luftfahrt« zurück in die Pipe.

Man unterscheidet bei den Sprüngen *Straight Airs* (Absprung – halbe Drehung – Landung vorwärts), *Spin Tricks* (Drehungen um mehr als 180 Grad) mit Vorwärts- oder Rückwärtslandungen (*Fakie*) und Saltos (*Flips*). Während des Sprungs gibt es eine riesige Zahl verschiedener Haltungen mit unterschiedlichen Schwierigkeitsgraden. Hier sind den eigenen Ideen der Aktiven wirklich keine Grenzen gesetzt, und ständig werden neue Manöver erfunden.

Vier Wertungsrichter (*Judges*) beurteilen und bewerten die Kür in der Halfpipe. Der »*Amplitude-Judge*« kümmert sich einzig und allein um die Höhe

Das Mekka der Freestyler: Die Halfpipe.

der gezeigten Sprünge. Der »Rotation-Judge« beurteilt die Ausführung der Spin Tricks und Flips. Dabei geht es sowohl um den Schwierigkeitsgrad als auch um die Haltung (*Style*) in der Luft. Er muß in Sekundenbruchteilen bestimmte Griffe des Fahrers ans Board (*Grabs*) erkennen und einschätzen, hinzu kommt die Zahl der Drehungen um die Körperlängsachse (von 360 Grad, also einfach, bis 1080 Grad, dreifach).

Dritter Wertungsrichter im Bunde ist der »Transition-Judge«. Er beobachtet die Aktionen in den *Walls*. Dazu gehören Absprung und Landung und auch mögliche Stürze. Die stützende Hand im Schnee bei der Landung gibt natürlich weniger Abzüge als der komplette »Abstieg« vom Board.

Ergänzt wird das Kampfrichterteam vom »Motion-Judge«, der die möglichst

saubere Fahrt auf der Kante im Bereich der *Flat* benotet und vor allem den Gesamteindruck der Kür im Auge hat. Alle *Judges* können in ihrem Bereich jeweils 0 bis 10 Punkte vergeben, die Addition aus den Einzelnoten ergibt dann die Gesamtwertung (maximal 40 Punkte).

Der Wettkampf in der Halfpipe besteht immer aus zwei Qualifikationsläufen und dem zweiteiligen Finale. Die Frauen bekommen den Vortritt, und in der Startreihenfolge stehen die Besten der Weltrangliste vorn. Die ersten vier Frauen und die ersten acht Männer des ersten Qualifikationsdurchgangs stehen direkt im Finale. Die Frauen auf den Plätzen 5 bis 16 und die Männer der Ränge 9 bis 32 starten zu einer zweiten Runde, und aus diesem Lauf qualifizieren sich erneut die besten vier Frauen und die besten acht Männer für das Finale. Somit machen insgesamt acht Frauen und 16 Männer den Sieg in der Halfpipe unter sich aus.

Im Finale haben alle Starter zwei Läufe, die Punkte aus beiden Läufen werden addiert und ergeben das Gesamtklassement.

Im Gegensatz zu den alpinen Wettbewerben ist in der Halfpipe direkt vor dem Wettkampf ein Training in der »Wettkampfröhre« vorgesehen.

Obstacle Course

Bei diesem »Hindernislauf« ist Kreativität im Gelände gefordert. Die Rennstrecke gleicht einem Funpark auf der Piste, in dem den Fahrern Kondition, gute Technik und Halfpipeerfahrung abverlangt werden. Mehrere in Fallinie angeordnete Schneewände (*Quarterpipes*) laden zu Halfpipetricks ein. Dazwischen fordern Steilwandkurven Kraft und Konzentration, kleine Sprungschanzen (*Ramps*) sollen mit spektakulären *Airs* bewältigt werden, ansonsten sind den Gestaltern der Strecke keine Grenzen gesetzt. Je mehr *Obstacles* im Weg stehen, desto besser.

Bei diesem Wettbewerb gewinnen allerdings nicht die Schnellsten, denn was zählt, ist das kreative Durchfahren der Strecke. Alle Starter haben einen Lauf, die Bewertung erfolgt genauso wie in der Halfpipe.

Auf nationaler Ebene wird der Obstacle Course auch gerne als Ersatz für den Wettbewerb in der Halfpipe genommen, wenn nicht genügend Schnee für den Bau einer Pipe zur Verfügung steht. In den USA versteckt sich diese Disziplin hinter dem Titel »**Slope Style**«. Wegen der schwierigen Bewertung wird allerdings manchmal auf diesen Wettbewerb verzichtet.

Boarder Cross

Das geplante »Chaos« auf einer speziell hergerichteten Piste ist eine wirklich snowboardspezifische Disziplin, bei der nichts vom Skateboarden oder Skifahren abgeschaut wurde. Der Anspruch der Eigenständigkeit soll auch im modernen Titel »*Boarder Cross*« dokumentiert werden. In dieser jungen Wettkampfform können die »Alpinen« und die »Freestyler« gemeinsam starten.

Der Kurs ist mit dem beim Obstacle Course zu vergleichen, es gibt allerdings auch Richtungstore. Beim Boarder Cross soll die ganze Vielfalt des Snowboardens im Gelände dargestellt werden. Es gibt also auch Steilkurven, *Jumps*, *Quarterpipes* und Buckel. Das besondere an diesem Wettbewerb: Wenn es um die Entscheidung geht, sind die Aktiven nicht allein unterwegs, sondern es starten immer vier Fahrer gleichzeitig.

Der Wettkampf besteht aus einem Qualifikationslauf und dem Finale im K.-o.-System. In der Qualifikation wird die Laufzeit gemessen, die schnellsten 32 Frauen und 64 Männer kommen ins Finale. Dort wird dann wieder in Vierergruppen gestartet, die zwei besten kommen eine Runde weiter. Im letzten Lauf des Finales werden die Plätze eins bis vier vergeben. Wer zuerst im Ziel ist, hat gewonnen.

Die Starter dürfen sich jederzeit und überall überholen, die kurveninneren Fahrer haben allerdings Vorfahrt. Absichtliche Behinderungen des Gegners oder unsportliches Verhalten führen zur Disqualifikation. Im Boarder Cross gibt es seit der Saison 1996/97 eine eigene Wettkampfserie.

Freeriding

Das jüngste Projekt im Wettkampfzirkus. Hier geht es um die ursprüngliche Form des Snowboardens, um das freie Fahren im Gelände. Nicht die Slalomtore, die Halfpipe oder künstlich gebaute *Obstacles* bilden den Rahmen des Wettbewerbs, sondern allein der Berg mit all seinen Geländeformen, die er zu bieten hat. Die Natursportart Snowboarden in ihrer reinsten Form.

Zum Wettkampf gehört der Aufsteig ohne Hilfsmittel genauso wie die schnelle, aber geländeangepaßte Abfahrt. Ein Spektakel für die Zuschauer, das aber nicht spektakulär sein soll, sondern ein harmonisches Miteinander von Fahrer und Natur.

Nicht derjenige gewinnt, der in der Fallinie ins Tal donnert, viel wichtiger ist das geländeangepaßte Boarden. Der Fahrstil muß zur Hangneigung, zur Schneebeschaffenheit und zu den Geländeformen passen.

Geländesprünge und Tiefschneeabfahrten, kurzum, das kontrollierte Boarden neben der Piste bietet Snowboarding pur. Am ersten Tag des Wettkampfes gibt es eine Qualifikation, das Finale am Berg bestreiten dann zwei Frauen und acht Männer am nächsten Tag. Dieser für viele Boarder schönste, weil natürlichste Wettbewerb wird allerdings immer etwas Exclusives sein, denn nur in den wenigsten Wintersportgebieten findet sich ein geeignet großes Gelände.

16 WETTKAMPF-SERIEN

In mehr als 40 Nationen haben sich Snowboarder unter dem Dach des Weltverbandes ISF organisiert. Die **International Snowboard Federation** (siehe Seite 148 f.) kümmert sich federführend um die Organisation weltweit einheitlicher Wettkämpfe. Egal ob bei der Clubmeisterschaft oder im Profizirkus, überall gelten dieselben Regeln. Dadurch werden die Resultate aller Fahrer im Rahmen eines internationalen Punktesystems vergleichbar. Und das wiederum ist die Grundlage für die sogenannte ISF World Ranking List. In dieser globalen Rangliste finden sich sämtliche Starter bei regionalen, nationalen oder internationalen Wettbewerben wieder. Die Philosophie der ISF zeichnet sich dadurch aus, daß Snowboarder überall auf der Welt eine »Familie« bilden, daß für die Freizeitrennfahrer genausoviel getan wird wie für

*Beim **Parallelslalom** (Duel) müssen die Fahrer jeweils einmal den blauen und einmal den roten Kurs durchfahren.*

die Profi-Racer. Jedes Rennen soll die besten Konditionen für die Aktiven bieten, bei aller Professionalität soll aber nie das Wichtigste am Snowboarden vergessen werden – der Spaß.

Jedes Rennen, ganz egal wo und auf welchem Level, findet unter dem Dach der **ISF Tour** statt. Die Tour gliedert sich in vier Bereiche: An oberster Stelle stehen die ISF Championships, die Welt- oder Kontinentalmeisterschaften als die Highlights aller Wettkämpfe. Über eine ganze Saison erstreckt sich die **ISF World Tour** (früher auch World Pro Tour genannt), die globale Rennserie der Topathleten, bei der es sehr viel Preisgeld zu verdienen gibt. Um in erster Linie den Snowboardsport zu promoten und die Faszination auch »Nichtsnowboardern« zu vermitteln, werden die **ISF Invitationals** ausgetragen, Einzelveranstaltungen mit spektakulären Wettkämpfen. Am wichtigsten für den Nachwuchs ist der vierte Bereich, die **ISF Nations' Tour**. Unter diesem Oberbegriff werden sämtliche nationalen Wettbewerbe zusammengefaßt. Insgesamt gibt es mehr als 2 500 Veranstaltungen, auf denen junge Athleten Erfahrungen sammeln und sich im eigenen Land für die internationalen Rennen qualifizieren können.

16.1 ISF Championships

Bei den verschiedenen Championships werden die Titel direkt bei einer Veranstaltung vergeben. Es geht also nicht darum, über die gesamte Saison Topform zu beweisen, sondern darum, bei einem einzigen Rennen alles zu geben. Diese Events sind die bedeutendsten Wettkämpfe überhaupt.

ISF World Championships (WC) werden alle zwei Jahre abwechselnd in Europa, Nordamerika und Japan veranstaltet. Mit einem riesigen Rahmenprogramm und von großem Medienrummel begleitet, trifft sich die Elite, um in Halfpipe, *Duel* (Parallelslalom) und GS die neuen Weltmeister zu ermitteln. 1995 zum Beispiel avancierte der Österreicher Martin Freinademetz bei der Weltmeisterschaft in Davos zum Superstar, als er sich sowohl im Duel wie auch im GS den Titel holte.

Punkte für die ISF *World Ranking List* werden bei den Weltmeisterschaften nicht vergeben, aber das große Prestige dieser Wettbewerbe und das saftige Preisgeld sind genug Motivation für alle. Direkt qualifiziert sind die nach der Weltrangliste besten acht Frauen und 16 besten Männer jeder Disziplin. Die ISF, die Fahrervereinigung und die Nationalverbände dürfen allerdings Wildcards vergeben, um Schnellaufsteiger zu qualifizieren oder Fahrern zu helfen, die ihren Platz aufgrund einer Verletzung verloren haben.

Die **ISF Junior World Championships** (JWC) sind für den Nachwuchs das Sprungbrett in eine professionelle Rennfahrerkarriere. Sie werden jedes Jahr abwechselnd in Europa, Nordamerika, Japan oder in der südlichen Hemisphäre ausgetragen. Jungen und Mädchen aus zwei Altersklassen, die eine für Siebzehn- und Achtzehnjährige (*Juniors*), die andere für alle jüngeren (*Youth*), bilden Ländermannschaften von jeweils 20 Aktiven. Die Teams starten in Halfpipe und *Open Slalom*, einem Duel-Wettbewerb mit weiteren Torabständen als üblich, speziell konzipiert für den Nachwuchs. Preisgelder werden natürlich nicht vergeben, aber dafür gibt es wertvolle Punkte für die ISF World Ranking List, und die Sieger der einzelnen Disziplinen erhalten Wildcards für die ISF World Championships.

Die **Continental Championships** (CC), im deutschsprachigen Raum also die Europameisterschaften (European Open), werden jährlich ausgetragen. Die besten acht Frauen und 16 Männer der Disziplinen Halfpipe, Duel (Parallelslalom) und GS sind direkt qualifiziert (in den USA und Kanada wird auch im Boarder Cross gestartet). Die ISF und die Fahrervereinigung dürfen Wildcards vergeben. Um die nationale Szene zu stärken, bekommt das Gastland weitere Startplätze. Es gibt sowohl Preisgeld zu gewinnen, als auch Punkte für die Rangliste.

Der **Nations' Cup** (NC) ist die einzige Veranstaltung der ISF Tour, bei der Nationalmannschaften um den Titel für ihr Land kämpfen. Ohne Preisgeld und ohne Ranglistenpunkte, aber mit freier Unterkunft für die Aktiven, bildet der NC den fröhlichen Abschluß jeder Saison. Beim gesamten Event steht der Spaß absolut im Vordergrund. In erster Linie wird gefeiert, aber auch der Sport kommt natürlich nicht zu kurz. Die von jedem Land ernannten Teams bestehen aus einem Junior, einer Frau und drei Männern. Gestartet wird in Halfpipe und Duel (Parallelslalom). Sieger ist das Länderteam, das in der Addition beider Disziplinen die meisten Punkte gesammelt hat.

16.2 ISF World Tour

Unter dem Titel »World Pro Tour« wurde der spektakuläre Rennzirkus Anfang der neunziger Jahre bekannt. Die aktuelle ISF World Tour besteht aus den **ISF Masters World Cups** (MWC) und den **ISF World Series** (WS). Bei beiden Veranstaltungsserien starten die absoluten Topstars der Szene. Teilnahmeberechtigt sind nur die Aktiven, die sich international oder national qualifiziert haben und zusätzlich eine Rennlizenz der Pro Snowboarder Association (PSA, Verband der internationalen Wettkämpfer) besitzen.

Zu den ISF Masters World Cups zählen drei Top-Events pro Saison, je eine Veranstaltung in Europa, eine in Nordamerika und eine in Japan. Es werden die meisten Punkte für die Weltrangliste vergeben. Das Preisgeld beträgt mindestens satte 120 000 Dollar. Für die Crème de la crème der einzelnen Disziplinen ist es daher ein Muß, bei den MWC zu starten. Gefahren wird jeweils Halfpipe, Duel (Parallelslalom) und GS. Direkt qualifiziert sind die aktuell besten acht Frauen und die besten 16 Männer der jeweiligen Rangliste.

Die **World Series** (WS), bestehend aus jeweils sieben Rennen in Europa, Japan und Nordamerika, ist das Herzstück der internationalen Wettkampfszene.

Mindestens zwei der drei Disziplinen Halfpipe, GS und Duel (Parallelslalom) müssen bei jeder Veranstaltung angeboten werden, es gibt Preisgeld zu verdienen und jede Menge Ranglistenpunkte. Startberechtigt sind die besten 32 Frauen und die besten 64 Männer der jeweiligen Rangliste, zusätzlich werden aber auch in der WS Wildcards vergeben.

Seit der Saison 1996/97 neu in der World Series ist der Boarder Cross, der mit mehreren eigenen Events vertreten ist.

Die Ergebnisse aller Events gehen in die ISF *World Ranking List* ein (vergleichbar mit der ATP-Tennis-Weltrangliste). Nach dem letzten Rennen wird abgerechnet, und es ergibt sich dann, wer die ISF World Tour in den einzelnen Disziplinen und in der Gesamtwertung gewonnen hat.

Seit 1993 gibt es auch die Wertung des **Rookie of the Year**.

Geehrt wird derjenige, der in der ISF World Ranking List die meisten Plätze nach oben geklettert ist. Da Weltranglistenpunkte auch schon bei nationalen Rennen vergeben werden, sind bei dieser Wertung die Chancen gerade für junge Nachwuchsfahrer groß.

16.3 ISF Invitationals

Die *Invitationals* sind die perfekte Verbindung aus Sport und Show. Internationale Topathleten werden persönlich eingeladen, um meist an ungewöhnlichen Orten ihr Können zu zeigen. Zum Beispiel bei den **ISF In-City-Events** (ICY) wird der Sport in die Stadt geholt. Ziel eines solchen Happenings ist es, so spektakulär wie möglich für das Snowboarding zu werben. Der jährliche Höhepunkt ist der **Air & Stylo Contest** in Innsbruck, wo jedesmal mehr als 20 000 Zuschauer gigantische Sprünge bei Flutlicht und guter Musik erleben.

ISF X-Treme (XTM) Contests gehören auch zu den Invitationals. In Alaska erfunden, fand ein solcher Event 1996 auch in Verbier (Schweiz) statt. Dort wurde mit viel Aufwand erstmals ein Wettbewerb im Freeriding (siehe Seite 139) veranstaltet. Der Boarder Cross, *High Speed Banked Slalom Contests* und *Big Air Contests* gehören ebenfalls zu den ISF Invitationals.

16.4 ISF Nations' Tour

Die ISF Nations' Tour bildet die Basis für den gesamten Wettkampfzirkus des Snowboardsports. In Verantwortung der nationalen Verbände werden Rennen ausgetragen, die gerade für den Nachwuchs wichtig sind, um Wettkampferfahrung zu sammeln. Das fängt bei Events auf unterster Vereinsebene an und geht bis zu den **Continental Opens**. Auf diesen Rennen sind diverse Topfahrer vertreten, und es gibt Ranglistenpunkte zu ergattern, aber das Entscheidende ist, daß hier die »jungen Wilden« gegen die vermeintlich Besseren antreten können.

In Deutschland veranstaltet die **ISF Germany** speziell für den Nachwuchs den **Jugend-Masters-Cup**. Unter der Leitung des Verbandes werden Wettbewerbe (jeweils im Parallelsalom/GS und Obstacle) von Vereinen organisiert. Jeder ist teilnahmeberechtigt. Vereins- oder Verbandszugehörigkeit ist nicht erforderlich. Die 50 Besten in jeder Disziplin dieser Serie dürfen dann am Finale teilnehmen, das im Rahmen der **Deutschen Snowboardmeisterschaft** stattfindet.

Für alle anderen Wettkampfserien benötigen die Teilnehmer eine Rennlizenz (*Rider's Licence* oder *Competitor Card*) der ISF Germany. Man bekommt sie gegen eine Gebühr über die Snowboard-Vereine oder direkt beim Verband.

Die nächsthöhere Ebene im Rennzirkus sind die **Landesmeisterschaften** in den verschiedenen Regionen Deutschlands. Bei diesen Veranstaltungen werden mindestens ein Alpin- und ein Freestylewettbewerb ausgetragen, und es gibt auch schon Punkte für die deutsche Rangliste zu ergattern.

Weitere Rennen für den Nachwuchs finden im Rahmen des sogenannten **Regio-Cup** statt (fünf Events und ein Finale). Die Regio-Cups sind gleichzeitig Qualifikationsgrundlage für die bedeutendste Serie auf nationaler Ebene, den **Deutschland-Cup**. Vier Events und das große Finale gehören zum Deutschland-Cup, wobei im Finale auch gleichzeitig die Deutschen Meister der einzelnen Disziplinen ermittelt werden. In den Cup-Rennen können bei den alpinen Wettbewerben maximal 250 Teilnehmer an den Start gehen, im Freestylebereich sind es höchstens 150 Aktive. Startberechtigt sind diejenigen, die bereits im Vorjahr in den Regio-Cups oder bei anderen Veranstaltungen genügend Qualifikationspunkte gesammelt haben. Aus den Resultaten in den einzelnen Events des Deutschland-Cups ergibt sich dann vielleicht die Startberechtigung für das Finale. Wer dort gewinnt, darf sich Deutscher Meister nennen.

In der Schweiz organisieren die Clubs und Schulen unter der Regie der **Swiss Snowboard Association** (SSBA) in den Regionen West-, Mittel-, und Ostschweiz Rennen unter dem Titel **SSBA Regio Cup**. Diese Veranstaltungen sind offen für alle Interessierten. Je nach den Möglichkeiten der Ausrichter werden die alpinen Disziplinen, Halfpipe, Obstacle Course und Boarder Cross angeboten. Jugendliche bis zum Alter von 16 Jahren können sich bei den SSBA Regio Cups für die **Schweizer Jugendmeisterschaft** qualifizieren.

Ähnlich wie in Deutschland können auch in der Schweiz ambitionierte Rennfahrer eine Lizenz bei der SSBA erwerben. Diese Lizenz ist Voraussetzung für die Teilnahme am **Swiss Cup**, einer Rennserie im Alpin- und Freestylebereich. Topfahrer des Swisscup und die Schweizer Athleten der ISF World Tour bilden gemeinsam das Teilnehmerfeld für die jährlich ausgetragene **Schweizer Meisterschaft**.

In Österreich sind die Organisationsstrukturen der Rennen ähnlich. Die der **Austrian Snowboard Association** (ASA) angeschlossenen Vereine richten Veranstaltungen ohne Teilnahmebeschränkungen aus – die **ASA Landes Cups** und die **ASA Regio Cups**. Die nationale Rennserie firmiert unter dem Namen **ASA Austria Cup**. Bei diesen Events dürfen auch nur lizenzierte Fahrer starten, eine Qualifikation für die ISF World Tour ist ebenfalls möglich. Den krönenden Abschluß des ASA Austria Cups bildet die **Österreichische Meisterschaft.**

16.5 FIS Snowboard World Cup

Seit 1994 veranstaltet auch die **Fédération Internationale de Ski** (FIS) eine eigene Wettkampfserie. Es gibt nationale und internationale Rennen in der Verantwortung der nationalen Skiverbände, es gehen dort allerdings nur weniger erfahrene Snowboarder an den Start. Die Topathleten unserer Sportart nehmen ausschließlich an den Veranstaltungen des ISF teil.

17 SNOWBOARD- ORGANISATIONEN

Snowboarden und »Vereinsmeierei« – das kann nicht zusammenpassen, sollte man meinen. Snowboarden ist Lifestyle, voll im Trend gerade bei jungen Leuten. Die wirklich ungezwungene, spaßbetonte Form des Wintersports – und dann Vereine, Verbände und international gültige Reglements? Was sich wie ein Widerspruch anhört, ist bei den Snowboardern kein Problem. Wie in keiner anderen Sportart ist es beim Snowboarden gelungen, Lifestyle und Spaß mit professioneller Organisation zu verbinden. Anders wäre die rasante Entwicklung der Sportart seit Anfang der achtziger Jahre auch gar nicht möglich gewesen.

Organisation und Lifestyle müssen sich nicht widersprechen

Ein paar snowboardende Idealisten haben es geschafft, die Sportart nach

Die Freiheit, die Sonne,
den Schnee genießen!

weltweit einheitlichen Gesichtspunkten zu koordinieren. Unter dem Dach der **International Snowboard Federation** (ISF) arbeiten Vereine und Verbände überall auf dem Globus mit dem Ziel, den Aktiven optimale Bedingungen zu bieten, ob im Renn- oder Freizeitsport.

Die Aufgabenschwerpunkte liegen in den Bereichen Nachwuchsarbeit, Rennsport, Ausbildungswesen und Öffentlichkeitsarbeit.

Keine Veranstaltung findet statt, ohne daß sich im Hintergrund diverse »gute Geister« um die Organisation kümmern. Vom Kurssetzen über die Zeitnahme, vom Besorgen verbilligter Liftkarten bis zum Shapen der Halfpipe und dem Aufhängen der Hinweisschilder – es gibt verdammt viel zu tun.

So verschieden die Aufgaben der Leute im Hintergrund auch sein mögen, es gibt immer eine Gemeinsamkeit, und das ist das Motto:

☞ **Von Snowboardern für Snowboarder**

Dieses Motto ist einfach und dennoch bedeutsam. Denn beim Snowboarden kommen die »Funktionäre« allesamt aus der Sportart. Sie wissen, worüber sie reden. Zudem sind an jeder Entscheidung alle Bereiche der Sportart beteiligt: die Vereine, das Schulungswesen, die Wintersportindustrie und vor allem die Aktiven.

Durch diese Art der Organisation ist gewährleistet, daß für die Snowboarder entschieden wird und nicht über sie. Gerade für eine junge Sportart ist es wichtig, aktuell auf Trends und neue Ideen reagieren zu können. Fast in jeder Saison gibt es Veränderungen in der Wettkampforganisation, um die

Rennen snowboardspezifischer zu machen. Nur so ist sicherzustellen, daß die Sportart ihre Flexibilität, Frische und Dynamik behält und sich an den Bedürfnissen der Aktiven orientiert.

Schon in den wenigen Jahren ihres Bestehens hat sich gezeigt, daß die »Snowboard-Philosophie« kaputtgehen würde, würde man die Sportart in festgefahrene Organisationsstrukturen zwingen, wie sie beispielsweise im Weltskiverband vorherrschen.

In der Selbstverwaltung der Snowboarder wird besonders viel Wert auf die Nachwuchsarbeit und das Schulungswesen gelegt. So wurden in den letzten Jahren allgemeingültige Snowboard-Lehrpläne geschrieben, nach denen jede Snowboardschule arbeitet. Snowboardlehrer werden ausgebildet und regelmäßig weitergebildet, um in den Wintersportgebieten fachlich fundierte Kurse anbieten zu können.

Wenn Sie Ihre ersten Erfahrungen in einer den Verbänden angeschlossenen Snowboardschule sammeln, dann können Sie sicher sein, nach den neuesten Erkenntnissen angeleitet zu werden. Gerade der Nachwuchs ist dort bestens aufgehoben. Natürlich wird auch in den Clubs und Vereinen viel für die jungen Snowboarder getan. Günstige Wochenendfahrten, Camps, Ferienlager und Kinderrennen gibt es allerorten – immer mit kompetenter Betreuung.

Organisationsstruktur

Um möglichst viele Snowboarder aktiv an den Entscheidungen über die Zukunft der Sportart beteiligen zu können, gibt es diverse Vereinigungen und Verbände.

An der Basis arbeiten die Vereine. Es

gibt reine Snowboardclubs, aber auch Snowboardabteilungen in Sportvereinen. Dort werden Rennen ausgerichtet, Reisen veranstaltet, und einzelne Clubmitglieder lassen sich zu Snowboardlehrern ausbilden, um ihr Wissen dann an die anderen weiterzugeben.

Die Clubs selbst sind wiederum den nationalen Verbänden angeschlossen, zum Beispiel der **Austrian Snowboard Association** (ASA), der **Swiss Snowboard Association** (SSBA) oder dem deutschen Verband, der **ISF Germany**. Hier kümmert man sich in erster Linie um die Aus- und Fortbildung von Snowboardlehrern und Kampfrichtern sowie um die Organisation und die Durchführung der verschiedenen nationalen Rennserien. Die ISF Germany versteht sich jedoch nicht als Dach der deutschen Snowboarder, sondern als Dienstleistungs- und Koordinationsstelle, die sich in vier Bereiche untergliedert. Da ist zum einen die **German Competitor Association** (GCA). Deren Ziel ist es, die Interessen der Fahrer gegenüber anderen Verbänden und Rennveranstaltern zu vertreten. Über die GCA können ambitionierte Fahrer

die *Rider's Licence*, die »Rennfahrerlizenz«, erwerben (hier und da auch noch *Competitor Card* genannt).

Die Bereiche Ausbildung und Nachwuchsförderung der ISF Germany arbeiten eigenständig. Die Snowboardlehrerausbildung findet in enger Kooperation mit dem **Deutschen Ski- und Snowboardlehrer Verband** (DSLV) statt. Für die Clubs werden spezielle, kostengünstigere Ausbildungen angeboten. Auch die Durchführung preiswerter Trainingscamps für den Nachwuchs gehören zum Aufgabenfeld.

Die direkte Interessensvertretung der Clubs in der ISF Germany ist die **German Association of Snowboarders** (GAS), die sich in erster Linie um organisatorische und verbandspolitische Fragen kümmert.

Als vierter Bereich ist auch die Snowboard-Industrie in der ISF Germany vertreten.

Weltweit gibt es mehr als 40 Nationalverbände, die allesamt unter dem Dach der **International Snowboard Federation** (ISF, mit Sitz in Innsbruck) zusamengeschlossen sind. Die ISF als die einzige weltweite Vertretung aller

Der absolute Zuschauermagnet: Das Finale in der Halfpipe.

Kopfüber ins Vergnügen: Beim Snowboarden ist alles möglich.

Snowboarder steht auf vier Säulen. Zum einen ist dies die **Pro Snowboarder Association** (PSA), die Vereinigung der internationalen Wettkämpfer. Die Vertretung der nationalen Verbände, die **ISF Nations**, bildet die zweite Säule. (Speziell in Europa haben sich die nationalen Organisationen zur **International Snowboard Association** (ISA) zusammengefunden.)

Zusätzlich gehört die Vereinigung der snowboardorientierten Wintersportorte, die **International Snowboard Resort Association** (ISRA), genauso zum Weltverband wie die Industrie, vertreten durch die **Snowboard Industry Federation** (SIF).

Auf dieser höchsten Ebene findet die Koordination der internationalen Rennserien statt, es werden die umfassenden Regelwerke vorbereitet und Promotionaktivitäten konzipiert. Auch die Zusammenarbeit mit den Medien, insbesondere mit dem Fernsehen, gehört zu den Aufgaben der ISF.

Anfang der neunziger Jahre bemühte sich die ISF massiv darum, auch das Internationale Olympische Komitee (IOC) für die Sportart Snowboarden zu interessieren. Am 5. Dezember 1995 war es geschafft, das IOC beschloß, Snowboarden mit den Disziplinen Riesenslalom und Halfpipe bei den Olympischen Spielen 1998 in Nagano (Japan) in das olympische Programm aufzunehmen.

Nachdem der **Internationale Skiverband** (FIS) und seine nationalen Verbände, wie zum Beispiel der **Deutsche Skiverband**, dem Snowboarden lange Zeit äußerst ablehnend gegenüberstanden, hat sich dort die Meinung 1994 radikal geändert. Grund für die plötzliche Hinwendung zu den Snowboardern dürfte nicht zuletzt die ständig sinkende Zahl der verkauften Ski und der Attraktivitätsverlust der Sportart Skifahren weltweit sein. In den Skischulen werden mehr und mehr Snowboardkurse angeboten, und die FIS versucht mit allen Mitteln, auch im Snowboarding Fuß zu fassen.

Dabei unterstützt die FIS allerdings nicht den Weltsnowboardverband ISF, sondern beansprucht für sich selbst das

Recht, auch die Snowboarder zu vertreten. Snowboarding soll nach Meinung der FIS neben dem alpinen Skisport, dem nordischen Skisport, Freestyle-Skiing, Speed-Skiing und Telemark eine weitere Skidisziplin im Weltskiverband sein und sich an den gegebenen Organisationsstrukturen der FIS orientieren. Entsprechend gibt es bereits eigene FIS-Rennveranstaltungen auf nationaler und internationaler Ebene.

Nachdem die ISF in jahrelanger Aufbauarbeit das Snowboarden von der Modeerscheinung zur akzeptierten Sportart gemacht hat, setzt sich die FIS nun ins »gemachte Nest« und versucht, die Faszination der olympischen Sportart Snowboarding für sich zu nutzen.

Für Außenstehende ist die Situation im Winter 1996/97 nur schwer zu durchschauen und gerade in Bezug auf die Medien auch alles andere als hilfreich. Da gibt es die ISF, die seit Jahren erfolgreich ihre World Tour veranstaltet, bei der die weltweit besten Aktiven am Start sind, ausnahmslos unterstützt von der Industrie. Parallel dazu veranstaltet aber auch die FIS einen Weltcup, dort starten allerdings nur wenig bekannte Nachwuchsfahrer. Die wenigen Halfpipe-Events sind von der Qualität her als zweitklassig einzuschätzen.

Im Sinne der Weiterentwicklung unserer Sportart wäre es sinnvoll, wenn die FIS noch vor den olympischen Spielen 1998 die ISF als Vertretung *aller* Snowboarder weltweit anerkennen würde.

Wenn Sie weitere Informationen über die Verbände suchen, Anschriften von Snowboardvereinen brauchen oder wenn Sie selbst irgendwo Mitglied werden wollen, dann wenden Sie sich einfach direkt an einen der Snowboardverbände in Deutschland, Österreich oder in der Schweiz. Dort hilft man Ihnen gerne weiter.

ISF Germany
Zitzelsbergerstraße 3
D-81476 München
Telefon (intern. Vorwahl: 0049):
0 89/74 55 73 20
Fax: 0 89/7 45 99 50

ASA
Austrian Snowboard Association
Leopoldstraße 4
A-6020 Innsbruck
Telefon (intern. Vorwahl: 0043):
05 12/56 56 75
Fax: 05 12/56 56 76 23

SSBA
Swiss Snowboard Association
Postfach 371
CH-8029 Zürich
Telefon (intern. Vorwahl: 0041):
01/3 38 50 70
Fax: 01/3 38 50 75

ISF
International Snowboard Federation
Pradler Straße 21
A-6020 Innsbruck
Telefon (intern. Vorwahl: 0043):
05 12/34 28 34
Fax: 05 12/34 28 34 29

Fédération
Internationale de Ski
CH-3653 Oberhofen
Telefon (intern. Vorwahl: 0041):
0 33/44 61 61
Fax: 0 33/43 53 53

18 GESCHICHTE

18.1 Die Ursprünge

Der Erfolg hat immer viele Väter. Kein Wunder also, daß im Mutterland des Snowboards, den USA, einige Leute für sich in Anspruch nehmen, die Pioniere gewesen zu sein. Wenn man in alten Aufzeichnungen und vereinzelten Presseberichten aus Amerika herumstöbert, dann wird zumindest eines deutlich: Es sind kaum mehr als 30 Jahre, die das Snowboard auf den Hängen unterwegs ist.

1929 soll zwar schon ein gewisser Jack Burtchett auf einem länglichen Stück Holz mit Halteleine Rutschversuche gemacht haben, die wirkliche »Gleitzeit« begann aber erst 1965.

In Michigan lebte damals ein Wellenreitfreak namens Sherman Poppen, der mit seiner Idee den Grundstein für eine neue Sportart legte.

Jetzt dürfen sie überall herumfliegen. Ende der siebziger Jahre wurde Tom Sims noch von der Polizei aus einem Skigebiet vertrieben.

Poppen wollte eigentlich nur ein sportliches Spielzeug für seine Kinder bauen. In der Garage seines Hauses in Muskegon tüftelte er zuerst mit zwei parallel aneinandergeschraubten Ski. Irgendwann kam ihm dann der Einfall, daß man mit einem Wasserski eigentlich auch im Schnee surfen könnte. Der Wasserski bekam eine Halteleine an die Schaufel, und ab ging es in die Berge. Mit Wellenreiten hatte das Ganze zwar nur wenig zu tun, aber diese Form des Gleitens hatte für Poppen ihren eigenen Reiz.

Zur damaligen Zeit war das vielleicht keine vollkommen neue Idee, aber Poppen war es, der es dank seiner unerschütterlichen Überzeugungskraft schaffte, einen Produzenten für sein Sportgerät zu finden.

Bei den amerikanischen Skiproduzenten erntete Poppen nur mitleidiges Lächeln für seinen umgebauten Wasserski, bei einem Bowlingkugel-Hersteller dagegen wurde er erhört: »Brunswick Sporting Goods Co.« ließ sich für seine Idee begeistern.

18.2 Der Snurfer

Das Ur-Snowboard war geboren und wurde auf den Namen »Snurfer« getauft. Quasi über Nacht entstand eine neue Sportart – die Synthese aus Wellenreiten und Skifahren. Poppen lieferte die Idee, Brunswick das Know-how. Und so sah der »Snurfer« aus: ein Plastikbrett, vorne aufgebogen, 120 Zentimeter lang und mit einer an der Schaufel fixierten Halteleine versehen, die man in der vorderen Hand hielt. Ansonsten war der Gleiter »nackt«: keine Bindungen, keine richtungsstabili-

sierenden Finnen, keine Stahlkanten. Im Tiefschnee funktionierte der Snurfer einigermaßen, auf der Piste dagegen war er nicht zu beherrschen – der führungslose Frühgleiter rutschte unkontrollierbar ab, und die Füße fanden ohne Schlaufen beziehungsweise Bindungen keinen Halt auf dem Board, Stürze waren die Konsequenz. Und dennoch, der Preis garantierte den Erfolg: für ganze 15 Dollar war das Plastikbrett zu haben. Der »Snurfer« wurde zum Verkaufsschlager, mehrere hunderttausend Geräte gingen über amerikanische Ladentische. Da der Snurfer für die Skipisten untauglich war, konnte er jedoch nie das Negativ-Image eines billigen Spielzeugs ablegen.

18.3 Die Väter des Snowboards

Sherman Poppen hatte die Vorarbeit geleistet, die eigentlichen Wegbereiter des Snowboarding wurden aber andere. Zum Beispiel Jake Burton Carpenter. Der Schüler aus Vermont an der Ostküste der USA hatte natürlich auch einen Snurfer. Am 18. Februar 1968 reiste er mit seinem Plastikbrett nach Blockhouse Hill, einem Waldgebiet im US-Bundesstaat Michigan, um dort an einem der ersten Snowboardrennen der Geschichte teilzunehmen (am Start waren allerdings nur Snurfer). Das Rennen war jedoch Nebensache, denn die Snurf-Freaks von damals nutzten das Happening im Schnee, um über Verbesserungen des Snurfers zu diskutieren. Jake Burton Carpenter wurde klar, daß man einen festen Stand auf dem Brett brauchte, um auch bei Schwüngen »an Bord« bleiben zu können.

Eine umgebaute Wasserskibindung war die erste Lösung. Die Füße konnten damit einigermaßen auf dem Snurfer fixiert werden, längere Abfahrten wurden möglich.

Der geschäftstüchtige Jake tüftelte weiter, entwickelte verstellbare Fußschlaufen und konstruierte das erste Board aus Holz. Beseelt von dem Gedanken, ein eigenes Wintersportgerät auf den Markt zu bringen, gründete er 1977 in einem besseren Bretterschuppen in Londonderry (Vermont) die Firma »Burton Snowboards«. Das erste serienreife Board, das seine *one man factory* verließ, war der »Backhill«. Noch ohne Stahlkanten, aber mit einem flexiblen Holzkern und aufgeschraubten Fußschlaufen, hatte das handgefertigte Gerät schon viel Ähnlichkeit mit den Boards von heute.

Neben Burton gab es aber auch noch andere, die ahnten, daß das unbeschwerte Surfen im Schnee dem Wintersport eine neue Dimension geben könnte, zumindest aber eine spaßbetonte Alternative zum Skifahren sein würde. So nimmt beispielsweise Tom Sims für sich in Anspruch, schon 1963 mit einem skateboardähnlichen Gefährt im Schnee unterwegs gewesen zu sein. Der Skateboard-Weltmeister der siebziger Jahre übertrug seine Erfahrungen aus dem Rollbrettbau in die Konstruktion der ersten Snowboards, sein Freund und Kollege Chuck Barfoot steuerte das Know-how über Wellenreitbretter bei. Zusammen *shapeten* sie Holzkonstruktionen und entwickelten erste Schalenbindungen. Anfang der achtziger Jahre trennten sich ihre Wege, und Chuck Barfoot brachte unter seinem Namen eigene Planken auf den nur Insidern bekannten Markt.

Ein anderer Pionier kam ebenfalls aus dem Lager der Wellenreiter: Dimitrije Milovich. Anfang der siebziger Jahre meldete er sein erstes Patent auf Kunststoffboards an, die unter dem Namen »Wintersticks« firmierten und als Heckform den revolutionären Schwalbenschwanz (*Swallowtail*) präsentierten. Milovich soll auch der erste gewesen sein, der P-Tex-Laufflächen aus dem Skibau verwendete und seine Boards mit Stahlkanten versah. Seine Bretter waren allerdings so aufwendig konstruiert, daß sie fast niemand bezahlen konnte. Zwangsläufig verschwand Milovich wieder von der winterlichen Bildfläche.

18.4 Die jungen Wilden

Zum Kreis der »Frühgleiter« ist auch noch das »Skiboard« zu zählen, eine der Skitechnologie abgeschaute Konstruktion, die sich Bob Webber 1972 patentieren ließ.

All die Konstrukteure der ersten Stunden hatten eines gemeinsam: Sie waren Tüftler, die neuen Schwung in den Wintersport bringen wollten. Sie wollten die dynamischen Bewegungen aus dem Wellenreiten und Skateboarden in den Schnee übertragen. Ihr Problem war allerdings, daß es noch keinen richtigen Markt für ihre Planken gab. Snowboarden war ein Sport für Freaks, für Insider – in den Skigebieten war das Board tabu. Fremdenverkehrsmanager in den USA befürchteten eine Gefährdung der Skifahrer durch die jungen Wilden, Liftbetreiber und Behörden stellten sich taub, wenn es darum ging, Snowboarder als Liftkunden zu akzeptieren.

Vom Skiboard und den ersten Eigenbauten zum Hightech-Board:
Boardkonstruktionen aus der privaten Sammlung von Tommy Delago.

Für den Gleitgenuß mußte man deshalb schwitzen. »Hiking« hieß das erzwungene Zauberwort der Anfangsjahre. Man schnallte sich das Board auf den Rücken und wanderte die Berge hinauf, um dann irgendwo einen geeigneten Hang zu finden. Im ungespurten Schnee wurde dann versucht, das Board beherrschen zu lernen.

Um trotz der Verbote in den Genuß zu kommen, auch mal auf einer richtigen Piste zu boarden, kamen die Freaks daher nachts in die Skigebiete, um zu trainieren. Zum Beispiel auch ins Ski Cooper Resort von Leadville im US-Bundesstaat Colorado.

Nach stundenlangen Diskussionen mit den Liftbesitzern wurden die Snowboarder dort dann versuchsweise zugelassen. Im April 1981 ging in Ski Cooper ein erstes Snowboardrennen über die Bühne – argwöhnisch beobachtet von den allmächtigen Managern des Skitourismus. Aber es gab nichts zu beanstanden, am Ende waren alle zufrieden. Die kleine Skistation war ins Gespräch gekommen und das Snowboard endlich offiziell auf die Skipiste gerutscht. 1982 organisierte ein gewisser Paul Graves die ersten US-Snowboardmeisterschaften in der Suicide Six Ski Area von Woodstock im Bundesstaat Vermont. Slalom und Downhill wurden ausgetragen, das Fernsehen berichtete landesweit.

Nach diesem Erfolg kam die Szene

richtig in Schwung. Die Zahl der Hersteller wuchs, die Medien wurden langsam aufmerksam, und die Bretter hatten mit Skibelägen, Finnen und funktionellen Softbindungen einen hohen Standard erreicht. Wenn die Verkaufszahlen auch noch verschwindend gering waren – Jake Burton hielt an seiner Vision einer großen Zukunft für das Snowboard fest. Er stellte ein Demonstrationsteam zusammen, tourte mit Cracks wie Mark Heingartner durch die USA und schaffte es, das öffentliche Interesse für die neue Sportart zu wecken.

18.5 Der Durchbruch in Europa

Anfang der achtziger Jahre begann das Snowboard seinen Siegeszug auch in Europa. In der Schweiz war es José Fernandes, der damalige Skateboard-Landesmeister, der bereits 1979 einen Snurfer von seiner Kalifornienreise mitgebracht hatte. Der Snurfer und einige Fotos aus amerikanischen Skateboard-Magazinen waren für ihn die Vorlage für diverse Eigenbauten. Fernandes war es auch, der nicht eine Softbindung verwendete, sondern eine Tourenbindung umbaute und dadurch Skistiefel zum Snowboarden benutzen konnte. Damit legte er den Grundstein für den »alpinen« Bereich der Sportart. In Frankreich ließen sich junge Wellenreiter vom Film »Apocalypse Snow« inspirieren und gingen ebenfalls selbst in die Bastelwerkstatt, genauso wie in Deutschland und Österreich. Unabhängig voneinander versuchten überall in Europa einzelne Wintersportfreaks, die spärlichen Informationen aus den USA für eigene Konstruktionen zu nut-

zen. Genaue Vorstellungen hatte niemand, und entsprechend abenteuerlich sahen die Bretter dann auch aus. Vom Wasserski mit Sandpapier-Standfläche und Gurtbindungen aus Fahrradschläuchen über die Holzkonstruktion ohne Taillierung, aber mit gigantischen Aluminiumfinnen bis zum Board mit einem knapp 50 Zentimeter langen Schwalbenschwanz *(Swallowtail)* – der Kreativität und dem Enthusiasmus der Tüftler waren keine Grenzen gesetzt.

Die ersten Prototypen waren in aller Regel praktisch unfahrbar, aber niemand ließ sich dadurch entmutigen, ständig entstanden neue Bretter und neue Ideen. Auch bei den Bindungen. In Hamburg schworen wir 1985 auf Fußschlaufen von Windsurfboards. Die *High-Backs* bestanden damals aus aufgesägten Kunststoff-Abflußrohren, und die brachen grundsätzlich, wenn wir bei Minusgraden in den Alpen auf Testfahrt gehen wollten. Einige völlig Abgedrehte trugen sogar Windsurfstiefel. Neben blauen Flecken trug man auch erfrorene Füße davon.

Wenn man in den Bergen das Glück hatte, samt Board bis ins Skigebiet vorgedrungen zu sein, dann traf man garantiert irgendwo einen »Leidensgenossen«, und schon war man mitten in einer intensiven Diskussion über den aktuellen Stand der »Technologie«.

Jake Burtons Adresse in Vermont wurde damals gehandelt wie eine Zauberformel, denn bei ihm konnte man per Brief die ersten vernünftigen Softbindungen bestellen, und damit ging es richtig los. Selbst unsere Eigenbauten konnten dank Burton-Bindung auf die Kante gezwungen werden – die Voraussetzung für kontrolliertes Kurvenfahren war geschaffen.

18.6 Die Wettkampfszene

Das erste serienmäßig in Europa produzierte Board kam 1983 auf den Markt, der »Flash« von Hooger Booger. José Fernandes wurde damals zur europäischen Kultfigur des Snowboardens. Er carvte am besten und wagte sich 1986 als erster mit einem asymmetrischen Board auf einen großen Wettbewerb nach Breckenridge in die USA. Er fuhr dort erfolgreich. Die Amerikaner staunten nicht schlecht über die Konstruktionsideen aus Europa, und schon ein Jahr später kamen die Stars der US-Szene ins Snowboard-Entwicklungsgebiet Europa, um an den ersten wirklich internationalen **Weltmeisterschaften** in St. Moritz und Livigno teilzunehmen. 1983 hatte es zwar schon eine erste WM in den USA gegeben, von der Beteiligung her war es aber eine ausschließlich amerikanische Meisterschaft.

In den Disziplinen hatte es bereits eine Differenzierung gegeben: Man fuhr Slalom, Super-G und Halfpipe. Im Freestylebereich waren die Amerikaner absolut überlegen, im alpinen konnten die Europäer locker mithalten.

Neben José Fernandes waren seine Freundin Eveline Wirth (Schweiz), Petra (Milka) Müssig und Tommy Delago aus Oberammergau sowie Peter Bauer vom Schliersee die Stars der Szene. Sie schafften es, den Profis aus den USA wie Craig Kelly, Shaun Palmer, Terry Kidwell oder Bert Lamar zumindest in Slalom und Super-G den Schneid abzukaufen. Petra Müssig gilt noch heute als die erfolgreichste Snowboarderin der Welt.

Eine **Worldcup-Serie** war ins Leben gerufen worden, mit Rennen in den USA und in den Alpen. Wenn es auch schon die ersten Spezialisierungen der Aktiven in das Freestylelager und das Alpinlager gab, bei den Events in den

Die Deutsche Petra (»Milka«) Müssig bei einem der ersten World Cups in Zürs (1988).

Alpen gab es bis zum Winter 1989/90 noch eine Besonderheit: Am Start waren beim Slalom damals nicht nur Snowboards, sondern auch Fuzzy-surfer. Schon 1981 hatten die Gebrü-der Strunk aus Stuttgart den Swingbo entwickelt, ein Zweikufensystem mit er-höhter Standplatte. 1987 brachte Trick-skipapst Fuzzy Garhammer dann als Weiterentwicklung den Fuzzysurfer auf den Markt, und seine Geräte wurden von Leuten wie Tommy Klähn (der spä-ter aber ins Lager der Snowboarder wechselte) und Walter Arthofer selbst im Worldcup der Snowboarder erfolg-reich gefahren. Durchsetzen konnte sich die Zweikufenkonstruktion aber nicht, 1989 war sie zumindest aus dem Wettkampfgeschehen wieder ver-schwunden.

18.7 Medien und Verbände

Was den Snowboardern Mitte der achtziger Jahre fehlte, das war die Ak-zeptanz in den Medien. Informationen über die neue Sportart gab es eigent-lich nur in amerikanischen Spezialma-gazinen. Abhilfe schaffte erstaunlicher-weise eine Zeitschrift aus dem hohen Norden: das Magazin »**Surfen**« vom Jahr Verlag aus Hamburg. Dort er-schien im Winter 1986/87 erstmals ein ausführlicher Bericht über die neu-en Gleiter. Die Resonanz auf diesen Artikel war so groß, daß man sich ent-schloß, in diesem Windsurfmagazin eine regelmäßige Snowboardbeilage zu veröffentlichen. 1988 erschien dann im selben Verlag die erste deutschsprachige Snowboard-Zeit-schrift: »**Snowboard – das Internatio-nale Snowboardmagazin**«.

Um die Rennszene zu organisieren und vor allen Dingen den immer noch schwierigen Zugang zu den Skigebie-ten zu regeln, entstanden die ersten Snowboardverbände. Die Japaner wa-ren weltweit die ersten auf diesem Ge-biet (1983), es folgten in Europa Nor-wegen (1985/86), Österreich (1986), die Schweiz (1987) und Deutschland (1988). Der erste europäische Ver-band, die **Snowboard European Asso-ciation** (SEA), wurde im Frühjahr 1987 aktiv, zur gleichen Zeit gründete sich in den USA die **North American Snow-boarders Association** (NASBA). Aus der 1989 entstandenen **International Snowboard Association** (ISA) entwik-kelte sich im Mai 1991 die **International Snowboard Federation** (ISF). Seit die-sem Zeitpunkt verfügt der Snowboard-sport über einen weltweit agierenden und anerkannten Verband.

Der Rest ist schnell erzählt. Als im Winter 1992/93 in Ischgl die ersten offiziellen Weltmeisterschaften der Ge-schichte stattfinden, ist die junge Sport-art bereits allseits akzeptiert. Da die Werbung und vor allem die Winter-sportmanager erkannt hatten, welch in-novative Kraft im Snowboarden steckt, sind die Gleitbretter seit Anfang der neunziger Jahre überall zugelassen. Mittlerweile gibt es ein fast unüber-schaubar großes Angebot an Brettern, Bindungen und Schuhen. In den Medi-en ist die Sportart zum festen Bestand-teil geworden, und 1998 in Nagano (Japan) kommt das Snowboarden so-gar zu olympischen Ehren. Kurzum, in rund 30 Jahren hat sich aus der Idee ei-niger Surfer und Skater eine Sportart entwickelt, die weltweit anerkannt ist und dem Wintersport eine neue Di-mension eröffnet hat.

19 MIT SICHERHEIT SPASS

Daß Snowboarder alle rücksichts-lose Chaoten seien, diese Ansicht gehört längst der Vergangenheit an. Auch das argwöhnische Beobachten durch das Liftpersonal ist Schnee von gestern. Snowboarder gehören zum gewohnten Bild auf den Pisten, snowboarderfreie Wintersportregionen sind fast nirgends mehr anzutreffen.

*Damit sich Boarder und Skifahrer auf den Pisten verstehen, ist es wichtig, daß beide Gruppen ein paar **Spielregeln** beachten, die ein problemloses Miteinander fördern.*

Skifahrer haben meist ein Problem damit, die Spur eines Snowboarders zu antizipieren, und sie wissen oft nichts über die Snowboard-Fahrtechnik. Viele Zweibrettfahrer erkennen auch nicht, wann ein Schwung eingeleitet wird und wohin er gehen soll, wenn sie keine eigenen Erfahrungen auf dem Snowboard haben.

Fahren im Gelände: Voraussetzung sind alpine Erfahrungen und gute Vorbereitung.

Deshalb: *Als Einbrettfahrer muß man ein genaues Auge auf die Skifahrer werfen, da sie häufig überfordert sind, wenn Snowboarder dicht an ihnen vorbeifahren.*

Also beim Überholen von Skifahrern immer einen genügend großen Sicherheitsabstand einhalten. Auf der Piste sollten Snowboarder möglichst ihren Schwungradius beibehalten und nicht ständig den gesamten Hang von einer Seite zur anderen und wieder zurück queren.

Ein sehr brisantes Thema ist das umweltverträgliche Verhalten von Boardern in Wintersportgebieten. Gerade auf dem Snowboard ist das Tiefschneefahren die absolute Krönung. Zudem ist die Technik sehr einfach zu erlernen. Wesentlich unkomplizierter als beim Skifahren, wodurch sich natürlich viele ins ungespurte Gelände gezogen fühlen.

Aber Vorsicht, nur da, wo das Fahren neben der markierten Piste ausdrücklich erlaubt ist, sollte man sich dem Genuß hingeben.

Fahren abseits der markierten Pisten birgt Gefahren, die man in der Regel ohne ein geschultes Auge nicht erkennen kann (Gletscherspalten, Schneebrettgefahr). Dazu gehört auch, daß die Natur sehr leicht nachhaltig geschädigt wird, ohne daß man dies merkt.

Junge Aufforstungen sind für die Snowboarder genauso wie für Skifahrer absolut tabu. Die Stahlkanten der Boards rasieren kleinere Pflanzen ab und können größere Äste und Stämme so stark anschneiden, daß diese absterben. Büsche und Bäume haben in den Bergen eine wichtige Schutzfunk-

tion vor Lawinen. Also: **Raus aus dem Wald und den Neuanpflanzungen**.

Aber es geht nicht nur um den Schutz der Vegetation, auch die Tierwelt leidet unter dem Verhalten rücksichtsloser Boarder. Bei jeder Fahrt durch den Wald verschreckt man das Wild und stört den Lebensrhythmus der Tiere im Winter.

Bei zu geringer Schneedecke sollte man das Board gar nicht erst anschnallen. Als Faustregel gilt: Erst ab 20 Zentimeter Schnee geht der Spaß los. Bei geringerer Schneehöhe zerstört das Board die empfindlichen Bodenstrukturen.

Also beherzigen Sie diese Tips und nehmen Sie natürlich auch den eigenen Müll wieder mit nach Hause, dann haben mit Sicherheit wir alle länger was vom Snowboarden. *Denn jeder ist mit dafür verantwortlich, daß unsere Wintersportgebiete nicht innerhalb einer kurzen Zeit von ein paar wenigen Touristen »verbraucht« werden, sondern daß die Alpenbewohner im Einklang mit der Natur leben können. Snowboarder, Skifahrer, Gleitschirmflieger, sie alle sind aufgefordert, mitzumachen. Und keine Sorge, es gibt auch in den dafür vorgesehenen Gebieten genügend Tiefschneehänge zum »Powdern«.*

➩ Ratgeber

Verhaltenstips

Die ISF Germany hat in Zusammenarbeit mit dem Verband Deutscher Seilbahnen und Schlepplifte (VDS) und dem TÜV Bayern und Sachsen einen Hinweiskatalog erarbeitet, der unbedingt beachtet werden sollte! Diese

Verhaltensregeln sind an die FIS-Regeln für Skifahrer angelehnt. Diese Tips haben nichts mit dem »erhobenen Zeigefinger« zu tun, sie sind auch nicht als bürgerlich-moralisch einzuordnen, sondern einfach nur sinnvolle Richtlinien – für Snowboarder und Skifahrer.

1. Rücksichtnahme auf andere

Alle Snowboarder müssen sich stets so verhalten, daß sie keinen anderen gefährden oder schädigen.

2. Beherrschung von Fahrweise und Geschwindigkeit

Alle Snowboarder müssen auf Sicht fahren. Sie müssen ihre Geschwindigkeit und Fahrweise ihrem Können und den Gelände-, Schnee- und Witterungsverhältnissen sowie der Verkehrsdichte anpassen.

3. Wahl der Fahrspur

Der von hinten kommende Snowboarder muß seine Fahrspur so wählen, daß der vor ihm Fahrende nicht gefährdet ist, weil sein Gesichtsfeld durch die Seitwärtsstellung eingeschränkt ist.

4. Überholen

Überholt werden darf aus allen Richtungen, aber immer nur mit einem so großen Abstand, daß der Überholte für all seine Bewegungen genügend Raum behält.

5. Einfahren in eine Piste

Alle Snowboarder, die in eine Abfahrt einfahren wollen, müssen sich durch Blick nach oben und unten vergewissern, daß sie dies ohne Gefahr tun können.

6. Anhalten

Alle Snowboarder müssen es vermeiden, sich ohne Not an engen oder unübersichtlichen Stellen einer Abfahrt aufzuhalten. Gestürzte Snowboarder müssen eine solche Stelle schnellstmöglich freimachen.

7. Aufstieg und Abstieg

Alle Snowboarder, die aufsteigen oder zu Fuß absteigen, müssen den Rand der Abfahrt benutzen. Sie können sonst andere gefährden. Zudem beschädigen Fußspuren die Piste.

8. Beachten der Zeichen

Alle Snowboarder müssen die Markierungen und Hinweisschilder beachten. Die Respektierung der Wald- und Wildschutzzonen ist für alle Snowboarder selbstverständlich.

9. Hilfeleistung

Bei Unfällen sind alle Snowboarder zur Hilfeleistung verpflichtet.

10. Ausweispflicht

Alle Snowboarder, ob Zeuge oder Beteiligter, ob verantwortlich oder nicht, müssen im Falle eines Unfalls ihre Personalien angeben.

11. Sicherheit

Die Snowboards müssen mit rutschfesten Unterlagen (Antirutschpad) ausgerüstet und mittels Fangriemen am vorderen Bein des Benutzers festgeschnallt sein.
(Quelle: ISF-Germany)

 Ratgeber

Lawinenkunde

Abseits der präparierten Pisten boarden, in unberührten Tiefschneehängen powdern und ungestört im weißen Puder seine Spur ziehen – das ist Snowboarden pur! Aber wo das weiße

Puder lockt, da lauern auch Lawinen. Lawinengefahr kann man aber weder hören noch sehen noch riechen. Ist eine Lawine losgetreten, besteht kaum eine Chance, ihr zu entkommen, denn die Schneemassen begraben alles unter sich, was sich ihnen in den Weg stellt. Lawinengefahr bedeutet immer Lebensgefahr. Daher sollten markierte Pisten nie gedankenlos und uninformiert verlassen werden, sonst bringt man sich und andere in Gefahr.

Zur Statistik: Von 100 Verschütteten überleben 93 die ersten 15 Minuten. Danach geht die Rate der Opfer rapide hoch. Nach 45 Minuten werden nur 29 Prozent der Verschütteten lebend aus einer Lawine gerettet, nach zwei Stunden sind es nur noch 10 von 100 Menschen. Die höchste Überlebenschance besteht also dann, wenn sofort mit dem Suchvorgang angefangen werden kann. Voraussetzung: Jedes Gruppenmitglied trägt ein **Verschüttetensuchgerät** (VS) und kann auch damit umgehen. Bis die organisierte Bergrettung am Unfallort ist, sind die kostbaren ersten 15 Minuten bereits verstrichen. Die Frage ist also: Wie hält man sich am besten ganz aus solchen Gefahren raus und kann trotzdem Powderspaß haben?

☞ Verbots- und Gebotsschilder beachten!

Lawinen suchen sich häufig Winter für Winter denselben Weg ins Tal. Der Pistendienst, der jahrelang Statistiken über Lawinen der Region führt, kennt diese Stellen und stellt dort entsprechende Warnschilder auf. Diese Schilder gilt es unbedingt zu beachten. Wer

sie umcarvt, bringt sich und im Falle eines Unglücks die Bergungsmannschaften in Gefahr. Andererseits bedeutet diese Beschilderung aber auch nicht, daß andere Stellen, wo keine Warntafeln stehen, absolut lawinensicher sind.

☞ Informationen einholen!

Wer sich ausgiebig informiert, ist nicht nur schlauer danach, er lebt auch sicherer. Bergrettung, Pistendienst oder Skiwacht können fundierte Auskünfte über die aktuelle Lawinengefahr, gefährdete Hänge und anderes für den Snowboarder Interessantes geben. Regionale Telefonauskünfte sind eine weitere Informationsquelle, in der Regel aber nicht so differenziert. Denn häufig haben ortsabhängige Faktoren großen Einfluß auf die Lawinenwahrscheinlichkeit.

Wie lawinengefährdet eine Situation ist, hängt maßgeblich von vier Faktoren ab:
• von der Geländeform,
• vom Wetter,
• von der Schneedecke und
• von der Hangexposition und Steilheit.

Um die Lawinengefahr zu meiden, beachten Sie folgende Punkte:
Bei der Wahl des Geländes sollte man Bergrücken und Kuppen bevorzugen. Großflächige, offene Hänge meiden, auch wenn sie noch so verlockend aussehen. Besonders gefährlich sind auch Mulden und Rinnen. Dies sind die typischen Lawinenwege. Bei starkem Windeinfluß sind Hänge und Rücken allerdings oft freigeblasen und und so kaum befahrbar. Man weicht dadurch

Nicht zur Nachahmung empfohlen:
Nur mit Glück kann sich dieser Snowboarder
noch vor der Lawine in Sicherheit bringen.

die ungenügende Verbindung zur Neuschneedecke. Langanhaltende tiefe Temperaturen konservieren den ungünstigen Aufbau der Schneedecke. Erwärmungen stabilisieren den labilen Schneedeckenaufbau, solange es nicht zu einer Durchfeuchtung kommt. Das bedeutet wiederum erhöhte Lawinengefahr.

Wind führt zu Schneeverfrachtungen, die bestimmte Hänge unberechenbar machen. Bei sehr starkem Wind lagern sich bis zu 90 Prozent des Schnees auf der windabgewandten Seite des Berges ab. Dies gilt auch für Rinnen und Mulden.

Die gefährlichsten Hänge haben eine Neigung zwischen 28 und 45 Grad. Bei geringerer Neigung löst sich der Schnee nicht so schnell, bei steileren Hängen bleiben größere Schneemengen erst gar nicht liegen.

Die Sonneneinstrahlung führt bei sehr trockener Schneeauflage sehr schnell zur Setzung und Stabilisierung der Schneedecke. Hat die Sonneneinstrahlung jedoch eine Durchnässung des Schnees zur Folge gehabt, besteht ebenfalls eine große Gefahr, da sich hier leicht Naßschneelawinen bilden können.

Nordhänge bieten nach langen Schönwetterperioden oft noch guten Pulverschnee. Schönes Wetter tritt meist in Verbindung mit sehr tiefen Nachttemperaturen auf. Durch diese tiefen Temperaturen kommt es zur Bildung von Oberflächenreif. Dieser kann gefährlich werden, wenn es wieder schneit.

Ist die ganze Schneedecke durchfeuchtet, ist der Untergrund ein wichtiger Faktor für die Schneebrettgefahr: Grashänge sind sehr rutschig, auch

häufig unbewußt auf die ungünstigeren Geländeformen (Rinnen und Mulden) aus. In schneearmen Wintern ist der Schnee in den Schattenhängen besonders ungünstig umgewandelt. Genau diese Schattenhänge bieten aber häufig den besten Pulver.

Starker Schneefall auf ungünstigem Untergrund (zum Beispiel eingeschneite Harschschichten oder Oberflächenreif nach langen Schönwetterperioden) birgt große Schneebrettgefahren durch kleine Latschen (eine Kiefernart) können Schneemassen nicht aufhalten.

Wer also eine exakte Einschätzung der Lage vornehmen will, muß sich über diese Faktoren informieren und sie analysieren und beurteilen können.

Schneeprofil

Ein weiterer wichtiger Punkt, um Erkenntnisse über die Schneelage zu gewinnen, ist das Erstellen eines Schneeprofils. Das erfordert allerdings viel Erfahrung. Trotzdem kann es nicht schaden, wenn Tiefschneefans zusammen mit einem Fachmann öfter mal ein Schneeprofil graben, um zu schauen, was unter der Schneeoberfläche liegt. Da schneit es zum Beispiel 35 Zentimeter, in der folgenden Warmwetterperiode sacken diese auf 15 Zentimeter zusammen. Dann erneut ein halber Meter Neuschnee auf den Altschnee, es regnet, darauf folgt Sonnenschein, und dann fällt wieder frischer Schnee. Das wechselnde Wetter läßt ein richtiges Schneesandwich enstehen.

Um zu schauen, wie der Aufbau genau aussieht, gräbt man senkrecht zum Untergrund ein Loch in den Schnee, das die einzelnen Schichten freilegt. Dafür stets eine lawinensichere Stelle suchen, um kein Schneebrett auszulösen. Um die Festigkeit der einzelnen Schichten zu erkennen, benutzt man meist die Fingermethode. Man bohrt mit den Fingern bzw. der ganzen Faust in den Schnee, um die Härte der Schichten festzustellen. Es gilt folgende Regel:

☞ **Je größer der Härteunterschied zwischen zwei Schichten ist, desto höher ist die Lawinengefahr.**

Schichten, bei denen es schwer ist, ein, zwei oder drei Finger reinzubohren, gelten als recht fest. In Eisschichten kann man zum Teil gerade mal mit einer Messerspitze reinstechen. Kann in eine Schicht locker die waagerechte Hand oder gar die Faust reingesteckt werden, hat die Schneeschicht einen sehr lockeren Aufbau. Wer den Schneeprofil-Test gründlich machen möchte, nimmt ein Schneethermometer mit, so daß er die Temperaturunterschiede zwischen den einzelnen Schichten bestimmen kann. Bestehen zwischen den einzelnen Schichten oder der Schneedecken- und der Lufttemperatur starke Unterschiede, weist dies auf eine »aufbauende« Umwandlung der Schneekristalle hin (die Schneekörner werden kompakter, größer und schwerer und sind weniger verästelt).

Extreme Lawinengefahr besteht, wenn sich in der Schneedecke sogenannte Gleit- oder Schwimmschichten gebildet haben. Die Schneekristalle wandeln sich durch die Temperatur und den Druck um, und aus den am Anfang fein verästelten Kristallen werden teils Schneekörner, die wie kleine Kugeln aussehen und wirken. Diese Schichten fungieren für die darüberliegenden Schneemassen wie Rollenlager, auf denen sehr leicht Schneebretter abrutschen können. Das bedeutet: absolute Gefahr – weg von dem Hang. Um genau zu testen, wie leicht der Schnee abrutscht, macht man den »Scherrtest«. Dabei werden die einzelnen Schichten des Profils mit der Schneeschaufel oder dem Board erst abgeschnitten (siehe Foto S. 168) und dann »abgezogen«. Löst sich schon bei leichtem Zug der ganze Schneeblock oder ein großer

Teil, besteht große Lawinengefahr. Ist dagegen der Kraftaufwand sehr groß, um den Schnee herauszuziehen, sieht die Situation besser aus. Viele gute Schneeschaufeln haben einen mechanischen Kraftmesser im Stiel, mit dem die Zugkraft genau bestimmt werden kann.

Inzwischen hat man erkannt, daß der Schneedeckenaufbau ein chaotisches System ist. Ein Schneeprofil oder der Rutschblock bieten zwar sehr interessante Informationen über den Aufbau der Schneedecke, aber sie sind keine absolut sicheren Methoden für die Einzelhangbewertung. Kritiker der Rutschblock- oder Schneeprofilmethode bemängeln, daß diese Methoden lediglich eine punktuelle Analyse der Schneedecke zulassen und nicht eine Beurteilung des ganzen Hanges ermöglichen. Nach ihrer Ansicht kann sich die Struktur der Schneedecke alle paar Meter ändern. Die Kritiker dieser Methoden, zu denen auch der Schweizer Lawinenexperte Werner Munter gehört, versuchen die Lawinengefahr nach Kriterien der Geografie zu bestimmen. Denn Hangneigung und Exposition sind schließlich immer gleich und lassen daher großflächigere Analysen zu.

Viele Bergschulen bieten inzwischen speziell für Snowboarder Lawinenkurse an, in denen erste Grundlagen über Lawinenkunde und Schneeprofilanalyse geschult werden. Wer sich ausgiebig informieren will, dem sei das Buch »Neue Lawinenkunde« von Werner Munter empfohlen.

Als »normalem« Snowboarder bleibt einem eigentlich nur, den verläßlichen Rat der jeweiligen Bergwacht einzuholen und zu befolgen.

In den Alpen gibt es ein allgemeines Kennzeichnungssystem, das die Lawinengefahr charakterisiert.

Europäische Lawinen-Gefahrenskala

Diese Skala unterteilt die Gefahrensituation in fünf Bereiche. Bei den Bereichen vier und fünf besteht extreme Lawinengefahr. Snowboarden abseits der Piste ist dann absolut tabu.

1. Grün = gering
Eine Lawinenauslösung ist allgemein nur bei großer Zusatzbelastung an sehr wenigen, extremen Steilhängen möglich. »Allgemein sichere Tourenverhältnisse.«

2. Gelb = mäßig
Eine Lawinenauslösung ist insbesondere bei großer Zusatzbelastung (die Gefahrenstellen sind im aktuellen Lawinenlagebericht näher beschrieben) vor allem an den angegebenen Steilhängen möglich. »Unter Berücksichtigung lokaler Gefahrenstellen günstige Tourenverhältnisse.«

Anmerkung: *Obwohl Stufe zwei harmlos klingt, haben sich seit der Einführung der fünfstufigen Lawinenskala bei dieser Stufe sehr viele tragische Unfälle ereignet. Das Problem sind die »lokalen Gefahrenstellen«. Hierzu zählen kammnahe, steile und schattenseitige Hänge. Genau jene, die für die Boarder interessant sind, da sich hier viel Pulverschnee sammelt.*

3. Dunkelgelb = erheblich
Eine Lawinenauslösung ist bereits bei geringer Zusatzbelastung vor allem an den angegebenen Steilhängen (geringe Zusatzbelastung: einzelne Ski- oder

*Mit Hilfe eines **Schneeprofils** läßt sich der Schneedeckenaufbau für bestimmte Hänge analysieren.*

Snowboardfahrer; große Zusatzbelastung: Ski- oder Snowboardfahrergruppen ohne Abstand, Lawinensprengungen) möglich. Fallweise sind spontan einige mittlere, vereinzelt aber auch große Lawinen möglich. »Skitouren erfordern lawinenkundliches Beurteilungsvermögen; die Tourenmöglichkeiten sind eingeschränkt.«

4. Orange = groß
Eine Lawinenauslösung ist bereits bei geringer Zusatzbelastung an zahlreichen Steilhängen wahrscheinlich. Fallweise sind spontan viele mittlere, mehrfach auch große Lawinen zu erwarten. »Skitouren erfordern großes lawinenkundliches Beurteilungsvermögen; die Tourenmöglichkeiten sind stark eingeschränkt.«

5. Rot = sehr groß
Zahlreiche große Lawinen, auch in mäßig steilem Gelände, zu erwarten. »Skitouren sind allgemein nicht möglich.«

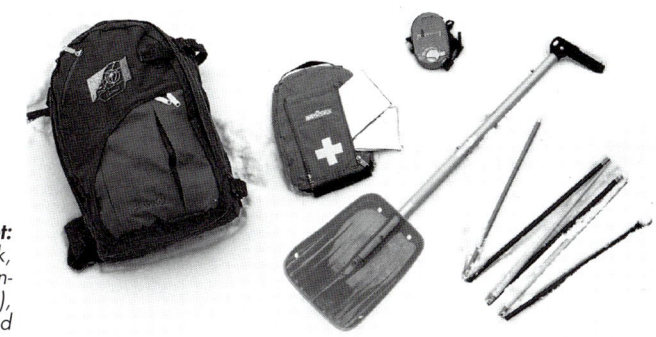

*Das **Lawinenset:***
Rucksack,
Verschütteten-
suchgerät (VS),
Schaufel und
Sonde.

☞ *Verhaltenstips:*
● Grundsätzlich gilt, daß man nie alleine im freien Gelände Snowboard
fährt. Zu zweit oder zu dritt bringt es
erstens mehr Spaß, und außerdem ist
es sicherer. Aber nur mit VS-Geräten
und dem Beherrschen der sofortigen
Kameradensuche!
● Gefahrenstellen sollten tunlichst ein-
zeln befahren werden. In einen breiten Hang, bei dem man sich nicht hun-
dertprozentig sicher ist, fährt immer
nur eine Person ein. Denn: Fast
75 Prozent aller Unfälle passieren
Gruppen, die gemeinsam in einen
Hang reintoben.
● An unsicheren Stellen nicht lange
querfahren. Das lange Queren schnei-
det den ganzen Hang an und kann
die Schneedecke lösen. Große Radien
und sanfte Schwünge belasten die
Scheedecke weniger als kurze
Schwünge. Auch sollte man nicht in
weiten, exponierten Hängen einfach
stehenbleiben, sondern sich immer
eine geschützte Stelle (Felsvorsprung,
Bäume) zum Verschnaufen und Genießen der Landschaft aussuchen.
● Vielbefahrene Hänge sind sicherer
als wenig frequentierte Hänge.

Ein Muß beim ausgedehnten Varian-
tenboarden (also mit dem Lift hoch,
aber abseits von markierten Pisten
abfahren) ist ein Lawinenset. Dazu
gehören Verschüttetensuchgerät (VS
z. B. von Ortovox), Lawinenschaufel,
Sonde (ein langer, teleskopartiger
Stab) und Alu(Rettungs-)decke.

☞ *Was ist zu tun, wenn man von
einer Lawine erfaßt wird?*
● Immer versuchen, schräg vor der
Schneewalze aus dem Lawinenkegel
rauszufahren.
● Ist man erfaßt, die Lawine aber
noch im Fließen, durch Schwimmbe-
wegungen versuchen, an der Oberfläche zu bleiben. Wenn möglich, sich
vom Brett befreien. Das Board wirkt
wie ein Schneeanker und zieht nach
unten.
● Bevor die Lawine zum Stillstand
kommt, eine Kauerstellung einnehmen
und versuchen, vor dem Gesicht mit
den Armen einen großen Luftraum zu
schaffen.
● Ist man tief verschüttet und kein
Tageslicht sichtbar, ist Selbstbefreiung
unmöglich und Rufen zwecklos.

Die größte Chance, einen Verschütteten lebend zu bergen, ist der Einsatz von **Verschüttetensuchgeräten** (VS) und die sofortige Bergung. Denn: 41 Prozent der Verschütteten werden durch andere Mitfahrer geborgen, nur zwölf Prozent durch Rettungsmannschaften, und 47 von Hundert werden nur noch tot aufgefunden. Die VS-Geräte basieren alle auf dem »Senden-Empfangen-Prinzip«. Das heißt, jedes Gerät ist im normalen Betrieb auf Senden eingestellt, auf der Frequenz 457 kHz (genormte Frequenz für alle Geräte). Ist jemand verschüttet, stellen die Sucher ihr VS-Gerät auf Empfang und können durch unterschiedlich sensible Empfangsfeinregulierungen den Ort des Verschütteten aufspüren. Hierzu bedarf es jedoch einiger Übung (werfen Sie mal Ihr Gerät in den Tiefschnee und lassen Sie Ihre Kameraden suchen!) und gezielten strategischen Vorgehens.

Das Suchen sollte immer wieder geübt werden, damit man in einer wirklichen Notsituation nicht in Panik gerät und dadurch Fehler macht. Und die Schaufel nicht vergessen: Mit einer Schaufel gräbt man einen Kubikmeter Schnee etwa fünfmal schneller zur Seite als mit Hilfsmitteln wie Snowboard oder nur mit den Händen.

Bei der Suche zuerst den Verschwindepunkt markieren. Steht nur eine Person für die Verschüttetensuche bereit (oben rechts), wird der primäre Suchbereich im Zickzack sorgfältig und langsam abgesucht. Mehrere Personen gehen das Feld im Abstand von ca. 20 Metern parallel ab.

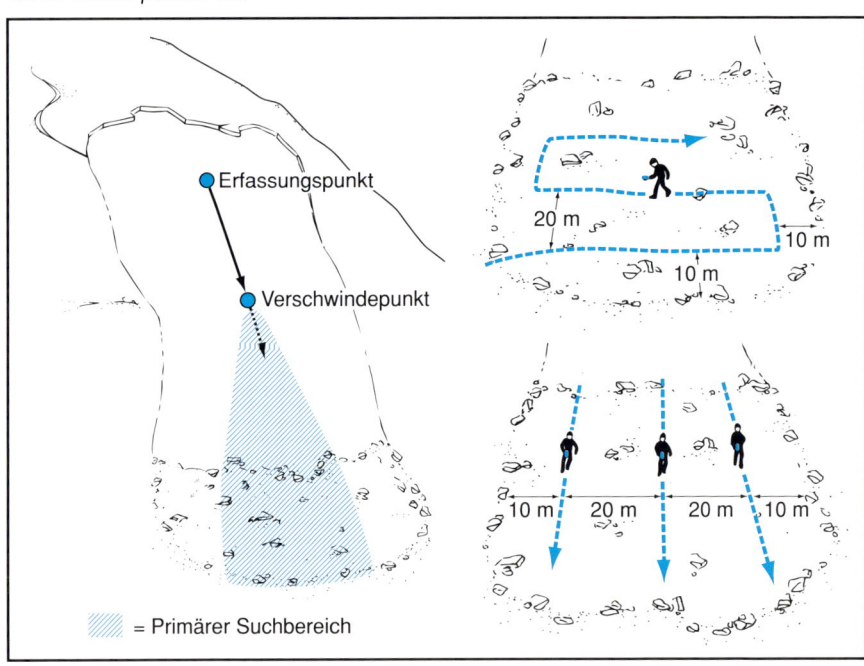

☞ *Was ist beim Suchen eines Verschütteten zu beachten?*
Die Verschüttetensuche läuft nach folgender Einteilung ab:
1. Grobsuche
Eine einzelne Person läuft die Lawine im Zickzack ab, der maximale Abstand beträgt zwischen 20 und 30 Metern zur alten Spur. Stehen mehrere Personen zur Suche bereit, laufen sie das Lawinenfeld parallel ab, der Abstand beträgt 20 bis 30 Meter. Das wird solange wiederholt, bis der Erstempfang vorhanden ist. Dann beginnt die Feinsuche.
2. Feinsuche
Nur eine Person sucht jetzt weiter, die anderen stehen mit der Schaufel parat oder kümmern sich um andere Aufgaben wie Festtreten und Kennzeichnen eines Hubschrauberlandeplatzes oder Herrichten einer warmen und sicheren Lagerstätte für den Verschütteten. Ist der Suchende mit seinem VS-Gerät auf der kleinsten Stufe angelangt (0 bis 2 m), markiert er diese Stelle und beginnt mit der Punktsuche.
3. Punktsuche
Eine Person sucht im Nahbereich (0 bis 2 m) in Kreuzlinien die Stelle ab. Das VS-Gerät dabei senkrecht halten, um eventuelle Störfälle auszuschließen. Ein anderer steht mit der Schaufel parat, um nach genauer Ortung mit dem Graben beginnen zu können.

☞ *Was ist bei der Suche nach Verschütteten noch zu beachten?*
● Den Erfassungspunkt und den Verschwindepunkt genau beobachten. Den Verschwindepunkt sofort markieren.
● Ausrüstungsgegenstände, die gefunden werden, möglichst auffällig

liegen lassen, vorher aber ganz aus dem Schnee ziehen, da der Vermißte vielleicht mit diesen verbunden ist.
● Den Ort des ersten Signalempfangs markieren.
● Sind viele Helfer vor Ort, sofort zwei Personen losschicken, um die Fremdrettung einzuleiten.

☞ *Was ist zu tun, wenn der Verschüttete gefunden wird?*
● Zuerst den Kopf freilegen und mit der Beatmung beginnen.
● Der Verschüttete kühlt am meisten außerhalb des Schnees aus, daher muß man ihn unbedingt mit zusätzlicher Kleidung oder einer Rettungsdecke, die die Körperwärme reflektiert (silberne Seite nach innen!) warm halten.

 Ratgeber

Verletzungsgefahr

Das Image des Snowboardens in bezug auf das Verletzungsrisiko ist schlechter als die Realität. »Snowboarden ist viel gefährlicher als andere Wintersportarten.« Dieses Vorurteil, häufig verbreitet von enthusiastischen Skifahrern, basiert meist auf den Klageliedern von Snowboardnovizen nach ihrem ersten Tag. Blaue Flecken am Allerwertesten und den Ellenbogen plagen sie, und manchmal wird dadurch der erste Tag auch zum letzten. Doch es kann ganz klar Entwarnung gegeben werden: Unfalluntersuchungen bei Wintersportlern ergaben genau das Gegenteil.
Studien in den USA und in Europa zeigen: Snowboarder verletzen sich

Sichere Auskunft über die Situation
der Schneelage in bestimmten Berg-
regionen bekommt man über die
Infotelefone der Bergwachten:

Deutschland
Internationale Vorwahl: 0049
Bayern: 0 89/12 10 12 10

Österreich
Internationale Vorwahl: 0043
Kärnten: 04 63/15 88
Oberösterreich: 07 32/15 88
Salzburg: 06 62/15 88
Steiermark: 03 16/15 88
Tirol: 05 12/15 88
Vorarlberg: 0 55 22/15 88

Italien
Internationale Vorwahl: 0039
Südtirol: 04 71/28 92 71

Schweiz
Internationale Vorwahl: 0041
00 41/11 87

Ursachen für Unfälle mit Ski und Snowboard		
	Ski	Snowboard
Fahrkönnen:		
• Sportliche Fahrer	2	3
• Fortgeschrittene	78	52
• Anfänger	20	45
Unfallursache		
• Materialdefekt	2	0
• Kollision	10	9
• Lift	8	7
• Sprung	4	20
• Fahrfehler	76	64
(Alle Angaben in Prozent)		

nicht häufiger als Skifahrer, und der Grad der Verletzungen ist sogar wesentlich geringer als bei den Zweibrettfahrern.

In einer Studie aus dem Winter 1994/95, in der die Unfalldaten von 801 Wintersportverletzten (672 Skifahrer und 129 Snowboardfahrer) in der deutschen Alpenregion ausgewertet wurden, gab es folgende Ergebnisse: *Die meisten Snowboardunfälle (45 Prozent) ereignen sich im Anfängerstadium, bei den Skifahrern sind es in diesem frühen Stadium nur 20 Prozent.*

Ein Grund hierfür liegt darin, daß der Anteil der Einsteiger bei Snowboardfahrern relativ groß ist im Verhältnis zu den Skifahren. Bei den Zweibrettfahrern sind Fortgeschrittene am häufigsten in Unfälle verwickelt (78 Prozent).

Eine Ursache für den typischen Einsteigersturz auf dem Board ist die oft gewählte autodidaktische Ausbildung. Gerade Umsteiger von den Ski aufs Snowboard sehen oft nicht die Not-wendigkeit einer fundierten Ausbildung durch eine qualifizierte Snowboardschule. Nach dem Motto: Kann auch nicht schwieriger sein als Skifahren.

Was zwar stimmt – die Grundlagen des Boardens lassen sich in drei Tagen lernen – aber es ist halt doch etwas anderes, mit beiden Beinen auf einem Brett fixiert zu sein, ohne Stöcke in den Händen und quer zur Fahrtrichtung zu stehen. Das erfordert andere Gleiterfahrungen als auf Ski. Dazu kommt, daß viele Skifahrer keine »natürliche« Angst mehr vor steileren Pisten haben. Die Folge: *Umsteiger trauen sich zu schnell auf zu steile Hänge.* Bei der Beurteilung der Unfallursachen sind beide Gruppen ähnlich selbstrealistisch: 76 Prozent der Skifahrer und 64 Prozent der Snowboarder machten eigenes Unvermögen als Unfallursache aus.

Bei den Verletzungen der unteren Extremitäten (Knie, Unterschenkel, Fußgelenk; insgesamt 41 Prozent) war bei den Einbrettfahrern zu 90 Prozent das vordere Bein beteiligt. Dabei hatte die Schuhwahl Einfluß auf die Lokalisation der Blessur: Bei Softboots häufen sich die Sprunggelenksverletzungen, bei Hardboots sind die Knie hauptsächlich betroffen. Komplexe Verdrehungen im Knie, wie sie beim Skifahren häufig passieren, treten beim Snowboarden kaum auf.

Der Grund: Die Fixierung beider Füße auf einem Brett verhindert extreme Rotationskräfte auf die Kniegelenke. Am stärksten sind die Arme der Boarder von Verletzungen betroffen (45 Prozent), wobei 40 Prozent davon sogar Knochenfrakturen sind. In erster Linie werden im Einsteigerstadium die

Häufigkeit von bestimmten Verletzungen

	Ski	Snowboard
Kopf	10	6
Brust/Bauch	5	6
Arme	30	45
Wirbelsäule	6	3
Beine	49	41

(Alle Angaben in Prozent)

Bei fast jedem zweiten Unfall sind bei den Skifahrern die unteren Extremitäten betroffen, bei den Snowboardern die Arme und Hände.

Unterarme und Handgelenke verletzt. Denn: Fast jeder Sturz des ungeschulten Anfängers wird mit den Armen und Händen abgefangen. *Je besser das Fahrkönnen und je höher die Kurvengeschwindigkeit, um so mehr verlagert sich die Problemzone in den Schulterbereich.* Prellungen und Bandverletzungen treten ebenfalls mit jeweils knapp 30 Prozent recht oft auf.

Was jedoch den Schweregrad dieser Verletzungen anbelangt, so trifft es die Skifahrer härter: 35 Prozent der Skiunfälle mußten stationär behandelt werden, bei den Snowboardern war es lediglich ein Fünftel. Von den Skifahrern landete sogar beinahe jeder dritte auf dem OP-Tisch, bei den Boardern waren es lediglich 17 Prozent.

Man kann also festhalten, daß die schwerwiegenderen Verletzungen beim Skifahren auftreten. Das liegt daran, daß die fortgeschrittenen Skifahrer meist bei hohem Tempo in Unfälle verwickelt waren.

Diese Studie, durchgeführt von Dr. Schneiderhan, Verbandsarzt der ISF Germany, und Prof. Dr. Kai Neumann vom Krankenhaus Garmisch-Partenkir-

chen, bestätigt Untersuchungen aus den USA, etwa die 1993 veröffentlichte Studie im »American Journal of Sports Medicine«.

Um Überlastungen und Verletzungen zu vermeiden, sollte jeder Einsteiger einen Kurs in einer Snowboardschule besuchen. Sichere Handhabung des Boards und das Beherrschen der richtigen Falltechnik können viele Probleme verhindern. Dazu gehört natürlich auch das vorbereitende Koordinations- und Konditionstraining zu Hause sowie das Aufwärmen und Dehnen vor dem Snowboardtag (siehe Ratgeber »Aufwärmen«).

In den ersten Stunden können weiche Schützer für Knie und Ellenbogen (Volleyballschützer) den Aufprall lindern, Hosen mit Polsterungen am Po sind ebenfalls empfehlenswert. Und natürlich spezielle Handschuhe mit Handgelenksverstärkungen und rutschfesten Innenseiten. Auch die Handgelenkschoner (*Wristguards*) vom Inline-Skaten haben sich bewährt. Wer damit ausgestattet auf die Piste geht, der wird garantiert ungetrübten Snowboardspaß erleben.

Verletzungsarten bei Ski- und Snowboardfahrern

	Ski	Snowboard
Schnittwunden	7,7	4
Prellungen	19,1	24,8
Muskelverletzungen	2,9	1
Frakturen	22,5	39,6
Verstauchungen	3,5	2
Bandverletzungen	44,3	28,6

(Alle Angaben in Prozent)

Skifahrer klagen sehr häufig über Verletzungen der Bänder, Snowboarder über Knochenbrüche.

20 SNOWBOARD-ATLAS

Zum Boarden braucht man außer den »drei Bs« (Brett, Bindung und Boots) auch Schnee und Hänge. Die gibt es in den Alpen reichlich, aber auch in Skandinavien und Osteuropa existieren viele Wintersportgebiete, die noch wenig frequentiert sind. Die Alpen bieten allerdings die besten Snowboardspots, nicht nur in Europa, sondern weltweit. Auch wenn von den amerikanischen und kanadischen Gebieten eine große Faszination ausgeht. Insbesondere Kanada ist zur Zeit sehr populär. Dies liegt an dem sehr günstigen Wechselkurs zwischen kanadischem Dollar und Deutscher Mark. Dadurch ist ein Powder-Urlaub in den Rockies nicht wesentlich teurer als in einem mondänen Wintersportort der Alpen. Doch selbst die meisten Pros sind sich einig: Die Boarderparadiese liegen direkt vor der Tür, in den Alpen.

Grundsätzlich kann man in allen Wintersportgebieten sein Board auspacken und in die Bindungen springen. Daß Snowboarder an den Liften zurückgewiesen werden oder gar Pistenverbote erhalten, gehört der Vergangenheit an. Die meisten Orte haben erkannt, welchen Imagegewinn ihnen der Snowboard-Sport beschert, und bemühen sich, die Gebiete auch für Schneerutscher attraktiv zu gestalten. Das Ergebnis: Immer öfter werden präparierte Halfpipes, Obstacles oder Fun-Parks für die Einbrettfahrer geschaffen. Wir haben Orte in den Alpen

Am Kitzsteinhorn hat man sich auf die Wünsche der Snowboarder eingestellt. Der permanente Funpark wird von speziellen Pistenraupen präpariert.

herausgesucht, die sich zum Boarden gut eignen. Die Liste ist in Abstimmung mit den Verbänden entstanden.

Deutschland

Internationale Telefonvorwahl: 0049

Oberstdorf

25 Liftanlagen und Bergbahnen erschließen 42 Pistenkilometer. Saison: Mitte Dezember bis Ende April. Höhenlage: 920 bis 2 037 m ü. M. Liftpreise: ca. 50 Mark/Tag. Snowboardschule »Fellhorn« organisiert auch Touren mit Snowboards: Telefon: 0 83 22/ 45 54; Fax: 0 83 21/2 61 47. Schneetelefon: 0 83 22/70 02 39. Eine mit viel Aufwand erstellte Fun-Box sowie Trainingsmöglichkeiten für Slalom und Riesenslalom stehen ständig zur Verfügung.

Garmisch-Partenkirchen

118 Pistenkilometer, erschlossen durch 54 Beförderungsanlagen. Höhe: zwischen 700 und 2 964 m ü. M. Die Tagesliftkarte kostet etwa 60 Mark. Beste Plätze: der Hausberg zum Carven und die Halfpipe am Gletschersee zum Freestylen. Schneetelefon: 0 88 21/79 79 79. Snowboardschule: »Snowfeeling«, Telefon: 0 88 21/5 83 00.

Schliersee

Kleines Gebiet mit 20 Pistenkilometern und zwölf Liftanlagen auf einer Höhe von 777 bis 1 758 m ü. M. Die Liftpreise liegen bei ca. 37 Mark/Tag. Ständige Halfpipe an der Firstalm. Schneetelefon: D-0 80 26/70 99. Kurse und Brettverleih bei der Snowboardschule Spitzingsee, Telefon: 0 80 26/71 321.

Österreich

Internationale Telefonvorwahl: 0043

Axamer Lizum

Treffpunkt und Trainingsgebiet der Innsbrucker Snowboardszene, gelegen zwischen 878 und 2 240 m ü. M. 31 Kilometer Piste, erschlossen durch 10 Transportanlagen, stehen zur Verfügung. Powderhänge vom Hoadl zum Pleisen und von dort weiter nach Axam. Schneetelefon: 0 52 34/8 24 00, Schule »Pro Alp«: 06 63/85 98 53.

Kaunertal

Zehn Beförderungsanlagen erschließen 30 Pistenkilometer in dem Gletschergebiet zwischen 2 150 und 3 160 m ü. M. Die Liftpreise liegen bei ca. 55 Mark/Tag. Das Gletscherskigebiet ist ganzjährig geöffnet, hier sind auch Halfpipe und Funpark angelegt. Schneetelefon: 0 54 75/3 40. Snowboardschule »Freaks on Snow« verleiht Bretter und bietet Kurse an. Telefon: 0 54 75/4 79.

Kaprun

Die Europa-Sportregion hat gleich mehrere Pipes. Eine ist am Kitzsteinhorn, eine am Schaufelberg (Zell am See). Dazu gibt es permanente Funparks auf der Schmittenhöhe und auf dem Kitzsteinhorn. 130 Pistenkilometer sind durch 58 Seilbahnen und Liftanlagen erschlossen, auf einer Höhe zwischen 911 und 3 029 m ü. M. Die Tageskarte kostet um die 60 Mark. Alle wichtigen Infos über Telefon 0 65 47/8 64 30.

Ischgl

36 Beförderungsanlagen erschließen die 200 Pistenkilometer zwischen 1 400 und 2 864 m ü. M. Die Tageskarte kostet knapp 65 Mark. Ständige Halfpipe und Hindernisparcours an der Idalp, Brettverleih und Kurse bietet die Skischule Ischgl an; Telefon: 0 54 44/52 57.

Sölden

Auf dem Tiefenbachferner, dem Rettenbachferner und in Vent laufen 34 Bergbahnen. 116 Kilometer Piste zwischen 1 377 und 3 260 m ü. M. und eine Halfpipe am Rettenbachgletscher werden täglich präpariert. Die Tageskarte kostet etwa 50 Mark. Die Talabfahrten werden künstlich beschneit. Schneetelefon: 0 52 54/26 66. Kurse über Skischule Sölden, Telefon: 0 54 24/23 64.

St. Anton

Mehr als 200 Pistenkilometer zum Shredden, erschlossen durch knapp 80

Beförderungsanlagen, gelegen zwischen 1 304 und 2 811 m ü. M. Die Tageskarte kostet knapp 65 Mark, viele Powderhänge und gutes Freestyle-Terrain. Schneetelefon: 0 54 46/ 25 65.

Stubaital

Das Stubaier Gletschergebiet ist durch 33 Liftanlagen erschlossen, die Pisten liegen zwischen 937 und 3 333 m ü. M. Die Tageskarte kostet ca. 48 Mark, der Gletscher ist bis auf den Juni das ganze Jahr geöffnet, mit Obstacle-Kurs und einer Halfpipe. Schneetelefon: 0 52 26/81 51. Boardverleih und Kurse organisiert »Snowboard Academy«, Telefon: 0 52 25/20 21.

Hintertuxer Gletscher/Zillertal

Riesen-Schneegebiet mit über 400 Kilometern präparierten Pisten und 140 Bergbahnen, die für den Transport sorgen. Die Tageskarte gibt es gegen 60 Mark Einsatz. Möglichkeiten zum Boarden zwischen 550 und 3 286 m ü. M. Halfpipes und Obstacles findet man auf der Rosenalm und am Ahorn. Der Gletscher ist das ganze Jahr geöffnet. Schneetelefon: 0 52 87/2 07, Bretter und Unterricht bietet die Snowboardschule Mayerhofen, Telefon: 0 52 85/39 39.

Schweiz

Internationale Telefonvorwahl: 0041

Adelboden-Lenk

Zwischen 1 068 und 2 350 m ü. M. liegen 66 Snowboardpisten, erschlossen durch 51 Aufstiegsanlagen. Der Spot ist mit vielen natürlichen Pipes und Tiefschneehängen herrvorragend geeignet zum Freeriden. Die Tageskarte kostet 53 Mark, Infos über Schneeverhältnisse, Snowboardschulen und Unterkünfte unter Telefon: 0 33/73 80 80.

Andermatt

Das Mini-Wintersportgebiet ist etwas für Genießer. Die 56 Pistenkilometer werden durch 13 Liftanlagen erschlossen. Die Pisten liegen zwischen 1 444 und 2 963 m ü. M., Varianten-Abfahrten von 12 Kilometern Länge sind möglich. Der Liftpaß kostet 55 Mark pro Tag, Kurse und Mietbretter bietet »Snow & Bike« an. Infos über Schneeverhältnisse, Unterkünfte und Kursangebote beim Fremdenverkehrsbüro, Telefon: 0 44/6 74 54.

Crans-Montana

Ein schneesicheres Gletschergebiet, zwischen 1 484 und 3 000 m ü. M. gelegen, mit 160 Kilometern Pisten und 42 Liftanlagen. Der Preis für die Tageskarte liegt bei 60 Mark. Auf dem Pas du Loup steht die Halfpipe, in Amiona der Funpark, außerdem existiert ein Slalomhang mit ständiger Zeitmessung. Infos über Schnee, Brettverleih und Unterkunft beim Verkehrsbüro. Telefon: 27/41 30 41.

Davos

Snowboardgebiet mit 315 Pistenkilometern, 55 Beförderungsanlagen auf einer Höhe zwischen 1 560 und 2 844 m ü. M. Die Liftkarte kostet ca. 50 Mark/Tag. Gute Powdergelegenheiten, Halfpipe-Nutzung und Flutlichtshredden ist über die Snowboardschule möglich. Schneetelefon: 0 81/43 69 04, Snowboard-Schulcenter »Top Secret«, Telefon: 0 81/ 43 52 22.

Engelberg

Für 53 Mark am Tag kann man sich auf 50 Pistenkilometern, erschlossen durch 25 Transportanlagen, austoben. Abfahrten mit 2 000 Metern Höhendifferenz sind auf dem zwischen 1 000 und 3 020 m ü. M. gelegen Gebiet des Titlis möglich. Bretter und Kurse bietet »Okay-Snowboardshop« an, Telefon: 0 77/43 70 75. Touristcenter Telefon: 0 42/6 37 37 37.

Laax

220 Pistenkilometer erstrecken sich zwischen 1 000 und 3 000 m ü. M., erschlossen von 32 Lift- und Bergbahnanlagen. Die Tageskarte kostet etwa 65 Mark, für Boarder gibt es einen Fun-Park, Obstacle und zwei Halfpipes. Schneetelefon: 0 81/9 21 21 25. Die Schule »Snowboardgarage« bietet Kurse und Testbretter an, Telefon: 0 81/ 9 21 69 69.

Leysin

Flach gelegen, aber ein breites Pistenangebot: 200 Kilometer zwischen 1268 und 2 300 m ü. M., erschlossen durch 74 Liftanlagen. Preis pro Tag: 45 Mark. Von der Chaux-de-Mont geht's 1 000 Meter Downhill, eine lange Strecke zum Austoben. Infos unter Telefon: 0 25/34 22 44.

Oberengadin/St. Moritz

Über 350 Pistenkilometer zwischen 1 720 und 3 303 m ü. M., erschlossen durch 60 Aufstiegshilfen, bieten gute Snowboardmöglichkeiten. Empfohlene Playgrounds sind Silvaplana-Corvatsch, St. Moritz-Corviglia, Celerina-Marquns und Pontresina-Languard-Diavolezza. Einen Obstacle gibt es ebenfalls. Liftkosten pro Tag: 60 Mark.

Schneetelefon: 0 82/2 31 41, die Snowboardschule St. Moritz verleiht Bretter: Telefon: 0 82/3 80 90.

Saas Fee

35 Kilometer Pisten zwischen 1 800 und 3 600 m ü. M. stehen zum Teil das ganze Jahr über offen, die Halfpipe ebenso. Ort für viele Sommer-Camps und Kurse des Schweizerischen Snowboardverbandes (SSBA). Einen Funpark gibt es auf dem Mittelallalin. Die Tageskarte kostet 62 Mark, Infos über die Tourismusorganisation, Telefon: 0 28/57 14 57.

Savognin

80 Kilometer Pisten, gelegen zwischen 1 260 und 2 700 m ü. M. und erschlossen durch 17 Liftanlangen, bieten dem Boarder in diesem kleinen, aber feinen Snowboardgebiet viele Möglichkeiten, sich auszutoben. Die Tageskarte liegt bei ca. 50 Mark, mittwochs und freitags wird die Nacht zum Tag, und die Pisten werden mit Flutlicht erhellt. Telefon des Verkehrsvereins: 0 81/74 22 22.

Verbier

Für 65 Mark pro Tag erschließen 83 Bergbahnen 150 Pistenkilometer zwischen 800 und 3 300 m ü. M. Touren- und Heliboardingmöglichkeiten bestehen, ein Obstacle sorgt für Spaß auf dem Board. Schneetelefon: 0 26/ 35 25 25. Schulung und Verleih bietet »No Bounds« an, Tel.: 0 26/31 55 56.

Zermatt

Hochgelegenes Gebiet zwischen 1 620 und 3 889 m ü. M., mit herrlichen Snowboardmöglichkeiten auf 230 Pistenkilometern, erschlossen durch 69 Bergbahnen. Auf dem Gletscher ist Ganzjahresbetrieb, eine Pipe ist den größten Teil der Saison präpariert. Schneetelefon: 0 28/67 11 44, für den Snowboardunterricht sorgt Snowboardschule Zermatt, Telefon: 0 28/67 54 44.

Italien

Internationale Telefonvorwahl: 0039

Cortina d'Ampezzo
Snowboardgebiet mit 140 Pistenkilometern zwischen 1 224 und 3 243 m ü. M. Die Tageskarte für den Dolomiti-Superski-Skipaß: etwa 50 Mark. Schneetelefon: 04 36 /27 11.

Livigno
85 Pistenkilometer auf einer Höhe zwischen 1 816 und 2 797 m ü. M. werden durch 27 Liftanlagen erschlossen, mit einer Tagesliftkarte für ca. 45 Mark. Gute Möglichkeiten zum Carven, Powdern und Freestylen. Schneetelefon: 03 42/99 63 79.

Fassatal
Unter der berühmten Marmolada erstrecken sich 120 Kilometer Snowboardpiste, erschlossen durch 50 Transportanlagen zwischen 1 300 und 2 950 m ü. M. mit einer der extremsten Abfahrten der Alpen, der Pordoischarte. Die Tageskarte kostet ca. 60 Mark, Infos über Unterkunft, Schneeverhältnisse und Schulungsangebote unter Telefon: 04 62/76 11 13.

Wolkenstein
75 Kilometer präparierte Piste, 88 Beförderungsanlagen auf einer Höhe zwischen 1 236 und 2 680 m ü. M. und eine Tagesliftkarte für 40 Mark werden im Wolkenstein-Gebiet geboten. Schneetelefon: 04 71/79 20 80.

Frankreich

Internationale Telefonvorwahl: 0033

Les Portes du Soleil
Riesige Wintersportregion mit mehreren Gebieten von insgesamt 650 Pistenkilometern, erschlossen durch 219 Liftanlagen. Die Tageskarte für das Gebiet zwischen 841 und 2 300 m ü. M. kostet knapp 70 Mark. Beste Pisten und Halfpipe in Avoriaz. Schneetelefon: 0 50/75 93 93. Diverse Snowboardschulen gibt es in den einzelnen Orten.

Chamonix
136 Pistenkilometer zwischen 567 und 3 842 m ü. M. werden durch 48 Bergbahnen erschlossen. Der Skipaß für zwei Tage (ein Tag nur regional möglich) kostet 120 Mark. Herrliche, lange Powderhänge bei Argentière. Schneetelefon: 0 50/53 20 00.

Les Trois Vallées
600 Kilometer Piste erstrecken sich in den drei Tälern auf einer Höhe zwischen 1 300 und 3 200 m ü. M., erschlossen durch 200 Bergbahnen. Tageskarte knapp 50 Mark, in Val Thorens gibt es eine ständige Halfpipe und gute Tourenmöglichkeiten. Schneetelefon: 0 79/00 08 08.

Les deux Alpes
Zwischen 1 600 und 3 600 m ü. M. erschließen sich dem Snowboarder 200 Pistenkilometer, verteilt auf 76 Pisten, erreichbar durch 63 Lifte. Der Liftpaß kostet rund 55 Mark am Tag.

21 SNOW-BOARD-SCHULEN

Da es natürlich nicht nur in den exemplarisch vorgestellten Snowboard-revieren qualifizierte Snowboard-schulen gibt, finden Sie auf den näch-sten Seiten die Daten der Snowboard-schulen, die uns von den nationalen Verbänden benannt wurden. Die Liste erhebt keinen Anspruch auf Vollstän-digkeit. Die Adressen sind nach den Orten alphabetisch geordnet.

Bundesrepublik Deutschland

Neue Amberger Skischule
Georgenstraße 58
92224 Amberg

Skischule Aschau
Aufhammerstraße 6
83229 Aschau

Skischule Sachrang
Kohlstattweg 4
83229 Aschau-Sachrang

Skischule Augsburg
Carl-Natterer-Straße 26
86169 Augsburg

Skischule Sport Ecke
Annastraße 15
86150 Augsburg

Skischule SPS
Hugo-Eckener-Straße 5
86159 Augsburg

Skischule Balderschwang
Haus Nr. 21
87538 Balderschwang

Skischule Oberhorner
Bahnhofstraße 23–25
83093 Bad Endorf

Skischule Bad Kohlgrub
Hauptstraße 40
82433 Bad Kohlgrub

Reichenhaller Skischule
Spitalgasse 3
83435 Bad Reichenhall

Skischule Sport Krinner
Bahnhofstraße 4
83464 Bad Tölz

Skischule Bad Wiessee
Sankt Johanner Straße 94
83707 Bad Wiessee

Privatskischule
Tegernseer Tal
Am Schmerbachgrund 10
83707 Bad Wiessee

Skischule Kaltenbronn
Schönblickweg 25
75323 Bad Wildbad

Skischule Bayerwald-
Eisenstein
Am Buchenacker 13
94252 Bayerisch Eisenstein

Skischule Bayrischzell
Skishop am Kirchplatz
83735 Bayrischzell

Skischule Sudelfeld
Schlierseer Straße 4
83735 Bayrischzell

Skischule Au
Schulweg 12
83471 Berchtesgaden

Skischule Berchtesgaden
Schornstraße 34
83471 Berchtesgaden

Skischule
Berchtesgaden-Oberau
Kiemerweg 20
83471 Berchtesgaden

Skischule Burgl Färbinger
Mühlauer Freie 3
83471 Berchtesgaden

Skischule Schönau
Oberschönauer Straße
83471 Berchtesgaden

Skischule Bergen
Lindenhof 6
83346 Bergen

Skischule Bernau
Innerlehen 10
79872 Bernau

Skischule Christian
Kaufmann
Ludwig-Thoma-Straße 15a
83233 Bernau

Skischule Nordbayern
Rangenweg 4a
95493 Bischofsgrün

Skischule Schwarzeck
Aschauerweiherstraße 23
83483 Bischofswiesen

Erste Lindauer Skischule
Unterm Bild 20
87544 Blaichach

Skischule Gunzesried
Haus Nr. 28
87544 Blaichach-
Gunzesried

Skischule Bobingen
Dr.-Kämpf-Straße 15
86399 Bobingen

Skischule Bayerwald-
Bodenmais
Jahnstraße 20
94249 Bodenmais

Skischule Koller
Lehmgrubenweg 16
94249 Bodenmais

Skischule Wald
Lortzingweg 12
71032 Böblingen

Erste Skischule Bolsterlang
Weiherkopfweg 1
87538 Bolsterlang

Neue Skischule Bolsterlang
Flurstraße 4
87538 Bolsterlang

Skischule Grad-Polhammer
Am Graben 3a
83098 Brannenburg

Skischule Dreisessel
Grenzstraße 5
94139 Breitenberg

Skischule Gerd Doser
Scheffelstraße 19
78086 Brigachtal

Skischule Unterstmatt
77815 Bühl

Skischule Steimel
Postfach 69
77828 Bühlertal

Skischule Salzachgau
Tittmoninger Straße 23
84489 Burghausen

Chiemsee Snowbowarding
Hauptstraße 12
83339 Chieming

Skischule Bayerwald-
Deggendorf
Bahnhofstraße
94469 Deggendorf

Skischule
Wolfgang Kießlich
Hauptstraße 110
02739 Eibau

Sendlinger Skischule
Karwendelstraße 3
82223 Eichenau

Erste Erlanger Skischule
Südliche Stadtmauer-
straße 8
91054 Erlangen

Skischule Altglashütten
Sommerberg 18
79868 Feldberg

Skischule Feldberg
Eberlinweg 1
79868 Feldberg

Skischule Frankenhöhe
Sudetendeutsche Straße 14
91555 Feuchtwangen

Skischule Higrisa
Ornachstraße 8
87538 Fischen

Skischule Fischen
Ornachstraße 1
87538 Fischen

Skischule Hottenroth
95485 Fleckl 27

Skischule Hofsgrund
Eichbergstraße 14 E
79117 Freiburg

Skischule Kleine Fluchten
Marie-Juchacz-Weg 43
79111 Freiburg

Freisinger Skischule
Bahnhofstraße 9
85354 Freising

Skischule Heindl
Bahnhofstraße 57
94078 Freyung

Skischule Richard Müller
Nordondstraße 9
82256 Fürstenfeldbruck

Skischule Sport Becke
Pucher Straße 7
82256 Fürstenfeldbruck

Skischule Furth im Wald
Glaserstraße 94
93437 Furth

Skischule Furtwangen
Am Stollenwald 4
78120 Furtwangen

Skischule Sport Soller
Schleißheimer Straße 9a
85748 Garching

Skischule Flori Wörndle
Hausberg 4
82467 Garmisch-
Partenkirchen

Skischule Garmisch-
Partenkirchen
Am Hausberg 8
82467 Garmisch-
Partenkirchen

Skischule Hohenleitner
Olympiastraße 38
82467 Garmisch-
Partenkirchen

Skischule Thomas Sprenzel
Von-Brug-Straße 26
82467 Garmisch-
Partenkirchen

Skischule Sporer & Kober
Isardamm 105
82538 Geretsried

Skischule Sport Pofandt
Otto-Wagner-Straße 30
82110 Germering

Skischule
Zugspitze-Grainau
Unterer Dorfplatz 3a
82491 Grainau

Skischule
Bayerwald-Grafenau
Salzherrnstraße 4
94481 Grafenau

Skischule Kloyer
Augsburger Straße 14
82194 Gröbenzell

Skischule Memmingen
Memminger Straße 24
87730 Grönenbach

Follow-Mee-Skiacademy
St.-Afra-Straße 8
86845 Großaitingen

Skischule Impuls
Am Pulverhäusle 16
89312 Günzburg

Skischule Dreiländereck
Frauenberg 44
94145 Haidmühle

Skischule Obermeier
Naturfreundestraße 15
83734 Hausham

Skischule Hauzenberg
Marktplatz 17
94051 Hauzenberg

Skischule Sport Grobelny
Grabenstraße 6
89522 Heidenheim

Skischule Ammersee
Kientalstraße 53
82211 Herrsching

Skischule Spieser-Unterjoch
Obergschwende 6
87541 Hindelang

Skischule Hannes Weber
Steinebergweg 20
87541 Hindelang

Skischule Ostrachtal
Dorfstraße 18
87541 Hindelang-Bad
Oberdorf

Skischule Iseler-Oberjoch
Ornachstraße 8
87541 Hindelang-Oberjoch

Skischule Lanig Oberjoch
Ornachstraße 11
87541 Hindelang-Oberjoch

Wintersportschule Thoma
Bisten 5
79856 Hinterzarten

Skischule Höchenschwand
Kirchstraße 6
79862 Höchenschwand

Skischule Holzkirchen
Tölzer Straße 2
83607 Holzkirchen

Skischule Schwabmünchen
Mittagstraße 27
87509 Immenstadt

Skischule Hans Wucherer
Rieder 16
87509 Immenstadt

Schanzer Skischule
Ingolstadt
Am Burggraben 18 A
85049 Ingolstadt

Skischule Ingolstadt
Schwanthalerstraße 25 $\frac{1}{2}$
85049 Ingolstadt

Skischule Ismaning
Bahnhofstraße 18
85737 Ismaning

Skischule Sport Lingg
Gerbergasse 8
88316 Isny

Skischule Allgäu
Filserweg 2
87600 Kaufbeuren

Skischule Merk
Schönblick 55
87600 Kaufbeuren

Skischule 2000 Sport
Menzel
Frühlingstraße 1
86916 Kaufering

Skischule Kehl am Rhein
Hauptstraße
77694 Kehl

Skischule Sport Spatz
Hasseldieksdammer Weg 3
24114 Kiel

Skischule Kelly Sports
Höfener Straße 90
79199 Kirchzarten

Skischule Körner
Auerbacher Straße 80
08248 Klingenthal

Hokus Pokus
Richmodstraße 29
50667 Köln

Skischule Pircher
Sudetenweg 20
50858 Köln

Skischule Kreuth
Glashütte 37
83708 Kreuth

Skischule Leis
In der Haslpoint 3
83708 Kreuth

Skischule Krün-Wallgau
Im Gschwand 19
82494 Krün

Amberger Skischule
Hiltersdorfer Straße 2
92245 Kümmersbruck-
Haselmühl

Skischule Bayerwald-Lam
Lambacherstraße 24
93462 Lam

Skischule Lamer Winkel
Arberstraße 65
93462 Lam

Snowboardschule Halfpipe
Arberstraße 23
93462 Lam

Skischule Landsberg
Josef-Schober-Straße 27
86899 Landsberg

Skischule Sport Hartmann
Neustadt 457
84028 Landshut

Skischule Sport Schäbel
Bischof-Sailer-Platz 420
84028 Landshut

Skischule Strasser
Altstadt 102
84028 Landshut

Skischule Lech-Rain
Achsheimerstraße 8
86462 Langweid

Regensburger Skischule
In der Pfeifing 22
93138 Lappersdorf

Skischule Fun Sports
Haydnstraße 18
89415 Lauingen

Skischule Braunegg
Wackersberger Straße 30
83661 Lenggries

Skischule hiSki
Schützenstraße 5
83661 Lenggries

Skischule Lenggries
Jachenauer Straße 28
83661 Lenggries

Skischule Saig-Hochfirst
Neue Straße 3
79853 Lenzkirch

Skischule Zauner
Egerländerstraße 4
71229 Leonberg

Ski- und Langlaufschule
Rudhart
Biesen 112 $\frac{1}{2}$
88167 Maierhöfen

Snowboardschule
Mannheim
Quadrat 2,6
68161 Mannheim

Oberdorfer Skischule
Tropauerstraße 1
87616 Marktoberdorf

Skischule Herbert Neumaier
Graf-Sieget-Weg
85570 Markt Schwaben

Skischule Marxzell
Holzbachstraße 8a
76359 Marxzell

Skischule Mitterdorf/Mauth
Almbergweg 8
94151 Mauth

Neue Skischule Memmingen
Lindentorstraße 12
87700 Memmingen

Skischule Gfrörer
Winterhalterweg 4
79837 Menzenschwand

Skischule Sport Burig
Landsberger Straße 14a
87719 Mindelheim

Erste Skischule Mittenwald
Am Fischweiher 28
82481 Mittenwald

Snowboardschule
Jürgen Bäumler
Klausnerweg 2
82481 Mittenwald

Vereinigte Skischule
Mittenwald
Bahnhofsplatz
82481 Mittenwald

Skischule Mitterdorf
Schmelzlerstraße 47
94158 Mitterfirmiansreut

Allrounder Reisen & Sport
Rathenaustraße 1
41061 Mönchengladbach

Skischule Rupertigau
Stadtplatz 65
84452 Mühldorf

Skischule Berner Sport
Liesl-Karlstadt-Straße 1
81476 München

Skischule DAV München
Von-Kahr-Straße 2–4
80997 München

Skischule Eisi
Heidenreichstraße 14
81735 München

Skischule Funny Days
Truderinger Straße 334
81825 München

Skischule Gerd's Skiteam
Schwanthaler Str. 23
80336 München

Skischule HiTec-Ski-
Company
Balanstraße 79
81539 München

Skischule Isartal
Buchauerstraße 28
81479 München

Skischule München-Nord
Menzinger Straße 99a
80997 München

Skischule München-Ost
Hohenbrunner Straße 2
81825 München

Skischule München-Süd
Oskar-Maria-Graf-Ring 589
81737 München

Skischule Sport Scheck
Hotterstraße 13
80331 München

Skischule Sport Schuster
Rosenstraße 3–6
80331 München

Skischule Sun & Fun
Memeler Straße 75
81927 München

Skischule Trim Team
Weißenburger Straße 24
81667 München

Ski und Board Giesing
Spitzwegstraße 11
81373 München

Skischule Nesselwang
Schwalbenweg 11
87484 Nesselwang

Skischule Sport Rieger
Hauptstraße 148
85579 Neubiberg

Skischule Inn-Salzach
Ludwigstraße 104
84254 Neuötting

Skischule Venus
Sudetenstraße 9
93073 Neutraubling

Skischule Ammertal
Bahnhofstraße 6a
82487 Oberammergau

Skischule Sport Müller
Wankgasse 1
82487 Oberammergau

Open Skischule
Am Oberfeld 5
83080 Oberaudorf

Skischule Niederaudorf
Tatzelwurmstraße 7
83080 Oberaudorf

Skischule Oberaudorf
Marienplatz 5
83080 Oberaudorf

Skischule Sportique
Gutbrodstraße 54
87634 Obergünzburg

Skischule Sport Sester
Hauptstraße 83
77704 Oberkirch

Skischule Riedberg-
Obermaiselstein
Kirchgasse 9
87538 Obermaiselstein

Skischule Hettlage
Schauinsland
Silberberg 35
79254 Oberried

Skischule Christl Cranz
Im Dorf 31
87534 Oberstaufen

Skischule Oberreute
Salmas 4
87534 Oberstaufen

Skischule Thalkirchdorf
Knechtenhofen 2
87534 Oberstaufen

Boardomania
Karatsbichl 1
87561 Oberstdorf

Erste Skischule Oberstdorf
Freiherr-v.-Brutscher-
Straße 4
87561 Oberstdorf

Neue Skischule Oberstdorf
Nebelhornstraße 67
87561 Oberstdorf

Skischule Kühberg
Edelweißstraße 2
87561 Oberstdorf

Skischule Rubihorn
Fischerstraße 1
87561 Oberstdorf

Skischule Tiefenbach
Falkenstraße 16
87561 Oberstdorf

Skischule Engert
Vierenstraße 13
09484 Oberwiesenthal

Skischule Sport Werner
Am Königstor
86732 Oettingen

Skischule Ofterschwang
Hüttenberg 25
87527 Ofterschwang

Skischule Top Ski
Scharnhauserstraße 77
73760 Ostfildern

Skischule Hachinger Tal
Haidgraben 67
85521 Ottobrunn

Skischule Mittelberg/Oy
87466 Oy-Mittelberg

Skischule Haisermann
Lönsstraße 29
91257 Pegnitz

Skischule Pfaffenwinkel
Tannenstraße 11
86971 Peiting

Skischule Sportring
Ruhe am Bach 24
82377 Penzberg

Sonnenskischule
Bad Kohlgrub
An der Freiheit 122
82377 Penzberg

Skischule Wolfstein
Marktplatz 13
94157 Perlesreut

Skischule Inn-Rottal
Peter-Adam-Starße 19
84347 Pfarrkirchen

Snowboardschule
Carpe Diem
Goethestraße 19
75173 Pforzheim

Skischule
Ostallgäu-Pfronten
Zirmenweg 11
87459 Pfronten

Skischule Pfronten
Stapferweg 3
87459 Pfronten

Ski- und Snowboard-
schule Traxl
Heurungstraße 6
83451 Piding

Skischule
Ramsau-Hintersee
Am See 65
83486 Ramsau

Skischule Brannenburg
Enzianweg 22
83064 Raubling

Skischule Inzell
Am Dürrach 13
83242 Reit im Winkl

Ski- und Snowboardschule
Reit im Winkl
Schwimmbadstraße 23
83242 Reit im Winkl

Skischule Bayerwald-Zwiesel
Am Grubfeld 27
94209 Regen

Skischule Sepp Schneider
Zum Hinhart 1
94209 Regen

Skischule Bayerwald-
Regensburg
Ludwigstraße 5
93047 Regensburg

SYMBOL Snowboardschule
Käthe-Dorsch-Weg 7
93055 Regensburg

Skischule
Rettenberg-Kranzegg
Grüntenstraße 11
87549 Rettenberg

Skischule Fingerholz
Itzgasse 2
96472 Rödental

Neue Skischule Inntal
Steiermarkweg 12
83024 Rosenheim

Skischule Roßhaupten
Hauptstraße 22
87672 Roßhaupten

Skischule Rottach-Egern
Tegernseer Straße 55
83700 Rottach-Egern

Ski- und Snowboardschule
Ruhpolding
Im Speck 24
83324 Ruhpolding

Skischule Samerberg
Hartbichl 2
83122 Samerberg

Benny's Skischule am
Spitzing
Bayrischzeller Straße 38
83727 Schliersee

Skischule Schliersee-Spitzing
Rathausstraße 17
83727 Schliersee

Skischule Spitzingsee
Seestraße 40
83727 Schliersee

Skischule
Bayerwald-Langfurth
Langfurth 27
94572 Schöfweg

Skischule
Berchtesgaden/Jenner
Jennerbahnstraße
83471 Schönau

Skischule Kristiania
An der Point 2a
86938 Schondorf

Skischule Tegelberg
Unterdorf 12
87645 Schwangau

Snowboardschule
Water Colors
Am Wallgarten 12
95126 Schwarzenbach
a. d. Saale

Skischulzentrum Vorauf
Ferienparkstraße 45
83313 Siegsdorf

Skischule Kreut-Alm
Seeleitenweg 2
82404 Sindelsdorf

Skischule Allgäu Stern
Hotelpark Allgäu Stern
87527 Sonthofen

Skischule Altstätten
Hinang 61
87527 Sonthofen

Skischule Grünten
Stieglitzweg 12
87527 Sonthofen

Skischule Wolf Weißenhorn
Rudolf Harbig-Straße 1
87527 Sonthofen

Skischule
Peter Hinterberger
Auenweg 3
94518 Spiegelau

Skischule St. Andreasberg
Dr.-Willi-Bergmann-
Straße 10
37444 St. Andreasberg

Skischule Bayerwald-
St. Englmar
Rathausstraße 18
94379 St. Englmar

Skischule Predigstuhl
Rathausstraße 17
94379 St. Englmar

Snowboardschule Surf Tools
Münchner Straße 25
82319 Starnberg

Skischule Achental
Hochgernstraße 27
83224 Staudach

Professional Active
Skischule
Theresienplatz 34
94315 Straubing

Skischule Kiedaisch
Obere Weinsteige 46
70597 Stuttgart

Skischule Chiemgau
Hochpoint 1
83317 Teisendorf

Skischule Hochschwarzwald
Wilhelm-Stahl-Straße 6
79822 Titisee-Neustadt

Skischule Muggenbrunn
Franzosenbergstraße 10
79674 Todtnau

Skischule Traunstein
Ludwigstraße 37
83278 Traunstein

Skischule Alztal Trostberg
Buchenstraße 30
83308 Trostberg

Alpina Skischule
Marienstraße 4
82327 Tutzing

Erste Wintersportschule
Übersee
Buchwald 7
83236 Übersee

Ulmer Skischule
Sport Kraus
Keplerstraße 22
89073 Ulm

Skischule Hotel Krone
Sorgschrofenstraße 2
87541 Unterjoch

Skischule Skitek
Herrenwaldstraße 5
78089 Unterkirnach

Skischule Wössen
Röthlmoosweg 7
83246 Unterwössen

Skischule Villingen
Vom-Stein-Straße 18
78048 Villingen-
Schwenningen

Skischule Gaißach
Franz-Wieser-Weg 4
83666 Waakirchen

Skischule Reichersbeuern
Vorbergstraße 34
83666 Waakirchen

Skischule Hochwald
Bahnhofstraße 9
94065 Waldkirchen

Skischule Unterer Wald
c/o fonsi's sport
Im Baronhof
94065 Waldkirchen

Skischule Wasserburg
Salzsenderzeile 6
83512 Wasserburg

Skischule Weißblau
Huosiring 7
82362 Weilheim

Skischule Wertach
Grüntenseestraße 11
87497 Wertach

Alpine Skischule Sailer
Sulzer Weg 26
72218 Wildberg

Snowfun – Die Skischule
Zugspitzstraße 6a
86949 Windach

Skischule Hochsauerland
Auf in Kampe 31
59955 Winterberg

Skischule Winterberg
Wiesenstraße 26
59955 Winterberg

Erdinger Skischule
Teufstetten 13
85457 Wörth

Skischule Kiefersfelden
Taubenweg 9
82237 Wörthsee-
Steinebach

Skischule Michael Göster
Postfach 16 12
82506 Wolfratshausen

R2 Skischule
Eckstraße 16
90513 Zirndorf

Skischule Sport Wigner
Nürnberger Straße 2
90513 Zirndorf

Skischule
Bayerwald-Frauenau
Hindenburgstraße 16a
94227 Zwiesel

Schweiz

Internationale Vorwahl:
00 41

No Limit
Aargauer Strasse 18
5200 Brugg
Telefon: 0 77/77 40 20

Soul Surf
Vord. Hauptgasse 96
4800 Zofingen
Telefon: 0 62/52 33 22

Frema Sport Snowboard
Schule
5723 Teufenthal
Telefon: 077/47 54 61

Schweizer Snowboardschule
Grindelwald
Hauptstrasse
3818 Grindelwald
Telefon: 0 36/53 20 21

Maluco Snowboardschule
Jaunpass
Alte Bäckerei
3705 Faulensee
Telefon: 0 33/54 54 68

1001% Snowboard School
Mätteli-Zentrum
3770 Zweisimmen
Telefon: 0 30/2 20 18

Mountain-Freak
Snowboardschool
Mühlestrasse 19
3177 Laupen
Telefon: 0 77/53 10 02

Kleine Scheidegg
c/o Wyss Sport
3801 Kleine Scheidegg
Telefon: 0 36/5 15 45

Get Into Surf
Snowboardschool
Stapfenstrasse 31
3098 Köniz
Telefon: 0 31/9 71 34 54

Snowboardschule
Gstaad-Saanenland
Fun 4 You
3780 Gstaad
Telefon: 0 30/4 95 40

Offizielle Snowboardschule
Adelboden
Landstrasse 1
3715 Adelboden
Telefon: 0 33/73 30 00

Schweizer Ski- und
Snowboardschule
3823 Wengen
Telefon: 0 36/55 20 22

LUPO Snowboardschule
Grindelwald
Hauptstrasse
3818 Grindelwald
Telefon: 0 36/53 44 00

Maluco Snowboardschule
Lenk
3775 Lenk im Simmental
Telefon: 0 30/3 26 71

Snowboardschule
Saanenland
Chalet Birke
3777 Saanenmöser
Telefon: 0 30/8 81 55

Backside
Hauptstrasse 5
3818 Grindelwald
Telefon: 0 36/53 33 55

Heavy Duty
Snowboardschool
Scheibenstrasse 19
36 01 Thun
Telefon: 0 33/22 50 33

Snowboardschule
Zweisimmen
3770 Zweisimmen
Telefon: 030/2 11 33

Ecole Suisse de Snowboard
et Ski Moléson
Grande Rue 17
1630 Bulle
Telefon: 0 29/2 76 47

Funky Snowboardschool
Schwarzsee
Rte du Couchant 12
1723 Marly
Telefon: 0 37/46 36 18

Schweizer Ski- und
Snowboardschule Elm
8767 Elm
Telefon: 0 58/86 13 41

Snowboardschule
Braunwald
8784 Braunwald
Telefon: 0 58/84 12 61

Snowboard The School
Postfach 123
7550 Scuol
Telefon: 0 81/8 64 82 20

Primus Snowboardschule
Via Pedra Grossa 5
7078 Lenzerheide
Telefon: 0 81/3 84 67 17

The Wave Snowboard
School Division
Via Maistra 12
7500 St. Moritz/Suvretta
Telefon: 0 81/8 33 80 90

Snowboardschule
»get the feeling«
Eurocenter
7563 Samnaun
Telefon: 0 81/8 68 57 91

Top Secret
Snowboardschulcenter
Brämabüelstrasse 11
7270 Davos-Platz
Telefon: 0 81/43 73 74

Snowboardschule
Sedrun
Via Alpsu
7188 Sedrun
Telefon: 0 81/9 49 15 15

Snowboardschule Brigels-
Waltensbrug-Andiast
7165 Breil/Brigels
Telefon: 0 81/9 41 12 70

Bananas Snowboardschule
Talstation Tschuggen-Ost
7050 Arosa
Telefon: 0 81/3 11 5 91

Snowboard Highschool
Laax Snowboard Garage
Talstation Grap sogn gion
7032 Laax
Telefon: 0 81/9 21 69 69

Snowboardschule Corvatsch
7513 Silvaplana
Telefon: 0 82/4 86 84

Snowboardschule Celerina-
Marguns
7505 Celerina
Telefon: 0 82/3 45 90

Ski- und Snowboardschule
Chumabiel
7133 Obersaxen
Telefon: 0 81/9 33 14 06

Snowboardschule
Pontresina
7504 Pontresina
Telefon: 0 81/9 47 57 05

Snowboardschule
Churwalden
Reichsgasse 42
7000 Chur
Telefon: 0 81/22 47 94

Snowboardschule Arosa
7050 Arosa
Telefon: 0 81/3 11 1 50

Snowboardschule Flims
Postfach 122
7017 Flims-Dorf
Telefon: 0 81/3 91 4 38

Schweizer Ski- und Snow-
boardschule Laax-Falera
7032 Laax
Telefon: 0 81/9 21 42 88

Scuola Snowboard
San Bernardino
6565 San Bernardino
Telefon: 0 92/9 41 3 44

Snowboardschule
Disentis Sax
7180 Disentis
Telefon: 0 81/9 47 57 05

Snowboardschule
Wettstein
Chesa Seraina
7457 Bivio
Telefon: 0 81/7 51 2 33

Snowboardschule Davos
7260 Davos Dorf
Telefon: 081/46 71 71

Ski- und
Snowboardschule Saas
Landstrasse 15
7752 Klosters Dorf
Telefon: 0 81/69 31 34

Ski- und Snowboardschule
Val Lumnezia
7144 Vella
Telefon: 081/9 31 17 62

Snowboardschule
Parsenn Davos
Hotel Seehof
7260 Davos Dorf
Telefon: 0 81/4 10 10 14

Ski- und Snowboardschule
Klosters
Alte Bahnhofstrasse
7250 Klosters
Telefon: 0 81/6 91 9 26

Swissraft
Postfach 23
7017 Flims-Dorf
Telefon: 0 81/39 52 50

Snowboardschule
»over the top«
Via Stredas 9
7500 St. Moritz
Telefon: 0 82/3 21 18

Ski- und Snowboard-
schule Chasa Alpina
7550 Scuol
Telefon: 0 81/8 64 17 23

Duty Snowboardschule
Madrisa
Landstraße 26
7752 Klosters Dorf
Telefon: 0 81/69 39 59

Boarder's Syndicate
Snowboardschule
c/o Mark Sport
7482 Bergün/Bravuogn
Telefon: 0 81/7 31 1 65

Ski- und
Snowboardschule Vals
7132 Vals
Telefon: 0 81/9 20 70 70

G/Point Snowboard
Adventure
St. Bourban
7132 Vals
Telefon: 0 81/9 35 15 13

Goofy & Regular
Moosstrasse 8
6003 Luzern 4
Telefon: 0 41/22 80 77

Snowboardschool
Götz von H.
Brunnenrain
5735 Pfeffikon
Telefon: 062/7 71 00 60

Snowboardschule Laax
Falera, Murschets
7032 Laax Gr. 2
Telefon: 0 81/9 21 42 88

Snowboardschule
Marbachegg
Dorfplatz
6182 Escholzmatt
Telefon: 0 35/6 34 14

Snowboardschule Tobi or
not to be
Monhofstrasse 8
6004 Luzern
Telefon: 0 41/36 16 04

Go In Snowboardschule
Postfach 153
6174 Sörenberg
Telefon: 0 45/21 13 13

Ski- und Snowboardschule
6174 Sörenberg
Telefon: 0 41/4 88 15 10

Ecole Suisse de Snowboard
Côte 73
2000 Neuchâtel
Telefon: 0 38/24 40 90

Snowboardschool Engelberg
Touristcenter
6390 Engelberg
Telefon: 0 41/94 30 40

OKAY Snowboardschool
Hotel Bellevue
6390 Engelberg
Telefon: 0 77/43 70 75

The Wave Snowboardschule
Bergstation
6068 Melchsee/Frutt
Telefon: 0 41/67 12 07

Snowboardschule Crazy
Edelweiss Engelberg-Titlis
Dorfstrasse 34
6390 Engelberg
Telefon: 0 41/94 10 74

Snowboardschule
X-Dream
Engelplatz 8
8640 Rapperswil
Telefon: 0 55/24 15 15

Snowboardschool
Get The Feeling
Talstation
9658 Wildhaus
Telefon: 0 77/8 21 12 32

Station Snowboardschule
8898 Flumserberg
Telefon: 0 81/7 33 19 71

Mountain Freak Shop
Hauptstrasse 19
8716 Schmerikon
Telefon: 0 55/86 55 22

Snowboardschule
Einsiedeln/Bruni Mythen
Hauptstrasse 35
8840 Einsiedeln
Telefon: 0 55/53 72 45

Cool School
Bärglade
8842 Unteriberg
Telefon: 0 55/56 29 55

Snow Limit Boards + Bikes
Gotthardstrasse 41
6490 Andermatt
Telefon: 0 44/6 86 14

Snowboardschool Airolo
CP 203
6780 Airolo
Telefon: 0 91/8 69 27 47

Snowledge
Snowboardschool Nante
6780 Airolo
Telefon: 0 91/8 69 13 72

Ecole de Ski et Snowboard
1884 Villars-sur Ollon
Telefon: 0 25/35 22 10

Snowboardschool
Gryon les Chaux
Chalet Picosi
1882 Gryon
Telefon: 0 25/6 91 1 27

Ecole de Snowboard
Gare des Téléphériques
CP 93
1852 Leysin
Telefon: 0 25/34 22 78

SM Snowboards
Avenue des Alpes 10
1006 Lausanne
Telefon: 0 21/3 20 22 88

New Devil
Snowboardschool
Le Derbe
1865 Les Diablerets
Telefon: 0 25/5 31 2 09

Ecole de Ski et Snowboard
Rocher de Naye
Rte des Racisses
1833 Chamby
Telefon: 0 21/9 64 16 16

Villars Snowboardschool
1884 Villars
Telefon: 0 25/35 20 43

Snowboardschule Zermatt
Postfach 138
3920 Zermatt
Telefon: 0 28/67 54 44

Ecole de Ski et Snowboard
1911 Ovronnaz
Telefon: 0 27/86 34 04

Ecole de Ski et Snowboard
1972 Anzère
Telefon: 0 27/38 27 44

Ecole de Ski et Snowboard
1988 Thyon Les Collons
Telefon: 0 27/81 27 38

Neige Adventure
Snowboardschool
1997 Haute-Nendaz
Telefon: 0 27/88 31 31

Snow-Line Rolf Sigg
CP 69
1875 Morgins
Telefon: 0 25/77 29 06

Snowboard Fun School
Les Crosets
CP 58
1873 Val d'Illiez
Telefon: 0 25/74 14 14

Snowboardschool
No Bounds
CP 260
1936 Verbier
Telefon: 0 26/31 55 56

Stoked Snowboard-
school Hofmattstrasse
3920 Zermatt

Ski- und Snowboardschule
Bellwald
3997 Bellwald
Telefon: 0 28/71 26 74

Snowboardschool Crans
CP 235
3963 Crans sur Sierre
Telefon: 0 27/4 11 3 20

Surf Evasion
3962 Montana
Telefon: 0 27/4 11 4 80

Ecole de Ski et Snowboard
3961 Grimentz
Telefon: 0 27/65 50 55

Ecole de Snowboard
Champéry
Grande Rue
1874 Champéry
Telefon:0 25/79 16 15

Ski- und
Snowboardschule
3913 Rosswald
Telefon: 0 28/23 69 85

ESS Les Crosets
Champoussin
1873 Val d'Illiez
Telefon: 0 25/79 14 01

Ecole de Ski et Snowboard
Rue de la Cotzette 15
1950 Sion
Telefon: 0 27/23 55 45

Snowboardschule Riederalp
Postfach 1159
3987 Riederalp
Telefon: 0 27/23 55 45

Paradise Snowboardschool
Haus Kristalladeli 1
3906 Saas Fee
Telefon: 0 28/57 46 18

Ski- und Snowboardschule
Saas Fee
3906 Saas Fee
Telefon: 0 28/57 23 48

Ski- und Snowboardschule
Fiesch
3984 Fiesch
Telefon: 0 28/71 20 10

La Tzoumaz
CP 297
1918 La Tzoumaz
Telefon: 0 27/86 52 72

Glycerine Snowboardschool
Place du village
1972 Anzère
Telefon: 0 27/38 40 44

Ski- und Snowboardschule
Blatten-Belalp
Postfach 20
3914 Belalp
Telefon: 0 28/23 73 13

Ski- und Snowboardschule
3992 Bettmeralp
Telefon: 0 28/27 22 20

Ecole de Ski et Snowboard
Haute-Nendaz
CP 118
1997 Haute-Nendaz
Telefon: 0 27/88 29 75

Snowboardschule Fischental
Postfach 220
8630 Rüti
Telefon: 0 55/32 24 53

Snowboardschule
High School Hoch Ybrig
Gotthardstrasse 34
8800 Thalwil
Telefon: 01/7 20 08 85

Snowboardschule Pat Stoos
Dienerstraße 21
8004 Zürich
Telefon: 0 77/42 32 67

Österreich
Internationale Vorwahl:
00 43

Snowboardschule
On Board Vienna
Rasumofskygasse 10/16
1030 Wien
Telefon: 02 22/78 42 99

Snoweaters On Board
Einwanggasse 6/10
1140 Wien
Telefon: 02 22/8 94 50 12

Snow on Snow
5550 Radstadt/Tauernruh
Telefon: 0 64 52/2 52

Snowwave Hotel Solaria
5562 Obertauern 86
Telefon: 0 64 56/2 50

Boardmania
Aufhausen 113
5721 Piesendorf
Telefon: 0 65 47/8 39 26

Snowboardschule Leogang
5771 Leogang
Telefon: 0 65 83/71 00
0 77 32/25 74

Loop
Pfarrstraße 21
5571 Maria Pfarr
Telefon: 0 64 73/74 57

Magic Motion
6142 Mieders 67
Telefon: 0 52 25/38 13

Snowboardschule
Stubaier Gletscher
6165 Telfes 96
Telefon: 0 52 25/37 68

Ski- und Snowboardschule
Jerzens-Pitztal
6474 Jerzens
Telefon: 0 54 14/89 10

Radical Sports Graz
Puntigamerstraße 81
8041 Graz
Telefon: 03 16/4 76 39 69

Snowboardschule
Dachstein Tauern
Salzburgerstraße 98
8970 Schladming
Telefon: 0 36 87/2 42 23

Snowboardschule
Ramsau West
Schildlehen 83
8972 Ramsau
Telefon: 0 36 87/8 12 60

Rudy's Snowboardschule
Wiener Straße 30
8630 Mariazell
Telefon: 0 38 82/24 53

Ski- und Snowboardschule
St. Jakob
Oberrotte
9963 St. Jakob
Telefon: 0 48 73/54 70

Crazy Carving Company
Bach 67
9546 Bad Kleinkirchheim
Telefon: 0 42 40/7 10

Air: Oberbegriff für Sprünge über Kanten, Buckel oder in der Halfpipe

Air to fakie: In der Halfpipe vorwärts abspringen und rückwärts landen

Alpin: Wettkampfdisziplinen und pistenorientiertes Fahren, im Gegensatz zum Freestyle

Antirutschpad: Rutschfester Gummibelag zwischen den Bindungen

Asymmetricals: Asymmetrisch konstruierte Boards. Die Taillierungen auf beiden Seiten sind in der Längsachse gegeneinander verschoben

22 LEXIKON

Back-Flip: Rückwärtssalto

Backscratcher: Gestylter Sprung, bei dem die Fersen zum Rücken gezogen werden

Backside: Begriff für Sprünge und Fahrten, die über die Fersenkante gefahren werden

Backsideturn: Schwünge, die auf der Backsidekante ausgesteuert werden

Bank: Steilkurvenähnliche Geländeform

Banked Slalom: Rennform, Slalom durch einen Hindernisparcours mit überhöhten Kurven

Base: Gleitfläche des Boards

Baseless-Bindung: Softbindung ohne Sohlenplatte

Board-Bag: Schutztasche fürs Snowboard

Boarder Cross: Rennform, bei der gleichzeitig mehrere Fahrer in einen Parcours mit Steilkurven, Sprüngen und Kanten starten

Bone: Sprungstil, bei dem das eine Bein durchgestreckt und das andere angewinkelt wird

Boots: Snowboardstiefel

Bottom-Trick: Kunststück auf der Piste

Buckle: Schnalle bei den Softbindungen

Canting-Keil: Keil, der unter der vorderen oder hinteren Bindung angebracht wird, um die Bindung anzuschrägen

Carven: Geschnitte Schwünge auf der Kante, ohne zu rutschen

Competitor-Card: Rennlizenz

Coping: Die obere Kante der Halfpipe

Cruising: Unbeschwertes »Rumdüsen«

Crystal Glide Finish: Steinschliff des Belags

Downhill: Abfahrt

Driften: Gerutschtes Schwingen, das Gegenteil von Carven

Drop-In: Einfahren in die Halfpipe

Edge: Stahlkante oder Rand einer Schneewächte

Effektive Kantenlänge: Der Bereich der Kante, der tatsächlich im Schnee greift

Entry-Jump: Erster Sprung in der Halfpipe

Fakie: Rückwärtsfahren

Fallinie: Direkter, kürzester Weg vom Berg ins Tal

Flat: Die Ebene der Halfpipe

Foam-Bauweise: Herstellungsart mit Kern aus Kunststoff

Freestyle: Boardtypenbezeichnung und freier Fahrstil, im Gegensatz zum alpinen Fahrstil
Frontside: Die Kante des Boards, zu der die Zehen zeigen
Frontside Air: Sprung in der Pipe mit taloffener Drehung, der Oberkörper öffnet sich zum Tal
Fuzzy-Surfer: Zweikufen-Gleitboard mit erhöhter Standplatte

Goofy: Fahrposition mit dem rechten Fuß vorn
Grab: Das Brett während eines Sprunges oder Turns anfassen

Halfpipe: Halbe Röhre aus Schnee für Freestyle-Aktionen
Hardboots: Harte Kunststoff-Snowboardschuhe für Plattenbindungen
Heat: Eine Runde bzw. ein Durchgang beim Wettkampf
Heel-Edge: Fersenkante des Snowboards
Heel-Pad: Keilartiges Polster an der Wade, das bei Schalenbindungen die Vorlage vergrößert
Hi-Back/High-Back: Bindungsschaft der Schalenbindung bis Wadenhöhe

Inferno: Rennen mit Massenstart
Inserts: Gewindehülsen im Board, um die Bindungsschrauben aufzunehmen
IST World Tour: Internationale Rennserie für Snowboarder

Judge: Schiedsrichter bei den Disziplinen Halfpipe und Obstacle
Jump Turn: Gesprungener Schwung

Leash: Fangriemen, der am vorderen Bein befestigt wird
Lien-Air: Absprung Frontside, die vordere Hand greift dabei die Backsidekante

Liner: Innenschuh beim Softboot
Lip: Obere Kante einer Schneewand

Moguls: Buckel oder Buckelpiste
Monocoque: Boardkonstruktion, bei der Obergurt und Seitenwangen aus einem Stück gefertigt werden
Montagewinkel: Winkel zwischen Boardquerachse und Längsachse der Bindung
Mute Grab: Eine Hand greift zwischen den Bindungen die Kante

Nose: Brettspitze
Nosebone: Das vordere Bein wird durchgestreckt
Nosegrab: Anfassen der Schaufel bei einem Sprung
Nose-Kick: Steile Aufbiegung an der Schaufel
Noseturn: Drehen über die Brettspitze

Obstacle: Rennform, bei der Hindernisse (Steilkurven, Kanten etc.) bewältigt werden müssen
Ollie: Gerader Sprung ohne Rotation
Outline: Aufsicht des Boards

Platform: Oberer, verbreiterter Rand einer Halfpipe
Plattenbindung: Snowboardbindung für Hardboots
Powdern: Fahren im Tiefschnee
Pro: Professioneller Snowboardfahrer (Profi)
Pro-Jump: Sprungrampe beim Parallelslalom oder Boardercross
P-Tex: Spezieller Belag für die Lauffläche des Boards
Pushing: Beschleunigung durch Tiefgehen in den Knien, speziell in der Halfpipe

Abflug:
Der nächste Winter kommt bestimmt.

Quarterpipe: Natürliche oder künstlich angelegte Viertelröhre

Rad: Verrückt und radikal
Railslide: Rutschbalken für Freestyle-Aktionen
Ramp: Sprunghügel oder -schanze
Regular: Linkes Bein steht auf dem Board vorn
RIM Wood: Boardkonstruktion, Kombination aus Schaum- und Sandwichbauweise
Rocker: Aufbiegung des Boards am Heck
Roundtail: Runde Heckform

Schalen-/Softbindung: Für Softboots bestimmte Bindung
Scoop: Boardaufbiegung an der Nose
Shape: Brettform
Shredden: Zielloses, spaßbetontes »Rumdüsen«
Sidecut: Taillierungsmaß
Sidewalk: Siehe Platform
Sliden: Rutschen auf dem quergestellten Board
Snurfer: Vorgänger des Snowboards
Softboot: Weicher, wanderstiefelähnlicher Snowboardschuh
Soft-Nose: Weiche Boardspitze
Speeden: Höchste Geschwindigkeit fahren
Spin: Drehung um die Körperlängsachse; in der Halfpipe werden erst Sprünge mit 360 Grad Drehung oder mehr als Spin bezeichnet
Squaretail: Gerade abgeschnittenes Heck
Squashtail: Gerades Heck mit abgerundeten Ecken
Step-in: Bindungsform, die automatisch beim Einsteigen schließt
Straight Air: Sprung in der Pipe, lediglich eine 180-Grad-Drehung, so daß man wieder vorwärts landet.

Wird meist kombiniert mit Griffen
Stiffy: Beide Beine sind beim Sprung durchgestreckt
Swallowtail: Schwalbenschwanzähnliche Heckform
Swingbo: Siehe Fuzzy-Surfer
Switchstance: Rückwärtsfahren, Wechsel dadurch von Goofy auf Regular oder umgekehrt

Tail: Boardheck
Toe-Edge: Ballen-(Vorder-)kante des Boards
Tailkick: Steile, kurze Heckaufbiegung
Taillierung: Differenz zwischen schmalster und breitester Stelle am Board
Track: Spur im Slalomkurs
Transition: Rundung in der Halfpipe zwischen dem flachen und dem vertikalen Stück
Tuning: Boardpflege
Turn: Schwung beim Snowboarden
Tweak: Freestyler-Stilform, bei der der Körper stark verdreht wird
Twin-Tip: Heck und Schaufel des Brettes sind gleich geformt
Twist: Verdrehen der Beine beim Sprung

Vert: Senkrechter Teil der Halfpipe
Vier-mal-vier-Lochsystem: Montagesystem (Inserts) für Bindung
Vitelli-Turn: Extrem geschnittener Schwung mit sehr starker Körper-Innenlage
Vorspannung: Lichte Höhe zwischen Boardunterseite und Unterlage, wenn das Board auf einer ebenen Unterlage liegt

Wall: Eine Seite der Halfpipe (siehe Vert)
Wall-Tricks: Tricks in der Halfpipe mit Schneekontakt, im Gegensatz zu Airs
Wrist-Guards: Handgelenkstützen

Abziehklinge (= Zieh-
klinge) 48, 51
Air 187
Air to fakie 187
Air & Style Contest
144
Alpin 18, 157f., 187
Alpinausrüstung 24
Alpinboard 22, 24,
26, 129
Alpine Rennen 132
Alpintechnik 78
Angst 62. 76, 174
Anhalten 69
Ankerlift 71
Antirutschpad 66,
70f., 187
ASA Austria Cup 145
ASA Landes Cup 145
ASA Regio Cup 145
Asymmetricals 78
Asymmetrische Bau-
weise 22
Aufkanten 20, 68,
85f.
Aufwärmen 54f.,
125
Ausgleichstechnik
87f.
Austrian Snowboard
Association (ASA)
145, 149, 151
Back-Flip 187
Backscratcher 187
Backside 63, 68,
106, 187
Backside Air 106
Backsidekante 22, 24,
40, 62, 65, 68, 75,
80
Backside-Spin 104
Backside-Turn 28, 40,
74, 76, 187
Backside Wall 108
Balance 65
Bank 187
Banked Slalom 133f.,
187
Base 187
Baseless-Bindung 28,
187
Basisschule 73
Basisschwung 73ff.,
78f., 84, 102
Bergkante 62, 68,
103
Bergwacht 172
Big Air Contest 144
Bindung 16, 19, 23,
116, 127
Bindungsabstand 41
Bindungslängsachse
22
Bindungsposition 20
Bindungssystem 19
Bindungswinkel 20,
28, 41
Board 16, 19
Board, geschäumtes
126
Board-Bag 187

Boarder Cross 137,
142, 144f., 187
Boardhandling 59
Boardpflege 46
Boardquerachse 22
Boardshape 92, 127
Bone 105, 187
Bonen 31
Boots 24, 187
Bottom-Trick 187
Bremsen 69
Bruchharsch 91, 118
Buckelpiste 87
Buckle 137, 187
Caballerial 101
Cantingkeil 41, 187
Cap-Konstruktion 36f.
Carven 20, 78f., 84,
187
Carving 134
Competitor Card 144,
187
Continental Open 144
Coping 106, 110,
135, 187
Cruising 187
Crystal Glide Finish
187
Dämpfung 36
Dehnen 55ff.
Deutsche Snowboard-
meisterschaft 144
Deutscher Ski- und
Snowboardlehrer-
Verband 149
Deutscher Skiverband
(DSV) 150
Deutschland-Cup 145
Downhill 187
Drehfreudigkeit 22f.,
28, 33
Dreiecktor 86f.
Driften 23, 75, 81,
187
Driftphase 99
Drifttechnik 88
Drop-In 106, 187
Duel 132 f., 142f.
Dynamik 36f.
Edge 187
Effektive Kante(nlänge)
19, 21 f., 24, 28,
32, 187
Effektiver Kanten-
einsatz 67
Einstiegsalter 122
Elementarschule 52
Elternverhalten 123
Entry-Jump 187
Epoxyharz 37
Equipment 16
European Open 143
Fakie 21, 102ff.,
108, 135, 187
Fall(Sturz-)technik 175
Fallinie 60, 66, 68,
74ff., 80, 82, 187
Fangleine 60
Fédération Internatio-
nale de Ski (FIS)
145

Feinsuche 171
Fersenkappe 27
Finale 132, 134,
136f., 139
Fingermethode 166
FIS Snowboard World
Cup 145
Flachstellen 68
Flat 187
Flex 19, 22
Flex-/No-Flex 27
Flip 106, 135f.
Foam-Bauweise 187
Freecarve 41
Freecarve-Board 18,
24
Freeride 18, 31, 41,
139
Freeride-Board 18,
21f., 27, 32, 88
Freestyle 18, 27, 31,
41, 100, 158,
188
Freestyle-Board 18,
27, 129
Freestyle-Shape
127
Freestyle-Wettbewerb
132, 134
Frontside 63, 68,
106, 188
Frontside-Air 106,
188
Frontsidekante 22, 24,
40, 65, 67, 76,
80
Frontside Lean 360
107
Frontside-Nosebone
107
Frontside-Spin 104
Frontsideturn 41, 74,
76
Frontside Wall 107
Frontside 360 107
Frontside 540 108
Funbox 103
Fußschlaufen 155f.
Fuzzy-Surfer 188
Geländetechnik 88
German Association
of Snowboarders
145
German Competitor
Association 149
Gewichtsverlagerung
67
Giant Slalom (GS)
134, 142f.
Gleiten 66
Goofy 39f., 62, 71,
188
Grab 103, 106, 110,
136, 188
Grobsuche 171
Grundposition 64,
81
Grundschwung 74ff.
Grundstellung 67 f.,
76
Gurtbindung 157

Halfpipe 27, 30, 41,
106, 132, 134ff.,
142f., 145, 150,
158, 188
Halfpipe-Board 28
Handplant 110
Handschuhe 45, 129
Hardboots 23 f., 26,
31, 188
Harsch 91, 165
Hartschalenschuh 127
Heat 188
Heck 19f., 88, 103
Heckbreite 19
Heel-Edge 188
Heel-Pad 188
Helikopter-Boarding
113, 119
Helm 129
Herstellungsverfahren
34
High Speed Banked
Slalom Contest 144
High-Back 30 f., 60,
157, 188
Hiking 70, 156
Hochentlastung 80 ff.,
86, 95 ff., 102 f.
Holz-Sandwich-
Konstruktion 26,
127

Invert 109
ISF Championships
142
ISF Germany 144,
149, 151, 162
ISF In-City-Events 144
ISF Invitationals 142,
144
ISF Junior World
Championships
142
ISF Masters World
Cup (MWC) 143
ISF Nations' Tour
142, 144
ISF Nations 150
ISF Tour 142
ISF World Champion-
ships 142 f.
ISF World Ranking
List 140, 142,
144
ISF World Series
143
ISF World Tour 142
ff., 188
ISF X-Treme Contest
144
Judge 132, 135,
188
Jugend Masters-Cup
144
Jump 137
Jump Turn 86, 91,
188
Kaltwachs 50
Kampfrichter 132,
149
Kante (s. auch: Stahl-
kante) 67 f.
Kante, hängende
49
Kante, hinterschliffene
49
Kantendruck 68
Kantengriff 22 f.,
36f.
Kantengummi 48
Kantenschleifen 49

Inferno 188
Injektionsverfahren 37
Insert 36, 41, 188
International Snow-
board Association
(ISA) 150, 159
International Snow-
board Federation
(ISF) 140, 145,
148ff., 159
International Snow-
board Resort Asso-
ciation 150
Internationaler Ski-
verband (FIS) 150 f.
Internationales Olym-
pisches Komitee
150

Kantenschleifer 48
Kantenstein 48
Kantenwechsel 20, 80 f., 96, 99
Kern 34, 36 f.
Kippdrehen 95 f.
Kippstange 96, 132
Kleinkinder 122
Konstruktionsmerkmale 19
K.-o.-System 132, 134, 137
Kraftschluß 25
Kunststoffasern 42
Kurzschwingen 85 f.
Laminierverfahren 37
Landesmeisterschaften 145
Längsachse 19, 27, 86
Längssteifigkeit 37
Latzhose 129
Lauffläche (= Belag) 19, 34, 37, 46
Laufruhe 21 ff., 28
Lawine 164 ff.
Lawinenauslösung 167 f.
Lawinengefahr 164, 166
Lawinengefahrenskala 167
Lawinenkunde 164
Lawinenset 118
Leash 60, 188
Lien-Air 107, 188
Liftbügel 71
Liftfahren 70
Liner 31, 188
Lip 188
Moguls 87 f., 188
Monocoque 188
Montagewinkel 188
Muldentechnik 87 f.
Mutegrab 105, 188
Nachwuchsarbeit 148
Nachwuchsschule 120
Nations' Cup 143
North American Snowboarders Association 159
Nose 28, 188
Nosebone 188
Nosegrab 105, 188
Nose-Kick 188
Noseroll 103
Nose-Turn 188
Nosewheely 103
Nylonbürste 48, 51
Oberbekleidung 44
Ober(flächen)belag 34, 36
Oberflächenreif 165
Obergurt 34, 36 f.
Obstacle 139, 188
Obstacle Course 134, 145
Ökosystem 119

Ollie 103
Olympische Spiele 150
Open Parallel Slalom 133
Open Slalom 142
Österreichische Meisterschaft 145
Outline 188
Parallel-Riesenslalom 134
Parallelslalom 92, 132
Partnerübung 126
Pistentechnik 84
Pistentricks 100, 102
Platform 188
Plattenbindung 23 f., 26, 60, 88, 127, 129, 188
Powderboard 18
Powdern 188
Pro 188
Pro-Jump 188
Pro Snowboarder Association (PSA) 143, 150
P-tex (siehe auch: Repairstick) 155, 188
Punktsuche 171
PU-Schaum 37
Pushen 99
Pushing 188
Qualifikation 132, 137, 139
Quarterpipe 103, 137, 190
Querachse 27, 34, 41
Querstellen 69
Race 41, 74
Race-Board 18, 24
Rad 190
Railslide 190
Ramp 190
Rampe 103
Reactive Injection Molding (RIM) 37
Regio-Cup 145
Regular 39 f., 62, 71, 190
Repairstick 48
Rider's Licence 144, 149
Riesenslalom 98, 133, 150
Riesenslalomboard 88
Riesenslalomtechnik 98
RIM Wood 190
Rocker 21, 190
Rollerfahren 65 f., 70, 126
Rookie of the Year 144
Rotation 69, 74, 76, 103
Rotationstechnik 80, 102
Roundtail 190

Rückstellkraft 34, 36
Rückwärtsfahren 102
Running Edge 21
Rutschen 81
Salto 135
Schalenbauweise (= Cap-Konstruktion) 37
Schalenbindung (siehe auch: Softbindung) 28, 30, 155, 190
Schaufel 19 f., 88
Schaufelaufbiegung 24
Schaufelbreite 19
Scherrtest 166
Schlepplift 70
Schleuderdrehen 86
Schliddertest 40
Schneebrett 186
Schneeprofil 166
Schneeschichten 166
Schneeschuhe 114 f., 118
Schneethermometer 166
Schneeverfrachtung 165
Schrägfahrt 68 f., 74 ff., 81 f.
Schweizer Jugendmeisterschaft 145
Schweizer Meisterschaft 145
Schwingen 73
Schwung, geschnittener 78
Schwungauslösung 22 f., 81 f., 84, 97
Schwungeinleitung 74, 85
Schwungprinzipien 80
Scoop 20, 32, 190
Seitenwangen 34, 36f.
Seitrutschen 68 f., 75
Sessellift 70
Shape 24, 190
Shredden 190
Sicherheit 160
Sidecut 190
Sidewalk 190
Slalom 41, 96, 132, 158
Slalom-Board 18, 88
Slalomtechnik 96
Sliden 103, 190
Slope Style 137
Snowboard 88, 12, 14, 19, 39, 100, 154 ff.
Snowboard European Association 159
Snowboard Industry Federation 150
Snowboardatlas 126
Snowboarde 52
Snowboarder 163

Snowboarding (siehe auch Snowboarden) 10, 12, 131, 146
Snowboardlehrer 148 f.
Snowboard-Lehrpläne 148
Snowboardschule 60, 124, 182 ff.
Snowboardverbände 124, 146
Snurfer 154, 190
Softbindung (= Schalenbindung) 23, 25, 28, 60, 88, 127, 129, 157
Softboot 23 ff., 30, 127 f., 190
Soft Nose 190
Sohlenlänge 31
Sonnenbrille 129
Sonnenschutzcreme 119, 129
Speeden 190
Spin 106, 110, 190
Spin Trick 103, 135 f.
Sportunterwäsche 44
Sprung 103, 134
Sprungphase 86
Squaretail 190
Squashtail 190
Stahlkanten 34, 36 f., 46, 48 ff., 155
Standfläche 19
Standposition 27, 39
Stangentechnik 92, 95
Steigfell 118
Steilkurve 103, 134
Step-in-Bindung 25 f., 30, 190
Sternspringen 65
Stiffy 105, 190
Stoppschwung 69
Stoßdämpfer-Prinzip 88
Straight Air 103 f., 135, 190
Strap 28
Stretching 54 ff.
Stringer 37
Stürzen 62
Super-G 92, 132, 134, 158
Surfbrett 19
Swallowtail 155, 157, 190
Swingbo 190
Swiss Cup 145
Swiss Snowboard Association (SSBA) 145, 149, 151
Switchstance 104, 190
Symmetrie 19, 22 f.
Tail 28, 190
Tailgrab 105
Tailkick 190
Taillierung 19 f., 22, 28, 157, 190
Taillierungsradius 20

Taillierungstiefe 20
Tailwheely 103
Talkante 68, 80
Teleskopskistock 118
Tellerlift 71
Tiefentlastung 80, 82 ff., 86, 96, 98
Tiefschnee 90, 118
Toe-Edge 190
Tourenbindung 118
Tourenboard 118
Tourenboarding 113 f., 118 f.
Track 190
Transition 110, 190
Tuning 190
Turn 65, 190
Tweak 190
Tweaken 31
Twin-Tip 27, 190
Twist 190
Überhitzung 43
Umkanten 80, 82, 85, 96, 99
Untergurt 34, 37
Unterkühlung 43
Unterwäsche 44, 129
Verband Deutscher Seilbahnen und Schlepplifte 162
Verhaltenstips 162, 169
Verletzungsgefahr 171
Verschüttetensuchgerät (VS-Gerät) 118, 164, 169 f.
Vert 190
Vier-mal-vier-Lochsystem 26, 41, 190
Vitelli-Turn 85, 190
Vorlagefixierung 27
Vorlagewinkel 27
Vorspannung 19, 22 ff., 28, 190
Wabenkonstruktion 37
Wachs 48, 51
Wachsen 50
Wachsentferner 48
Wachsmaschine (Wachsautomat) 48, 51
Wall 135, 190
Wall Trick 190
Weltmeisterschaft 132, 158
Wettkampfserien 140
Wettkampfsport 131
Wildcard 142 f.
Windchill-Effekt 44
Windharsch 118
Worldcup-Serie 158
World Ranking List 132, 142 ff.
Wristguard 45, 175
Zwischenschichten 44